통변의 새 경지를 연

한밝 新四柱學

비밀의 문을 열다

저자 한밝 김용길

머리말

　일간위주의 자평식(子平式)사주를 다룬지도 어언 30여년이 훌쩍 지났다. 배운지 8개월 정도에는 참으로 재미있었고 한마디씩 하는 것이 적중되어 신기하기도 했다. 그러나 3년쯤 지났을 땐 회의가 찾아왔다.

　용신(用神)을 돕는 운이 와도 실제로는 부부이별 및 친족의 흉액(凶厄)등이 있었으며 인수성(印綬星)이 심하게 충극되고 그 뿌리까지 상했는데도 엉뚱하게도 엄마가 아닌 부친이 사망하는 것이었다. 또 비견 및 겁재가 극상(剋傷)되는 운에 부인(婦人)과 이별하는 것이었으며 재성(財星)이 합거(合去)되거나 충파(沖破)되는데도 아버지 및 돈여자가 상하는 것이 아니라 자신이 흉액 및 질병으로 상하는 것이었다.

그리고 사주원국에 재성(財星) 및 인수성(印綬星)이 없을 땐 그 육친의 사상(事象)을 어떻게 보아야 하는가? 하는 의문들 때문이었다. 그래서 '아 사주팔자(四柱八字)로 한 인간의 운명을 미주알고주알 알아낸다는 것은 근본적으로 불가능한 일이구나' 하는 절망속에 기문둔갑법, 육임법(六壬法), 육효(六爻)등의 학문을 파고들기도 했다. 아마도 역학(易學)중의 자평식 사주를 공부한 사람이면 누구나가 필자와 같은 경우를 느꼈을 것이다.

그런데 한 20여년이 지난 때(역학공부)에 홀연히 한 생각이 머릿속에 떠올랐다. 역(易)이란 말이 항상 변화한다는 뜻인데 나의 안목이 기초적인 원리원칙에 매달려 있었던 것은 아닐까?

그리고 비밀 및 비법(秘法)이란 것은 아직도 나타나 보이지 않는 것을 말함이고 그것을 찾아내는 법이다. 는 뜻인데 격국용신과 육신(六神) 이론에만 너무 집착하고 있었던 것은 아닐까?

'그래 맞다. 바둑에 입문하면 먼저 정석(定石)부터 배우지만 고수(高手)가 되려면 나중엔 그 정석을 잊어버려야 한다 했지 않았는가? 하는 생각이었다.

그래서 많은 실례자료를 다시 한 번 비교 분석통계에 따라 살펴봤다. 그러던 어느 날 드디어 비밀의 문을 여는 한 가닥 끈이 잡혔고 그 끈은 다음 끈으로 이어지게 되어 그 어떤 서책에도 없는 새로운 사주해석법을 발견하게 된 것이다.

이것은 필자에겐 새로운 세계를 발견하여 숨겨져 있던 여러 가지 물정을 보는듯한 감격과 흥분을 주었다. 그래서 이것을 널리 알리기로 했다. 오랜 세월동안 오리무중 속을 헤멨던 필자와 같은 온 세상의 역인(易人)들에게도 기쁜 소식을 전해주기 위해서였다.

그런데 필자에게서 사주팔자를 배우고 있는 몇몇 사람들이 만류하는 것이었다. '선생님! 비법(秘法)이란 것이 혼자만 알고 있어야 비법이지 만 사람이 모두 다 알게 되면 그것이 무슨 비법입니까? 나 자신을 위해서는 옳은 말이었다. 그래서 몇 년 동안 발표가 미뤄졌는데 甲申년과 乙酉년초에 필자의 건강이 나빠져 오랫동안 고생 하게 되었고 이때 심경의 변화가 왔다.

　죽음이란 결코 멀리 있는 것이 아니고 바로 가까이 있어 언제든지 불쑥 찾아 올 수 있는 것이 아닌가. 그러니 하루 빨리 세상에 알려야해. 그래야만 장님 코끼리 만지듯 말하는 역인(易人)과 이를 믿고 따르는 어리석은 사람들에게 환한 길을 열어주는 것이 될 것이니. 이야말로 나만 알고 몇 푼 더 버는 것보다 훨씬 더 큰 공덕이 될 것이야! 였다.

이 책을 접하는 독자 여러분들은 통변의 새로운 경지를 얻어 이 때까지의 회의와 의문들이 한몫에 풀릴 것이라 의심치 않는다.

　그래서 「한밝식 신사주(新四柱)풀이」라 이름했고 이때까지 밝혀진 격국용신에 대한 이론을 기초편으로 했다.

　따라서 기초를 충실히 다진 후에 고급편을 보는 것이 순서가 되겠다. 기초도 제대로 안된 초심자들이 보면 혼란스럽기 때문이다.

辛卯년 여름날에　한밝 김용길

차 례

〈기초편〉
뿌리 깊은 나무는
쉽게 쓰러지지 않는다

一. 易이란 무엇인가?

엄청난 위력을 지닌 태풍 '매미'가 수년전 한반도에 상륙했다.

당연히 어마 어마한 피해가 났다. 하루아침에 생업의 터전을 몽땅 상실하기도 했고 하나뿐인 생명마저 허무하게 잃어버린 사람들도 많았다. 그러나 어쩌다가 한 번씩 틀릴 수도 있는 일기예보를 믿고 철저하게 대비한 사람들은 큰 피해없이 무사할 수 있었다.

이처럼 우리 인간들의 삶은 자연과 환경이 가져다주는 영향을 싫던 좋던간에 받을 수밖에 없는 숙명을 지니고 있다.

이점에 착안한 우리 선인(先人)들은 자연현상과 환경을 관찰하여 그 속에서 일정하게 움직이는 하나의 법칙을 찾아내어 삶에 유리하도록 활용하려했다.

그들은 먼저 지구를 중심으로 움직이는 달(月)과 태양의 일정한 운행을 관찰하여 책력(冊歷)을 만들어 내었다. 자연법칙을 이해하고 활용하려는 이런 과정은 어느 정도 문명을 이룬 민족과 국가 모두에게 있어왔다.

즉, 고대문명의 발상지인 메소포타미아에서도 그리고 이집트와 그리스 및 남미의 마야문명에서도 오랜 옛날부터 책력을 만들어 활용해왔다.

그러나 우리선인(先人)들은 여기에다 음양오행(陰陽五行)사상과 자연수의 개념을 도입하여 자연의 운행법칙과 환경이 미치는 영향을 예측하고자하는 하나의 학문체계를 이루게 되었다. 이런 학문체계는 세계 어느 나라 어느 민족도 시도하지도 못한 위대한 지혜의 결실인데 이것이 바로 역(易)이다.

이러므로 역(易)은 자연과학이라 할 수 있고, 자연수학(自然數學)이라 할 수 있다.

오랜 세월동안 이렇게 연구 활용되어 오던 역(易)은 자연의 일부분이기도한 인간들의 행동양식과 그에 따른 길흉화복(吉凶禍福)까지도 파악하여 활용하려는 쪽으로까지 발전된다.

여기엔 한 인간이 태어난 연월일시(年月日時)로 그 사람의 행동양식과 길흉화복을 파악해보려는 사주추명학(四柱推命學)이 있으며 하늘의 별자리와 한인간이 태어난 시점을 결부시켜 그 운명을 알아 보고자하는 점성술(占星術)의 일종인 자미두수(紫微斗數)가 있다.

그리고 역의 팔괘(八卦)를 활용하여 미래와 상호득실 관계를 점쳐보고자 하는 주역점(周易占)이 있으며 기문둔갑법, 육임법(六壬法)등의 방법을 비롯해 선택한 하나의 글자를 풀어 길흉을 알아보는 측자점(側字占), 그리고 후천적으로 알아보는 성명학(姓名學)등이 있다.

이렇게 열거한 몇 가지 외에도 여러 점법(占法)이 있으나 모두가 음양오행 및 상수(象數)를 활용한 것일 따름이다.

이렇다보니 역(易)은 우리 인간 삶의 모든 것인 정치, 경제, 군사(軍事), 토목건축, 농업, 의학, 등에까지 접목되어 활용되게 된다. 이러므로 역(易)을 모르고는 동양(韓, 中, 日 등)의 모든 것을 제대로 파악 할 수 없는 것이다. 따라서 역사적인 큰 사건 뒤에는 언제나 뛰어난 역학자(易學者)가 음으로 양으로 개입되어 있었는데 대강 열거하면 다음과 같다.

장량 - 한(韓)을 세운 유방의 참모
제갈량 - 삼국지에 나오는 유비의 참모
구처기 - 전진교의 도사, 징기스칸의 軍師
유백온 - 명(明)의 태조인 주원장의 軍師
주은래 - 모택동과 같이 중화인민공화국을 세움
이순신 - 조선의 해군명장
백운학 - 삼성그룹 이병철회장의 자문역

『 참 고 그 림 』

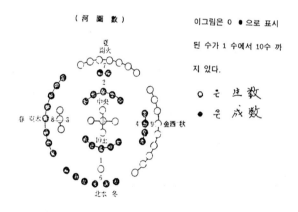

(河 圖 數)

이그림은 0 ● 으로 표시
된 수가 1 수에서 10수 까
지 있다.

○ 은 生数
● 은 成数

위 하도(河圖)라 칭해지고 있는 그림은 5천~6천년전 복희(伏羲)씨가 중국을 다스리고 있을 때에 용마(龍馬)가 하(河)라는 강에서 나왔는데 그 등짝에 그려져 있었던 것이라 전해지고 있다. 이 그림에서부터 역(易)이 시작되었다고 알려져 있다.
  남쪽엔 2. 7의 수(數)가 있고 동쪽엔 3, 8의 수(數)가 있으며 북쪽엔 1, 6의 수가 있고 서쪽엔 4, 9의 수, 그리고 중앙엔 5, 10

(참 고 도)

1 2 3 4 5 ─生 數   6 7 8 9 10 ─成 數

　　　(生數중 의 完全數)　　　　(成數중 의 完成數)

(洛書)

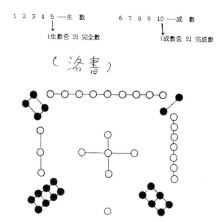

의 수가 검고 흰 원으로 표시 되어있다.

즉, 자연수 10수가 모두 있다는 말이다.

낙서(洛書)는 하(夏)나라 우(禹)임금 때에 신령한 거북이가 위의 도표를 등에 지고 낙(洛)이란 물에서 나왔다고 전해진다. 그러나 하도의 출현설과 이 낙서의 출현설은 역의 역사를 왜곡시키기 위해 중국의 한족(漢族)이 퍼트린 것으로 모두가 거짓이다.

낙서는 남쪽에 4, 9의 수(數)가 있고 북쪽엔 1, 6의 수(數), 동쪽엔 3, 8의 수(數), 서쪽엔 2, 7의 수(數), 중앙엔 5 수(數)가 있는 그림이다.

위 하도낙서는 역(易)의 상수학(象數學)의 기반이 된다.

그러므로 역(易)은 자연수학(自然數學)이다.

하도(河圖)엔 10수가 있고 낙서(洛書)엔 9수밖에 없다. 그리고 하도엔 불(火)을 뜻하는 2, 7의 수가 남방(南方)에 있는데 낙서엔 금(金)을 뜻하는 4, 9의 수가 남방에 배치되어 있고 서방(西方)엔 불(火)을 뜻하는 2, 7의 수가 위치해 있다.

이것을 금화교역(金火交易 ; 金과 火가 서로 자리를 바꿨다)

라 하는데 이에 대해 그 어느 누구도 이렇게 될 수밖에 없는 이치를 밝혀놓지 못했다.

그러나 이것은 음양의 운동과 자연수의 관계만 알면 쉽게 밝힐 수 있는 것이다.

지면 관계상 여기선 생략한다. 궁금한 분은 필자의 「천고의 비밀」을 참고하시라.

10수를 지닌 하도는 천지(天地)의 본체도(本体圖)이고 9수를 지닌 낙서는 그 운동상을 나타낸 것으로 체(体)와 용(用)의 관계다.

1. 역(易)의 발전과 시대적 명칭

우리 선조들은 아득한 옛날부터 자연현상을 관찰해 왔으며 그에 따른 적절한 삶의 태도를 취해왔다. 즉 역(易)이 비롯된 것은 수 만년 전이라 할 수 있으며 시일이 감에 따라 관찰된 경험과 지식은 쌓여 왔다는 말이다.

그러다가 어느 때에 이르러 이런 경험된 지식들을 체계화시키게 되었는데 이때부터를 역(易)의 시작이라 말할 수 있다.

먼저 전해지고 있는 기록을 살펴보면 다음과 같다.

◎ 중국 측 기록

지금 나와 있는 중국과 한족 그리고 일본의 역서(易書)와 기타 기록에는 하도(河圖)를 역의 시원(始原)으로 하고 복희씨를 역(易)의 조종(祖宗)으로 말하고 있다. 이것은 모두 중국 측 기록을 옮겨 놓은 것이다. 따라서 역(易)은 중국 땅에 살고 있는 중국인(漢族)에게서 이뤄진 것으로 믿게 되었다.

그러나 약 5천~6천년 전의 중국 땅엔 한족(韓族)뿐 아니라 양족(陽族 : 羊族)또는 동이족(東夷族)이라 불리어졌던 우리 민족의 조상들도 한족보다 먼저 그 땅에 뿌리박고 살고 있었으며 그 문화와 문명 또한 한족보다 앞서 있었다.

황당하게 들릴 필자의 이 말은 산동 박물관에 전시되어있는 무수한 유물(세석기와 빗살무늬토기 등)과 중국의 역사서를 심도있게 관찰해보면 알 수 있는 것이다.

필자는 고대문자를 연구하다가 그에 대한 확증을 찾았는데 이에 대해선 기회가 주어지면 밝히기로 하겠다.

◎ 한국 측 기록

신시본기(神市本紀), 소도경전본훈, 단기고사 등의 우리 기록엔 "복희씨는 배달민족의 선조였다"로 되어있다. 이 말에는 그때의 중국 땅은 우리 민족의 조상들이 지배민족으로 살고 있었다는 뜻이 담겨져 있다.

어쨌든 복희씨가 중국대륙을 지배하고 있던 그때의 역(易)을 후일의 학자들은 연산역(連山易)이라 부르고 있다.

일명 복희역(伏羲易)이라 불리어진 이 역(易)의 사상체계는 오제시기(五齊時期 : 4500년전~4200여년전) 고신(高辛)임금 때에 10간 12지(十干 十二支)개념으로까지 발전되었고 한족(韓族)이 주도권을 잡게 된 하(夏)나라 때까지 이어졌다.

그러다가 동이족(東夷族)이 세운 상(商)나라 때엔 더욱 정비되었는데 이때의 역(易)을 후일의 학자들은 귀장(歸藏)이라 부르게 된다.

개혁의 정신으로 찬란한 청동기 문명을 이루어 천하의 주인으로 군림하던 상(商)은 동이족(東夷族)이긴하나 하족(夏族 : 漢族)과 더불어 살면서 하족화(夏族化)된 주(周)에게 망하게 된다.

천자(天子 : 한울님)나라인 상(商)을 무력으로 멸망시킨 주(周)는 신하(臣下)로써 임금나라를 멸망시켰다는 허물을 벗고 천하의 민심을 얻기 위해 역(易)을 새로운 논리로 해석하였는데 이것이 바로 주역(周易 : 주나라 때의 역 해석)이다.

이 주역은 주나라 문왕(文王)과 주공(周公)을 더없이 흠모하던 공자(孔子)에 의해 계사전(繫辭傳)이 덧붙여짐으로써 근세까지 학자들의 필독서로 자리 잡게 되었다.

一. 음양오행(陰陽五行)과 10간 12지(十干 十二支)

1. 음양

태극기를 보면 빨간색 부분과 파란색 부분이 5 : 5의 비율로 뒤엉겨 하나의 둥근 원을 이루고 있다. 양의태극(兩義太極)이라 불리는 것인데 상대적인 음양의 관계와 그 생장소멸의 반복되는 운동을 가장 잘 나타낸 그림이다.

이때까지는 "태극(太極) 생(生) 양의(兩義 : 陰.陽)"으로 말해왔다. 이 때문에 음과 양은 서로 대립되는 것으로 음(陰)은 비천하고 소인(小人)이며 땅이고 여자다. 그리고 양(陽)은 존귀하고 대인(大人)이며 하늘이고 남자다.

그러므로 비천하고 소인(小人)인 음(陰)은 억제 되어야 하고 하늘이고 남자에 속하는 양(陽)은 받들어져야한다. 는 존양억음(尊陽抑陰)의 사상과 남존여비(男尊女婢) 사상이 오랫동안 지배해왔다.

그러나 필자는 다음과 같이 거꾸로 해석한다.

음과 양, 나와 너, 여자와 남자라는 이질적인 상대성이 5 : 5의 비율로 상합함이 완전하고 참다운 하나를 이룰 수 있다. 말을 바꿔서하면 「하나」라는 것은 음과 양이라는 두 이질적인 것이 5 : 5의 비율로 융합되어 있는 것이다.

즉, 태극도는 평등의 사상정신으로 진정한 화합과 통일을 이룰 수 있음을 말하고 있는 것이다. 따라서 우리는 음과 양을 별개의 둘(2)로 보지 말고 하나(1)속의 둘(2), 하나(1)를 이루는 두개(2)로 봐야 올바른 역(易)을 할 수 있다.

표로 나타내면 다음과 같다.

양	天	日	上	山	낮	火	外	男	정신육체	魂	剛	光	十
음	地	月	下	谷	밤	水	內	女		魄	柔	陰	一

즉, 사람은 남(男)과 여(女)가 있어야하고 빛(光)은 어둠(陰)이 없으면 존재할 수 없으며 전기 또한 十전기 一전기가 있어야 이뤄진다는 말이다.

이런 음양의 이론을 적용하여 간단한 응용을 할 수 있다.

① 불같이 급한 성격의 남자와 물처럼 냉정하고 부드러운 성격의 여자는 궁합이 좋다. 불같은 성격의 남과 여의 결합은 마찰만 생기고 파탄된다.

② 몸이 찬 음기(陰氣)많은 체질의 사람은 화기(火氣)많은 음식이 좋고 붉은 색깔의 음식이 좋다. 거꾸로 양기(陽氣)가 많은 체질은 음에 속하는 검은색 식품과 수산물 해산물 등이 좋다.

③ 뚱뚱한 여자는 홀쭉하거나 근육질의 남성과 합이 맞고 키 큰 남자는 키 작은 여자와 합이 좋다.

④ 양(陽)의 기가 많은 사람은 해운대, 김해, 수영 등의 水자 들어간 지명이 좋고 서북방이 좋다.

⑤ 明字 들어간 이름을 지닌 사람은 남자가 여자에게 양보해야 가정이 밝다.

⑥ 화기(火氣)를 많이 지닌 체질은 독주(毒酒)를 마시면 간경화가 온다.

⑦ 발(足)부분은 따뜻하고 머리 부분은 차야 건강을 유지할 수 있다.

2. 오행(五行)

오행(五行)이라는 말은 글자 그대로 운동의 다섯 가지 모양상을 나타낸 것이다. 따라서 다음과 같다.

木은 생명 또는 사물의 운동이 밖으로 나타난 상태를 말한다.

火는 밖으로 나타난 운동이 활짝 피어나 그 힘을 발산하며 분열되는 상태를 말한다.

土는 발산 분열되어 소멸되지 않도록 그 기운을 다시 정비하여 나타 나도록하는 단계를 말한다.

金은 기운을 응축시켜 내부로 들어가는 상태를 뜻한다.

水는 내부 맨 아래 쪽으로 기운이 들어가 웅크리고 있는 운동상태를 뜻한다.

木火土金水로 불리는 오행(五行)은 각 오행(五行)마다 음양이라는 이성(二性)이 있기 때문에 모두 10개의 수가된다.(5×2=10)

예컨대 木은 양의 성질을 지닌 木이 있으며 음의 성질을 지닌 木이 있다. 딴 오행 역시 이와 같다. 이 10개의 음양적인 5행은 각자가 지닌 성질 때문에 서로간에 셋(三)의 상대 관계를 나타낸다.

1) 비화(比和)관계

같은 오행끼리의 상대관계를 말한다.

즉 木과 木, 金과 金, 火와 火, 土와 土, 水와 水끼리의 상대관계를 말하는 것이다.

2) 상생(相生)관계

木에서 火로, 火에서 土로, 土에서 金으로, 金에서 水로, 水에서 木으로 한쪽이 다른 한쪽에게 힘을 전달진행 시켜주는 관계가 성립될 때를 말한다.

이런 상생관계를 木生火 火生土 土生金 金生水 水生木으로 말하고 있다.

이 관계는 모(母)와 자(子)의 관계로 비유되기도 한다.

예, 水生木일 때 水는 모(母)에 해당되고 水의 힘을 받아들인 木은 자(子)에 해당된다.

3) 상극(相剋)관계

한쪽이 다른 한쪽을 억제하고 극(剋)하는 관계를 말한다.

즉 水는 火를 억제 할 수 있고(水剋火), 火는 金을 억제하며 (火剋金), 金은 木을 억제하고 (金剋木), 木은 土를 억제하며 (木剋土), 土는 水를 억제(土剋水)한다.

상생과 상극의 관계는 힘의 작용 성질에 따른 작용관계이므로 여러 가지 변화가 나타난다.

◎ 태과(太過) 불급(不及)에 따른 변화

∴ **水生木** 한다하나 水가 엄청 많고 나무(木)가 적으면 그 나무(木)는 많은 물에 떠내려가고 뿌리가 썩는다.

∴ **木生火** 하나 木이 너무 많고 불(火)이 적으면 오히려 불이 꺼진다.

∴ **土生金** 이나 土가 태다(太多)하고 金이 약하면 그 金은 많은 土에 파묻혀 버린다.

∴ **金生水** 이나 金 태다하고 水가 적으면 水는 거칠게 흐른다.

∴ **水剋火** 한다하나 水가 약하고 火가 강열하면 水는 火를 극

하지 못하고 오히려 증발되며 화기(火氣)만 더 치열하게 만든다.

∴ **火剋金** 이나 火가 약하고 金이 강하면 金에 흠집만 낼뿐 金을 녹여 그릇을 만들 수 없다.

∴ **金剋木** 이나 金이 약하고 木이 태강하면 金만 이지러지고 만다. 큰 소나무를 식도(食刀)로 찍어봤자 칼만 부러지는 격이다.

∴ **土剋水** 이나 土는 약하고 水가 태왕하면 오히려 土가 水에 떠내려간다. 홍수를 몇 소쿠리 흙으로 못 막는 것과 같다.

3. 십간십이지(十干十二支)

1) 10간(十干) : 천간(天干)이라 하기도하며 양(陽)에 속한다.

甲	乙	丙	丁	戊	己	庚	辛	壬	癸
갑	을	병	정	무	기	경	신	임	계

2) 12지(十二支) : 지지(地支)라고도하며 음(陰)에 속한다.

12지	子	丑	寅	卯	辰	巳	午	未	申	酉	戌	亥
배속동물	쥐	소	범	토끼	용	뱀	말	양	원숭이	닭	개	돼지
시간	오후 11~오전 1시	오전 1~3시	오전 3~5시	오전 5~7시	오전 7~9시	오전 9시~11시	오전 11시~오후 1시	오후 1~3시	오후 3~5시	오후 5~7시	오후 7~9시	오후 9~11시
음력(月)	11월	12월	1월	2월	3월	4월	5월	6월	7월	8월	9월	10월

4. 십간십이지

1) 십간의 음양오행

십간	甲	乙	丙	丁	戊	己	庚	辛	壬	癸
음양	양	음	양	음	양	음	양	음	양	음
오행	木	木	火	火	土	土	金	金	水	水

2) 12지의 음양오행

12지	子	丑	寅	卯	辰	巳	午	未	申	酉	戌	亥
음양	양	음	양	음	양	음	양	음	양	음	양	음
오행	水	土	木	木	土	火	火	土	金	金	土	水

① 12지의 방위 배속표

봄(春)	1월(寅)	2월(卯)	3월(辰)	東
여름(夏)	4월(巳)	5월(午)	6월(未)	南
가을(秋)	7월(申)	8월(酉)	9월(戌)	西
겨울(冬)	10월(亥)	11월(子)	12월(丑)	北

② 오행 배속표

오행	木	火	土	金	水
방위	東	南	中央	西	北
계절	春	夏	四季	秋	冬
성질	上卑	분산,外發	調和	하강,강건	수축,응결
운동	生	長	化	收	藏
五氣	風	熱	濕	燥	寒
五常	仁	禮	信	義	智
방향	左	上	中	右	下
藏	간, 담	심장,소장	비장,위장	폐,대장	신장,방광
五色	靑	赤	黃	白	黑
五心	怒	喜	思	憂	恐
五神	靑龍	朱雀	句陳	白虎	玄武
五音	角	徵	宮	商	羽

一. 십간 십이지 서로간의 작용

① **간합(干合)** : 천간끼리의 합(合)을 말한다.

∴ 甲과 己가 만나면 서로 합하는데 이를 甲己 합이라 하며 중
정(中正)지합이라 말하기도 한다. 무릇 합하면 변하는데 甲
己는 합하여 土가 된다.

∴ 乙과 庚이 만나면 서로 합이되어 金으로 변한다. 이를 인의
지합(仁義之合)의 합이라 하기도 한다. 의리를 많이 찾고 부
정을 싫어한다.

∴ 丙과 辛이 만나 水로 변한다. 이를 위세의 합이라 한다. 세력
을 믿고 강제성이 있다.

∴ 丁과 壬이 만나 木이되고 이를 음란지합의 합이라 한다. 글
자 그대로 색정을 좋아한다.

∴ 戊와 癸가 합하여 火가 되며 이를 무정지합(無情之合)이라
한다. 산봉우리에 구름이 걸린 모양이고 애정없이 합하기를
잘한다.

② **지합(支合)** : 지지(地支)끼리의 합을 말한다.

ⓐ 육합 : 子丑 = 土　　寅亥 = 木　　卯戌 = 火　　辰酉 = 金
巳申 = 水　　午未 = 火　이를 육합(六合)이라 하며 子丑과 午未
는가까운 위치에 있으면서 합이므로 근합(近合)이라 하고 辰酉,
卯戌은 먼 거리에 있는 것끼리 합하므로 원합(遠合)이라 한다.

ⓑ 방합 : 亥子丑 = 水 寅卯辰 = 木 巳午未 = 火 申酉戌 = 金 로 합하는 것을 방합(方合)이라 한다. 이것은 끼리끼리의 합이라 하기도 한다. 이렇게 합이되면 세력이 아주 강해진다.

ⓒ 삼합(三合) : 전연 성질이 다른 셋(三)이 서로 만나 합이 됨을 말한다.

∴ 寅午戌이 서로 만나 화국(火局)을 이룬다.

∴ 亥卯未가 서로 만나 목국(木局)을 이룬다.

∴ 申子辰이 서로 만나 수국(水局)을 이룬다.

∴ 巳酉丑이 서로 만나 금국(金局)을 이룬다.

③ **칠충(七冲)** : 자기자리에서 일곱 번째에 해당되는 것끼리 즉 서로 맞보고 있는 것끼리는 충(冲)이 된다고 하여 붙여진 이름이다. 子가 午를 만나면 충이되고 丑이 未를 만나도 충이되며 寅申 卯酉 辰戌 巳亥가 서로간이 충이된다. 충(冲)은 충돌을 의미하고 충격과 싸움을 뜻한다. 충하면 동하는데 이를 충동(冲動)이라한다.

④ **삼형(三刑)** : 셋(三)끼리는 서로 형(刑)하는 관계가 된다고 붙여진 이름이다.

∴ 丑戌未 : 이 셋이 서로 만나면 형이 되는데 이를 무은(無恩:은혜를 모르는)의 형(刑 이라한다.

∴ 寅巳申 : 이 셋도 서로간에 형(刑)이 되는데 이를 지세지형(持 勢之刑)이라한다. 이형(刑)이 사주팔자에 있으면 수술, 부상, 교통사고, 관재(官災)가 있다. 다만 형무관, 형사, 의사등의 직업을 가지면 그 액은 면한다. 이 寅巳申 삼형은 세력을 믿고 망동한다하여 지세지형이란 이름이 붙게 되었다.

∴ 음형살(陰刑殺) : 사주팔자에 子와 卯가 서로 붙어 있을 때

를 말함이다. 이 형살(刑殺)역시 수술, 부상, 관재(官災)가 따르고 생식기 질환과 성병(性病)에 잘 걸린다.

∴ 자형(自刑) : 스스로 형(刑)한다고 해서 붙여진 이름이다. 辰이 辰을 만나고 午가 午를, 酉가 酉를, 亥와 亥가 서로 만나면 이 자형이 이뤄진다. 글자의 뜻 그대로 자살(自殺) 자해(自害) 등이 많고 스스로 일을 만들어 동요를 일으킨다. 형(刑)은 진로 변경, 수리, 개혁 등의 뜻이 있다.

⑤ **파살(破殺)** : 서로 만나면 파괴한다는 뜻이다. 丑과 辰, 子와 酉, 寅과 亥, 卯와 午 등이 파가 된다.

一. 십이운과 각종 신살(神殺)

1. 12운(十二運)

양(陽)에 속하는 천간(天干)은 음(陰)에 속하는 지지(地支)가 없다면 어떤 운동도 할 수 없을 뿐 아니라 존재 할 수도 없다. 따라서 12운은 어떤 천간이 12개의 지지를 만난다면 어떤 힘을 받느냐 하는 것을 나타낸 것인데 다음표와 같다.

十干	甲	乙	丙	丁	戊	己	庚	辛	壬	癸
장생(長生)	亥	午	寅	酉	寅	酉	巳	子	申	卯
목욕(沐浴)	子	巳	卯	申	卯	申	午	亥	酉	寅
관대(冠帶)	丑	辰	辰	未	辰	未	未	戌	戌	丑
록(祿)	寅	卯	巳	午	巳	午	申	酉	亥	子
제왕(帝旺)	卯	寅	午	巳	午	巳	酉	申	子	亥
쇠(衰)	辰	丑	未	辰	未	辰	戌	未	丑	戌
병(病)	巳	子	申	卯	申	卯	亥	午	寅	酉
사(死)	午	亥	酉	寅	酉	寅	子	巳	卯	申
묘(墓)	未	戌	戌	丑	戌	丑	丑	辰	辰	未
절(絶)	申	酉	亥	子	亥	子	寅	卯	巳	午
태(胎)	酉	申	子	亥	子	亥	卯	寅	午	巳
양(養)	戌	未	丑	戌	丑	戌	辰	丑	未	辰

∴ **장생(長生)** : 월(月) 일(日)에 이 별이 있으면 온유하고 용모 단정하며 인덕이 있다. 모방 감수성이 강하고 예술적 재질도 있다. 장생(長生)이란 말은 이제 태어났다. 이제 살길이 있다는 뜻이다. 그러므로 형(刑) 충(沖)을 싫어한다. 막 태어나는 새싹이 형충(刑沖)을 받으면 꺾이고 상하는 것과 같은 이치이다. 재관(財官)이 운에서 장생지를 만나면 새롭게 시작하려한다.

∴ **목욕(沐浴)** : 이 별이 월지(月支)나 일지(日支)에 있으면 기분과 감정본위로 흐르기 쉽고 여난(女難)이나 이성(異性)문제로 어려움을 당한다. 다재다능하나 주의력이 산만하고 직업과 주거에 변동이 많다.

∴ **관대(冠帶)** : 자존심 강하고 자기위주로 유아독존적인 기질이 있다. 남의 약점을 지나치게 비판하는 성질이 있다. 壬戌日, 癸丑日生이 여기에 해당된다.

∴ **록(祿)** : 온량한 성품에 고상한 기품이 있다. 일지(日支)에 있으면 차자(次子)라도 장남 역할하며 혹 양자(養子)가기도 한다.

∴ **제왕(帝旺)** : 양간(陽干)일 때는 양인(陽刃)이라 하기도 한다. 독립적 기풍이 있으며 권위를 좋아한다. 자존심이 강하여 어떤 간섭과 지배도 싫어하며 두목의 기질이 강하다.
　남의 신세를 지지 않으려하며 내성적이며 독자적이나 성내면 물불 안 가린다. 신체에 부상과 흉터가 있다 (刃은 칼이다) 년월(年月)에 이 별이 있으면 부(父)와 인연이 없어 일찍 이별한다.

∴ **쇠(衰)** : 온순 담백하나 기가 약하고 집착력이 부족하다.

∴ **병(病)** : 온후독실한 성품이나 허약체질이며 육친과 이별이 많다. 공상(空想)이 많으며 생각을 많이 한다. 같은 취미 같은 처지의 사람과는 쉽게 친해지며 대화를 길게 하는 경향이 많다. 모임(會) 단체를 좋아하고 어려운 사람을 잘 돕는 편이다.

∴ **사(死)** : 솔직담백하며 부지런한 성품이나 남에게 이용을 잘 당한다. 월지에 이별이 있으면 형제사별 운이 있고 형제 덕이 없으며 고향 떠나 타향에서 살게 된다. 일지(日支)에 있으면 어려서 큰병을 앓아 죽을 고비를 넘기며 부모와 인연이 박하고 병약한 배우자와 인연있다.

乙亥日 庚子日 에 태어난 여자는 남편운이 좋지않다.

∴ **묘(墓)** : 알뜰하고 절약심 강하며 투기적인 사업보다 고정된 수입을 원하는 성격이다. 월(月)에 이 별이 있으면 일찍 형제 사별(死別)이며 자신 역시 좋지 않다. 그러므로 빨리 생가(生家)를 떠남이 좋다. 소박하고 소탈한 성품이다. 묘(墓)는 죽어서 활동을 상실하고 쉬고 있는 뜻이다. 운(運)에서 이 별을 만나면 해당 육친(六親)에 유고(有故)가 있다.

∴ **절(絶)** : 기가 끊어졌다는 뜻이다. 그러므로 단절 이별 파산 고립 등의 뜻이다. 마음은 착하고 귀가 얇아 남에게 당하기 쉽다. 월에 있으면 부모덕이 없고 형제 덕도 없다. 일지(日支)에서 만나면 부부운 불길이고 초혼 실패수다 여자는 가정생활에 불평불만이 많아 이혼수가 많다. 초년고생이 많고 중년부터 좋아진다.

甲申日 辛卯日에 태어난 여자는 남편과 애정없는 부부생활이 많다.

∴ **태(胎)** : 내성적 여성적이며 폭력 폭언 폭행을 두려워하고 싫어한다. 즉 겁이 많다. 이성교제에 신중하다. 신규사업적인 두뇌발달이나 결단력이 박하다. 丁亥日 壬午日生 남자는 야행성이고 (밤에 불켜놓고 일한다) 독자가 많다. 丙子日 己亥日 여자

는 남편두고 애인 사귀는 경우가 많고 남편과 시부모를 탐탁치 않게 여긴다.

∴ **양(養) :** 양자(養子) 양육(養育)의 뜻이다. 인정이 많아 정(情)에 약하다. 월(月)에 있으면 유소시에 생가 떠나 타가(他家)에서 자라는 경우가 많다. 일(日)에 있으면 친부모 인연 약하고 부부 이별수 있으나, 여자는 남편 인연이 좋다.

12운중에 제일 많이 작용하고 영향을 끼치는 것은 사(死) 절(絶) 묘(墓) 장생(長生) 목욕(沐浴) 제왕(帝旺)이다. 대운(大運)과 년운(年運)에 만나도 큰 영향을 끼치니 기억해 두기 바란다.

2. 신살(神殺)

사주 추명학에 쓰이는 신살은 100여개가 넘는다. 여기서는 필자의 경험상 제일 적중률이 높은 것만 기술하기로 한다. 흔히 어떤 사람은 신살을 무시하기도 하는데 이는 사주의 깊이를 모르고 겉만 보고하는 말이니 절대로 믿으면 안된다.

무슨 일로 어떻게 되었다 하는 것은 신살을 적용하지 않으면 알 수가 없기 때문이다. 그래서 사주에 대한 연구가 깊지 못한 일부 역술인들은 신살 하나 가지고만 이렇다 저렇다 살(殺)타령으로 영업하기도 한다.

∴ **천을귀인(天乙貴人)** : 도와주는 제일 좋은 신살(神殺)로서 도움받는다. 도와준다. 막히게 되면 통하게 한다. 흉함을 풀어준다는 뜻이 있다. 그래서 의사 약사 사회사업가 등의 사주팔자에 자주 나타나 있다. 이것이 있으면 기억력이 좋고 위급한 가운데에서 구함을 받는다. 천을(天乙)이 재(財)를 타고 있으면 재물에 대한 혜택을 받을 수 있고 관(官)과 함께 있으면 관(官)의 도움을 받는다. 기타의 사항도 이렇게 활용하면 된다. 다만 공망(空亡)과 형충(刑冲)을 만나면 그 힘이 반감된다.

甲戊庚은 丑과 未를 만나면 천을귀인을 만난 것이다.

壬癸는 巳와 卯 乙己는 子와 申 丙丁은 亥酉

辛은 寅과午를 만나면 천을귀인을 만난 격이다.

∴ **역마살** : 타향 타국을 뜻하고 이동과 변동을 의미하며 바쁘게 다니는 것을 의미한다. 직업으로는 운수 교통 해외출입 외

교관을 뜻하고 자동차 비행기 선박과 관계있고 역, 정류소 지하철 등을 의미한다. 옛날에는 이 살을 나쁘게 해석했으나 정보화 사회인 지금에는 나쁘게 보지 않는다. 다만 사주의 구성에 따라 그 길흉을 판단할 뿐이다.

寅午戌에는 申이 역마, 巳酉丑에는 亥가 역마,

申子辰에는 寅이 역마, 亥卯未에는 巳가 역마이다.

예) 寅午戌 년이나 일(日)에 태어난 사람이 申을 만나면 이 申을 역마성이라 이라한다.

∴ **지살(地殺)** : 寅申巳亥를 말한다. 역마성과 비슷한 것이다. 다만 겹쳐 있을 때는 그 작용이 더욱 강해진다.

예) 寅년에 태어났고 월 일 시 중에 또 寅이 있을 경우를 말한다. 이리되면 두 어머니를 모시게 되고 말을 타고 이리저리 다니는 것처럼 바쁜 생애를 보내게 된다.

※ 어릴 때와 노년기에 역마운을 만나면 좋지 않고 청장년기의 역마운은 나쁘게만 보면 안된다.

∴ **도화살(桃花殺)** : 연애와 바람기를 뜻한다. 이 살이 나쁘게 작용하면 이성문제, 애정문제로 큰 곤욕을 겪게된다.

그러나 좋게 작용하면 이성관계, 애정관계 등 애인으로 인해 좋은 일이 생긴다로 판단한다. 寅午戌 년일(年日)에 태어난 사람이 卯를 만나면 성립된다.

申子辰 生은 酉 巳酉丑 生은 午 亥卯未 生은 子

여자팔자에 이 살이 관성(官星)과 같이 있으면 남편과 연애결혼이고 재성(財星)과 같이 있으면 사주가 탁하고 술장사등 유흥업으로 생활하며 몸을 팔아 돈을 벌게 된다.

∴ **홍염살** : 甲乙日生이 午를 보면 홍염살이라 한다.

丙日生은 寅.   丁日生은 未,   戊己日生은 辰,

庚日生은 戌,   辛日生은 酉,   壬癸日生은 申 이다.

홍염살도 도화살과 비슷한 것으로 이성(異性)에 인기있고 외정(外情)과 색정(色情)이 강하다.

∴ **화개살** : 영적(靈的)인 의미를 지닌 것으로 절(寺), 수도(修道), 종교, 신불(神佛)에 인연있다는 별이다. 역학(易學)과 천문학(天文學), 점성술을 뜻하기도 한다. 寅午戌 生이 戌을 만나면 성립된다.

巳酉丑 生은 丑   申子辰 生은 辰   亥卯未 生은 未를 만나면 구성된다.

예) 편인(偏印)이 화개성 위에 있으며 용신(用神)이 되면 승려나 도사 역술인 등이 되기쉽고 정인(正印)이 화개성 위에 있으면 종교, 철학자다.

∴ **겁살(劫殺)** : 빼앗기고 뜻밖의 화(禍)를 당한다. 는 살이다. 寅午戌 生은 亥가 겁살, 巳酉丑 生은 寅, 申子辰 生은 巳, 亥卯未 生은 申이 겁살이다.

∴ **망신(亡身)** : 글자 그대로 망신당한다는 말이다. 寅午戌 生이 巳를 보면 망신에 해당되고 巳酉丑 生은 申, 申子辰 生은 亥, 亥卯未 生은 寅을 보면 성립된다.

∴ **백호살(白虎殺)** : 피를 보는 흉한 일을 당하고 피를 보고 죽는다는 살이다.

사주팔자에 丁丑, 甲辰, 乙未, 壬戌, 癸丑, 丙戌, 戊辰 이 있으

면 백호살이 있다고 말한다. 이 살의 활용은 실례감정편에서 설명한다. 아주 적중률이 높은 살이다.

∴ **귀문살(鬼門殺)** : 글자 그대로 귀신이 덮여 있다는 살이다. 이것이 구성되면 신경쇠약, 정신병, 신들림, 우울증, 불면증, 변태성, 의처증, 의부증 등의 정신이상과 장애가 있다.

또 집안에 신불(神佛)을 모셨다가 무당, 점쟁이, 풍수, 역술인 등이 있으며 정신이상 등의 육친이 있다.

丑年에 태어난 사람이 午日에 태어나면 해당된다. 巳年生이 戌日에 태어나고, 卯年生이 申日, 辰年生이 亥日, 寅年生은 未日, 子年生이 酉日에 태어나면 해당된다.

거꾸로 午年生이 丑日에 태어나도 구성된다. 여타의 것들도 그렇다. 또 년(年)과 일(日)뿐 아니라 월(月)과 시(時)로 구성되기도 한다.

∴ **탕화살(湯火殺)** : 끓는물에 화상입는다는 뜻이나 폭발물, 일반적인 화상, 연탄가스 중독, 음독 등도 해당된다.

사주팔자에 寅午丑이 같이 있던지 寅寅, 午午, 丑午, 丑丑이 있어도 성립된다.

∴ **급각살** : 수족이 상한다, 골절, 이빨 상한다. 소아마비, 다리전다, 허리와 무릎이 아프다는 살이다.

寅卯辰 月에 태어나고 亥나 子가 있으면 성립된다.
巳午未 月에 태어나고 卯나 未가 있으면 성립된다.
申酉戌 月에 태어나고 寅이나 戌이 있으면 성립된다.
亥子丑 月에 태어나고 丑과 辰이 있으면 성립된다.

∴ **단교관살** : 다리불구가 되거나 신체불구가 된다는 살이다.
寅月生 寅, 卯月生 卯, 辰月生 申, 巳月生 丑, 午月生 戌,
未月生 酉, 申月生 辰, 酉月生 巳, 戌月生 午, 亥月生 未,
子月生 亥, 丑月生 子
일지(日支)와 시지(時支)에 있을 때 구성된다.

∴ **낙정관살** : 웅덩이나 우물, 똥구덩이에 빠지고 높은곳에서
떨어지며 연탄가스에 중독될 수 있다는 살이다. 甲己日生이 巳를
만날 때, 乙庚日生은 子, 丙辛日生은 申, 丁壬日生은 戌 戊癸日
生은 卯로 구성되는데 이 역시 일과 시지(時支)에 있을 때다.

∴ **과숙살** : 홀아비로 지내거나 부부인연이 없다는 살이다.
亥子丑 月生이 일지(日支)에 戌을 만날 때, 寅卯辰 月生이
일지에 丑을 만날 때, 巳午未 月生이 일지에 辰을 만날 때, 申
酉戌 月生이 일지에 未를 만날 때 구성된다.

∴ **문창성(文昌星)** : 글을 잘하고 똑똑하며 학문과 관계가 있
다는 별이다. 甲日이 巳를 만나고, 乙日은 午, 丙日은 申, 丁
日은 酉, 戊日은 申, 己日은 酉, 庚日은 亥, 辛日은 子, 壬日
은 寅, 癸日은 卯를 만나면 이뤄진다.

∴ **괴강일** : 戊戌日, 戊辰日, 庚辰日, 庚戌日, 壬辰日, 壬戌日에
태어나면 괴강일에 태어났다고 한다. 이날에 태어난 여자는 남
편덕이 없어 남편의 사업상 실패, 남편의 무책임이 있다고 한다.

∴ **수옥살(囚獄殺)** : 일명 재살(災殺)이라 하기도 한다. 납치
감금 당한다는 뜻인데 병원 장기입원, 구속 등도 해당된다. 寅午

戌 生은 子, 巳酉丑 生은 卯, 申子辰 生은 午, 亥卯未 生은 酉가 수옥살이다.

∴ **공망(空亡)** : 글자 그대로 비어있고 망했다는 뜻이다. 나쁘게 작용하는 흉신(凶神)은 공망됨이 좋고 좋은 영향을 끼치는 길신(吉神)은 공망됨이 좋지 않다. 해당 육친(六親)과 통변성에 따라 해석한다.

예) 재성(財星)이 공망이면 아버지(父)의 힘을 얻기 어렵고 재물복 또한 그 복을 반감한다. 공망은 일주(日主)를 가지고 보나 년주(年主)로 보아 일주(日主)공망을 보기도 한다.

<공망표>

날 짜									空亡
甲子	乙丑	丙寅	丁卯	戊辰	己巳	庚午	辛未	壬申	癸酉	戌亥
甲戌	乙亥	丙子	丁丑	戊寅	己卯	庚辰	辛巳	壬午	癸未	申酉
甲申	乙酉	丙戌	丁亥	戊子	己丑	庚寅	辛卯	壬辰	癸巳	午未
甲午	乙未	丙申	丁酉	戊戌	己亥	庚子	辛丑	壬寅	癸卯	辰巳
甲辰	乙巳	丙午	丁未	戊申	己酉	庚戌	辛亥	壬子	癸丑	寅卯
甲寅	乙卯	丙辰	丁巳	戊午	己未	庚申	辛酉	壬戌	癸亥	子丑

一. 사주팔자(四柱八字) 뽑기

네 기둥(四柱)을 세우고 여덟 글자(八字)를 세우려면 먼저 만세력을 들춰본다.

예컨대 1960년 음력 4월 25일 아침 8시경에 태어난 남자의 사주명식(四柱命式)을 세운다면 만세력을 들춰 1960년도를 찾는다. 그러면 맨 윗머리에 庚子라고 써있다. 이 庚子가 바로 년주(年柱)가 된다. 그런 다음 음력 4월을 보면 辛巳로 되어 있는데 이것을 월주(月柱)가 되며 25일은 무신(戊申)이다. 여기까지의 명식을 세워보면 아래와 같다.

○　戊　辛　庚
○　申　巳　子
時　日　月　年

여기에 아침 8시경은 辰時이므로 빈칸 아래쪽에 辰자를 써놓고 시두법(時頭法: 時에 天干 붙이는 법)을 활용해 辰위에 붙는 천간을 찾아서 붙이면 된다. 시두법은 아래와 같다.

甲己日은 甲子時부터,　乙庚日은 丙子時부터,

丙辛日은 戊子時부터,　丁壬日은 庚子時부터,

戊癸日은 壬子時 로부터 시작하여 癸丑時 甲寅時 乙卯時 丙辰時 丁巳時로 진행해간다.

그러므로 위 사주의 시(時)에 붙는 천간은 丙이된다.

※ 子時는 통상적으로 오후 11시~오전 1시 사이로 쓰고 있으나 이 시간설정은 일본 동경 천문대를 기준으로 한 시간 설정이다. 그러므로 부산지방은 오후 11시15분~오전 1시15분을 子時로 하고 서울지방일 경우엔 오후 11시30분~오전 1시30분 정도를 子時로 설정함이 옳다. 또 子時에는 야자시(夜子時)와 조자시(朝子時)가 있기에 그 시두법(時頭法)도 다르다.

∵ 조자시(朝子時)는 밤 12시부터 새벽 1시까지이니 앞의 시두법에 따라 그 천간을 붙이면 된다.

∵ 야자시(夜子時)는 밤 11시부터 12시 사이이므로 조자시(朝子時)에 붙는 천간에서 3번째에 닿는 천간을 붙이면 된다.

예) 甲己日의 조자시는 甲子時인데 甲에서 세 번째는 丙에 해당되므로 야자시는 丙子時가 된다. 또 조자시에 붙이는 시두법에 따라 계속 甲子時 乙亥時 丙子時가 된다. 여타의 것들도 위와같이 하면 된다.

1. 입춘(立春)을 한해의 시작으로 본다

사주추명학에선 음력 1월1일을 한해의 시작으로 하지 않고 입춘일(立春日)을 기준으로 한다.

즉 庚子年 음력 1월8일생에 태어났다해도 이해의 입춘일은 1월9일이므로 이 사람의 사주명식은 己亥年 丁丑月 壬戌日이 된다. 이와 마찬가지로 戊戌年 12월 28일에 태어났다해도 이해의 입춘일은 12월 27일이므로 이 사람의 명식은 다음해인 己亥年 丙寅月 戊午日이 된다.

년과월은 바뀌어도 일진은 바뀌지 않는다. 이처럼 각각의 달 역시 그달의 절입일(節入日)을 기준으로 하므로 2월생이라도 경칩을 지나지 않으면 2월의 간지(干支)를 쓸 수 없고 1월의 간지를 쓴다.

월	1월	2월	3월	4월	5월	6월	7월	8월	9월	10월	11월	12월
절입	입춘	경칩	청명	입하	망종	소서	입추	백로	한로	입동	대설	소한

2. 대운 뽑는 법과 대운수(大運數)

1) 대운(大運)은 사주의 월간지(月干支)에서 일으키는데 양년(陽年)에 태어난 남자는 순행(順行)이고 음년(陰年)에 태어난 남자는 역행(逆行)한다. 그리고 양년(陽年)의 남자는 태어난 날에서 다음달 절입일까지의 날짜수를 3으로 나눈 그 수를 대운수로 한다.

음년(陰年)에 태어난 남명(男命)은 태어난 날에서 그달의 절입일까지의 일수를 3으로 나눈 그 수를 취한다.

예1) 1960년 4월 25일 辰時에 태어난 남자의 명식

丙	戊	辛	庚
辰	申	巳	子
시	일	월	년

양년에 태어난 남자이므로 辛巳月에서 순행하므로 壬午 癸未 甲申 乙酉 丙戌 丁亥 戊子 己丑으로 진행되며, 대운수는 생일이 25일이고 다음달 절입인 망종은 5월 13일이므로 그 사이의 날짜수는 15일이다. 이를 3으로 나누면 5가되니 이 5가 대운수이다.

따라서 다음과 같이 명식을 배열한다.

丙	戊	辛	庚
辰	申	巳	子

55	45	35	25	15	5
丁	丙	乙	甲	癸	壬
亥	戌	酉	申	未	午

예2) 1959년 1월 28일 巳時 음년에 태어난 남자일 경우.
명식은 아래와 같다.

$$丁 \quad 戊 \quad 丁 \quad 己$$
$$巳 \quad 子 \quad 卯 \quad 亥$$
$$시 \quad 일 \quad 월 \quad 년$$

대운은 역순이고 대운수는 생일과 절입일 차이가 1일이므로
0.3일이되나 이를 간단히 1수로 본다. 그러면 다음과 같이 배열
된다.

$$丁 \quad 戊 \quad 丁 \quad 己$$
$$巳 \quad 子 \quad 卯 \quad 亥$$

41	31	21	11	1
壬	癸	甲	乙	丙
戌	亥	子	丑	寅

2) 음년(陰年)에 태어난 여자는 순행이고 양년(陽年)에 태어
난 여자는 역행이다.

예) 1967년 2월 26일 酉時에 태어난 여자의 사주는 아래와 같다.

$$癸 \quad 己 \quad 癸 \quad 丁$$
$$酉 \quad 亥 \quad 卯 \quad 未$$

3월 절입일인 청명날에 태어났으나 절입 시간이 戌時이므로
아직은 2월생으로 본다.
음년에 태어난 여자이므로 대운은 순행이고 대운수는 하루차
이도 안나므로 1수로 보니 그 명식 배열은 아래와 같다.

```
癸　己　癸　丁
酉　亥　卯　未
```

```
41  31  21  11  1
戊  丁  丙  乙  甲
申  未  午  巳  辰
```

예) 양년에 태어난 여자 1966년 1월 28일 酉時생

```
辛　戊　庚　丙
酉　申　寅　午
시　일　월　년
```

대운은 역순이며 대운수는 태어난 날과 그달의 절입일 사이가 14일간이므로 3으로 나누면 4.7일이나 사사오입하여 5수로 본다. 배열하면 아래와 같다.

```
辛　戊　庚　丙
酉　申　寅　午
```

```
55  45  35  25  15  5
甲  乙  丙  丁  戊  己
申  酉  戌  亥  子  丑
```

5세부터 14세까지가 己丑대운의 영향을 받고 15세부터 24세까지는 戊子대운의 영향을 받는다.

一. 십간의 성질과 작용

여기서 말하는 10간의 성질과 그 뜻은 10간의 모양과 문자가 지니고 있는 뜻 그리고 오행에 따른 뜻인데 이때까지의 그 어떤 명리서(命理書)에도 언급되지 못했던 부분이다.

30여년간에 경험하고 활용해온 것으로 이 10간의 뜻을 정확히 파악해야만 판단에 오류가 생기지 않는다.

1) 甲木

생각은 많이하나 행동력이 약하다. 피부 바깥은 거칠고 강하나 속은 여리고 약하다. 남에게 약하게 보임을 싫어하고 밖으로 부풀려 보이도록 하려는 성질이다. 자기보호 본능이 아주 강하다. 이런 성정은 사주 상황에 따라 또 어떤 지지에 뿌리박고 있느냐에 따라 달라 질수도 있으나 대강 그렇다는 말이다. 甲은 첫머리이므로 어떤 조직이던 머리(頭目)의 역할을 많이 한다. 사물로는 막대기 목재 소나무 잣나무 등 일반적으로 큰 나무다. 甲은 土를 좋아하니 나무는 땅에 뿌리를 박아야 하기 때문이다.

2) 乙木

새가 앉아있는 모양, 줄기가 뻗어나는 모양, 바람에 흔들리는 갈대, 연한 수풀, 싹이요 넝쿨이다. 화초다. 약하지만 진취성있고 좌절하지 않는다. 바람에 흔들리는 잎새니 의지할 곳이 제한되어 있고 의지심이 많다. 특히 甲木을 보면 휘감고 올라감으로 자빠지면 혼자 자빠지지 않고 꼭 걸고넘어진다. 붙기도 잘 붙고 떨어지기도 잘하며 자기주장을 관철하려 우기는 기질이 많다. 상대를 쉽게 믿지않고 의심이 많으며 끈덕지게 달라붙는 성질도 있다. 지그재그로 가는곳, 납작한 모자, 줄이고 코일이다. 사람에겐 모발이다.

3) 丙火 : 태양, 전기

태양은 만물을 고루 사심없이 비춰주므로 사람차별 없다. 만대중을 위해 베풀어야 하나 인간의 덕은 그리없어 결과는 좋은 소리 못 듣는다. 자존심이 강하여 남에게 굽히길 싫어한다. 겨울에 丙火는 모든 사람이 좋아하고 한여름의 丙火는 사람들에게 권태를 주고 짜증을 내게 한다. 사물로는 빨간 꽃이요, 빨간 열매며 둥근 모습이다.

4) 丁火 : 등불, 장작불, 쇠를 녹이는 불, 별, 달, 등대 야광(夜光)

자상한 마음으로 남에게 길을 잘 가르쳐준다. 남이 뭐라하든 제하고 싶은데로 해야 직성이 풀린다. 부드러운 성격이나 내심은 급하다. 남의 허물은 잘 지적해내며 밖으론 밝으나 자신의 약점을 잘 모르며 어둡다. 丙火를 보면 빛을 빼앗기므로 최고는 될 수 없고 야행성(夜行性)이 많다.

5) 戊土 : 山, 언덕, 부산, 마산, 울산등 밀가루, 시멘트

장엄하나 고독한 모양이다. 자기중심적이고 보수적이며 고집세다. 풍파가 닥쳐도 의연하게 대처하며 흔들림이 없다. 큰물을 만나야 그 진가를 발휘하며 무리중에서 중심적 역할하려 한다.

토기(土氣)가 적당하면 신용과 약속을 잘 지키나 약하면 믿음과 신용이 없다. 土는 신(信)이므로 태다(太多)하면 과신(過信)이요, 미신(迷信)이며 우둔함이다.

6) 己土 : 도로(道路), 밭(田) 뻘흙, 오솔길

글자의 모양은 서로 등을 맞댄 형이다. 포용력이 강하여 잘 받아들이는 장점이 있다. 그러나 수습 정리하는 힘이 약하다. 인내심이 강하며 투기보다 안정성이 길하다. 생각이 많고 넘겨짚길 잘하나 우유부단하여 기회를 놓치는 경향이 많다.

상대를 나처럼 만들려하는 경향이 많으며 세력 강한 쪽으로 잘 붙는다. 자기보호본능이 잘 발달되어 있다.

7) **庚金** : 절벽, 암석, 도끼, 칼, 망치, 공장에서 일하는 사람들

개혁의 성질이 강하며 야물다. 풍운아적인 기질도 있다. 유혹에 빠져도 자기 본성을 잃지 않으며 기회가 오면 자기 역할과 위치 되찾는다. 독존적인 성질로 자신위주의 주장을 강하게 내세운다.

8) **辛金** : 귀금속, 반지, 주옥(珠玉), 냉장고

십자가 위에 서있는 사람, 희생자, 순교자, 열매, 면도칼, 인격적인 모욕은 가슴에 꼭 간직 했다가 언젠가는 되갚아 주겠다는 성질을 지니고 있다. 기억력이 좋고 청결함을 좋아하며 물을 좋아한다.

꼭 쥐어짜면 물이 나온다. 대체로 미인이 많다. 남에게 돋보이려는 성질이 강하며 항상 남에게 멋지게 보이려 노력하는 형이다. 알뜰하여 헛돈을 쓰지 않는 절약성이 있다.

9) **壬水** : 호수, 바다, 강

무슨 일이든 깊이 생각하는 지혜성이다. 내부는 밝지만 바깥 일에는 순발력이 약해 충격을 받으며 즉시 움직이지 않고 한참 생각한 후에 움직이는 성질이다. 행동과 언어가 빠르며 변화를 좋아한다. 색욕을 즐기며 지나간 일엔 미련과 집착을 갖지 않는 다. 자기주장을 도도하게 내세우며 거만한 기질도 있다.

보통사람들이 싫어하는 낮고 음침한 곳도 잘 파고들어 머물며 어떤 상황이 오던 잘 변화 대처하는 속성이 있다.

10) **癸水** : 비, 이슬비, 눈(雪), 피(血), 안개, 수증기, 구름, 눈 물, 하늘(天)로 올라간다. 구세주

내성적이며 유동적이나 높은 곳으로 나아가려는 뜻이 강하다. 장엄하고 우뚝 솟은 힘을 만나면 아낌없이 일조를 한다.

변화에 능한 성질이며 유약한 것 같으나 강하다. 수틀리면 눈 흘기고 돌아앉는 좁은 성정도 있다. 여름 더울 때의 癸水는 만 사람에게 필요한 존재이다.

1. 십간(十干) 서로간의 호악(好惡)

1) 甲木은 대체로 庚金을 좋아한다.

무성한 큰 나무는 가위나 톱으로 잘라주고 다듬어 줘야하며 가을(秋)의 성장(成長)된 큰 나무는 庚(도끼, 톱)이 있어야만 그릇이 될 수 있기 때문이다.

2) 乙木은 辛金을 싫어하며 庚金을 좋아한다.

. 乙木은 난초같은 나무며 넝쿨있는 식물에 비유됨으로 면도칼에 속하는 辛金을 보면 잘리게 된다.

. 乙木은 줄이며 호리호리한 나뭇가지이므로 庚金(도끼)의 자루가 되어 쓰일 수 있다.

3) 丙火는 壬水를 좋아하고 癸水를 싫어하며 辛金을 보면 그 강렬한 기운을 잃는다.

. 丙火는 태양이므로 壬水(호수, 바다)를 보면 태양빛 호수에 비치는 경관을 이룬다.

. 癸水는 구름이고 비에 속하므로 태양을 어둡게 한다.

. 丙火는 辛金과 합해 水가 됨으로 그 기세를 상실하여 반극(反剋)당하게 된다.

4) 丁火는 癸水를 싫어하고 丙火를 싫어한다.

. 장작불, 등불에 속하는 丁火는 癸水에 속하는 비를 만나면 그 불이 꺼진다.

. 丁火는 등불인데 丙火(전기불, 태양)을 만나면 그 빛이 나

지않고 효용이 나타나지 않는다.

. 丁火는 戊土를 좋아하는데 戊土는 불을 담아주는 화로가
되기 때문이다.

5) 戊土는 甲木을 좋아하고 壬水와 癸水를 좋아한다.

. 戊土는 산이고 언덕이므로 잣나무, 소나무 등에 속하는 甲
木이 있어야 그 경관이 아름다워지고 민둥산이 되지 않는다.

. 壬水는 흐르는 물인데 戊土가 막아줌으로서 호수를 이룰
수 있다.

. 癸水는 구름이고 戊는 산봉우리다. 戊癸로 합하여 산봉우리
에 구름이 걸린 경관을 이루고 戊癸合하여 火가 되어 土를 생해
주기 때문이다.

6) 己土는 壬水를 싫어하고 乙木을 싫어한다.

. 뻘흙, 논밭의 흙인 己土는 흐르는 물인 壬水를 만나면 잠기
기 때문이다.

. 乙木은 넝쿨달린 초목(草木)인데 논밭에 있으면 잡초가 된
다.

7) 庚金은 丁火를 좋아하고 癸水를 싫어한다.

. 완강한 무쇠에 속하는 庚金은 용광로 불에 속하는 丁火를
만나야 성형(成形)이 되고 그릇이 되기 때문이며 癸水는 丁火를
꺼지게 한다.

8) 辛金은 壬水를 좋아하고 丁火를 싫어한다.

. 주옥(珠玉), 귀금속에 속하는 辛金은 흐르는 물인 壬水를
만나야 더욱 빛이 난다. 흐르는 맑은 물속에 들어있는 주옥과

귀금속은 더욱 영롱한 빛을 낸다. 또 辛金은 壬水로써 씻어줘야 그 빛이 더욱 영롱해진다. 귀금속같은 辛金은 丁火를 보면 녹아서 그 형체를 상하게 된다. 따라서 辛金이 丁火를 보면 몸에 흉터와 반점이 있게되며 화상(火傷)당하기도 한다.

9) 壬水는 戊土를 만나야 그 흐름을 멈추고 호수가 되어 쓰임이 있다. 따라서 壬水와 戊土가 만나서 조화를 이룬 사주팔자는 귀격(貴格)이 되고 큰 인물이 된다.

. 壬水는 己土를 싫어한다. 己土는 뻘 흙이고 壬水는 맑은물, 이렇게 만나면 물이 흐려진다.

10) 癸水는 乙木을 좋아한다.

. 乙木은 초목인데 癸水가 이를 만나면 풀잎 위에 맺힌 이슬이 되어 영롱한 빛을 낸다. 그러나 그 영화는 잠시뿐이다.

이상으로 십간끼리의 좋고 나쁨을 살펴봤는데 이는 사주팔자의 배열과 각 십간의 강약에 따라 달라질 수 있다.

2. 12지(十二支)의 상의(象意)

1) 子 : 깊은 겨울밤, 자궁(子宮), 아이, 치마 두른 여자, 띠를 매고 제복을 입은 형상.

눈치를 잘 보고 맛을 잘 보며 민첩하여 기회포착을 잘한다. 야행성이며 어두운 곳에서 활동한다. 침착치 못한 경향이 많으며 천진난만한 점도 있다. 꾀가 많고 불여의 하면 구멍 속에 숨을 죽이고 있는다. 자부심 강하고 주의주장 강하며 생각이 깊다.

2) 丑 : 수레, 달구지, 닭집, 불도저, 섬, 쟁기, 자갈, 묘지, 田氏
고집세고 인내력 강하며 말없이 제 할 일만 하는 숨은 일꾼. 평생 큰 짐을 지고 묵묵히 걸어가는 소(牛)다.

3) 寅 : 말(午)이 먹는 풀(草)이다. 경마장, 약초, 활동성, 태양이 떠오르는 동쪽이니 나무가 잘 자란다. 자만심이 강하나 애타심(愛他心)도 많아 남의 아픔에 공감하여 잘 도우려한다. 역마성이므로 활동력이다. 한번 화를 내면 주위를 벌벌 떨게끔 맹렬하다.

수풀(林)과 나무 많은 곳을 좋아하며 소리와 흔적없이 적을 공격하려한다. 산(山)자 들어간 지명 및 산 가까운 곳과 인연 있다. 독행적이며 이럼으로 고독하다. 파괴적인 기운이다.

4) 卯 : 초목, 줄기, 넝쿨, 토끼털, 모발, 코일, 여린 초목, 가늘고 긴 나무.

서로 등을 댄 글자꼴이므로 외롭고 쓸쓸하며 배신을 잘 당하며 잘 토라진다. 잘 놀래며 겁이 많고 소리에 민감하며 정보를 잘 받아들인다. 강하게 나오는 상대에겐 약하고 남에게 이용 잘 당하며 인내심이 부족하다.

순박하고 깨끗하나 박력이 약하다. 경계심 강하다.

5) 辰 : 물탱크, 저수지, 댐, 거북이, 자라, 용, 별, 시간.

꿈이 많고 의욕적이며 포부가 크다. 용맹을 뜻하며 남성적이다. 승부욕이 강하며 투기성도 있다. 그러나 장애가 많이 따른다.

지식을 잘 받아들여 간직하며 고집이 보통 넘는다.

변화를 통해 조화(造化)를 부리려한다. 헛돈 쓰지 않는 절약형이나 고독이 많으며 물을 만나야 잘 살아 갈 수 있다.(물자가 들어간 곳, 물에 관계된 것)

6) 巳 : 닭의 머리, 밀, 밀가루, 국수, 전기줄, 전화줄, 역, 정류소, 철로길, 굴다리, 용광로, 불(火), 움직이는 쇠, 긴 쇠, 로타리. 뱀은 유혹의 동물이므로 사람을 잘 유혹한다.

달콤해 보인다. 이해성이 부족하고 직선적이며 변화 변동 변덕성이 많다. 혓바닥을 날름거리며 한입으로 두말하며 남다른 변화성이 있다. 초지일관하지 못하고 중도에서 휘어지기 쉽다.

7) 午 : 정오, 그네, 무용수, 흔들거리는 사물, 가로등.

그네는 두 사람이 마주보고 타기도 하기에 애인을 상징한다. 흔들거리는 것이기에 흔들흔들 해야 기분이 나고 신이 난다. 말대가리는 길갈때 끄떡 끄떡하니 남이 말하면 고개를 끄떡 거린다.(긍정하지 않을 때도) 子午가 같이 있으면 시계, 나침반이며 다리를 상한다. 말(午)은 채찍질해야 잘 달린다. 밤에 빛이 난다.

8) **未** : 토끼집, 목재창고, 빨래줄, 전선주, 원두막, 화원목장. 未중에는 乙木이 있으므로 토끼집이고 줄이 쌓여 있는 창고다. 전선주에 전기줄이 걸린 형상으로 未속에는 丁火 불이 있다.

양은 무리지어 살고 풀(木)이 없으면 안되며 울타리를 벗어나면 남에게 잡아먹힌다.

양은 희생으로 올려지는 짐승이므로 남을 위해 희생함이 많다. 항상 입에 먹는 것을 달고 다닌다. 양은 아름되게 커지면 도축되니 재산이 쌓이면 반드시 남에게 상실된다.

어느 정도 성공했을 때는 항상 경계를 늦추지 말아야 한다.

9) **申** : 쥐(子)의 놀이터, 쥐(子)를 만나면 놀이터만 제공해 주고 자신은 죽는다. 샘, 약수터, 원숭이, 운동장, 원숭이가 두발로 서서 재주부리며 으스대는 모양, 바닷가 번화한 곳, 해군, 배, 물이 둘러싸인 곳, 흉내 잘 내고 모방 잘 한다. 줄과 나무가 있어야 남다른 재주를 부릴 수 있다. 과일 및 열매를 좋아하며 항상 가만히 있질 못하고 분주하다. 분주한 삶을 산다.

좋은 사람을 만나야 뜻을 펼칠 수 있다. 기도를 많이하면 신(神)이 내리고 영감이 발달된다.

10) **酉** : 닭, 노래방, 음악, 시간, 시계, 구멍 뚫린 쇠니 반지, 핸들, 칼, 물(水)을 만나면 술(酒)이 된다. 시간관념이 강하며 계몽성이 강해 남에게 한 소식 전해주려 애쓴다. 닭은 땅 바닥을 파헤쳐 먹을 것을 찾아냄으로 덮여져있고 숨겨져 있는 비밀을 밝혀낸다. 닭은 하늘을 날지 못하므로 두목격은 아니고 참모격이다. 비천할 큰 꿈을 간직하고 있으나 소망은 이뤄지기 어렵다. 닭울음소리는 새벽이 옴을 알린다. 닭(酉)은 용(辰)을 만나야 봉

(鳳) 이란 이름을 얻는다. 午酉이면 닭튀김, 몸에 난 상처자국.

11) 戌 : 마구간 차고(車庫), 화약고, 개(犬), 산(山), 산속의 무덤, 기도하는 사람, 영적인 것, 절(寺), 광산, 땅속에 움을 파고 앉아 있는 형상. 戌자는 수로도 발음하며 지킨다는 뜻이 있다.
개에 속하므로 냄새를 잘 맡고 코를 킁킁거린다. 책임감이 강하고 경계심이 강하며 맡은 임무는 꼭 완수 하려는 성질이다.
뼈다귀있는 고기와 생선을 좋아한다.

12) 亥 : 돼지, 해초(海草), 약초, 바다.
亥는 역마요, 돼지 이므로 울안에 갇혀 있길 싫어하니 울 밖의 돼지다. 울 밖의 돼지는 산돼지 다. 저돌적이고 무질서하며 활동해야 식록을 얻는다. 변화성이 많아 한 가지 업으로 평생가기 어렵고 약초와 해초로 먹고 살기도 한다. 변덕성이 있으며 외양(外洋)출입에 인연있고 타향 타국에서 활동한다.
나무(木)를 만나면 핵(核)이 되어 핵심적 역할을 할 수 있다.

이상으로 12지의 상(象)과 글자의 뜻을 설명했다. 그러나 항상 변화 되는 것이 역(易)이므로 사주 상황에 따라 적절히 활용하면 적중률이 아주 뛰어날 것이다.

一. 육신(六神)과
육친(六親)의 통변성

1. 십간(十干)중의 어느 하나가 다른 9개의 십간을 만나게 되면 서로간에 비화(比和), 생(生), 극(剋)의 관계가 이뤄지는데 다음과 같다.

1) 나(我)와 같은 오행을 만났을 때 나와 같은 음양이면 비견(比肩)이라 하고 음양이 다르면 겁재(劫財)라 한다. 이것을 한자(漢字)말로는 「비화자(比和者) 비견 겁재」로 말한다.

예) 甲木이 甲木을 만나면 비견이고 乙木을 만나면 겁재다.

2) 내(我)가 생(生)해 줄 수 있는 오행중에 나와 음양이 같으면 식신(食神)이고 음양이 다르면 상관(傷官)이라 한다. 이것을 한자어로는 「아생자(我生者) 식신 상관」이라 한다.

예) 甲木이 丙火를 만나면 식신이라 하고 丁火를 만나면 상관이라 한다.

3) 내(我)가 극(剋) 할 수 있는 오행을 만났을 때 음양이 같으면 편재(偏財), 음양이 다르면 정재(正財)라 말한다. 한자어로는 「아극자(我剋者) 편재 정재」이다.

4) 나(我)를 극할 수 있는 오행중에 음양이 동일하면 편관(偏

官), 다르면 정관(正官)이다.

한자어로는 「극아자(剋我者) 편관 정관」이라 한다.

예) 내가 甲木일 때 庚金은 편관이 되고 辛金은 정관이 된다.

5) 나(我)를 생해주는 오행중 음양이 나와 같은 것을 편인(偏印). 다른 것을 정인(正印) 혹은 인수(印綬)라 한다.

「생아자(生我者) 편인 정인」

예) 내가 甲木일 때 나를 생해주는 壬水를 편인, 癸水를 정인이라 한다.

2. 각 통변성의 성질과 해당 육친(六親)

1) **비견(比肩)** : 어깨를 나란히 한다는 뜻이다. 그러므로 나와 비슷한 또래, 형제, 친구, 사촌 동업자, 경쟁자를 의미한다.

일간(日干)이 약할 때는 이것이 도움도 되지만 일간이 강할 때의 비견은 나의 재(財)를 쟁탈하는 작용을 한다. 독립성, 자존심, 주체성을 내포하고 있다.

남자에겐 며느리에 해당되며 여자에겐 시아버지에 해당된다.

2) **겁재(劫財)** : 재물을 빼앗는다(劫)는 뜻이다.

형제, 여형제, 이복형제, 사촌, 고조모, 며느리에 해당된다. 자존심이 아주 세며 재물에 욕심이 많고 투쟁력이 강하다. 여자에겐 시아버지, 시동서가 된다. 일간이 약할 땐 이 별도 도움이 되나 일간이 강할 때는 파재(破財), 극처(剋妻), 극부(剋父) 등의 작용을 하며 형제, 친구를 비롯해 인덕이 없다.

3) **식신(食神)** : 음식의 신이란 뜻이다.

남자에겐 할머니, 장모에 해당되고 여자에겐 자식 조카아이들을 의미한다. 명랑, 풍만 수명을 뜻하는 별로서 식록이 좋고 음식에 인연있는 것으로 보나 사주 상황에 따라 그 길흉 작용이 다르나 자신의 힘을 밖으로 내보내는 것이므로 언어, 심사(心思), 활동력, 표현력, 두뇌발휘를 의미한다.

4) **상관(傷官)** : 관(官)을 상하게 한다는 말이다.

조모, 외조모, 장모, 손자를 뜻한다. 여자에 있어서는 자식, 조모, 외조부에 해당된다.

상관 역시 식신과 마찬가지로 자신의 힘을 밖으로 내보내려는 것이므로 언어, 표현력, 기술, 예술 등이 되며 반발력이 된다.

따라서 이 별이 좋게 작용하면 두뇌명민, 언어유창, 재예(才藝)과인 하나 나쁘게 작용되면 관(官)의 억제를 싫어하므로 제멋대로이고 관재(官災) 쟁투, 퇴직(退職), 구설(口舌)등의 좋지 않는 일이 생기게 된다. 여자 사주에는 이 상관을 아주 꺼려했는데 관(官)이 여자에겐 남편, 윤리 도덕 등의 규율을 뜻하기 때문이다.

　※　식신 : 고운말, 신품(新品), 온후독실
　　　상관 : 험한말, 중고품, 고물, 교만방자

5) **편재(偏財)** : 편(偏)이란 말은 한가운데 에 바르게 있지 못하고 치우쳐 있다는 말이다.

그러므로 남자에겐 첩(妾), 애인이 되고 아버지, 아버지형제, 형수에 해당된다. 여자에겐 시어미, 아버지, 이별은 인정많고 싹싹하며 풍류호탕하기도 하다.

사업, 투기성재물, 유동적 재물을 뜻하므로 한탕주의적 성격이 많다. 또 편재는 왔다가 가는 중인(衆人)의 재물이다.

6) **정재(正財)** : 바른(正) 재물이란 뜻이다.

남자에겐 처(妾), 백부, 고모, 형수, 처제이며 여자에겐 시조부, 백부, 아버지, 고모, 시어머니 에 해당된다. 온건세심하고 절약형의 성질이며 봉급생활, 고정적 수입 등을 뜻한다.

7) **편관(偏官)** : 옛날에는 문관(文官)을 우선시했고 무관(武

官)은 한 단계 저쪽에 있는 벼슬로 생각했기에 붙여진 이름이다.

남자에겐 아들, 자식, 고조부, 조카, 외조모, 매부에 해당되고 여자에겐 남편, 남편의 형제, 애인, 외간남자, 며느리에 해당된다.

정관이 문관(文官)이고 행정관이라면 편관은 무관(武官)에 속하는 군인, 경찰, 무도인(武道人) 등에 해당된다.

완강, 강열, 표독, 살벌의 성질로 나타난다.

8) **정관(正官)** : 올바른 위치의 관(官)이라는 뜻이다.

남자에겐 자식, 조카, 법, 직장을 뜻하고 여자에겐 남편, 남편의 형제, 직장, 규율, 법을 뜻한다. 남녀공히 사회적 출세, 사회적 명예를 뜻하기도 한다. 명예심 강하고 온건세심하며 규율과 법을 잘 지키려는 성질이다.

9) **편인(偏印)** : 치우친 인수라는 뜻이다.

남자 : 계모, 이모, 조부, 외삼촌

여자 : 계모, 이모, 조부, 손녀, 시조모

정통적인 학문과 올바른 문서가 아니고 엄마는 엄마이되 친엄마가 아니라는 뜻이다.

따라서 점술, 역학, 관상, 풍수 의약, 종교 등을 의미하며 신비적인 것을 좋아한다. 학문, 교육 등을 뜻하고 수명성인 식신을 극하므로 효식이라 하기도 한다.

편재, 편관, 편인등 편(偏)자 가 들어가 있는 것은 모두 편향되고 편협한 기질이 내포되어 있다.

임기응변, 조삼모사(朝三暮四), 재치 민첩, 직감발달 등의 뜻이 있다.

10) **인수(印綬)** : 벼슬아치임을 증명하는 도장을 일컫는 말이

다. 따라서 계약, 문서, 시험, 공부를 뜻한다.

남자 : 모(母), 장인, 조부

여자 : 모(母), 손자, 사위

체면을 지키려하고 명예심이 강하며 부끄럼을 많이 탄다. 어질고 착하며 윗사람을 공경할 줄 알며 준법정신이 강하다.

다만 체면 차리다 좋은 기회를 놓치는 경향이 많다.

이상으로 설명한 것은 절대적이 아니고 일반적인 것으로 사주 상황에 따라 성격과 뜻이 변할 수 있음을 염두에 둬야 한다.

一. 사주 푸는 법

지금의 사주추명학은 연월일시의 8자중 태어난 날의 천간(天干)을 위주로 하는데 이를 일주(日株)혹은 일간(日刊)이라 한다.

이 일주가 연월일시의 천간 지지 7자와 어떻게 어떤 관계를 맺고 어떻게 배열되어 있나를 살피는 것이 사주 푸는 것이다.

이에는 일주의 강약을 살피는 것이 최우선이나 먼저 실제인의 사주명식을 써놓고 살피기로 하자.

예1) 1945년 음력 11월 21일 아침 7시 40분생 여자.

丙	戊	戊	乙
辰	辰	子	酉
時	日	月	年

. 년(年)은 조상의 자리(祖上宮)이며 뿌리(根)라 한다.

. 월(月)은 부모형제의 궁(宮)이며 싹이 자라 나옴.

. 일(日)의 천간인 戊를 일간(日刊)이라하며 일지(日支)인 辰은 자신의 자리이며 배우자의 자리로서 꽃(花)이라 한다.

. 시(時)는 자식의 자리이며 배우자의 자리기도 하고 열매(實)로 비유된다.

※ 천간(天干)은 동(動)이며 나타난 것이고 지지(地支)는 정

(靜)이고 천간의 기반처가 된다.

위 사주명식에 이때까지 설명한 여러 가지를 적용시키면 다음과 같다.

<table>
<tr><td>편인</td><td>비견</td><td>정관</td><td></td></tr>
<tr><td>丙</td><td>戊</td><td>戊</td><td>乙</td></tr>
<tr><td>辰</td><td>辰</td><td>子</td><td>酉</td></tr>
<tr><td>급각 自刑 급각</td><td></td><td>合</td><td>도화</td></tr>
</table>

먼저 남편에 대한 것을 보려면 남편을 뜻하는 정관을 찾아야 되는데 정관에 해당되는 乙木은 년에 있으면서 酉도화 지지위에 앉아있고 일지와 辰酉로 합하고 있다.

그리고 배우자 자리인 辰은 시지(時支) 辰과 辰辰으로 형(刑)하고 있다. 이런데다가 나(戊)와 남편(乙木)사이엔 큰 산을 뜻하는 비견이 戊가 버티고 있다.

이때까지의 살핌으로 이 여성의 남편은 바람기가 심하고 이에 따라 두 사람은 항상 다투며 살고 있음을 알 수 있다. 남편인 乙木이 년주(年株) 조상자리에 있음은 남편이 조상처럼 나에게 군림 할려는 상이고 당신과 나 사이엔 큰 산(戊)이 가로 막혀 있는 형상이다.

또, 자식인 酉金은 멀리 년지(年支)에 있고 자식궁과 나는 辰辰으로 형하므로 자식은 있으나 떨어져 지내던지 아니면 불화 충돌이 있을 상이다. 그리고 亥子丑月生의 급각살은 丑과 辰인데 일지에 있고 (時支)에도 있으면서 辰辰 자형하니 본인과 자식은 상골(傷骨), 신경통, 요통으로 고생함이 있다.

예2) 1942년 음력 7월 1일 午時生 여자

겁재		상관	정관
丙	丁	戊	壬
午	酉	申	午
록	천을귀인	역마	록
도화			도화

41	31	21	11	1
癸	甲	乙	丙	丁
卯	辰	巳	午	未

이 사주에서 먼저 눈에 띄는 것은 상관인 戊와 정관인 壬水가 서로 마주보고 있다. 즉 나(丁火)와 합하는 정관(壬水)사이엔 큰 산(戊)이 가로 막혀있고 그 큰 산인 戊土가 호시탐탐 壬水를 극하려고 노리고 있다. 또 壬水 정관은 도화지에 앉아 나와 합했다.

따라서 남편과는 연애결혼 했으나 항상 멀리 떨어져 서로 그리워 하다가 36살에서 40살 사이의 대운인 辰에 이르러 壬水 정관이 입묘고(入墓庫)하고 상관인 戊土가 辰에 관대(冠帶)가 되어 강해지므로 인해 남편(壬水)과 사별하게 되었다. 또 상관(戊)은 입(口)이고 활동이며 월지(月支) 申은 정재(正財)에 해당되며 역마살이 붙어있다. 따라서 쫓아다니면서(역마) 돈(申金)을 버는 형상이다.

이러므로 보험업으로 치부하게 되었다. 시(時)에 겁재(劫財)가 도화(午)위에 앉아 있으므로 이 사람은 색정이나 연애로 인해 재물손재도 따른다. 이상으로 설명 예는 이때까지의 설명을 잘 소화한 사람이면 누구나 쉽게 할 수 있는 것들이다.

一. 일주(日主)의 왕약(旺弱) 분별

사주팔자의 주인격인 일주(日主)는 강해야만 여타의 7자가 주는 여러 영향을 감당할 수 있고 요리할 수 있는 것이다. 따라서 일주의 강약을 분별하는 안목이야말로 사주팔자를 정확히 파악할 수 있는 기본이 된다.

1) 일주가 강해질 수 있는 조건

① 월령(月令)을 얻어야 된다.

월령이란 것은 월지(月支)를 말함인데 여기서 일주를 생(生)해 주거나 비화(比和) 되거나하면 일단은 월령을 얻은 것이 되고 그렇지 못하면 월령을 못 얻은 것이 된다.

② 둘째로는 일지(日支)와 시주(時株), 년주(年株)에서 일간을 생해주는지 비화(比和) 되는지를 살펴야 한다.

예1)

乙　甲　癸　丁　　（여명）
丑　辰　卯　亥

이 사주는 甲木日主가 木이 旺한 卯月에 태어나 월령을 얻었

고 년지에 있는 亥, 월간에 있는 癸水 그리고 시간(時干)에 있는
乙木이 모두 일주를 돕고 있다. 따라서 아주 신강(身強)한 명조
이다.

예2)

$$壬\ 戊\ 戊\ 戊\quad (남명)$$
$$戌\ 申\ 午\ 寅$$

이 사주는 월지인 午火가 일간인 戊土를 生해주고 있다. 그러
므로 월령을 얻었다. 그런데다 천간에 2개의 戊土가 일간의 토
기(土氣)를 돕고 있으며 년지의 寅木은 寅午로 반합(半合)하 여
午火를 생해주고 시지(時支)의 戌土 역시 일간편이다. 그러므로
역시 신강(身強)하다.

예3)

$$己\ 辛\ 己\ 壬\quad (여명)$$
$$亥\ 亥\ 酉\ 子$$

이 사주는 酉月에 태어나 일주인 辛金과 비화(比和) 관계이므
로 일단 월령은 얻었다. 그러나 년주에 壬子水가 있고 일지, 시
지에 亥水가 있어 일주의 기운을 아주 많이 빼고 있다. 따라서
이 팔자의 일주는 힘이 약하므로 신약(身弱)이라 한다.

예4) 1929년 음력 7월 12일 戊時生

$$壬\ 癸\ 壬\ 己\quad (남명)$$
$$戌\ 巳\ 申\ 巳$$

이 사주는 申金 월지가 癸水 일간을 生하므로 월령을 얻었고

월간과 시간에 壬水가 있어 신강(身强)의 명으로 보인다. 그러나 입추(立秋)가 4일에 들고 생일은 12일이라 그 사이는 8일간으로 申중에 있는 戊土가 사령(司令)하는 때이다.

즉 申중에 있는 庚金과 壬水보다 戊土가 힘을 발휘하여 영향을 끼치고 있다는 말이다.

그러므로 비록 金水의 세력이 4개나 되나 신약(身弱)이 된다. 따라서 신왕 신약을 분별 할때는 반드시 월율분야장간(月律分野藏干)표를 참작해야 한다.

예5)

甲　丙　甲　癸　　(남명)
午　寅　子　卯

이 사주는 월령을 얻지 못했으나 연월일시에 도와주는 木과 火가 많아 신왕(身旺)이 된다.

2) 일주 신약

① 월령을 못얻었다.

이것은 월에 나를 극하는 관살 또는 내가 극하는 재성(財星) 그리고 내가 설기(泄氣)하는 식신 상관이 있을때를 말한다.

② 일지, 시지, 그리고 년(年)에서도 도움이 없다.

예1)

丙　己　庚　戊　　(남명)
寅　卯　申　子

이 사주는 월에 상관이 있어 己土 일주의 기운을 빼고 년지, 일지, 시지에 子水와 寅卯木이 있어 신약이다.

예2)

　　　乙　癸　戊　己　　（남명）
　　　卯　亥　辰　亥

이 사주는 월에 나를 극하는 정관이 있고 시(時)에 癸水의 기운을 설(泄)하는 乙卯木이 있다. 비록 일지 亥水와 년지 亥水가 일간을 돕고 있으나 일지 亥水는 亥卯로 반합하여 木으로 변하려 함으로 아주 신약이 되었다.

예3)

　　　壬　乙　庚　戊　　（남명）
　　　午　巳　申　辰

이 사주는 년월에 재관(財官)이 있고 일지 시지에 乙木의 기운을 빼는 巳午火가 있어 아주 신약이 되었다.

이상으로 신왕신약을 분별하는 법을 대강 기술했으나 이것으로는 미진하므로 많은 경험을 쌓아야 할 것이다.

<월 률 분 야 장 간 표>

4月 巳	5月 午	6月 未	7月 申
丙 十六日	丙 十日三分	丁 九日三分	戊 十三日二分
庚 九日	己 九日三	乙 九日三分	壬 三日一分
戊 五日	丁 十日三	己 十六日	庚 十七日六

3月 辰			8月 酉
乙 九一三分			辛 二十日七
癸 六日一分			庚 十日五分
戊 十八日六			

2月 卯			9月 戌
甲 十日五分			辛 九日三分
乙 二十日六			丁 三日二分
			戊 十八日六

1月 寅	12月 丑	11月 子	10月 亥
戊 七日二分	癸 九日三分	壬 十日五分	戊 七日二分
丙 七日二分	辛 三日一分	癸 二十日七	甲 七日二分
甲 十六日二	己 十八日八		壬 十六日五

寅에는 戊丙甲이 숨어있는데 寅月에는 戊가 입춘절에서 약7
일동안 사령(司令)하고 丙이 약 7일간 甲이 약 16일간을 사령한
다는 것이다. 여타의 것들도 이처럼 이해하면 된다.

12지중에 들어있는 천간은 지지가 형충(刑沖)을 받을 때 튀어
나와 작용하는데 이런 작용을 이해 파악할 때 최고의 적중력을
얻을 수 있다.

사주추명학에서 제일 난해한 부분이므로 이때까지 그 어떤 명
리서에도 이에 대한 자세한 설명이 없다. 그러나 필자는 독자
여러분의 안목이 진일보된 시점에 이에 대한 작용 변화를 설명
하기로 하겠다.

一. 격국(格局)과 용신(用神)

격(格)이란 말은 비슷한 것 끼리를 한 테두리 안으로 모아놓은 것을 말한다.

즉, 호랑이, 사자, 고양이, 삵쾡이 등은 모두가 다른 짐승이지만 고양이 과(科)로 분류하고 있다. 이들 짐승들과 그 모양새와 서식범위 등은 다르지만 야행성이 많고 소리나지 않게 걸으며 먹이를 사냥할 때 목 부위를 공격하는 등의 공통점이 있다.

사주에서의 격도 마찬가지다.

상관격(傷官格)이라해도 진상관격(眞傷官格), 가상관격(假傷官格), 상관용인격(傷官用印格), 상관제살격(傷官制殺格), 상관용겁격(傷官用劫格)등의 변화가 있고 그 사람의 성격과 육친(六親)관계 직업 등의 삶의 방식과 그 길흉화복은 모두 다르다.

그러나 격(格)이란 분류에서 보듯 상관(傷官)이란 통변성이 지닌 기본적인 성격은 공유되어 있는 것이다.

용신(用神)이라는 것은 사주상황 즉 주위환경에 따라 어떤 것을 쓰느냐 하는 것을 말함이다.

즉 여름에 태어난 甲木일주로 주위상황이 덥고 바짝 말라 있다면 급하게 먼저 찾아 써야 될 것은 물(水)이다. 이렇게 필요에 따라 써야 될 것을 일러 용신이라 하는 것이다.

①　내 격(內格)

격 국(格局)

②　외 격(外格)

①　내격(內格)은 월지장간(月支藏干)에서 취하며 정관격, 편관격, 정재격, 편재격 식신상관격,　인수격, 편인격 등 여덟 가지 격(格)을 취한다.　즉, 비견, 겁재격은 없다는 말이다.

②　외격(外格)은 종세격(從勢格), 화격(化格), 기특격(奇特格) 등이 있다.

．　**종세격** : 종살격(從殺格), 종재격(從財格), 종아격(從兒格), 종왕격(從旺格), 종강격(從強格)

．　**화격(化格)** : 천간오행은 합하게되면 그 오행이 변하게 되는데 이렇게 합화(合化)되어 결성 할 때를 말한다.

예) 甲己合化土格 : 甲. 己日干이 土旺節에 태어나고 월시에 甲己를 만나 합이 될 때, 격이 성립된다. 이 화격에는 또 가화격(假化格)이 있고 진화격(眞化格)이 있다.

．　**기특격(奇特格)** : 특수한 날에 태어나 하나의 격을 이룰 때를 말한다. 육을서귀격, 임기용배격, 비천록마격, 조양격(朝陽格) 등등으로 아주 많다.

- 용신(用神) 잡는 법 -

내격(內格)사주는 다음과 같은 4가지 방법에 따라 용신을 정한다.

1) **억부법(抑扶法)** : 억제하고 도와준다.

A) 일주의 세력이 강하면 극(剋)해주는 오행인 정관, 편관과 정재, 편재 그리고 일주의 힘을 설기(泄氣)하는 식신, 상관을 용신으로 쓴다.

B) 일주의 세력이 약하면, 일주를 도와주는 비견, 겁재, 편인, 정인을 용신으로 한다.

이 억부법에는 무엇보다 일주(日主)의 강약을 살피는 안목이 요구된다.

2) **조후(調候)** : 기후를 조절한다는 말이다.

A) 여름에 태어나 사주가 조열하다면 먼저 열기를 식혀줄 물(水)이 필요하다.

B) 겨울에 태어나 한습한 사주라면 무엇보다 따뜻하게 해줄 수 있는 불(火)이 필요하다.

이럴땐 일주의 신왕, 신약에 관계없이 먼저 조후되는 오행을 찾는데 이를 조후용신이라 한다.

3) **통관(通關)** : 막혀있는 오행을 서로 통하게 한다는 뜻이다.

예) 金과 木이 서로 대치할 때 水가 있으면 金生水, 水生木으로 서로간의 기가 상통하여 잘 흐르게 된다. 여타의 것도 이와 같이 한다.

4) **병약(病藥)** : 병이 있으면 약을 찾아 병을 다스린다는 말이다.

一. 내격(內格) 사주의 용신

1. 정관격(正官格)

1) 정관 용인격(正官 用印格)

戊 癸 庚 乙　　(남명)
午 卯 辰 亥

위 사주는 3월(辰月)土旺節에 태어났고 일주는 약하다. 그럼으로 월간(月干)에 있는 庚金 인수가 용신이 된다.

2) 정관 용관격(用官格)

乙 辛 辛 庚　　(여명)
未 酉 巳 子

위 사주는 辛金日主가 巳月 火旺한 달에 태어났으나 일주의 세력이 강하므로 巳중에 있는 丙火를 취하여 용신으로 한다.

3) 정관 용재격(用財格)

乙 壬 辛 己　　(남명)
巳 申 未 酉

위 사주는 비록 6월(未月)에 태어났으나 정관인 己未土는 辛金 인수를 생하고 壬 일주가 申위에 앉아 신왕이다. 이럴 때 정관을 용신으로 하면 정관은 인수를 생하고 인수는 일주를 생하여 일주를 더욱 강하게 한다. 그러므로 시(時)에 있는 巳중의 丙火

를 취하여 金을 극하면서 未土정관을 생해주어야 된다.

4) 정관 용비격(用比格)

壬 壬 丁 丁　　(여명)
子 子 未 巳

위 사주는 未土정관이 정재와 합세하여 강한 세력을 지니고 있
다. 인수와 편인이 있어 土의 기운을 빼내어 일주를 도와주면
좋을 것이나 인수가 없다. 이럴 때 壬水일주는 일지와 시(時)에
있는 비견의 힘을 얻어 재(財)와 관(官)을 상대할 수밖에 없다.

※ 용비격이라 하지만 겁재(劫才)도 포함됨으로 정관용비견겁재
격이라 할 수 있다.

5) 정관 용식상격(用食傷格)

甲 壬 己 戊　　(남명)
辰 子 未 辰

위 사주는 년에 戊辰 편관이 있고 월에 己未정관이 있어 관의
세력이 막강하다.
이럴땐 시상(時上)에 있는 甲木으로서 土의 기운을 눌러야 한다.
정관이라도 그 세력이 3개 이상되어 그 세력이 극왕해지면 일주
를 왕극(旺剋)하는 살(殺)로 변한다.
이럴 때는 그 관살을 일주(日主)의 병(病)이라 하고 병을 극해주
어 일주를 보호하는 甲木을 약신(藥神)이라 한다. 이런 유형의
사주를 병약사주라 한다.

2. 편관격(偏官格)

1) 편관 용인격 (偏官 用印格): 편관격에 편정인을 용신으로 한다는 말이다.

戊 壬 丙 戊　　(남명)
申 辰 辰 寅

3월 편관이 왕할 때에 태어나 일주가 아주 약하다. 시지(時支) 申金이 왕토의 기를 설하게 하고 일주를 생해주므로 申金이 용신이다.

2) 편관 용살격(用殺格): 편관을 일명 살(殺)이라 하기도 한다.

壬 壬 丙 戊　　(남명)
子 申 辰 子

위 사주는 壬일주가 비록 3월에 태어났으나 년지 시지에 子水 양인을 얻고 일지 申金에 좌하고 있으므로 아주 신왕하다.
申子辰 水局을 겸하고 있는데 이리되면 戊土편관으로 왕수(旺水)를 막아줘야 한다.

3) 편관 용재격(用財格)

辛 壬 戊 癸　　(여명)
亥 申 午 酉

위 사주는 壬水가 5월에 태어났으나 년, 일, 시에 인수와 비겁이 있어 도우므로 신왕으로 변했다. 당연히 戊土로서 용신해야 할 것 같으나 인수인 金이 많아 土의 기운이 누설됨으로 午중에 있는 丁火로서 용신하여 戊土를 도와야 된다.

古書에 말하길 '용신이 약하면 그것을 돕는자를 용신으로 한다.'고 했다.

4) 편관 용겁격(用劫格)

      壬 庚 辛 庚   (남명)
      午 午 巳 申

위 사주는 편관(巳中丙火)와 정관(午中丁火)이 많아 신약이다. 식신인 壬水로 관살의 기운을 제극해 보려하나 쫄아든 한 방울의 물로서는 그 힘이 부족하다. 할 수 없이 년, 월에 있는 비견, 겁재에 의지 할 수밖에 없다.

5) 식신 제살격(制殺格)

      壬 庚 丙 壬   (여명)
      午 申 午 申

월상(月上)편관이 월과 시에 양인을 얻어 아주 왕해져 있다. 왕(旺)한 자는 그 힘을 설기 시키던지 제극해야 좋은데 다행히 년과 시간(時干)에 壬水가 申金에 뿌리를 두고 나와 있다. 이것도 병약사주에 해당된다.

※ 편관은 세복(制伏)시켜야 하고 겁재가 있어 합하게 되면 그

흉폭한 성질을 잊고 유정하게 된다. 양인(羊刃)이 있으면 편관을 요하고 편관이 있으면 양인이 있어야만 좋은 격을 이루게 된다. 시간(時干)에 하나의 편관만 있다면 이를 시상일위귀격(時上一位貴格)이라하며 군인, 경찰, 사법, 사정기관에 출세하며 큰 권력을 잡는다. 물론 사주격국이 조화를 이뤄야 하고 용신이 힘이 있고 때를 만나야 한다.

∴ 변격(變格)

```
                    43 33 23 13  3
庚 甲 乙 庚   (여자)   庚 辛 壬 癸 甲  (大運)
午 寅 酉 寅           辰 巳 午 未 申
```

위 사주는 酉中에 辛金이 본기(本氣)되어 원래는 정관격을 구성하나 酉중에 있는 庚金이 년시에 투출되어 편관격이 되었고 관살혼잡격을 겸하고 있다. 따라서 2~3차 남자인연이 바뀐다. 용신은 왕한 관살을 제해주는 시지(時支) 午火이다.

```
                    44 34 24 14 4
癸 壬 庚 丁   (여자)   乙 甲 癸 壬 辛  (大運)
卯 申 戌 酉           卯 寅 丑 子 亥
```

월지(月支)편관격이나 申酉戌로 방합금국(方合金局)하여 인수격으로 바뀌었다. 편관이 허탈하므로 남편인연이 바뀌게 되고 남편 덕이 없다.

```
辛 丁 癸 戊   (남자)
亥 未 亥 寅
```

亥중에 壬水官이 본기(本氣)라 정관격에 해당되나 월간(月干)에

癸水 편관이 나와 편관격이다. 그러나 癸水편관은 戊土와 합하고 癸水官은 寅과 寅亥로 合하여 木 인수로 변했다. 따라서 신약(身弱)이 인수가 많아 신왕으로 변했다. 용신은 시지(時支)에 있는 亥水이고 시상(時上)편재 辛金은 희신(喜神 : 용신을 돕는 것)이다.

합살(合殺)하여 편관을 순화시키고 시(時)정관 亥만 남았으므로 관살 혼잡이 정화되어 맑게 되었다. 이러므로 이 사람의 성품은 맑고 깨끗하다. 이런 유형을 거탁유청(去濁留淸)이라한다.

庚 庚 丙 甲　　(여명)
辰 寅 戌 午

9월의 본기는 戊土로써 편인격이 되나 월간에 丙火 편관이 투출되고 지지에 寅午戌 火局을 형성함으로 편관격이 되었다. 용신은 戌중의 戊土다.

3. 정재격(正財格)

1) 정재 용재격(用財格)

```
                    41 31 21 11  1
辛 癸 辛 庚  (남명)   丙 乙 甲 癸 壬  (大運)
酉 亥 巳 子            戌 酉 申 未 午
```

癸日主가 巳月에 생하였으나 金水가 왕하여 아주 신왕이다. 따라서 巳중 丙火 정재를 용신한다. 용신 巳가 亥子水에 극되고 도와주는 木이 없으므로 외로운 丙火다.

초년에 아버지 잃고 타향에 나와 신발계통 회사에 다니다가 결혼했으나 처 이별에 평생 재복이 없을 팔자다. 41세부터 시작되는 丙火 용신 대운은 좋을 것 같지만 월시에 있는 辛金과 丙辛 합하여 불길한 운이다.

2) 정재 용관격(用官格)

```
                  33 23 13 3
丁 庚 辛 丙  (여명)  丁 戊 己 庚  (大運)
亥 辰 卯 申          亥 子 丑 寅
```

庚金일주가 卯월에 생하였으나 년지, 월간, 일지에 생조(生助)를 얻어 중강(中强)이다.

따라서 시상(時上)의 丁火로 겁재를 제압하여 재(財)를 보호하여야 한다. 子대운을 만나 申子辰 상관국이 형성되던 중 乙丑년을 만나 丁火용신과 庚金 모두가 묘고(墓庫)에 들어가므로 남편과 사별하게 되었다.

4) 정재 용비겁격(用比劫格)

　　丙 丁 戊 壬　　　(여명)
　　午 酉 申 辰

土金水가 5개나 되어 신약인데 재(財)의 기세가 아주 강하다.
시에 있는 비견, 겁재로 인수를 도와야 된다. 시에 丁火일주의
록이 있는데 이것을 귀록(歸祿)이라 한다.

5) 정재 용식상격(用食傷格)

　　丙 丁 戊 壬　　　(여명)
　　午 卯 申 午

丁火 일주가 년시에 록을 얻고 일지 卯木이 생하므로 아주 신왕
해졌다. 년간에 있는 壬水官으로 용신해 보려하나 午火위에 앉
아 힘이 약한데다가 월간 戊土의 극을 받고 있으므로 관(官)을
버리고 戊土 상관으로 용신한다.
이런 사주를 상관생재격(傷官生財格)이라 한다.
戊土는 火의 힘을 빼내고 申金을 생하므로 이 여성은 두뇌 회전
이 좋고 언변이 뛰어나며 남자를 깔보게 된다.

4. 편재격(偏財格)

용신을 취하는 법은 정재격과 동일하다. 딴 곳에 재(財)가 없고 시간(時干)에 편재 하나 있어 용신이 되면 이를 시상편재격이라 하며 대부(大富) 대귀(大貴)하게 된다.

∴ 변격

　庚 壬 辛 乙　　(남명)
　戌 寅 巳 酉

4월에 태어나 편재격이다. 그러나 편재 巳가 巳酉로 반금국(半金局)을 이루고 있다. 그런데다가 월간에 辛金 인수가 수기(秀氣)되어 있어 학문과 교육으로 생활하고 있다. 이렇게 되면 사업과 재정(財政)쪽을 버리고 학문 교육 쪽으로 진출하게 된다. 특히 일주가 신약할 때는 더욱 그렇고 신왕하여 재(財)를 써야 할 때는 다르다.

　庚 壬 癸 辛　　(남명)
　戌 寅 巳 丑

이 사주는 巳月에 태어났으나 巳火는 巳丑으로 반합(半合)하여 丑土를 생하고 丑土는 辛金을 생한다. 왕해진 辛金은 癸水를 생하여 수(水)의 기세가 강해졌다.
이렇게되면 巳중에 있는 戊土로 겁재인 癸水를 제압하여야 하며 巳中丙火로 戊土를 도와야 한다. 이러므로 이 사람은 무술(武術)유단자로 직장생활을 하는 한편 상업도 겸하고 있다.

어떤 역술인은 巳丑 반합이 巳酉 반합보다 더 금(金)의 기운이 많이 작용한다고 말한다.

그러나 그렇지 않다. 필자의 경험으론 酉丑 반합이 제일 금의 기운을 많이 지니게 되고 그다음이 巳酉반합이고 그 다음이 巳丑 반합이다.

※ 무술 유단자인 것은 壬寅日이 巳를 만나 형살을 이루기 때문이다. 이리되면 형권(刑權)을 잡던지 의술, 무술 등에 종사함이 많다.

5. 인수격(印綬格)

편인 정인을 같이 취급한다. 용신을 잡는 방법은 동일하나 주
인공의 성격이 정인이냐 편인이냐에 따라 달라진다.

1) 인수 용인격(用印格)···1929년 음 7월 12일생 (남자)

53 43 33 23 13 3

壬 癸 壬 己 　 丙 丁 戊 己 庚 辛 　(대운)
戌 巳 申 巳 　 寅 卯 辰 巳 午 未

위 사람은 7월 12일(음력)에 태어났으나 7월 절입일이 7월 4
일이 되어 월률분야장간에 따르면 초기(初氣)생으로 戊土가 사
령(司令)한다. 그럼으로 일견 신왕해 보이나 신약에 해당되어
申속에 있는 庚金 인수로 용신한다.

월률분야장간에 따르지 않으면 이런 사주는 누구든지 신왕으
로 보기 쉬우므로 세심한 관찰이 요구된다.

인수 용신이나 년일지에 巳火가 있어 剋金하므로 용신이 손상
을 입었다. 따라서 월간 壬水에게 도움을 요청하는 성정을 지니
게 된다.

45 35 25 15 5

辛 庚 甲 丁 　(여명) 　 己 戊 丁 丙 乙 　(大運)
巳 午 辰 亥 　 　 酉 申 未 午 巳

庚일주가 辰月에 태어났으나 년, 월, 일, 시에 水木火가 많아
신약이 되었다. 특히 巳午丁이 간지(干支)에 있어 火가 旺하다.

그러므로 辰中戊土에 의지 할 수밖에 없다. 그런데 甲木財가 辰 위에 앉아 극토(剋土)하니 甲木이 용신의 병이다.

※ 辰土를 일러 양금지토(養金之土)라 한다.

2) 인수 용재격(用財格)

```
              29 19  9
癸 戊 乙 丁   (여명)   戊 丁 丙   (大運)
亥 戌 巳 丑            申 未 午
```

戊戌日이 巳月에 생하여 신왕할 뿐 아니라 바짝 말라있다. 따라서 마른땅을 습하게 해 줄 수 있는 癸水가 용신이 된다. 이런 사주는 공부엔 취미가 없다. 그런데다가 초년대운이 丙午, 丁未로 火土가 되었으므로 중학교도 못나왔다.

```
              38 28 18  8
甲 戊 丁 戊   (여명)   癸 甲 乙 丙   (大運)
寅 戌 巳 申            丑 寅 卯 辰
```

이 사주도 巳月에 태어나 신왕하다. 현재(2003년) 甲寅대운중의 寅에 있는데 시중의 철학관에서 감정했던바 모두들 좋은 운이다로 말한다는 것이었다. 신왕하므로 시(時)에 있는 甲寅 편관을 용신으로 잡아 그렇게 말한 것이다. 그러나 이 사주의 용신은 申중에 있는 壬水가 조후를 겸한 용신이다. 甲寅木은 바짝 말라 사목(死木)이 되었고 戊戌 일주 또한 바짝 말라버린 흙이므로 甲木이 戊土에 뿌리박을 수 없는 탓이다.

寅대운은 寅申冲으로 申中壬水를 극한다. 그러므로 아주 나쁜 운으로 모아 놓았던 조금의 돈마저 모두 날리는 안타까운 운이다.

甲 甲 甲 戊　（남명）
子 申 子 戌

甲申日이 子月에 생하여 甲子로 水局을 형성함으로 부목(浮木)이 되었다. 이렇게 되면 따뜻한 기운을 지닌 戊戌土로 왕수(旺水)를 막아줌이 좋다.

따라서 년에 있는 戊戌土가 용신이다. 부산(釜山) 마산(馬山) 등 山字들어간 지명에 사는 것이 좋다. 겨울은 水旺하고 춥기 때문에 戊未土를 좋아한다.

3) 인수 용관격(用官格)

　　　　　　　　　　　　36 26 16　6
壬 癸 壬 己　（여명）　庚 乙 甲 癸　　（大運）
戌 未 申 丑　　　　　　子 亥 戌 酉

癸水일주가 申月에 나고 월시간에 壬水를 얻어 신왕이다. 己丑土는 申金을 생해줌으로 용신으로 쓸 수 없고 시(時)에 있는 戌中戊土 정관을 용신으로 한다.

戊土는 온기를 지닌 흙이므로 지수(止水)역할을 한다. 그러나 일지와 戌未刑이 되고 시간에 壬水 겁재가 있어 부부궁이 불길하다. 戌대운에 임하므로 남편과 이별했다.

※ 용신이나 해당육친이 대운 세운에 절(絶:12운)되면 이별이다.

4) 인수 용비겁격(用比劫格)

　　　　　　　　　　　　48 38 28 18　8
辛 癸 戊 丁　（여명）　癸 壬 辛 庚 己　（大運）
酉 亥 申 酉　　　　　　丑 子 亥 戌 酉

癸일주가 申月에 태어나고 년, 시에 辛酉金이 많아 극신왕이다. 戊로 용신하려고 하나 지지에 뿌리가 없고 申金만을 생하여 더욱 金을 왕하게 한다. 그러므로 믿고 쓸 수 없다. 년상(年上)에 丁火역시 그 어디에도 뿌리내리지 못한 허약한 존재로 용신이 될 수 없다. 이리되면 그 기세에 따르는 수밖에 없고 왕신(旺神)을 설(泄)하게 함이 좋다.

戊대운에 허약한 戊土정관이 뿌리를 내릴 수 있어 남자운이 있었으나 28세 辛金 대운에 흔적없이 사라졌다. 亥, 壬子 대운에 비견, 겁재운을 만나 어렵게 살아가고 있다. 비겁이 용신이고 용신대운인데 어찌 어렵게 사느냐? 이런 사주를 일러 신왕무의격(身旺無依格)이라 하는데 이리되면 평생을 재복과 남자복 없이 살아가게 된다. 이러므로 여명(女命)신왕을 꺼리는 것이다. 이런 사주는 좋은 운은 그냥 그렇고 나쁜 운이 오면 일시에 박살이 나는 것이다.

※ 戊癸合化 火가 되어 왕금을 극하는데 이리되면 남자를 알아도 구설과 손해가 따른다.

```
                      36 26 16  6
戊 壬 戊 丁  (여명)    壬 辛 庚 己   (大運)
申 申 申 亥            子 亥 戌 酉
```

이 사주의 주인공은 亥대운 壬戌년에 필자를 찾아왔다. 사주를 말해주곤 아무 말없이 필자의 얼굴만 쳐다보는 그녀에게 왈(曰) "당신 남편은 공무원인데 작년 辛酉 년에 다방여자를 알아 이돈저돈 빼돌려 요정을 차려주었소. 올해 5월(丙午月)에 당신이 눈치챘고 여자는 잘 안되던 요정마저 팽개치고 달아났소. 이

제 그것을 어떻게 처리할까하여 나를 찾아 왔군요."

필자의 입만 쳐다보고 있던 여자의 입이 저절로 벌어지더니 한참 후에 하는 말이 "선생님 내 사정을 미리 누구에게 들었지요?"였다. 이런 추리는 남편의 사주와 찾아온 년 월 일 시 등을 참작함으로써 가능한 것이다.

위 사주 역시 壬申日이 申月 申時에 태어나 앞 사주와 비슷한 유형이다. 그러나 이 사주는 편관인 戊土가 2개나 있어 앞의 사주보다는 관성(官星)이 힘이 있다.

그러므로 살인상생격(殺印相生格)도 겸하고 있는 것이다. 그렇지만 申金 인수가 태왕하므로 戊土는 용신으로 쓸 수 없고 년지(年支) 亥水로서 왕신을 설(泄)해 주어야 하는 것이다. 이러므로 남편의 외정(外情)은 있었으나 亥 壬子 癸 대운까지 무난한 삶을 살고 있는 것이다.

5) 인수 용식상격(用食傷格)

```
                         35 25 15  5
丙 甲 壬 壬   (여명)    戊 己 庚 辛   (大運)
寅 午 子 寅            申 酉 戌 亥
```

甲日主가 壬子月에 태어나 년시에 寅을 얻었으므로 신왕이다. 따라서 일주의 기를 설(泄)해주며 11월의 음습한 추위를 따뜻하게 해주는 丙火 식신이 용신이다. 丙火가 지지에 뿌리를 얻어 기세가 강하므로 두뇌와 재주가 비상하나 대운이 좋지 못해 그만 빛을 보지 못하고 있다. 그래도 생자(生子)후에 재물이 늘고 가정이 편안해지는 사주다.

무릇 사주가 좋으면 나쁜 운을 만나도 크게 나쁘지 않고 좋은 운을 만나면 크게 발전된다.

辛 乙 乙 己　(남명)　辛 壬 癸 甲　(大運)
巳 丑 亥 卯　　　　　未 申 酉 戌

乙일주가 亥月에 태어난 년월에 乙, 卯 木이 있으므로 신왕이다. 시(時) 편관 辛金이 용신이 될듯하나 겨울의 乙木은 火를 필요로 하므로 시지(時支) 巳火가 용신이다. 역마에 상관이므로 여기저기 다니며 기술로 생계한다. 巳火용신이 巳丑으로 반합하여 金을 이룰려하고 火生土로 설기 심한데다가 木과 멀리 떨어져 있어 생조를 받지 못하기 때문이다.

∴ 변격

31 21 11 1
壬 戊 己 甲　(여명)　乙 丙 丁 戊　(大運)
戌 午 巳 辰　　　　　丑 寅 卯 辰

巳月에 태어나 인수격이나 甲木은 己土와 합하여 土가 되었고 壬水는 뿌리가 없어 있으나 마나다. 사주의 흐름이 火生土하여 전체가 土로 변하므로 종왕(從旺)격이다.

따라서 火土운은 좋으나 水木운은 土에 부딪치는 운이므로 불길하다.

초년운 戊辰, 丁 대운까지는 무난했으나 卯木운 癸亥년에 모(母) 죽고 고생 막심했다.

丙대운에 타향에 나가 간호보조학원에 다니다 寅대운에 결혼했다. 乙운은 왕토(旺土)를 극하므로 남편과 불화이별이 있을 운이다.

壬 乙 壬 壬　(남명)　戊 丁 丙 乙 甲 癸　(大運)
午 酉 子 子　　　　　午 巳 辰 卯 寅 丑

乙木日主가 子月에 태어나 천간 지지에 水 인수가 5개나 되어 水의 세력이 도도하다. 수다목부격(水多木浮格)이다.

이리되면 日支 酉金은 물에 빠진 쇠가 되어 쓸모없게 되었고 午中己土는 왕수에 떠내려 갈 뿐 水를 막을 수 없다. 午中丁火를 써볼까 하나 이 역시 약하여 왕수에 대적할 수가 없다.

할 수 없이 왕수에 따를 수밖에 없는데 이런 격국을 종강(從强 : 强한 것을 따른다.)이라한다. 초년 癸대운은 왕수를 역하지 않아 무난했으나 丑대운에 이르러 왕수를 역하는데 7세 戊午年을 만나 壬子水를 천간지충(天干支沖 : 天沖地沖) 하므로 부사(父死)했다. 甲寅 대운은 乙日主가 甲木에 의지해 타향으로 떠도는 운인데 부산(釜山)에 정착했다.

※ 흐르는 물은 산(山)을 만나면 멈추게 된다.

21세부터 시작되는 乙卯 대운은 왕수(旺水)의 기에 순응하므로 발전이 있는 운이나 어려움이 많았는데 子卯刑이 되기 때문이다. 31세되는 丙火운은 조후(調候)가 되어 따뜻함이 있었다.

辰대운은 왕수가 입고(入庫)함으로 죽을 고비를 넘겼고 41세 丁火 대운은 丁壬으로 化木되어 수세에 따르므로 발전이 있었다.

巳대운은 巳酉로 반합 금국(金局)되어 왕수를 생해주고 조후 역할을 함으로 좋은 운이었다. 51세 戊午대운은 壬子 왕신을 천충지충 하는데 이때에 왕신이 노하여 모든 재산이 물에 씻긴 듯 떠내려갔고 형액(刑厄)이 있어 감옥에까지 가게 되었다.

6. 식신 상관격(食神 傷官格)

1) 식상 용인격(用印格)

```
        29 19  9
乙 壬 己 庚  (남명)  壬 辛 庚  (大運)
巳 寅 卯 寅          午 巳 辰
```

壬水가 卯木月에 태어나 水木 상관격을 이루었다. 사주가 木이 4개 巳火 1개 己土 1개로 일주가 심히 약하다. 왕한 세력에 굴복하여 종(從)할 것 같으나 시에 있는 巳중의 庚金이 년간에 투출되어 시(時)와 乙庚合金 되므로 미약하나마 庚金 편인으로 용신 할 수밖에 없다.

이리되면 火는 병(病)이고 水는 약(藥)인데 寅巳刑하여 寅中 丙火 병(病)만 있고 약은 없다.

庚辰, 辛巳, 壬대운까지 무난했으나 그만 午火 병운(病運)을 만나 용신이 극되는중 甲子年에 용신이 사지(死地)에 들어 음독 자살하고 말았다.

※ 子年은 水로써 약이 되어 무방할듯하나 子水는 寅木을 생하고 寅木은 巳를 刑하게 한다.

```
        37 27 17 7
丙 乙 戊 戊  (여명)  甲 乙 丙 乙  (大運)
子 丑 午 戌          寅 卯 辰 巳
```

乙木이 午月에 생하여 木火 상관격이다. 시(時)에 있는 子水가 조후 용신이다. 火土가 왕하여 子水는 지지에 숨어 전전긍긍하고 있는 형상이다. 초년 丁巳 대운이 또 火가되어 火土를 더욱 (燥)하게하고 子水를 증발시키므로 이때에 생모 사별했다. 이 사주의 주인공은 배움에 목말라 무엇이던 배우려고 하는 성질 이 강하다.

<pre>
                    38 28 18 8
癸 甲 辛 庚 (여명)   丁 戊 己 庚 (大運)
酉 子 巳 寅   丑 寅 卯 辰
</pre>

甲木이 巳月에 태어나 식신격이라 할수 있지만 상관격이라 한 다. (甲木이 巳午月, 庚辛金이 亥子月에 나면 묶어서 상관격이라 부른다. 초여름의 甲木이 뿌리를 둔 癸水를 얻어 좋은 사주같 아 보인다. 그러나 여명(女命)에서 꺼리는 관(官)과 살(殺 : 편 관)이 혼잡 투출되어 있다. 그런데다가 대운이 좋지 못해 유흥 가에 종사하다가 흑인 남자를 만나 결혼했다. 戊대운에 결혼, 己 卯 대운에 유흥가에서 돈벌이했다.

<pre>
                    47 37 27 17 7
庚 壬 丁 己 (남명)   壬 癸 甲 乙 丙 (大運)
戌 戌 卯 卯   戌 亥 子 丑 寅
</pre>

壬水일이 卯월에 태어나 상관격을 이루었다. 신약하여 시상 (時上) 庚金 편인을 용신으로 하기 쉽다. 그러나 이 사주는 壬 日이 丁과 合하고 卯未월에 태어난 丁壬化木격을 이루었다.

따라서 庚金은 化木格을 깨트리는 기신(忌神)이다.

기신(忌神)은 제거해야 하는데 이 역할을 戌中에 있는 丁火 재성(財星)이 한다. 그러므로 은행계로 진출했다.

※ 戌은 財庫 즉 돈창고다. 대운이 水木으로 되어 化木을 도 우니 잘 지낼 것이다.

2) 식상 용재격(用財格)

```
                                  33 23 13  3
戊 丁 壬 戊   (남명)      丙 乙 甲 癸   (大運)
申 亥 戌 子               寅 丑 子 亥
```

丁火가 戌月에 생하여 火土 傷官格이다. 사주에 木과 火의 기운이 없고 土와 水 간에 상쟁만 하고 있다. 이렇게 되면 그 싸움을 말려주는 申金 재성(財星)이 역마에 해당되므로 배를 타는 선원이다. 33세부터 시작되는 丙寅 대운중 寅대운에 용신 申金이 충, 절(沖, 絶)되는중 乙丑년을 만나 申金이 입고됨에 큰물에 빠져 죽었다.

이런 申金을 통관용신이라 한다.

```
                                  37 27 17  7
丙 丁 庚 乙   (남명)      丙 丁 戊 己   (大運)
午 巳 辰 未               子 丑 寅 卯
```

丁火일이 辰月에 태어나 상관격이다. 巳午未 方合이 있고 시상(時上)에 겁재가 추출하여 신왕한데 丁火는 辰에 설기되고 辰土는 庚金 재성을 생하여 상관 생재격이 잘 이뤄졌다.

그런데 그만 庚金 정재의 기신인 丙火 겁재가 안방에 속하는 시에 투출되어 호시탐탐 庚金을 노리고 있음이 병이다. 27세운 丁대운초 癸亥년에 부부이별 했는데 丙, 丁이 합세하여 극 庚金하고 지지는 丑辰파가 되어 辰土가 생금하기 어렵게 되어서이다.

癸亥년은 일주를 천충지충하고 辰中戊土가 亥년에 절(絶)이 되기 때문이다.

丙 癸 己 辛　（남명）
辰 亥 亥 卯

癸亥일이 亥月에 생하여 격을 이룰 수 없는데 亥水가 卯와 亥
卯로 반합 목국(木局)하므로 水木 상관격을 구성한다. 따라서
신왕하고 겨울이므로 시상 丙火 정재를 용신으로 한다.

그렇지만 丙火가 辰土에 앉아 설기됨이 심하고 癸亥 일주 亥
月生이므로　재복(財福)은 없다.

3) 식상 용관격(用官格)

식상과 관성(官星)은 서로 극이 되므로 서로 만나서는 안되지
만 金水상관격과 木火상관격에는 관(官)을 쓸 수 있다.

```
                        44 34 24 14  4
庚 庚 丁 庚　（여명）　 壬 癸 甲 乙 丙　（대운）
辰 申 亥 寅　　　　　　午 未 申 酉 戌
```

庚申日이 亥月에 생하여 金水 상관을 이루었다. 겨울이라 추
위를 녹여줄 불(火)이 필요한데 월간에 丁火는 뿌리가 없어 약
하다.

寅亥合木되어 丁火를 도우므로 용신으로 쓸 수 있다.

癸대운까지 어렵게 살았으며 이혼설 분분했다. 그러다가 未대
운에 와서 亥未木局을 형성하므로 재산이 늘고 가정이 편안해
졌다.

44세부터 오는 壬대운은 丁火용신을 합하여 좋지 않으나 丁壬
合木되어 丁火를 생해주므로 흉한 것이 변해 길함으로 바뀌어
재복을 얻게 되었다. 午대운은 丁火 용신이 득록(得祿)함으로
좋은 운이다. 자식궁이 시(時)에 식상의 고(庫)에 해당되는 辰이

있어 월지 亥와 귀문살을 이루니 자식들이 풀리지 않아 애태우는 팔자다.

56 46 36 26 16 6

乙 乙 丁 戊　（남명）　癸 壬 辛 庚 己 戊 (大運)
酉 巳 巳 子　　　　　　亥 戌 酉 申 未 午

乙木이 巳月에 생하여 木火眞傷官格이다. 상관은 생재(生財)하여 기(氣)는 연결되나 시급한 것은 木이 火多하여 타버릴 것을 막아야 된다.

살펴본 즉 년지에 子水가 있어 용신으로 될듯하나 왕한 火土에 둘러싸여 고립무원되어 한 방울의 물이 증발될 지경에 놓여 있어 믿을 수가 없다. 그런데 다행히 巳가 시지에 있는 酉金을 巳酉로 반합하여 子水 가까이 끌어 놓아 子水가 생조를 얻게 되었다.

그럼으로 이 사주의 핵심은 巳酉 반금국(半金局)에 있고 이것이 용신인 것이다. 초년 戊午에 火土가 조(燥)하여 고생막심 했으나 己未 대운엔 조토(燥土)이지만 그래도 酉金 관성을 생하여 고학(苦學)으로 해양대학(海洋大學)에 진학했다.

庚申 대운은 용신이 득세하며 甲子로 반수국(半水局)되어 결혼했고 외양(外羊)을 항해하는 선장이 되었다. 辛酉 대운 壬戌 대운까지 처덕으로 호의호식하며 지내고 있는데 亥대운에 冲巳하여 巳酉合을 깨면 불록(不祿)할 것이다. 丁亥년이 위험하다.

※ 처덕(妻德)이 좋은 것은 戊土 정재 아래에 子水가 있고 이것은 乙木 일주의 天乙貴人이 되기 때문이다.

42 32 22 12 2

丙 乙 乙 壬　（남명）　庚 己 戊 丁 丙　(大運)

戊 酉 巳 午 　　　　戊 酉 申 未 午

乙木이 초여름인 巳月에 생하고 시간(時干)에 丙火, 년지에 午火를 만나 바짝 마른 나무가 타버릴 지경이다. 이럴 때는 물이 있어야 하는데 다행히 년간(年干)에 壬水가 있어 용신이 될 듯하다.

그러나 그 壬水는 이글거리는 巳月의 午火 위에 앉아 한 방울의 물이 증발되고 있는 형상이 되어 용신으로 쓰기 어렵다.

그런데 월지 巳가 일지 酉와 巳酉로 반금국(半金局)하여 壬水쪽으로 가깝게 끌어오니 비로소 壬水는 그 뿌리를 얻게 되어 메마른 乙木을 윤택하게 해주며 더위를 식힐 수 있게 해줄 수 있다.

바로 巳酉 합된 관성(官星 : 酉)이 있으므로 壬水도 존재 할 수 있게 된 것이다.

이러므로 초년 丙午, 丁未, 戊 대운까지 어렵게 어렵게 살다가 申金 대운에 선원이 되어 한숨 돌리게 되었다. 己酉, 庚 대운까지 선원 생활로 제법 돈도 모으게 되었으나 왕(旺)한 상관(丙)이 자식궁인 시(時)에 앉아 있어 남 자식을 두지 못했다.

　　　　　　　　　　　　　37 27 17 7
己 辛 乙 甲　(여명)　　辛 壬 癸 甲　(大運)
亥 巳 亥 辰　　　　　　未 申 酉 戌

辛金이 亥月에 생하여 金水 상관격이다. 辛金도 냉(冷)한데다가 겨울을 만났으니 무엇보다도 따뜻한 불이 필요한 사주다.

이럴때는 신왕 신약을 불문하고 먼저 조후부터 찾아야 한다. 다행히 일지에 巳火가 있어 용신이 된다. 그러나 그 巳火는 월, 시에 있는 亥水에 충극되어 박살나 있다. 그러므로 이 사람의 남편운은 아주 좋지 못해 들어오면 깨지게 된다.

용신이 이렇게 상처를 입게되면 한시도 편한 삶을 누리지 못할 뿐 아니라 박살난 인생길을 가게 된다. 그러나 불이 절대적으로 필요하므로 이 남자 저 남자 성한남자, 깨진 남자를 불문하고 남자라면 누구에게나 정을 주게 된다.

이런 사주는 남자와 조금이라도 오래 살려면 돈(甲, 乙木)을 벌어 남자를 먹여 살려야 한다. (甲乙木이 生 巳火)

초년 甲戌 대운은 戊土가 따뜻한 흙이고 亥水 상관을 제(制)하여 부모덕으로 잘 지냈다.

17세부터 시작되는 癸酉 대운에 들어서자 공부 팽개치고 남자 찾아 술집으로 가게 되었다.

대부분의 역서(易書)엔 용신은 부서지면 불용(不用)한다 해놓았지만 실제 경험해보면 그렇지 않음을 많이 보게 된다. 용신은 건왕(建旺)해야 하며 되도록 상처받지 않는 것을 찾아 쓰라는 것이지 못쓴다는 말은 아니다.

용신이 약하던지 상처 입은 것이면 그 사람의 삶도 그렇게 진행된다는 것을 염두에 두고 판단해야 된다. 대부분의 사람들은 책을 너무 믿는 경향이 많다.

이 탓으로 옛날 책엔 이렇게 되어 있으니 이것이 맞다. 또 아무개가 쓴 지금의 역서(易書)엔 이렇게 기재되어 있으니 이렇게 따라야 한다로 말한다.

그러나 책은 사람이 쓴 것이고 책을 쓴 사람의 실력이 형편없는 경우도 있다. 그리고 학술은 시간이 지남에 따라 점점 발전되어 가는 것이 상리이다. 이러므로 책에 기재된 내용을 무조건 믿지 말고 이치에 맞는지 아닌지를 분별할 수 있는 안목을 키워야 할 것이다. 서점에 가보면 엄청나게 많은 역술서들이 자리잡고 앉아있다. 그런데 그 내용을 보면 기초도 제대로 모르는 사람이 여기저기서 남의 것을 빌려 짜깁기 해놓은 것도 아주 많이 볼 수 있다. 저술이라면 역리(易理)에 따른 자신의 논리와 그것을 증명할 자료가 체계적으로 정리되어 있어야 한다.

그런데 한글 맞춤법도 제대로 모르는 사람이 대가(大家)인척 손님 끌기 용으로 발간한 책이라면 그런 책을 읽고 무엇을 얻을 것인가? 필자가 권할 수 있는 역서는 대강 다음과 같으니 참고 하길 바란다. 적천수(유백온), 사주명리요강(박재원), 사주정설 (백영관), 사주첩경(이석영) 등이다.

4) 식상 용비겁격(用比劫格)

```
                38 28 18  8
壬 癸 乙 癸  (여명)  己 戊 丁 丙  (大運)
子 丑 卯 卯         未 午 巳 辰
```

癸水가 卯月에 태어나 신약이다. 木이 많아 신약이 되었으므로 金으로 木을 제극하고 癸水일주를 생해주어야 하나 金은 일지 丑中에 숨어 있어 쓸 수가 없다. 할 수없이 시(時)에 있는 壬子 겁재에 의지 할 수밖에 없으니 이것이 상관용겁격이다.

이리되면 형제, 친구나 남에게 의지하려는 마음이 많게 된다.

28대운 戊午에 남자와 연애결혼 했으나 壬子 용신을 충극(沖剋)하여 박살나고 말았다.

```
丙 丙 庚 丁  (여명)  壬 辛 庚 己  (大運)
申 辰 戌 酉         寅 丑 子 亥
```

丙火가 戌月에 생하여 火土 상관격이다. 금왕절(金旺節)의 戊土는 金을 생하여 재성(財星)이 태왕하다. 일주 丙火는 戊中丁火가 투출됨을 뿌리로하여 종재(從財)하지 않는다.

그러나 丁火 용신이 木의 생조도 못받고 일주와 멀리 떨어져 있어 왕한 재성을 요리하기 힘들다. 이리되면 호운(好運)을 만나도 크게 좋지 않고 흉운(凶運)을 만나면 아주 나쁘게 된다.

亥子丑 대운에 곤고(困苦)하다가 寅대운에 소길(小吉)했다.

5) 식상용식상격(用食傷格)

```
           37 27 17  7
乙 庚 甲 癸  (남명)  庚 辛 壬 癸  (大運)
酉 申 子 未       申 酉 戌 亥
```

庚申 일주가 子月에 태어나 金水 상관격이다. 이리되면 조후역할을 하는 火를 써야 팔자가 좋아진다. 일간 庚申일이 시에 양인(羊刃)을 얻고 년지에 未土를 얻어 아주 강하므로 할 수 없이 설기(泄氣)해야 하니 이것이 바로 상관용 상관격이다. 따라서 기술자로 생계 할 수밖에 없는데 중장비 운전하고 있다.

辛酉 대운은 癸水 상관을 생하고 癸水는 甲木을 생하여 겁재(劫財)됨을 면했다. 그러나 37세 庚申 대운에 와서 庚金은 甲木 재성을 충하여 불길한데 甲子년을 만나 金과 木이 상쟁함으로 이혼하고 말았다.

```
           42 32 22 12  2
甲 丙 己 癸  (남명)  甲 乙 丙 丁 戊  (大運)
午 寅 未 巳       寅 卯 辰 巳 午
```

丙火 일주가 己未土월에 생하여 火土 상관격이다. 그런데 丙火가 巳午未와 甲, 寅 木이 있어 태왕하다. 이리되면 火氣를 설해야 하는데 己未 土가 용신이다. 이런격을 진상관(眞傷官)이 변해서 가상관(假傷官)이 되었다로 말하기도 한다.

이렇게되면 인수운을 극히 꺼리는데 심할 땐 생명을 잃고 가

법더라도 재파(財破) 인망(人亡)된다.

丙辰 대운까지 소안(小安)했으나 乙卯 인수운이 들자 己未 土 상관이 극되어 불길한데 乙丑年에 또 乙木 인수를 대동한 丑이 와서 己未상관을 천지충(天地冲)함에 따라 재물은 날라가고 처 와도 이별했다.

丙 乙 丙 壬　(남명)　辛 庚 己 戊 丁　(大運)
子 亥 午 子　　　　　亥 戌 酉 申 未

乙木이 午月에 태어나 木火 眞傷官格이다. 그러나 사주에 水 가 많아 상관이 태약해졌고 일주는 왕해졌다. 신왕자(身旺者)는 설(泄)함이 좋으므로 상관을 용신으로 한다.

대운 辛亥는 丙辛合水 되고 가상관이 인수를 만나는 운이되어 재파(財破) 인망(人亡)되었다.

∴ 상관변격
癸 癸 乙 癸　(여명)　辛 庚 己 戊 丁 丙　(大運)
亥 未 卯 未　　　　　酉 申 未 午 巳 辰

癸水가 卯月에 태어나 상관격이되어 설기 심하다. 시 癸亥에 힘을 얻어 용(用)해 보려하나 亥卯未 木局을 이루므로 비견으로 부신(扶身)하지 못하고 종아격(從兒格)이 되었다.

년과 일지에 未土가 있고 이속에 丁火 재성이 암장되어 있어 水는 木으로 木은 火로 기운이 통하게 되었다. 대운 巳午未火운 을 만나 학교법인의 재단이사장 부인이 되었다.

47 37 27 17 7
癸 辛 癸 癸　(남명)　戊 己 庚 辛 壬　(大運)
巳 卯 亥 未　　　　　午 未 申 酉 戌

辛金일이 亥월을 만나 金水상관격이 되었으나 일주(日主) 무근(無根)한데다가 亥卯未 木局을 이루므로 종재격(從財格)이 되었다.

격은 잘 이뤘으나 좋은 대운을 만나지 못해 불발이다.

　　　　　　　　　　　　　39 29 19 　9
癸 壬 壬 壬　(남명)　丙 乙 甲 癸　(대운)
卯 辰 寅 午　　　　　　午 巳 辰 卯

壬水가 寅月에 생하여 水木 상관격이다. 그러나 壬辰日이 괴강이 되어 괴강격을 구성한다. 괴강은 신왕을 좋아하고 재관(財, 官)과 충을 꺼리는데 39세부터 丙火 재운(財運)을 만나 군비쟁재(軍比爭財)되어 불길하다. 그런데다가 壬戌년을 만나 충을 받으므로 그해 庚戌月에 연탄가스 중독되어 죽고 말았다.

　　　　　　　　　　　　55 45 35 25 15 5
甲 甲 庚 甲　(남명)　丙 乙 甲 癸 壬 辛　(大運)
戌 子 午 戌　　　　　子 亥 戌 酉 申 未

甲木이 午月에 태어나 木火 진상관격이다. 일지에 있는 子水로 약한 甲木을 생조하고 화염을 식혀주는 조후용신으로 써야 될 것 같다. 그러나 午戌合하여 冲子하고 시에 있는 戌이 子水를 극하므로 만신창이가 된 子水를 용신으로 할 수 없다.

사주를 다시한번 살펴본즉 월간에 庚金 편관이 나와 재성(財星)戌위에 앉아 있는 甲木 비견을 극제하고 있는데 강한 午火가 편관을 심하게 극하고 있다. 편관은 극제됨이 좋으나 너무 많이 극제되면 이를 제살태과(制殺太過)라 하여 午火를 병으로 보게 된다.

따라서 용신은 庚金 편관이요 미약한 子水는 약이 되나 그 힘을 상실하여 오히려 화(火)를 격동시키는 작용을 하고 있다. 壬申, 癸酉운에 편관이 힘을 얻어 경찰이 되어 편안한 삶을 살다가 甲戌 대운에 甲이 庚을 충하고 戊은 午와 반합 화국(半合火局)하여 庚金을 극하므로 교통사고를 당해 다리불구가 되었다.

乙亥 대운 乙운은 乙庚合하여 소안(小安)한 운이었으나 乙木이 亥에 사(死 : 12운)가 됨에 여동생이 횡사했다. 亥대운 癸亥년은 두들겨 맞아 엎드려 있던 子水가 힘을 얻어 강한 火土와 한판 싸움을 벌리게되어 모(母)가 사망했다.

즉, 충거(冲去)되어 있던 것이 대운의 힘을 빌어 싸우나 왕신(旺神)인 火土를 격동시켜 패하게 된다. 55세부터 오는 丙子 대운은 庚金 용신을 천충지충하여 왕화(旺火)를 격발시켜 혈압으로 사망했다. 이 사주를 子水용신으로 보면 亥子 대운에 발전했을 것이다.

51 41 31 21 11 1

丁辛己壬　（여명）　癸甲乙丙丁戊　（大運）
酉酉酉辰　　　　　卯辰巳午未申

辛金 일주가 월일시에 록(祿)을 얻고 己土, 辰土가 있어 극히 신왕하다. 시에있는 丁火 편관을 용(用)하고저하나 년월 일시 그 어디에도 뿌리가 없고 또 왕한 辛金은 丁火를 꺼리므로 쓸 수가 없다. 따라서 왕자(旺者)는 설(泄)함을 좋아하므로 년상의 壬水를 용신으로 하게된다. 이런 격국도 가상관(假傷官)이라 한다.

이러므로 이 여성은 자식(壬水)을 무척 아끼게 되며 壬水를 흐리게 하는 己土 편인을 싫어한다.

6) 잡기 재관 인수격

辰, 戌, 丑, 未를 천지의 부정지기라 하며 잡기라 하기도 한다. 따라서 辰, 戌, 丑, 未月에 태어나고 그 달의 장간중에 있는 재, 관, 인 (財, 官, 印)을 용신으로 할 때 격이 구성된다.

단 장간중의 정기(正氣)가 투출 될 때는 아니다. 이격은 다음과 같은 특색이 있다.

부정(不貞)의 처, 자식, 남편이고 부정의 재와 관이다. 자기의 내심을 잘 안내보이며 전공과는 거리가 먼 직업을 택하는 경우가 많다.

신왕할 때는 형충을 만나 개고(開庫)해야 출세하나 신약일 때는 형충을 만나면 화(禍)가 온다. 개고(開庫)하는 자를 열쇠라 하며 운에서 이 열쇠를 형충 하면 아주 나쁘다.

① 잡기 정관격

庚 庚 辛 甲　 (남명)　 丙 乙 甲 癸 壬　 (大運)
辰 申 未 寅　　　　　　子 亥 戌 酉 申

庚申日主가 비견, 겁재와 인수의 생조를 받아 신왕하다.　未中의 丁火 정관을 용신으로 하여 비견, 겁재를 제압해야 한다.

그런데 사주엔 未를 刑冲하는 것이 없어 발신하기 어렵다. 대운 戌에 未를 형하니 이때에 반짝 빛났으나 그 다음부터는 피지를 못했다.

※ 戌, 丑 年을 만나면 그 해에만 좋다.

② 잡기 인수격

```
壬  丙  丙  癸   (남명)
辰  戌  辰  未
```

丙火日主가 土多하여 신약이다.   辰中乙木을 용신으로 하니 잡기 인수격이다.

개고(開庫)해주는 戌이 있어 좋으나 辰時를 만나 戌열쇠를 충하므로 일이 될 듯하다가 깨어지는 사주다.

③ 잡기 재격

```
甲  丙  丁  己   (남명)     壬  癸  甲  乙  丙   (大運)
午  寅  丑  丑               申  酉  戌  亥  子
```

丙日이 寅午 火局을 얻고 甲, 丁이 있어 신왕이다. 丑中辛金 정재를 용신한다. 戌대운에 丑을 刑하여 辛金이 나오니 이때에 큰돈을 벌었다. 丑이 두 개있으므로 두 곳에서 돈벌었다.

여자 역시 두 명이 동시에 들어왔다.

一. 外 格

1. 전왕격(專旺格)

1) **곡직격(曲直格)** : 곡직 인수격이라 하기도 한다. 甲乙木 일주가 지지에 亥卯未 三合을 보던지 寅卯辰 方合 목국을 보게되면 성립된다.

이격은 木日이 木局을 종하여 기세가 순일한 것이므로 木에 거역되는 申酉 가을에 태어남을 꺼린다. 이격이 순수하게 이뤄져 있으면 사람됨이 맑고 인자하며 장수하게 된다.

木局을 돕는 亥, 子, 壬, 癸를 좋아하고 丙, 丁火에 설(泄)함을 좋아한다. 庚, 辛, 申, 酉는 좋지 않다.

```
戊甲癸壬  (남명)    戊丁丙乙甲  (大運)
辰子卯寅            申未午巳辰
```

甲木日主가 지지에 寅卯辰을 얻었고 역하는 金이 없어 순수한 곡직격을 이루었다. 그런데 시에 戊辰土를 보아 군비쟁재(軍比爭財)함이 좋지않다. 다행히 戊癸가 合火되어 겨우 통기(通氣)하나 남방 火운을 절실히 요구하던중 巳午未 남방 火대운을 만나 대성공을 했다.

```
戊甲癸壬  (남명)    戊丁丙乙甲  (大運)
辰申卯寅            申未午巳辰
```

이 사주는 앞의 사주와 똑같으나 일지에 申金이 있는 것이 다르다. 이 申金은 寅卯辰 木局을 파함으로 곡직격의 파(破)가 된다. 즉 곡직파격(曲直破格)이다. 흔히 신왕하고 양인(陽刃)이 있으므로 戊辰土의 생조를 받는 申金 편관으로 용신해야 된다고 할 수 있지만 寅卯辰으로 전왕(專旺)한 木氣를 파함으로 좋지 않은 것이다. 丙午, 丁火 대운에 申金 병(病)을 극파하여 좋을 것 같으나 원명(原命)에 火가 없는데다가 丙午, 丁은 시의 戊辰을 생하고 戊辰土는 申金을 생하므로 좋을듯하다가 나빠진다.

戊申 대운에 인생 끝나고 말았다.

丙乙丁甲 （남명） 壬辛庚己戊 （大運）
子未卯寅   申未午巳辰

乙木日主가 卯月에 생하고 亥卯, 寅卯로 木旺한데다 子水가 있어 木을 생한다. 이 사주의 용신은 두말할 필요없이 왕신의 기를 빼주는 丙, 丁火이다.

金이 하나도 없는 이런 격국도 곡직격이라 한다. 巳午未 남방 운에 큰 성공이 있음은 분명하고 壬申 대운은 불길하다.

2) **염상격(炎上格)** : 활활 타오르는 불이다는 말이다.

丙, 丁日生이 지지에 巳午未 方合이나 寅午戌 삼합을 얻어야 성립되고 亥, 子, 壬, 癸가 있으면 파격이 된다. 木火土운은 좋고 金水는 불길하다. 水를 제일 꺼린다.

戊丙庚甲 （여명） 甲乙丙丁戊己 （大運）
戌戌午寅   子丑寅卯辰巳

丙火日主가 지지에 寅午戌 火局을 얻고 하나의 水도 없으므로 염상진격이다. 억부법(抑扶法)으로만 보면 火旺하여 水官星도 없으므로 아주 불길해 보인다. 辰대운에 戌을 충하여 火局이 깨어짐으로 이때에 큰 애로를 겪었을 것이나 丁卯, 丙寅 乙대운을 만나 火氣에 일조함으로 불꽃이 높이 치솟아 큰 성공을 이루었을 것이다.

丑운은 戌을 형하여 손재(損財), 구설 등이 있는 운이고 戌은 불을 담아두고 간직하는 화로에 속하는데 이 화로를 건드려 깨던지 엎어지게 하면 불길이 사방으로 퍼져 나가는 것과 같은 이치로 辰운 丑운은 불길한 것이다. 이런 이치는 필자의 오랜 경험에서 얻은 것으로 그 어떤 명리서에도 없는 것이니 활용하기 바란다.

甲丁癸丙 （남명） 己戊丁丙乙甲 （大運）
辰巳巳午 　　　亥戌酉申未午

丁火日主가 巳月에 생했고 천간지지에 火旺하다. 巳午未 三合은 없으나 巳午로 半方合이 있다. 치열한 火氣에 역하는 癸水가 있어 파격될 것 같으나 癸水는 쫄아든 한방울의 물이므로 화를 극하지 못하고 오히려 불꽃을 더 튀게하는 작용을 한다.

火氣가 치열하므로 시에있는 辰土에 호설(好泄)하니 辰土가 용신이고 甲木이 용의 병이된다.

甲午, 乙未, 丙대운은 화기를 도우므로 좋은 운이었고 申운은 역마인데다 日支, 月支와 巳申刑하여 申辰 水局을 지으므로 타향에 나가 고생했을 것이다.

丁운은 길하고 酉운은 시지 辰과 辰酉合하여 土氣를 설하여 生金함으로 재운이 있었다.

戊戌, 己대운은 용신 운이므로 제일 좋은 운이었다. 그러다가 亥운을 만나 火氣를 역하고 일월지와 巳亥沖하여 아주 나쁜 운이었다. 앞의 女命과 이 사주를 비교해보면 이 사주가 더 좋은데 앞의 여명(女命)은 火氣만 충천했지 밖으로 설(泄)함이 없고 이 사주는 辰土를 만나 火氣를 설할 수 있으며 또 甲木 병을 만

낳기에 크게 이름을 떨쳤던 것이다.

※ 기세에 역하지 않는 용신의 병이 있어야 크게 성공한다.

丙 丁 丁 戊　（남명）　癸 壬 辛 庚 己 戊　（大運）
午 巳 巳 辰　　　　　亥 戌 酉 申 未 午

이 사주도 巳月에 태어났고 火가 태왕하다. 이리되면 당연히 년에 있는 戊辰土에 설기함이 좋다. 바로 신왕 가상관으로 보아도 된다. 戊辰 용신이 활인성(活人星)에 해당되어 의사의 길을 택해 庚申, 辛酉, 財大運에 크게 성공했다.

癸 丙 己 癸　（남명）　甲 乙 丙 丁 戊　（大運）
巳 午 未 酉　　　　　寅 卯 辰 巳 午

丙日이 지지에 巳午未 방합을 얻어 염상격을 이루었다.
火旺하여 설(泄)함이 좋은데 旺火는 己土에 설하고 己土는 酉金을 생하고 酉金財星은 癸水 정관을 생하여 水가 병이 되지않고 용신(用神)이 된다. 癸水 용신에는 己土가 병이 되는데 乙卯, 甲寅 대운에 병을 제거하여 대성공을 한 사주다.

3) 가색격

戊, 己土日이 지지에 辰戌丑未 모두를 보던지 巳午未가 많은 경우에 성립되며 木이 있으면 안된다. 그러나 未月 가색격은 꺼린다. 未는 丁火와 乙木을 암장하고 있는 土로써 사주를 조열하게 만들기 때문이다. 火土金이 좋고 水木운은 불길하다.

　　　　　　　　　47 37 27 17　7
己 己 辛 己　（남명）　丙 丁 戊 己 庚　（大運）
巳 未 未 丑　　　　　寅 卯 辰 巳 午

己土日主가 未月 염천(炎天)에 생했고 천간지지에 火土가 많아 가색격이 성립되나 未月生이라 좋지 못하다.

土旺하여 丑中에 뿌리를 두고 투출된 辛金에 설기하니 바로 가상관격(假傷官格)을 겸하고 있다.

戊辰 대운에 축축한 흙(辰土)가 辛金을 생해줌으로 T.V 탈랜트로 즐거운 나날을 보냈다. 丁卯운은 丁火가 辛金을 극하고 卯木이 旺土를 극하므로 불길한 운이되어 인기는 떨어지고 재정(財政)은 파탄났다.

丙운은 불길하나 丙辛合水되어 갈증을 면하나 寅대운은 불길한 운이다. 이런 사주는 辛金 입장에서 보면 土가 많아 金이 묻히고 마는 격이라 항상 답답하고 좋은 운이 가고 나면 빛보기 어렵게 된다.

```
                              40 30 20 10
庚 己 己 癸   (남명)      乙 丙 丁 戊   (大運)
午 丑 未 巳              卯 辰 巳 午
```

己日主가 未月에 나고 巳午丑己가 있으므로 가색격이다.

그러나 이격은 丑과 巳에 뿌리를 둔 庚金이 시상(時上)에 투출되어 있으므로 가상관격이 된다. 丙火 대운에 庚金 용신을 극하므로 년상에 있는 癸水가 己土에 극되어 처 이별에 손재운이다.

癸水 처(妻)의 입장에서 보면 바짝 마른땅에 한방울의 물을 부어봤자 땅을 축축하게 하기는 고사하고 오히려 조토(燥土)에 癸水만 증발되어 버리는 것이므로 '너하곤 못살겠다. 너도 문제지만 네 형제 부모 때문에 더 못견디겠다.' 며 달아나게 되는 것이다.

戊 己 己 戊　(남명)　甲 癸 壬 辛 庚　(大運)
辰 未 未 午　　　　　子 亥 戌 酉 申

己土日主가 未月에 태어나 가색격이 되었으나 己土 논밭이 바짝 말라 절실히 水를 요구한다. 조토(燥土)는 쓸모없어지기 때문이다. 따라서 시에 있는 辰中癸水로 윤토(潤土)하게 하며 乙木으로 소토하여야 된다. 만일 설기하는 庚辛, 申酉 金이 있으면 가상관으로 용신한다. 庚辛, 辛酉 대운에 왕토를 설기하여 편안했고 壬戌 대운에 군비쟁재 되어 파재(破財)와 이별이 따랐으며 癸亥 대운에 亥未 木局되어 성공했다.

4) **종혁격(從革格)** : 혁(革)은 새롭게 만드는 것.

庚辛日主가 申酉戌 및 巳酉丑 金局이 있으면 성립되며 전왕(專旺)의 기에 역하는 火를 꺼리고 이것이 있으면 파격이 된다.

金土운은 무난하고 水운은 발달하며 木火운은 좋지 않다.

이격은 변화가 많으며 주인공의 성격은 혁신적, 개혁적 기질이 강하다.

乙 庚 甲 庚　(남명)　己 戊 丁 丙 乙　(大運)
酉 申 申 子　　　　　丑 子 亥 戌 酉

庚申日이 申月에 생하여 시에 酉金을 만나 종혁격을 이루었고 庚日이 乙時를 만나고 申月生이므로 乙庚合化金格도 겸하고 있다. 이렇게 태왕한 기운은 설기됨이 좋은즉 년지 子水가 용신이다.

子水는 申과 申子로 반합하여 설기구(泄氣口)가 넓어져 용신이 힘이 있다. 이 역시 가상관이다. 丙戌, 丁대운은 金水에 역하는 운이라 곤고(困苦) 했으며 亥子운은 성공발전 되는 운이다.

丙 庚 甲 辛　（남명）　　己 庚 辛 壬 癸　（大運）
戌 申 午 酉　　　　　　　丑 寅 卯 辰 巳

庚日主가 지지에 申酉戌을 얻었으나 午月生이고 시에 丙火 편관이 투출되어 시상일위귀격(時上一位貴格)을 구성한다. 양인(羊刃)이 있고 시상 편관이 득세한 팔자로 군인, 경찰, 사법관의 사주이다. 寅대운에 용신 丙火를 도와 육군참모 총장이 되었다.

乙 庚 壬 戊　（남명）　　丙 乙 甲 癸　（大運）
酉 申 戌 申　　　　　　　寅 丑 子 亥

종혁격과 乙庚化金格을 겸했다. 태왕자 희설(太旺者 喜泄)이라 월간긔 壬水가 용신이다. 그런데 戊土 편인이 戌土에 뿌리를 박고 壬水 용신을 극하므로 戊土가 용신의 병이다.

癸亥, 甲子, 乙 水木운에 용신을 도와 잘 나갔으나 丙寅 대운을 만나 戊土 병은 힘을 얻고 壬水 용신은 병지(病地)에 해당되는데다가 壬水가 장생하고 있는 년지 申을 寅이 충하여 자살(목매)하고 말았다.

※ 장생지(長生地)를 충하면 生氣가 끊어지니 이 또한 필자의 경험에서 누누이 확인한 바 있다.

甲 辛 辛 辛　（남명）　　丁 戊 己 庚　（大運）
午 酉 丑 巳　　　　　　　酉 戌 亥 子

辛日主가 巳酉丑을 얻고 천간에 두 개의 辛金이 있어 종혁격이 분명하나 시에 午火를 만나고 겨울이므로 火가 용신이다.
亥대운에 火가 절(絶)되어 죽고 말았다.

乙 庚 己 丁　(남명)　癸 壬 辛 庚　(大運)
酉 申 酉 丑　　　　　丑 子 亥 戌

庚日이 申酉, 酉丑을 얻어 종혁격이고 乙庚合化金格이다. 丁火는 뿌리없고 乙木은 化金되어 재관(財官)이 모두 쓸모없는 중에 설기하는 것마저 없으니 이런 것을 일러 신왕무의격(身旺無依格)이라 한다. 이리되면 그 어디에도 의지하여 살수 없으므로 수녀가 되던지 스님이 될 수밖에 없다.

이 사주도 왕금(旺金)이 년에 있는 丑화개로 들어가므로 머리 깎고 중이 되었다.

5) **윤하격(潤下格)** : 만물을 윤택하게 적셔주며 아래로 흐른다.

壬癸日이 지지에 亥子丑과 申子辰을 만나면 성립된다. 왕수(旺水)를 충극하는 土가 있으면 파극이 된다. 金水운과 木운이 좋고 火土운은 불길하다. 윤하격 여명(女命)은 대체로 팔자가 좋지 못하다.

乙 癸 辛 丙　(남명)　丙 乙 甲 癸 壬　(大運)
卯 亥 丑 子　　　　　午 巳 辰 卯 寅

癸日이 지지에 亥子丑을 얻고 천간에 丙火가 조후 용신되어야 재복이 있을 것인데 丙火는 丙辛合水되어 쓰지 못하고 부득이 시에 있는 乙卯 木으로 설기 용신하게 된다.

水는 지(智)를 뜻하는데 水氣가 乙卯木으로 유통됨으로 두뇌 명민하며 언어가 청산유수격이다. 木火운을 만나 천하에 문장(文章)으로 이름을 날린 소동파(蘇東波)의 사주다.

辛 壬 癸 癸 　(여명)　　戊 丁 丙 乙 甲 　(大運)
亥 寅 亥 亥　　　　　　辰 卯 寅 丑 子

壬日이 三亥水를 얻고 천간에 辛과 二癸가 있어 천지가 물판
이다. 일지 寅木에 설(泄)함이 좋은데 寅木은 寅亥合木되어 용
신이 강하다. 따라서 재주가 뛰어나고 총명할 것이나 식신이 재
성(財星)으로 연결되지 못해 큰 공을 이룰 수 없다.

대운 寅卯운에 만 사람의 인기를 얻었던 기생의 팔자다.

辛 壬 戊 甲 　(남명)　　壬 辛 庚 己 　(大運)
亥 申 辰 子　　　　　　申 未 午 巳

壬일주가 지지에 申子辰을 얻어 윤하격이 되었으나 이 명은
편관격에 편관 용신으로 감명해야 한다. 辰月은 양기가 방창하
여 土가 힘이 있기 때문이다. 이 예에서 보듯 윤하격이 되어도
정격(正格)이 구성되면 그것으로 감명해야 한다.

壬 癸 戊 壬 　(남명)　　辛 庚 己 　(大運)
子 未 申 子　　　　　　亥 戌 酉

이 사주를 이석영 선생은 이렇게 말하고 있다. " 癸日生이 申
子 子로 水局을 이루어 윤하격이 이뤄졌는데 꺼리는 未土와 戊
土가 있다. 그런데 未土는 태왕한 金水를 제지 할 수 없이 土 流
되고 戊土와 합세하여 水를 제지하고자 하나 戊土는 申金을 생
하여 더욱 水를 생하므로 水를 제지할 수 없다. 그런중 未土는
子와 파해(破害)하여 水로 합류하므로 변하여 순수 윤하격이 된
다 고로 金水운 마을중에 지방의 면장(面長)을 지내며 명망이
놓았다 "

필자도 위와 똑같은 사주명식을 감정한 바 있다. 다만 이석영

선생이 감정한 사주는 1912년생이고 필자가 감정한 사주는 1972년 생으로 60년 차이가 있지만 말이다.

그런데 필자는 윤하격으로 보지 않고 월상(月上) 정관을 용신으로 했는데 그 까닭은 7월 12일생으로 입추(立秋)와는 13일간이라 戊土가 사령(司令)하고 있었기 때문이다. 따라서 1972년생은 3살 되던 甲寅년에 용신자리를 천충지충 함으로 인해 뇌성마비가 와 반신불수로 지내는 운명이 되었던 것이다. 이 비교에서 보듯 항상 「월률분야장간」을 꼭 살펴야 신왕 신약은 물론이고 용신잡는데 어긋남이 없을 것이다.

2. 화격(化格)

1) 甲己合化土格

甲日이 월시간(月時干)에 己土를 만나고 辰戌丑未月에 태어나면 甲은 己와 합하여 완전히 土로 변한다. 지지에 寅卯 木이 없어야 하며 쟁합(爭合)을 싫어한다.

土旺절이 아니라도 사주전체의 기세가 土가되면 성립되기도 한다. 火土운이 좋고 水木운이 나쁘며 金운은 무난하다.

```
                          25 15  5
己 甲 丁 癸   (여명)      庚 己 戊   (大運)
巳 戌 巳 巳               申 未 午
```

甲일주가 己巳時를 만나 甲己合土가 되었고 천간지지에 火旺하여 土를 생하므로 화토(化土)격이 성립된다. 庚대운은 甲己合을 甲庚冲하여 합을 깨트린다. 己未년은 日支戌을 형(刑)하고 甲木과 쟁합한다. 이때에 남편이 큰 사고를 당했다.

```
                        30 20 10
癸 甲 己 癸   (여명)    壬 辛 庚   (大運)
酉 辰 未 丑             戌 酉 申
```

甲木이 未月에 生하고 己土를 만나 甲己合化土가 되었다.

```
                        34 24 14  4
癸 甲 己 戊   (남명)    癸 壬 辛 庚   (大運)
酉 寅 未 子             亥 戌 酉 申
```

甲일주가 己未土를 만나 化土는 되었으나 일지에 寅木이 있어 진격(眞格)은 못되고 가화격(假化格)이 되었다. 戌대운에 土를 보하여 부동산으로 큰돈을 벌었으나 癸亥 대운에 木이 왕하여 土를 극하므로 큰 액운과 손재가 있었다.

32 22 12 2

甲 己 丁 癸   (남명)   癸 甲 乙 丙   (大運)

戌 巳 巳 未   丑 寅 卯 辰

己土가 甲戌時를 만나 甲己合土가 되었고 천간지지에 火土왕하여 진화격(眞化格)이 되었으나 대운이 좋지 못해 평생 불발이다.

※ 甲日이 己土를 만나면 애처가, 공처가가 많다.

2) 乙庚合化金格

乙이나 庚日이 월간이나 시간에 합을 만나면 金이 왕하는 달에 태어나면 성립된다. 土金운이좋고 木火운은 불길하며 사주 전체가 金으로 왕할 땐 水운도 좋으나 약할 땐 설기함으로 좋지 않다.

庚 乙 乙 庚   (여명)

辰 巳 酉 戌

乙日이 庚辰時를 만나고 酉月에 태어났으나 日支 巳火가 金에 역하므로 병(病)이다.

그런데다가 金旺한데 설기 해주는 水가 없으므로 답답한 인생을 살게 된다.

乙庚戊壬　(남명)　　癸壬辛庚己　(大運)
酉戌申申　　　　　　丑子亥戌酉

庚日이 乙庚合했고 지지에 申酉戌 方合 金局을 얻었으며 년간
에 壬水를 얻어 왕금의 기세를 설(泄)하므로 좋은 격국이 되었
다. 亥水 대운부터 癸운까지 계속 호운(好運)이다. 장관(長官)급
의 팔자다.

3) 丙辛合化水格

丙日이나 辛日이 월과 시간에 합을 만나고 水旺節에 태어나야
이뤄진다. 火土운을 꺼리고 金水운은 좋으며 水旺할 땐 木으로
설기함이 좋다. 쟁합을 꺼린다.

丙辛辛壬　(남명)　　乙甲癸壬　(大運)
申亥亥辰　　　　　　卯寅丑子

辛金日主가 丙과 合하여 亥水月에 태어났고 水旺하여 合化水
의 진격(眞格)이다. 월간에 辛金이 있어 쟁합하나 壬, 亥水가 설
기함으로 탐생망합(貪生妄合)되어 무방하다.

壬子, 癸丑운은 水를 도와 무난했고 甲寅, 乙卯에 왕한 水氣를
泄하여 기가 유동함으로 제왕에 올랐다.

丙辛壬丁　(여명)　　丙乙甲癸　(大運)
申亥子巳　　　　　　辰卯寅丑

辛金이 丙申時와 合化水되고 壬子월 수왕절(水旺節)에 태어났
으므로 丙辛合化水格이 성립된다. 그러나 년지에 있는 巳火가
왕수에 극되고 巳中戊土가 왕수를 역하고 있다.

따라서 가화격(假化格)이다. 대운마저 좋지 못해 남편과 사별하고 외롭게 사는 팔자가 되었다.

4) 丁壬化木格

丁, 壬日이 월시에서 丁壬合이 되고 목왕절(木旺節)에 태어나야 성립된다. 水木化운이 좋고 土金운은 꺼린다. 쟁합(爭合)이 있으면 가화격(假化格)이 되어 불길하다.

```
癸 壬 丁 甲   (남명)   壬 辛 庚 己 戊   (大運)
卯 寅 卯 辰            申 未 午 巳 辰
```

壬寅日이 丁卯月에 태어나 丁壬合化格이 성립되었다. 壬水 寅卯辰 상관국을 얻어 종아격(從兒格)을 겸하고 있다. 총명이 과인하나 좋은 운을 만나지 못해 불발하고 말았다. 午火운만이 왕목을 설기 시켜줌으로 좋았다.

```
                       33 23 13  3
壬 壬 丁 甲   (여명)   癸 甲 乙 丙   (大運)
子 戌 卯 辰            亥 子 丑 寅
```

壬戌 괴강일이 丁卯月을 만나 丁壬火木格이 되었다. 그러나 壬子時를 만나 쟁합이 되었고 戌土관성을 만나 왕한 木이 土와 싸움을 하게되어 순수치 못한 가화격(假化格)이 되었다.

이리되면 旺木의 기를 설하여 생토(生土)해주는 火운을 만나야 좋아진다.

초운(初運) 丙寅, 乙에 무난했으나 丑土운을 만나 군비쟁재(軍比爭財)가 되므로 유흥가에 몸파는 신세가 되었다. (丑土는 丁壬木에 財星이 된다.) 甲子, 癸亥 대운 역시 좋지 못해 재정에

궁핍을 느끼며 어렵게 살고 있다.

이격을 丁壬化木으로 보면 木을 생해주는 水운이 좋아야 될 것이다. 丁壬合은 음란지합이므로 여명에는 불미하다.

壬 丁 壬 丁　(여명)　丁 丙 乙 甲 癸　(大運)
寅 亥 子 卯　　　　　巳 辰 卯 寅 丑

이 사주도 丁壬合하고 꺼리는 金이 없으며 木旺하므로 化木格일 것 같으나 그렇지 않다. 남편은 다른 여자를 찾고 나도 다른 남자를 찾는 팔자다.

5) 戊癸合化火格

戊癸日이 월시에 癸나 戊를 만나 합을 이루고 화왕절(火旺節)에 태어나야 하며 火에 역되는 水가 있으면 파격이다. 木火土운이 좋고 金水는 꺼린다.

乙 戊 癸 丙　(남명)　丁 丙 乙 甲　(大運)
卯 申 巳 辰　　　　　酉 申 未 午

戊日主가 癸巳月과 戊癸合하여 일단은 격을 이루었다. 그러나 일지 申이 년지 辰과 申辰으로 半水局을 이루며 巳申合水, 申中 壬水가 있으므로 파격이 된다.

이리되면 정격(正格)으로 풀어야 하는데 巳月 초여름의 戊土로 년간에 丙火가 투출되었으므로 申中壬水로 조후용신해야 한다.

未土 대운에 극 壬水하므로 다리 불구가 되었다.

壬 癸 戊 辛　(여명)　壬 辛 庚 己　(大運)
戌 丑 戌 未　　　　　寅 丑 子 亥

癸日主가 戊戌月을 만나 戊癸合火는 되었으나 九月 생이고 일지 丑中에 癸있고 시간(時干)에 壬水가 있어 化格을 이루지 못한다.

癸丑 백호일이 다관살(多官殺)에 제부족(制不足)되어 초년에 남편 전사하고 수차 결혼했으나 모두 이별한 딱한 사주다.

용신은 辛金이나 태산이 가로막혀 평생을 어렵게 살게 된다. 또 辛金은 土가 많아 묻히는 형상이다.

```
                      47 37 27 17  7
戊 癸 辛 丙  (남명)   丙 乙 甲 癸 壬   (大運)
午 卯 卯 戌           申 未 午 巳 辰
```

癸日이 卯月을 만나 水木 상관격이나 戊午時를 만나 戊癸合火가 되고 卯戌火局이 있어 合化火格이 성립된다. 卯木 식신이 生財하고 있으므로 약사다.

壬辰, 癸巳 대운에 고생이 많았으나 甲午 대운부터 좋은 운을 만나 재물을 모았다.

※ 午火와 戊土는 년과 시에 멀리 떨어져 합할려 하는데 월일의 卯木이 卯戌合하여 서로 가까이 만나도록 당겨줌으로 처가(妻家)덕이 좋으나 월일 卯木이 도화가 되어 卯戌合火 재(財)가 됨으로 외정(外情)이 많다.

천간에 있는 丙辛이 合水되어 戊癸合火를 극하므로 격이 떨어진다.

3. 종세격(從勢格)

강한 세력을 지닌 오행에 따른다는 뜻이다. 음간(陰干)은 세력에 따르나 양간(陽干)은 세력에 따르지 않고 기(氣)에 따른다.

1) 종관살격(從官殺格)

일주가 아주 약하고 관살의 세력이 아주 왕할때는 대적하려 말고 따름이 좋다. 이 역시 태왕자(太旺者)에겐 거역하면 화가 미친다는 논리와 같다.

```
壬 丙 己 乙  (남명)    甲 乙 丙 丁 戊   (大運)
辰 申 丑 丑            申 酉 戌 亥 子
```

丙火日主가 丑겨울에 나고 천간지지에 土金水가 많아 일주는 그 어디에도 뿌리내리지 못해 극신약이 되었다. 이리되면 종(從)함이 편한데 己丑 상관은 申金을 생하고 申金은 시간(時干)에 있는 하나의 壬水 편관을 생해준다.

이러므로 종살격이 구성되며 시상일위귀격(時上一位貴格)이 되었다. 丙戌 대운은 불길했으나 申酉金운에 대발하여 일국의 국무총리직에 올랐던 김종필씨의 사주다.

```
                     51 41 31 21 11  1
壬 癸 丁 戊  (여명)    辛 壬 癸 甲 乙 丙   (大運)
戌 巳 巳 子            亥 子 丑 寅 卯 辰
```

癸水日主가 巳月에 태어났고 천간지지에 火土가 왕해 신약이다. 火旺하므로 년지 子水록을 용하여 볼까하나 子水하나로는 왕한 火土를 감당할 수 없다.

壬水 역시 왕한 火土에 쫓아들어 의지가 되지 않는다. 이러므로 巳中에서 투출된 戊土官에 종하게 된다. 乙卯, 甲寅 木운에는 木이 丁巳火를 생하고 丁巳火는 戊土를 생해줌으로 무난했다. 그러다가 癸丑 대운이 들면서 巳丑으로 반금국을 이루게 되자 癸水 일주가 강해져 종관(從官)하지 않으려 함에 따라 남편과 불화가 잦더니 이혼하고 말았다.

壬子 대운 辛金대운에 고생 막심하게 살았는데 亥대운이 오면 戊土 용신이 절(絶)이되어 모든 것이 끝날 것이다. 년지에 子水가 있어 가종격(假從格)이다.

庚辛戊戊　(남명)
寅巳午寅

48 38 28 18 8
癸壬辛庚己　(大運)
亥戌酉申未

辛金日主가 午月에 태어나 지지에 木火가 아주 왕하다. 월간의 戊土인수를 용할 것 같으나 조토(燥土)는 생금(生金)할 수없이 旺火에 종할 수밖에 없다.

戌대운에 旺火 입고(入庫) 甲子年에 子午로 용신을 충하여 자식이 교통사고를 크게 당했다. 火官을 종하므로 주유소에 직장생활 한다. 水를 극히 꺼리는데 癸대운은 戊癸合火하여 무방하나 亥대운이 불길할 것이고 子대운에 모든 것이 끝날 것이다.

2) 종재격(從財格)

乙丁辛辛　(남명)
巳酉丑酉

58 48 38 28 18 8
乙丙丁戊己庚　(大運)
未申酉戌亥子

丁火日主가 丑月에 태어나 설기 심한중 巳酉丑金局을 만나 종재격을 이루었다. 서북운을 만나 동네 부자소리 들으며 잘 살았다. 未대운초 癸亥年에 사망했다.

```
                        61 51 41 31 21 11 1
丁 癸 戊 辛   (남명)   辛 壬 癸 甲 乙 丙 丁 (大運)
巳 巳 戌 巳             卯 辰 巳 午 未 申 酉
```

癸日主가 戊土와 合하여 지지에 3개의 巳火를 보니 合化火格이고 종재격이다. 20대초까지는 고생했으나 남방운을 만나 크게 돈을 벌었다. 時上 丁火 편재가 있어 정, 편재 혼잡되므로 본처는 병들어 있고 젊은 애인과 살고 있다.

```
                     52 42 32 22 12  2
乙 壬 甲 辛   (남명)   戊 己 庚 辛 壬 癸 (大運)
巳 午 午 卯            子 丑 寅 卯 辰 巳
```

壬日主가 午月에 태어났고 천간지지에 火의 세력이 강하여 뿌리없으므로 종하지 않을 수 없다. 癸巳, 壬辰, 辛대운은 불발했다.

戊子대운은 일월의 午火를 충하여 불길한 운인데 癸未年을 만나 헬기 프로펠라에 머리를 맞아 중상을 입었다. 그나마 살아난 것은 巳午未 方合火局을 이루었기 때문이다.

3) 종아격(從兒格) : 식신, 상관에 종한다는 말이다.

```
                     42 32 22 12  2
壬 癸 甲 癸   (여명)   己 戊 丁 丙 乙 (大運)
戌 卯 寅 卯            未 午 巳 辰 卯
```

癸日主가 寅月에 생하고 木旺한데다 일주가 생조 받을데가 없어 종할 수밖에 없다. 년간의 癸水는 卯,甲木을 生하여 木을 왕하게 하고 시간의 壬水는 뿌리가 없어 도움이 안된다.

시에 戊土官이 있어 관(官)을 보는 격이되어 불길한 팔자다.

壬 己 癸 己　(여명)　戊 丁 丙 乙 甲　(大運)
申 酉 酉 丑　　　　　寅 丑 子 亥 戌

己土일주가 酉月에 태어나 지지에 申酉가 있고 극신약하므로 종아격이 되었다가 종재격으로 변했다. 年에 있는 己丑은 酉丑으로 반금국되며 土生金으로 酉金을 생하므로 일주를 돕지 못한다.

　　　　　　　　35 25 15　5
戊 丙 丁 己　(여명)　辛 庚 己 戊　(大運)
辰 辰 丑 丑　　　　　巳 辰 卯 寅

丙火日主가 겨울인 丑土月에 생했고 천간지지에 식상이 많은데다 丙火의 뿌리가 없어 종할 수밖에 없다. 3살되던 辛卯년에 생모(生母) 사별하고 계모 밑에서 컸다.

寅대운에 왕토를 극하므로 불미한 운이되어 가출하여 여기저기를 전전하다가 己卯대운에 몸파는 여자가 되었다. 상관 종격에 인수운을 만나면 아주 흉하기 때문이다.

　　　　　　　　33 23 13　3
庚 丁 甲 己　(여명)　戊 丁 丙 乙　(大運)
戌 丑 戌 酉　　　　　寅 丑 子 亥

丁火日主가 戊土月에 생했고 일주 무근(無根)하여 종할 수밖에 없다. 그런데 이 격은 왕한 土가 金을 생하여 종상관격에서 종재격으로 변했다.

戊대운에 壬午년을 맞아 상관이 정관을 보게되어 남편이 산사태로 인해 흙에 깔려 죽었다. 위 두 예에서 보듯 종식상격은 남편 운이 좋지 않다.

5) 종강격(從强格) : 강한 인수를 따르는 것을 말한다.

```
                        41 31 21 11  1
庚 己 丁 壬   (남명)    壬 辛 庚 己 戊   (大運)
午 巳 未 辰            子 亥 戌 酉 申
```

己土日主가 여름인 未月에 생했고 지지에 巳午未 火局이있어 종강격이 되었다. 혹자는 시에 있는 庚金으로 가상관 용신으로 보기도 한다. 그렇지만 庚金은 午火위에 앉았고 巳午未 火局에 극되어 조토불생금(燥土不生金)이므로 용신 할 수 없다.

년상에 있는 壬水로 조후용신을 해볼까 하나 丁壬合되었고 지지에서 생조를 받지 못하므로 이것 역시 용신이 될 수 없다.

申酉戌 金을 만나 학업도 불성이며 매사가 이뤄지지 않아 선원이 되어 외양(外洋)을 떠돌게 되었다.

```
                        51 41 31 21 11  1
癸 癸 己 丁   (남명)    癸 甲 乙 丙 丁 戊   (大運)
丑 巳 酉 亥            卯 辰 巳 午 未 申
```

癸日이 巳酉丑 인수국을 얻고 천간지지에 火土의세력이 약해 종강격이 되었다. 丁火는 己土를 생하고 巳中丙火는 三合 金局을 이룸과 동시에 丑土에 설기되어 신왕에 재관(財官)을 용신으로 할 수 없다. 이리되면 재성인(財星)인 火는 기신이 된다.

따라서 처(巳中丙火)로 인해 망신당하게 되는데 巳대운 乙丑년에 처가 바람을 피우다가 도망갔다.

4. 기특격(奇特格)

기이하고 특별한 격국을 말한다.

1) 천원일기 지지일기(天元一氣 地支一氣)

戊戊戊戊　（남명）　甲癸壬辛庚己　（大運）
午午午午　　　　　　子亥戌酉申未

천간엔 戊土일색이며 지지엔 모두 午火가 있다. 이리되면 크게 이름을 날린다 한다.

격으로 보면 양신 상생격(兩神 相生格)이며 종왕격(從旺格)이다.

이런 사주는 지지에 木운이와도 괜찮으며 火土운이 좋고 설기하는 金운은 평길(平吉)하다. 삼국지에 나오는 관우 장군의 사주라 한다. 甲子 대운에 사주와 격렬한 싸움이 벌어지므로 끝장나는 사주다. 戊에서 午는 양인(羊刃)인데 이 때문에 창칼 잘 쓰는 장수가 되었을 것이다.

2) 괴강격(魁罡格)

壬辰, 壬戌, 庚辰, 庚戌日 또는 戊戌日에 태어났을 때를 괴강일이라 한다.

이 날에 태어나면 괴강을 거듭 만나는 것과 신왕함을 좋아하고 재관(財官)을 만나면 재앙이 따르며 형(刑)을 만나면 관재구설이 있으며 충(沖)을 만나면 소인(小人)이 될 뿐 아니라 관재구설과 재앙이 일어난다고 고서(古書)에 기재되어 있다. 성격은 총명하며 모든 일에 과단성이 있으며 크게 된다.

물론 격이 좋을 때 말이다. 여명(女命)은 부부궁이 아주 좋지 않다 한다.

남편이 흉사 흉액을 당하던지 능력없어 놀고먹던지 업을 크게 망하든지 한다는 것이다.

庚庚庚乙　（남명）　甲乙丙丁戊己　（大運）
辰辰辰巳　　　　　戌亥子丑寅卯

庚辰日이 월시에 괴강인 庚辰을 거듭 만나 신왕한데 乙木재성이 있으나 乙庚合하여 金이 되므로 꺼리지 않는다. 그러므로 순수한 괴강격이 되어 큰 성공을 거뒀다고 한다.

그렇지만 이격은 굳이 괴강격으로 보지 않아도 좋은 사주다.

년간의 乙木은 巳火를 생하고 巳火는 辰土를 생하며 辰土는 庚金을 생하여 인수 종격(印綬從格)과 종왕격을 겸하기 때문이다. 旺한 金의 기가 설기되는 亥子丑 북방운에 성공하여 대학 총장이 된 사주다. 甲戌 대운은 불미했을 것이다.

庚庚甲壬　（남명）　己戊丁丙乙　（大運）
辰辰辰子　　　　　酉申未午巳

庚辰日이 시에 괴강을 만나고 신왕하다. 그러나 꺼리는 財星이 월간에 있으면서 辰土에 통근하고 壬子水의 생을 받아 왕하다. 이럴때는 정격(正格)으로 보아 身旺에 用財한다. 초년 丙午, 丁未에 발전했는데 이는 甲木 용신의 병(病)인 庚金을 극하였기 때문이다.

※ 용신의 병이 있을 때 그 병을 제거하는 운에 발달 戊申, 己酉 대운에 불길하였다 한다.

丙 庚 乙 癸 （남명）　庚 辛 壬 癸 甲 （大運）
子 戌 丑 亥　　　　　申 酉 戌 亥 子

庚戌 괴강일이 丑月에 生했으나 지지에 亥子丑 水局이 있고 천간에 癸, 乙, 丙이 있어 身弱하다. 金水상관격에는 丙火가 용신 될 수 있으나 괴강은 신왕을 좋아하므로 庚金을 생해주는 戌土가 용신이고 丙火는 보조하는 조후용신이다. 戌운이후 신왕운에 발전했다.

丙 庚 癸 丁 （남명）　丙 丁 戊 己 庚 辛 壬 （大運）
戌 戌 丑 亥　　　　午 未 申 酉 戌 亥 子

이 사주는 庚戌 괴강일이 丑月에 태어나고 시에 조토 戌을 얻어 신왕이다. 이러므로 시상에 있는 丙火를 용신하여 말년 巳午未 남방운에 크게 발전했다.

3) 공록 공귀격(拱祿 拱貴格)

공(拱)이라는 말은 가운데에 넣고 앞뒤에서 껴안는다는 말이다.

그러므로 공록은 록(祿)을 껴안는다 이고 공귀(拱貴)는 귀(貴 : 正官 天乙貴人)를 앞뒤에서 끼고 있다는 말이다.

拱祿格	癸亥日 癸丑時	癸丑日 癸亥時	丁巳日 丁未時	己未日 己巳時	戊辰日 戊午時

癸亥日 癸丑時 사이에 子가 숨어 있다는 말이다. 사주 다른 곳에 子가 있으면 이것을 진실이라 하여 꺼리며 대운 세운에 있어서도 마찬가지다.

拱貴格	甲申日 甲戌時	戊申日 戊午時	甲寅日 甲子時	乙未日 乙酉時	辛丑日 辛卯時

甲申日에 甲戌時를 만나면 申과 戌사이에 酉 정관이 숨어 있다는 말이다. 이 공귀격 역시 진실됨을 꺼리며 형충(刑冲)을 꺼린다.

예)

甲申일 甲戌時의 경우 寅이나 辰을 만나 어느 한쪽이 충되면 그 사이에 있던 酉金 정관이 달아난다는 것이다. 이리되면 실직, 퇴직, 명예손상 등의 불상사가 따른다.

※ 공록격의 경우도 마찬가지로 형충을 꺼린다.

戊 戊 庚 辛　(남명)　乙 丙 丁 戊 己　(大運)
午 辰 寅 亥　　　　　酉 戌 亥 子 丑

戊辰日이 戊午時에 태어나 그 사이에 일간 戊土의 록(12운)이 들어있다. 신왕으로 寅中甲木 편관을 용신한다.

※ 八字의 숫자로 보면 약간 신약이나 戊土의 록인 巳가 辰과

午사이에 있기에 신왕으로 보는 것이다.

```
甲甲丙丁  (남명)   庚辛壬癸甲乙  (大運)
子寅午巳          子丑寅卯辰巳
```

甲寅日이 甲子時를 만나 그사이에 天乙貴寅인 丑이 있다.
이 丑中에는 辛金 정관도 있다.
辛丑대운에 진실이 되어 좋지 않았고 子대운 午년에 時 子를
冲하여 공귀되어 있던 丑을 달아나게 함으로 아주 불길한 운이
되었다.

```
壬壬戊庚  (남명)   癸壬辛庚己  (大運)
寅辰子戌          巳辰卯寅丑
```

壬辰日이 壬寅時를 만나 그사이에 天乙貴人인 卯木이 있다.
壬日主는 子月에 생하여 양인을 얻었고 辰子로 반수국하여 身
旺하므로 월간 戊土 편관을 용신으로 한다. 이리되면 편관 용신
을 극하는 寅木이 병이다.
辛卯 대운에 卯 귀인이 진실되고 寅卯辰으로 木局을 이루어
용신을 극하므로 죽고 말았다.

```
                  52 42 32 22 12  2
丙戊丙丙  (남명)   壬辛庚己戊丁  (大運)
辰寅申戌          寅丑子亥戌酉
   空亡
```

이 사주는 공록 공귀격은 아니나 그 구성이 묘하여 싣는다.
戊土일주가 신왕하여 월지 申中庚金 식신으로 용신해야 될 것
같으나 申은 공망이고 왕한 丙火에 극을 받으므로 일지 寅中의
甲木 편관으로 용신해야 한다. 27세까지 고생고생 하다가 亥대

운에 용신을 도와 사법고시에 합격하여 변호사로 입신했다.

庚子대운도 발전운이었고 辛金 대운은 寅木을 극할 것 같으나 丙辛合水되어 전화위복이 되어 정계(政界)로 진출했다.

丑대운은 뜻을 펴지 못하는 운이고 壬寅대운 癸未년에 일국의 대통령으로 당선되었다.

위 사주는 寅辰사이에 卯가 있어 寅卯辰 동방 木局이 되고 년월은 申酉戌을 구성하여 서방 金局이 된다. 그리고 년일은 寅午戌 火局이 되며 월시는 申子辰 水局이 되어 사주에 동서남북의 기운이 모두 들어있다.

4) 협구 공재격(夾丘 拱財格)

이격은 日과 時사이에 재(財)를 협공(夾拱)하여 이루어진다. 즉 癸酉日 癸亥時에 태어났다면 그 酉와 亥사이에 戌이 있는데 이 戌은 火의 고(庫)이므로 戌中丁火를 취하여 일주 癸의 재성으로 한다는 말이다.

甲寅日 甲子時 역시 그 사이에 丑이 있고 丑中己土財를 취하여 공재격으로 한다.

己卯日 己巳時 사이엔 辰이 있는데 그 辰中의 癸水를 己土일주의 재성으로 한다.

庚午日 甲申時 사이엔 木의 고(庫)인 未土가 있는데 未中의 乙木을 財星으로 한다.

이격도 日과 時를 형충파함을 꺼리는데 그리되면 들어 앉아 있던 재(財)가 밖으로 튀어 나가기 때문이다. 그리고 또 이격은 일주를 극하는 칠살(편관)을 싫어하고 진실됨을 꺼리고 財의 공망을 싫어한다.

癸酉日 癸亥時, 甲寅日 甲子時로 구성되면 진격(眞格)

己卯日 己巳時, 庚午日 甲申時는 비진격(非眞格)이라 한다.

癸 癸 辛 丙　(남명)　丁 丙 乙 甲 癸 壬　(大運)
亥 酉 卯 辰　　　　　酉 申 未 午 巳 辰

癸酉日이 癸亥時를 얻어 공재격(拱財格)을 이루었고 꺼리는
것이 없다. 卯木이 酉를 충할 것 같으나 卯辰으로 반합하고 丙
辛으로 천간까지 합하여 탐합망충(貪合妄冲)이다.

癸日主는 일,시에 생조를 받고 辰에 통근했으며 辛金이 合水
하여 도우므로 왕해졌다. 따라서 丙火의 生을 받는 辰中戊土 정
관으로 용신한다. 그러나 용신이 약한중 酉亥사이에 웅크리고
있는 戊土가 도우므로 힘이 있어졌다.

巳午未 남방운에 용신을 도우므로 성공했고 申酉金운에는 용
신의 병이 되는 卯木을 극제하여 크게 발했다.

癸 癸 癸 甲　(남명)　戊 丁 丙 乙 甲　(大運)
亥 酉 酉 子　　　　寅 丑 子 亥 戌

癸酉日이 癸亥時를 만나 공재격을 이루었다. 癸日主는 태왕하
여 종왕이므로 金水木이 모두 좋고 火土운이 불길하다. 亥子丑
寅卯운에 크게 성공했다. 이 사주엔 재성이 하나도 없다. 그러나
공재격이 되므로 창고에 숨겨놓은 큰 재물이 있을 것이다.

乙 乙 乙 乙　(남명)
酉 亥 酉 亥

이 사주도 재성이 없다. 그러나 亥酉사이에 戊土가 숨어 있으
므로 왼쪽 오른쪽 여기저기에 돈창고가 숨어 있는 상이다. 그래
서 큰 재물을 좌지우지하면서 살았다.

5) 비천 록마격(飛天 祿馬格)

이격은 사주팔자에 없으나 꼭 필요한 것을 허공중에서 충하여 쓴다는 것이다.

즉 庚子日이 子를 많이 만나면 강해진 子가 사주에 없는 午를 충하여 午中에 있는 丁火를 나의 관성으로 한다는 말이다. 없는 것을 충하여 오게 한다는 것인데 이에 대해 역리(易理)를 알지 못하는 일부 학자들은 ' 사주에 없는 것을 어떻게 쓰느냐, 그것은 모두가 잘못된 것이다 '로 말하고 있다. 그것은 음과 양의 일체요 子午가 일체인 것을 모르고 나타난 현상만을 보고 판단하려는 어리석음 때문이다.

음양은 일체 양면상을 나타낸 것이며 子水와 午火 역시 하나의 운동 모습을 나타낸 것인데 이것이 바로 水火일체이다.

이러므로 子午를 군화(君火), 寅申을 상화(相火)라고 하는데 이에 대한 원리 설명은 한권의 책으로도 모자라므로 여기선 생략한다. 깊이 알고 싶은 사람은 필자가 지은「천고의 비밀」을 참고하길 바란다.

∴ 壬子日이 子를 중봉(重逢)할 때 성립되며 寅戌未 중의 하나(一字)를 만나면 子가 충해오는 午와 寅午, 午戌, 午未로 합을 하며 달아나지 않도록 붙잡아 둠으로 좋다. 진실되는 午, 관성이 되는 戊, 己. 子를 合하는 丑을 꺼린다.

∴ 庚子日이 子를 중봉할 때 성립되며 寅戌未 중의 한자가 있음을 좋아하고 午丙丁丑을 꺼린다.

∴ 辛亥日이 亥를 중봉할 때 성립되며 申酉丑 중의 一字가 있음을 좋아하고 巳丙丁戊 등이 있으면 좋지 않다.

∴ 癸亥日이 亥를 중봉할 때 성립되며 申酉丑 중의 一字가 있음을 좋아하고 巳戌己戌을 꺼린다.

∴ 丙午日이 午를 중봉할 때 성립되며 子未를 꺼린다.

∴ 丁巳日이 巳를 중봉할 때 성립되며 亥辰申을 꺼린다.

※ 辛亥日 癸亥日은 亥와 합하는 寅을 꺼린다고 해놓은 책도 있다.

```
己 辛 壬 丁  (남명)   丙 丁 戊 己 庚 辛  (大運)
亥 亥 子 未           午 未 申 酉 戌 亥
```

이 사주를 정격으로 보면 辛金日이 子月에 태어나 금수상관(金水傷官)격에 해당되어 木火土운이 좋다 하겠으며 丁火未土가 허약하여 별로 좋아 보이지 않는 팔자다.

그러나 비천록마격으로 보면 꺼려하는 丁火가 있으나 이는 丁壬合되었고 未土에 설기되어 힘이 없으므로 무방하여 깨끗한 격을 이룬다. 이 사주의 주인공은 서방 金운에 발신하여 검찰청장을 역임했다.

```
丁 壬 庚 辛  (남명)   甲 乙 丙 丁 戊 己  (大運)
未 子 子 亥           午 未 申 酉 戌 亥
```

壬子日이 子月에 태어나 아주 신왕이다. 未中己土를 용신하고자 해보나 미약한 土로서는 태평양 같은 물을 막을 수 없고 丁火역시 군비쟁재되어 용신이 될 수 없다.

비천록마격으로 보면 未가 있어 충되어 오는 午를 합해줄 수 있으며 꺼리는 午戌己丑이 없어 순수하다. 초년 戊戌대운에 기신운되어 고생막심하다가 丁酉운부터 발신하여 대검찰청 차장까지 되었다. 甲午대운이 불길한데 이때에 퇴직했으며 만사가 좋지 않았을 것이다.

己 丙 甲 辛　(남명)　戊 己 庚 辛 壬 癸　(大運)
丑 午 午 酉　　　　　子 丑 寅 卯 辰 巳

정격으로 보면 신왕하여 상관생재로 가야 하나 己丑과 辛酉 재성이 멀리 떨어져 있어 기가 잘 통하지 않는 사주고 寅卯木 대운에 土金을 극충(剋冲)하여 아주 불길했을 것이다.

그러나 이 사주 역시 비천록마 진격이 되어 대검 검사로 출세하여 잘나가다가 戊子 대운에 좋지 않았다.

丙 壬 壬 壬　(남명)　丁 丙 乙 甲 癸　(大運)
午 子 子 子　　　　　巳 辰 卯 寅 丑

壬子日이 子를 중봉하여 비천록마격을 이루었으나 진실되는 午를 만나 파격이 되었다. 정격사주로 보면 군비쟁재격이다. 평생을 문전걸식한 걸인의 팔자다.

甲 丙 庚 辛　(남명)　甲 乙 丙 丁 戊 己　(大運)
午 午 子 酉　　　　　午 未 申 酉 戌 亥

丙午日이 午를 또 만나 비천록마를 이뤘으나 월지에 子를 보아 파격이다. 이리되면 정격으로 봐야 한다. 일주 旺하고 재(財)와 관(官)도 旺하여 사법관으로 출세한 사주다.

이때까지의 예에서 보듯 비천록마격도 역리(易理)에 따른 하

나의 격으로 성립될 수 있음을 알 수 있었다. 이격의 주인공은
검사, 경찰, 사정기관 등으로 출세함이 많다. 이상 5가지의 기특
격을 살펴보았다. 이외에도 육을서귀격, 육음조양격, 임기용배격
등등으로 아주 많은 별격이 있다. 그러나 여기서는 더 이상 살
피지 않고 종합감정편으로 넘기기로 하겠다.

一. 신살 활용법

격국과 용신을 정확하게 몰라도 팔자에 붙어있는 신살만을 가지고 대강의 운명을 말할 수 있는데 이를 단식(單式)감정이라 한다.

시중(市中)에서 역술(易術)로 생활하는 많은 사람들이 쓰고 있는 방법이다. 물론 언제가 좋으며 언제 어떤 일이 일어났는지에 대해선 정확하게 알 수 없다. 이때가지 습득한 것을 활용하며 신살을 해석하기로 한다.

辛　丁　丙　丙　（남명）
亥　巳　申　戌

日과 時가 상충하므로 부부운이 불길하다. 亥역마가 日支를 충하므로 교통사고 당해본다. 월에 있는 申역마가 日支와 巳申형합으로 교통사고 및 수술사 있으며 관재구설도 있게 된다. 월과 일이 巳申형하므로 생각(生家)의 덕도 없으며 부모(月은 부모궁)와도 사이가 나쁘고 부모 속태운다. 역마에 재,관(財,官)이 있으므로 운전이나 운수, 교통에 관계된 직장을 갖는다. 월(月)에 申역마 있으므로 일찍 고향 떠난다.

年과 日이 巳戌귀문살 되므로 신경예민, 폭력성, 의처증 등 정신병적인 기질이 있다.

년상(年上) 丙火가 戌에 입고(入庫)하니 누님 한분 일찍 사별한다.

戊 乙 壬 壬 　(남명)
寅 未 寅 辰

乙未 백호살 있고 寅未 귀문살 있다. 역마 寅위에 戊土財 있다. 甲辰, 乙未日生은 아버지나 아버지 형제중에 흉액(凶厄) 흉사(凶死)있다. 운수, 교통업으로 생계하며 정신불안, 폭력성 있다.

丁 庚 癸 丁 　(남명)
亥 子 丑 丑

丑이 급각살이고 일지 子水가 활인성(活人星)이다. 丑급각살 위에 癸水 상관이 있으므로 첫째자식이 급각살 맞았다. 다리 절지 않으면 상골(傷骨)있다. 子水는 두 번째 아이인데 그 아이가 활인성이니 간호사 아니면 의사 약사다.

甲 己 丁 甲 　(남명)
子 巳 丑 午

午火가 도화살이다. 甲정관이 수옥살에 앉아 일주 합이다. 도화와 甲己로 합이 되고 甲官星이 수옥살에 앉아 있어 바람피우다 감옥 간다.

甲 壬 戊 丁 　(여명)
辰 午 申 酉

일지 午火가 도화요 년지 酉가 목욕살(沐浴殺)인데 丁壬으로 합되어 있다 남편 두고 외간 남자와 사통(私通)한다.

乙 庚 甲 癸 (남명)
酉 申 子 未

時酉는 申日에서 도화고 월지 子水는 년에서 보면 도화다. 정편재가 투출되었으며 모두 도화지위에 있으니 연애결혼 했으나 또 밖에 나가 바람피운다. 甲木 편재가 子水 목욕지위에 있으므로 술집여자와 합정(合情)이다.

乙 戊 丙 甲 (여명)
卯 戌 寅 午

時에 도화관이 일주와 합이다. 술장사 및 도화업으로 남자를 맞아들인다.

戊 己 癸 辛 (여명)
辰 未 巳 卯

戊辰 겁재가 백호살이니 오빠가 비명횡사.

甲 甲 戊 乙 (여명)
子 辰 寅 未

甲辰, 乙未 백호살 중중하니 아버지(戊土)가 비명횡사.

	36 26 16 6	
甲 癸 甲 壬 (남명)	戊 丁 丙 乙	(大運)
寅 巳 辰 辰	申 未 午 巳	

癸巳日이 甲寅상관 역마되어 있고 辰辰巳로 지라살 중중하여 교통사고 내고 구속됐다.

일시에 寅巳刑 있어 치질. 맹장수술 하게 된다.

辛 丁 戊 戊 (여명)
亥 丑 午 子

時 亥水官이 역마다. 丁丑 백호일에 태어났고 午를 만나 탕화, 귀문살이다. 또 戊午가 수옥살이다. 남편(亥)은 배타던지 운전운수업으로 생계한다.

본인(丁丑)은 화상(火傷)당해 봤고 형제(午火)나 자식(戊土)간에 형액(刑厄 : 수옥살)있어 그것 때문에 애태웠다.(丑午귀문작용)

壬 癸 丁 戊 (여명)
戌 巳 巳 子

巳戌 귀문살 있어 본인도 정신이상 증후 있고 그런 형제도 있고 형제가 비명횡사(壬戌백호살)

庚 辛 戊 戊 (남명)
寅 巳 午 寅

日時 형살있다. 본인에겐 수술사 있고 자식에게는 교통사고 및 수술사 있다.(時는 자식궁)

戊 丁 壬 戊 (여명)
申 亥 戌 子

壬戌 백호 정관 있고 년지 子도화 편관위에 상관있다. 남편은 비명횡사요. 본남(本男)등지고 (傷官) 밀부(密夫)와 붙었구나.

※ 상관은 남편인 정관을 극하는데 이는 남편을 등지고 법(法)과 규율을 어긴다는 뜻이 있다.

戊 庚 癸 己 (여명)
寅 寅 酉 未

年 未와 日時支는 귀문관살 己未 인수는 공망이고 寅寅은 탕화다. 본인에 귀문살있어 신(神)기 있어 신 모셨고 신기(神氣)있는 자식도 있다. 인수가 공망이라 학업은 장애있고 이루기 어렵다.

또 권리행사 못하는(문서 없는) 집 지닌다. 일시 寅寅 탕화되어 본인과 자식이 화상당해 본다. 酉 양인이 수옥살되어 몸에 큰 흉터 있으며 구속당해 본다.

庚 壬 辛 乙 (남명)
戌 寅 巳 酉

月日 형살되니 부모와 인연없고 수술사 있게 된다. 월지 巳가 공망이며 일지를 겁살하니 부모덕은 없으며 오히려 부모형제에게 재물을 뺏기는 격이다. 낙정관살(戌)이 일지와 合하니 물웅덩이나 똥구덩이 우물(물웅덩이)에 빠져봤다.

丁 癸 庚 丙 (남명)
巳 亥 子 戌

년 丙戌 父星이 백호살 월지 子水는 수옥살. 時에 있는 巳는 역마살. 아버지(丙)는 비명횡사, 남동생은 전과자(수옥살) 본인은 운수교통으로 돈번다. 戌亥巳가 있어 천라지망 되므로 본인도 감방 갔다왔다.

丁 辛 己 壬 (여명)
酉 酉 酉 辰

月日時 酉는 도화 홍염 壬水 상관은 입고(入庫) 도화 홍염이 辰酉로 합했으니 이성에게 인기 좋고 꽃나무를 키우기 좋아한다. 丁火夫星이 도화지에 앉았고 辰酉로 合多함으로 남편이 바람기 심하다.

※ 도화(桃花)는 이성과 연애 및 바람을 뜻하지만 화투, 화초(花草)를 의미한다.

사주 격국이 깨끗하면 화초 재배에 취미 있고 쟁재(爭財)되는 사주는 화투(노름)와 이성에 바람으로 봐야 된다. 도화를 무조건 연애 및 바람으로 보면 안된다.

丙 丁 乙 乙　(남명)
午 亥 酉 卯

일지 亥와 월 酉는 天乙귀인이다. 酉편재는 수옥살이다. 월일에 天乙귀인있어 기억력 좋고 총명하다. 또 월지 酉편재가 귀인이라 부(父)가 귀인이며 아버지 덕이 있다.

편재 수옥살되어 부(父)에 형액 있다.

辛 丙 乙 丙　(남명)
卯 辰 未 子

時에 급각살, 月에 있는 乙未 상관백호, 인수백호, 時 卯급각살위에 정재가 있으므로 처는 신경통, 골통으로 신음한다. 乙未 인수백호되어 모(母)가 비명횡사니 피 흘리고 죽었다.

乙未 상관백호되어 자식이 피 흘리고 비명횡사했다. 일지 辰이 子水의 묘고(墓庫) 되었으니 더욱 확실하다.

이상으로 각종 신살을 활용하는 방법을 밝혔다.
여기서 언급 안된 신살도 이런 식으로 해석하면 된다.

一. 일주(日主)와 격국(格局)에 따른 기본성격

사람은 그 성격에 따라 행동한다. 즉 음침한 성격의 사람은 그 행동 또한 음침하고 밝고 시원한 성질을 지닌 사람은 하는 일 또한 구김살 없이 밝고 시원시원하다. 또 화급한 성정을 지닌 사람은 일 처리도 경솔할 정도로 급하게 하며 신중하고 여유 있는 사람은 무엇하나 빈틈없이 처리하려하며 서둘지 않는다.

그러므로 사람의 성격을 안다는 것은 그 사람의 행동양식과 그 운명을 알아볼 수 있는 기본이 된다. 따라서 사주명식을 통해 그 사람의 성격을 알기 위해선 먼저 앞장에서 기술한바있는 십간(十干)의 성질과 작용을 참작하여 격국용신과 기(氣)의 흐름을 정확히 파악해야 한다.

1. 십간의 성정(性情)

이 부분은 전해지고 있는 추명가(推命歌)의 한 부분을 옮긴 것으로 십간의 성질과 작용에 대한 보충자료다.

◎ 甲乙日主

남명 ; 甲乙日生이 水와 火를 많이 만나면 자선심이 많다.
　　　甲日生이 사주에 金을 많이 보면 인의(仁義)가 없다.

여명 ; 甲乙日生은 무뚝뚝하나 인자하며 한번 먹은 마음 끝까지 변하지 않으며 의지가 굳다.

◎ 丙丁日主

남명 ; 丙丁日에 태어나고 財와 관살(官殺)이 많으면 신경질이 많다. 丙丁日에 태어나고 식신격(食神格)을 이루면 비만체구에 호인(好人)이다.

여명 ; 丙丁日生은 명랑하고 예의 밝다. 급하게 달아오르고 급하게 식으며 말이 많다.

◎ 戊己日主

남명 ; 언행이 무겁고 지나간 일을 되씹어보는 듬직한 성품이나 기회와 때를 놓치는 경향이 많다. 그러나 일주(日主)가 허약하면서 상관용재(傷官用財)를 이루면 중심을 못 잡고 사사건건 헛됨이 많다.

여명 ; 신용있고 순박하나 중화(中和)되지 않으면 미신(迷信) 숭상 많다.

◎ 庚辛日主

남명 ; 과감하고 용단성 있으나 너무 견실하게 지키려는 성질이며 냉정한 면이많다. 火를 만나 중화(中和)되면 개혁성과 창조성도 있다. 辛丑日, 辛卯日, 辛未日生은 너무 견실하며 홀로 깨끗하고 맑은척하여 사람들과 적을지기 쉽다.

여명 ; 냉정한 성격이 있어 한번 아니다 싶으면 다시 상대하지 않으려 한다. 기억력좋고 상처받으면 절대 잊지 않는다.

◎ 壬癸日主

남명 ; 털털하고 절약성이 약하나 원만하고 자비심 많다. 중화(中和)를 잃게 되면 명랑성이 결여되어 남에게 어리숙하게 보이기도 한다.

여명 ; 활달한 마음이 있어 시원시원하게 행동한다.
※ 水는 지(智)에 속한다. 그러므로 水多하면 꾀를 부리려 잔머리 굴리게되고 水가 태약(太弱)하면 어리석은 것이다.

1) 사주상황에 따른 십간의 성정
° 상관격은 자존심이 강하여 남을 낮추어 보는 경향이 많다. 이러므로 남에게 거만하다는 소릴 듣기도 한다.

° 일주(日主)가 약하면 농(弄)짓거리를 잘한다.

° 일과 월이 충극(冲剋)되면 염세적인 생각이 많고 사주에 식신 상관이 많으면 남에게 퍼주길 좋아한다.

° 戊己日生에 火土가 많으면 후중한 성품이고 남과 타협을 잘한다.

° 甲乙日主가 강하나 식신 상관이 미약하면 표현력이 부족하여 답답하게 보인다.

° 丙日主가 木火가 왕하고 庚日主가 丙丁火를 만나면 과감 용단성있어 일처리를 맺고 끊고 잘한다.

° 戊寅 戊午 戊戌 日生이 火多하면 남의 비평 잘한다.

° 겨울에 태어난 庚辛日生은 나라와 민족에 대한 근심이 많고 청렴하다.

° 戊子日生 여자는 하는 일에 겁이 없고 辛亥 辛卯 辛未日生 여자는 남에게 인정을 많이 베푼다.

° 비견 겁재가 많은 여자는 고집이 아주 세고 己日生 여자는 귀가 얇아 남의 말을 잘 믿는다.

° 봄, 여름에 태어난 丙, 丁, 庚, 辛日生 여자는 신경질 많다.

° 戊己日生이고 사주에 관성(官星)이 부족하면 생것, 신 것 좋아하고 壬癸日生 관부족(官不足)은 단 것을 좋아한다.

° 겨울에 태어난 庚辛日生과 여름(夏:하)과 寅月에 태어난 戊寅, 戊午, 戊戌日生은 술을 좋아한다.

2) 십간에 따른 여성의 풍모

° 甲乙日生이 사주에 水木이 왕하면 뚱뚱하고 키크다. 甲乙日生에 土金이 왕한 사주면 뚱뚱하나 키 작은 편이다.

° 丙丁日生에 金水가 왕한 사주면 몸매가 세련되었다. 丙丁日生에 木火가 왕하면 앞이마가 벗겨졌다.

° 戊己日生에 火土 多면 비만체구에 키가 작고 戊己日生에 水木金이 많으면 가는 몸매에 허리 길다.

° 庚辛日生에 土金 旺하면 작은 키에 단단한 몸매고 庚辛日生에 木火水가 왕한 사주는 눈망울이 여물었다.

° 壬癸日生에 金水가 있으면 몸 가늘고 키가 크다. 壬癸日生이 木火土가 많은 사주면 적당한 키에 몸매도 좋다.

° 甲乙日生이 여름에 태어나면 체격 좋고 맑은 얼굴이다.

° 丙丁日生이 辰戌丑未月에 태어나면 뚱뚱한 체격 많다.

° 戊己日生이 가을에 태어나면 날씬한 체격이다.

° 庚辛日生이 겨울에 태어나면 작은 몸매에 맵씨 있다.

° 壬癸日生이 봄에 태어나면 키크고 체격 좋아 시원하게 보이는데 그녀의 살빛은 검푸르다.

° 庚辛日生이 겨울에 태어나든지 水를 보아 설기(泄氣) 잘되면 너무 깔끔하여 결백증으로 보이기도 한다.

이상의 것은 대강 그렇다는 것이지 100%는 아니다.

戊己日에 태어나 火旺한 사주여서 뚱뚱한 체격이라도 열심히 노력하여 체중을 줄인다면 날씬해 질 수도 있는 것이다. 그리고 대운(大運) 세운에 따라 변화될 수도 있으니 꼼꼼히 살펴야 적중할 것이다. 또 자신이 지닌 성명(姓名)에 따라 성격과 풍모가 변할수도 있는 것이다.

2. 격국에 따른 성격

1) 정관격

정관(正官)은 법(法), 규율, 도덕, 명예를 뜻한다. 이러므로 이 격의 성질은 온건세심하며 법과 규율을 잘 지키며 체면과 명예를 중시한다. 그러나 여기에도 태과불급(太過不及)에 따른 변화가 있다. 즉, 법과 규율인 정관이 태다(太多)하면 일주가 극을 심하게 받게 됨으로 용맹과 분발심이 결여되고 겁이 많게 된다. 뿐 아니라 법과 질서를 기피하려는 성격도 지니게 된다. 또 정관(正官)이 약하고 일주가 강하다면 체면과 명예를 너무 내세우게 되고 돈과 여자에 대한 탐욕을 지니게 된다.

예1)

乙 己 庚 辛　 (남명)
亥 丑 寅 卯

이 사주는 己土가 寅月에 태어나 정관격이다. 그러나 寅, 卯, 乙亥가 있어 관성이 태왕하여 일주인 己土가 관(官)을 싫어한다.

일지 丑에 뿌리를 둔 월관 庚金으로 왕한 관을 억제하려 하는데 이리되면 " 명예와 체면 그리고 법(法)이 밥먹여주나 "는 생각을 갖게되어 법을 지키지 않고 실속만을 챙기려 하게 된다.

예2)

己 壬 己 己　 (남명)
酉 子 巳 丑

壬子日에 태어나 己土 정관이 너무 왕하다. 시지(時支)에 있는 酉金으로 용신한다. 따라서 이 사람은 재관(財官)을 겁내게 되어 용맹이 없으며 자기주장을 강하게 내세우지 못한다. 이러므로 남에게 어질고 착하다는 소릴 듣게 된다.

예3)

乙 庚 壬 庚　(여명)
酉 寅 午 辰

庚日主가 午月에 태어나 정관격이다. 庚金은 酉양인을 얻고 년에 庚辰을 얻어 아주 신강(身强)이다.

따라서 午中丁火 정관이 용신이나 壬水에 극되고 辰土에 설기되어 정관이 약해졌다.

그러므로 日支 寅木으로 丁火를 도와야 하는 팔자다. 그런데 년에 있는 庚辰이 時에 있는 乙木 정재와 乙庚으로 쟁합하고 지지역시 辰酉로 합하고 있다.

이리되면 庚辰은 내 재물 내 이익을 뺏아가려는 적이 되고 午中丁火는 그 적을 제압하는 수단이 된다. 따라서 이 여성은 자신의 이익을 위해서는 사정없이 법적 제재를 가하게 되는 것이다.

떳떳치 못한 돈(寅木 : 편재)을 관청(丁)에 뇌물로 주고서라도 말이다. (寅午하여 官을 왕하게 함으로) 이런 사주는 자기이익을 위해선 친구나 형제의 의리도 쉽게 저버린다.

예4)

壬 辛 辛 乙　(남명)
辰 巳 巳 酉

辛日主가 巳月에 태어나 巳中 丙火가 정관이다. 그러나 巳酉 金局을 이루어 정관이 약해졌고 일주 辛金이 왕해졌다. 이리되면 정관을 버리고 時上 壬水 상관으로 용신을 하게 된다. 따라서 그 운명행로는 직장생활에 만족 못하고 개인사업으로 가게 된다.

성격은 남에겐 규율과 법을 지켜야 된다고 말하지만 자신은 법과 질서를 무시하고 이용하려한다. 그러므로 겉다르고 속다른 성격을 지니고 있다.

2) 편관격

급하고 힘을 앞세우는 난폭함이 있으나 정관과 마찬가지로 법, 질서, 규율을 의미함으로 정관과 같은 방법으로 그 성격을 찾는다.

예1)

```
己 辛 甲 辛   (남명)
亥 丑 午 巳
```

辛金 일주가 午月에 태어나 편관격이다. 辛日主는 원래 丁火를 싫어하는데다가 신약이므로 더욱 丁火를 꺼린다. 따라서 이 사람은 폭력을 싫어하고 지나친 억제(규율)를 싫어한다.

午中 己土가 투출되어 살인상생(殺印相生)하므로 강한적에 힘으로 맞서기보다는 유화적으로 달래어 해결하려는 성품을 나타내게 된다.

예2)

```
庚 甲 戊 丁   (남명)
午 寅 申 酉
```

甲木日主가 辛月에 生하여 편관격이다. 편관이 왕하여 午火 상관으로 제살(制殺)하려는 격국이다. 따라서 강한 적에겐 강

하게 대항하여 굴복치 않으려는 기질이 있다. 午火가 日支 寅
비견에 寅午로 도움 받으므로 적(편관)이 오면 형제, 친구, 동료
(寅木 : 비견)와 힘을 합쳐 대항하려 한다. 따라서 형제, 친구, 동
료를 자기 몸처럼 여기나 그들이 자기에게 동조하지 않을 땐 배
신자로 매도해 버리는 성정이 있다.

예3)

$$庚 \quad 甲 \quad 甲 \quad 戊 \quad \text{(남명)}$$
$$午 \quad 辰 \quad 寅 \quad 戌$$

甲日이 寅 비견 월에 태어나 신강(身强)이다. 시상(時上)에 하
나의 편관이 있어 시상일위귀격(時上一位貴格)이 되었다. 편관
庚金이 용신인데 午火가 병이 되어있다.

잘 벼루어진 庚金칼로 戊土 편재를 노리는 甲寅 비견을 치고
있으므로 부정부패 및 재물을 노리는 도적에 대해서는 사정없
이 칼을 휘두르는 과감하고 강직한 성품을 찾아 볼 수 있다.

예4)

$$庚 \quad 丁 \quad 壬 \quad 癸 \quad \text{(남명)}$$
$$戌 \quad 丑 \quad 戌 \quad 丑$$

丁火일주가 戌月에 태어났고 지지에 丑戌土가 있어 아주 土
旺이다. 년월에 있는 壬癸 관성은 심히 약한데다가 왕토(旺土)
의 극을 심하게 받고 있다. 천하에 두려운 것이 없어 제 마음대
로 하는 무법자(無法子) 사주다. 이리되면 관형(官刑)을 범하여
전과자가 된다.

3) 정재격

온건세심하여 고정적 수입을 좋아한다. 보수적인 면이 강하고 저축성이 강하며 헛돈을 쓰지 않는 성격이다. 그러나 이 역시 사주상황에 따라 변한다.

예1)

```
甲 丙 丁 辛   (남명)
午 寅 酉 巳
```

丙日主가 酉月에 태어나 정재격이다. 신왕(身旺)하고 정재도 강하므로 부격(富格)사주다. 정재격은 온후 독실한 것이 보통이나 이 사주는 신왕한데다 丁火 겁재가 정재위에 앉아있고 丙辛으로 합하는 그사이에 있다. 즉 겁재(劫財)가 내 재물을 노리고 있는 상이다. 이러므로 이 사람은 형제, 친구, 동료에 대해 의심을 지니게 되고 경계심을 갖게 된다. 남에게 내 재물을 관리하게 하면서도 그 사람을 믿지 못해 의심과 경계심을 지니고 있다는 말이다.

겁재와 양인(陽刃)이 있어 밖으론 유순하나 내심은 아주 강하여 남에게 굴복하지 않는다.

예2)

```
己 丙 丁 辛   (남명)
丑 寅 酉 巳
```

이 사주는 예1)의 사주와 똑같으나 시(時)가 다르다.

그러므로 財는 왕하고 일주는 허약하여 丁火 겁재를 취하여 旺財를 다스려야 한다. 따라서 이 사람은 친구 형제 등을 좋아하며 믿고 의지하려한다. 즉 "우리 같이 삽시다" 하는 식이다.

丙火 일주가 己土에 설기됨으로 남에게 베풀기 좋아하며 있는 사람 없는사람을 막론하고 차별하지 않는다. 그런데다가 日支 寅木 인수가 丙火를 생해주므로 어질고 착하며 예의바르나 실속은 없다.

예3)
己 己 癸 癸　(남명)
巳 未 亥 亥

己土 日主가 亥月에 태어나 아주 재왕(財旺)이다. 己巳時를 얻어 왕재(旺財)에 임하려하는 격국이다.

따라서 "우리 같이 힘을 모아 저 많은 재물을 얻도록 합시다"는 성격구조를 지니게 된다.

동료, 동업자, 형제, 친구와 화합하려하고 단합하려는 뜻이 강하나 자신이 실권을 잡게되면 동지(同志)를 배신하는 뜻이 숨어 있다.

이는 己未日主가 亥와 亥未로 반합 목국(木局)되어 관성(官星)이 되고 이 관성은 비견 겁재를 치기 때문이다.

즉 동지 동료와 힘을 합해 큰일을 이루었으나 자신이 벼슬을 얻던지 실권(官)을 지니게 되면 동지, 동료를 치게되고 그렇게 되면 결국엔 망하게 된다.

4) 편재격
유정(有情) 강개한 성품이며 친절하고 싹싹하다. 투기성 재물이며 고정적 수입보다 일확천금을 노린다.

기분 좋으면 아낌없이 돈을 쓰나 아낄 때는 지나치게 아끼는 경향이 많다. 돈이 들어오기도 잘하나 나가기도 잘한다.

예1)
　　　庚　壬　辛　乙　（남명）
　　　戌　寅　巳　酉

　　壬日主가 巳月에 태어나 편재격에 해당되나 巳酉金局이 되어
격이 인수격으로 변했다. 그러므로 유정 강개하고 친절한 편재
의 성격도 있으며 배우고 익히기 좋아하며 체면과 명예를 중히
여기는 인수의 성질도 내포되어 있다.
　　특히 천간에 巳中 庚金과 巳酉 金局의 辛金이 투출되어 있으
므로 인수의 성질이 더 강하게 나타나게 된다.

예2)
　　　丙　丁　乙　乙　（남명）
　　　午　亥　酉　卯

　　身旺 편재격이다. 丁火 日主가 戊己土 식신 상관이 나타나지
않아 자기표현에 신중하다. 丁火는 어둠을 밝히는 불이므로 丙
火 태양을 좋아하지 않는다. 그런데다가 천을귀인인 亥, 酉가 용
신이므로 야행성 기질이 많아 밤을 지세우며 일하길 즐긴다. 편
재의 성격과 乙卯 인수의 두 가지 성격이 공유되어 있다.

예3)
　　　丙　己　癸　庚　（남명）
　　　寅　巳　未　辰

　　己土 日主가 未月에 태어나 신왕한데다 바짝 마른 땅이되어
있다. 月上 癸水가 辰에 뿌리가 있고 庚金에 생을 받으므로 유
용하게 쓸 수 있다. 즉 月上 편재 용신이다. 癸水는 오뉴월 삼복

더위를 식혀주는 시원한 빗줄기같은 존재이므로 남의 어려운일 잘 봐주고 남좋은일 많이하는 인정 많고 싹싹한 성품이다.

5) 인수격

교육 학문 체면 명예를 뜻하며 지나치면 게으름, 나태함이 있고 미루길 좋아한다.

예1)

壬 乙 壬 壬 （남명）
午 酉 子 子

陰木인 乙日主가 壬子 인수월에 태어나 수다목부(水多木浮)가 되어있다. 따라서 일을 뒤로 미루길 좋아하며 똑똑한척 글자랑 많이 한다. 그러나 돈과 재물에는 악착같아 한번 잡으면 놓지 않으려는 끈덕짐이 있다.

그것은 물에 떠있는 나무는 흙(土)를 만나면 뿌리를 내리려 하기 때문이다. 또 乙木은 줄이고 넝쿨이기에 감을려는 성질이 있다.

그래서 넘어지게 되면 남을 걸고넘어지려 하고 남에게 의지하려는 마음이 강하게 작용된다.

예2)

丙 己 庚 丙 （남명）
寅 亥 子 辰

己土 日主가 子月에 태어나 신약이므로 시에 있는 丙火 인수로 용신을 한다. 이러므로 子水 편재의 성격과 어질고 착하며 남을 생각하는 인수의 성질이 공유되어 있으나 외견적으로 丙

火 인수의 성질이 많이 나타난다.

또 늦공부 하게되며 어미(母)를 많이 위하고 남에게 그 따뜻함을 널리 베풀려하며 명예와 체면을 중히 여긴다.

예3)

<pre>
甲 丁 甲 癸   (여명)
辰 未 寅 卯
</pre>

丁火 日主가 寅月에 태어났고 년월시에 인수가 있어 목다화식(木多火息)이 되어있다.

즉 木 인수가 많아 丁火가 꺼질 지경이다.

이리되면 매사에 결단력이 부족하여 우왕좌왕하게 되고 체면만 차리다가 좋은 기회를 놓치기 쉽다.

6) 편인격

인수격과 같이 해석하나 잔머리 잘 굴리며 눈치 빠르며 임기응변 잘하나 변덕이 심한점만 다르다.

예1)

<pre>
乙 壬 己 庚   (남명)
巳 寅 卯 寅
       刑
</pre>

壬水 日主가 卯月에 태어나 상관격으로 아주 신약하다. 巳中庚金이 년간에 투출되어 乙庚으로 합하므로 庚金 편인으로 용신한다. 이리되면 편인이라도 정인의 작용을 하게 된다. 학문을 좋아하며 총명 영리한 성품이나 매사 싫증을 잘 내게 된다. 용신이 태약한 탓이다.

예2)

丁 庚 丙 戊 (여명)
丑 辰 辰 戌

庚金 日主가 辰月에 태어나 편인격이다. 많은 土에 金이 묻히는 격이 되어 우울하고 말이 없는 성격이다.

예3)

甲 辛 丁 甲 (남명)
午 丑 丑 申

辛金 日主가 丑月에 태어난 편인격으로 午中丁火를 용신으로 한다. 눈치 빠르고 임기응변 잘하며 기회주의자다.

예4)

庚 壬 辛 乙 (남명)
戌 寅 巳 酉

壬水 日主가 巳月에 태어나 편재격이나 巳中庚金 편인이 시에 투출되어 용신이 된다. 壬水는 巳에 절(絶)이고 庚金은 巳에 장생지를 얻어 壬水를 생하는 형상이다. 이리되면 절처봉생(節處逢生)이라하여 위급한 상태 또는 답답하게 막힌 즉 기가 끊어진 상태에서 생(生)을 얻게 된다. 巳火에서 庚金이 나왔으므로 창조성과 개혁성이 있고 임기응변과 권모술수에 능하다.

7) 식신 상관격

식신 ; 고운 말, 새로운 것, 먹는 것(식품), 예술성, 부드러운 표현

상관 ; 험한말, 욕설, 고물, 기술, 예술성, 강한 표현, 반항적

식신 상관은 나(日主)의 힘을 밖으로 나타내는 것이며 남에게 주고 내보이는 것이다. 이러므로 남이 나를 어떻게 볼까? 하는 것에 신경을 많이 쓴다.

예1)
        戊 丁 丙 丁 (여명)
        申 酉 午 巳

丁火 日主가 午月에 태어나 신왕하여 戊土 상관으로 설기하여 재(財)를 생하는 격이다. 戊土 상관이 양인과 록을 얻어 아주 강하므로 주의주장이 강하며 타협보다 자기의 주장을 밀어붙이는 성격이다. 물론 총명과인하며 예술적 감각이 특출하나 반항적 기질이 강하다.

예2)
        甲 庚 癸 戊 (남명)
        申 戌 亥 寅

庚金이 亥月에 태어나 금수 상관을 이루었다. 사람됨이 논리적이고 총명영리하다. 年上 戊土가 癸水 상관을 戊癸로 합하여 상관의 강한 기질을 억누르고 있으므로 할말 안할말 가려서 하는 성품이고 명예와 체면(戊土의 성격)을 중히 여긴다.

예3)
        辛 丙 戊 丙 (여명)
        卯 辰 戌 戌

丙火 日主가 戊戌月에 태어나 火土 傷官格을 이루었고 土多하므로 시지 卯木 인성이 용신이다. 이리되면 辛金이 卯木을 극하

니 기신이다.

쓸모없는 말이 많고 마음에 들면 퍼주는 성격이다. 卯木이 土 상관을 억제하려하나 辛金이 방해하기 때문이다. 土多함으로 미신을 좋아하며 총명치 못하다.

예4)

壬 癸 乙 癸 　(여명)
子 丑 卯 卯

癸日主가 乙木 식신을 만났다. 주의주장이 강하며 말을 예쁘게 하려고 노력한다. 새로운 것을 좋아하며 총명영리하다.

예5)

丁 甲 甲 戊 　(여명)
卯 戌 子 子

甲木 日主가 子月에 태어나 신왕하므로 丁火 상관을 용신으로 한다. 상관 丁火가 甲木 日主의 양인인 卯위에 앉아 있으므로 수틀리면 칼처럼 험한 말을 하며 자기주장을 강하게 내세우는 성격이다.

예6)

甲 戊 辛 丙 　(남명)
寅 戌 丑 申

戊土 日主가 丑月에 태어났으나 丑中 辛金이 월간에 투출되어 土金 상관격을 이루었다. 丙火가 丙辛合하여 水가 되므로 丙火의 기가 극되므로 辛金 상관을 제압하지 못한다. 이러므로 혼자 똑똑한척하며 험한 언사와 겁없는 행동을 하게 된다.

一. 동정(動靜)

동(動)은 움직임이 나타난 것이고 정(靜)은 움직임이 나타나 보이지 않는 것을 말한다. 그러므로 동(動)을 보고 무엇이 나타나 작용 활동하고 있느냐 하는 것을 알 수 있고 정(靜)한 오행을 살펴 어떤 것이 웅크리고 있느냐 하는 것을 알 수 있다.

1) 사주명식에 있어서는 천간이 동(動)이다.

예1)

       戊 庚 癸 己 (여명)
       寅 寅 酉 未

이 사주는 癸水 상관이 월지에서 생을 받았으므로 제일 강하게 작용된다.

다음으론 戊, 己 土인수성이 발동되어 있다. 그러나 戊土는 지지 寅木에 극되어 있고 己土는 未에 뿌리박고 있으나 공망이 되어 힘이 약하다.

그러므로 癸水 상관이 발호하여 남편 운이 좋지 않고 자기 하고 싶은 데로 거침없이 행동하게 된다.

癸水 상관은 험한 말, 욕설이므로 입이 거칠고 칼(羊刃)처럼 말하며 남에게 상처주기도 한다. 인수인 戊, 己토가 강해지는 때에는 아는 척, 점잖은 척, 학식 높은 척하는 인수의 성격을 나타

내기도 하나 체면(인수)이 깨어지면 상관 癸水가 발호하여 무섭게 날뛰게 된다.

예2)

```
                      41 31 21 11  1
丁 丙 庚 甲  (남명)   乙 甲 癸 壬 辛  (大運)
酉 辰 午 辰         亥 戌 酉 申 未
```

丙火 日主가 午月에 태어났으나 土金이 왕하여 신약으로 변했다. 午中 丁火 겁재를 용신으로하여 旺財에 임하려하는 사주다.

그러나 월간에 庚金 편재, 시간에 丁火 겁재가 나타나 있고 甲庚이 서로 충하고 있다. 따라서 이 사람의 돈과 여자(庚金財)는 뜬구름같은 형상이다. 그리고 이 사람의 성격 역시 인정 많고 싹싹하나 자존심(丁火)세고 주체성 지키려 애쓰는 형이다.

甲木 인수는 甲庚 충되어 부서졌으므로 학업은 이루기 어렵다.

예3)
```
丙 乙 辛 丁  (여명)
戌 巳 亥 未
```

乙未 日主가 亥月에 태어났으나 천간지지에 상관, 재성등이 많아 신약으로 변했다. 그러므로 亥中壬水로 용신한다. 천간에 식신 상관인 丙, 丁火가 떳고 편관 辛金이 나타나 있다. 바로 火와 金이 상쟁하고 있는 상이다.

따라서 이 사람의 부부운이 좋지 않음을 쉽게 알 수 있다. 그리고 丙, 丁火에 설기가 많으므로 자기주의 주장을 경솔할 정도로 많이 내보이며 맘에 들면 아낌없이 베푸는 성질이 있다.

2) 사주 명식의 지지는 정(靜)이나 형충회합(刑沖會合)을

만나 동이 된다.

예1)

壬　戊　癸　壬　　　여명　壬
戌　辰　卯　寅　　　　　　戌
　　　　　도화　　　　　　　年

壬戌年은 월지 卯 도화와 합했고 일지와는 충이 된다. 따라서 연애하는 운이고 안정이 되지 않아 허둥지둥 갈팡질팡하는 운이다. 이렇게 도화가 합되면 도화 발동이라 한다. 남편 있는 여자면 이럴 때 바람나 헤어지게 된다. 日, 時에 辰戌沖이 있어 부부궁이 요동하고 있다.

예2)

丙　壬　乙　戊　　　여명　　辛
午　戌　卯　寅　　　　　　　酉
　　　　도화　　　　　　　　年

辛酉년이 月支 도화를 충한다. 일지와 합한 도화를 충하므로 연애사는 깨어지고 가택(月支)이동이 따른다.

예3)

　　　　　　　　　　　25
丁　癸　癸　辛　　　남명　庚　(대운)
巳　丑　巳　丑　　　　　　寅

癸日主가 巳月에 태어나 신약이다. 巳丑 金局이 되어 巳火는 生丑土하고 丑土는 生 辛金하고 辛金은 癸水를 생하여 癸水 비견이 용신이 된다. 바로 재다신약(財多身弱)에 비견이 용신인 것이다.

寅대운에 寅巳 형하여 金局을 깨고 巳中戊土가 튀어나와 비견과 일주 癸水를 극하므로 형사건(刑事件)으로 교도소를 가게 되었다.

3) 천간도 충극(冲剋) 생합(生合)되면 동이 되어 길흉이 나타난다.

예1)
```
己 辛 甲 辛    남명    辛
亥 丑 午 巳           酉
                    年
```

辛日主가 午月에 태어나 신약이므로 인수 己土로 용신하는 사주다. 辛酉년이 월간 甲木 財를 극하므로 돈이 날라가고 부부불화가 있는 것이다.

예2)
```
辛 辛 辛 丙    남명    癸
卯 巳 卯 戌           亥
                    年
```

癸亥년이 年上 丙火官을 극하고 그 뿌리인 日支巳火를 충한다. 직장을 그만두게 되고 부부불화 및 여행수가 생긴다.

예3)
```
戊 戊 辛 己    남명    癸 55세
午 辰 未 丑           未
                    年
```

癸未年은 戊辰日과 戊午時의 戊土와 쟁합(爭合)하는 운이다. 이리되면 돈과 여자 하나를 두고 두 명이 서로 차지하려는 상이 되어 시비구설, 부부이별 등의 좋지 않은 일들이 생기게 된다.

예4)

辛 戊 戊 壬　　여명　　丙
酉 子 子 寅　　　　　　寅
　　　　　　　　　　　　年

丙寅년이 辛酉 상관과 합했다. 辛상관이 딸이니 딸의 혼사가 있던지 딸이 가출하게 된다. 즉 상관 辛金이 丙火와 합하여 발동된 것이다.

예5)

壬 壬 癸 壬　　여명　　　癸
寅 辰 卯 申　　　　　　　亥
　　　　　　　　　　　　　年

水旺한 사주다. 癸亥년에 더욱 水氣가 왕해져 時 역마 식신 (寅)은 물에 떠 흘러가게 된다. 자식이 가출 및 여행하게 된다.

예6)

辛 壬 壬 丙　　여명　　戊 (大運)　癸 (37세)
亥 子 辰 戌　　　　　　子　　　　　亥
　　　　　　　　　　　　　　　　　　年

壬水 日主가 辰月에 났으나 亥子, 辰子되고 천간에 辛金 壬水가 있어 水旺하다. 子水 대운에 水太旺해졌고 癸亥년이 또 水가 되어 丙火 편재를 극하니 재수 없고 신상 변동이 된다. 水旺하면 흐르게 되는 까닭이다.

예7)

丙 丁 壬 壬　　남명　　　　壬

午　亥　寅　辰　　　　　　戌
^年

壬戌년은 日干 丁火와 合되어 일간이 戌에 입고(入庫)되며 壬水 정관이 동이된다. 직장 문제로 답답하게 되고 3개의 직장중에 하나를 택하려 하게된다.

예8)

　戊　丁　甲　甲　남명　　　戊（大運）　壬（38세）
　申　巳　戌　申　　　　　　寅　　　　　戌
　　　　　　　　　　　　　　　　　　　　^年

壬戌년은 日主 丁火화 丁壬合하고 그리하여 戌土에 입고된다. 戌년은 日支巳와 귀문살되고 원진살 된다. 직장 및 자식(壬水官) 때문에 답답하고 애태우게 되는 운이다.

4) 천간 지지는 어느 쪽이 동해도 같이 동한다.

천간지지는 서로간에 음양관계이면서 한 몸이다. 그러므로 어느 한쪽이 동해도 같이 따르게 된다.

예1)

　　　丁　乙　己　辛　여명　　　壬（31세）
　　　亥　丑　亥　卯　　　　　　戌
　　　역마　　　역마　　　　　　^年

壬戌년이 시에 있는 丁火와 합했다. 乙木 일주가 壬水의 생을 받았고 식신 丁火가 동했다. 이에 따라 시지 역마인 亥水도 같이 동해 여행사, 이동사가 따르게 된다.

예2)

乙 丁 辛 辛　남명　　壬
巳 酉 丑 酉　　　　　戌
_年

壬戌년은 月支 丑을 형한다. 이에 따라 丑上에 있던 辛金이
발동하여 乙木 편인을 극하게 된다. 따라 문서, 서류, 계약문제
에 어려움이 발생한다.

예3)
辛 辛 辛 庚　남명　　癸 33세
卯 未 巳 寅　　　　　亥
_年

癸亥년이 月支 巳를 충한다. 이에 따라 巳위에 앉은 辛金 비
견도 발동한다. 돈 나가는 운이다.
※ 巳火官이 충거(冲去)되면 비견 겁재가 재성을 극하게 된
원인도 있다.

예4)
己 戊 甲 戊　여명　　壬
未 子 子 子　　　　　戌
_年

土가 4개나 되나 子水가 3개가 되어 아주 水旺하다. 년간 戊
土는 뿌리도 없는데다가 甲木에 극되어 쓸 수 없고 己未土에 의
지하여 왕수를 막을 수밖에 없다. 壬戌년의 戌이 土라하나 時
己未를 형하므로 나쁜 작용을 한다. 己未土 제방이 무너지면 많
은 물은 홍수가 되어 분류하게 된다. 남편 甲木도 떠내려가고
재물도 흘러버리니 아주 좋지 않은 운이 된다.

예5)

辛 庚 乙 癸　남명　　　癸
巳 午 卯 巳　　　　　　亥
　　　　　　　　　　　　年

　癸亥水가 년시지의 巳火官을 충하고 乙卯 木財를 亥卯로 합하
면서 생하고 있다. 이리되면 직장운 없어 퇴직사 있게 되고 辛
金 겁재가 동하므로 돈 나가는 운이 된다. 그런데 상관 癸水가
乙卯木을 생하므로 돈벌이하려고 설치고 다니게 된다. 亥水가
역마이므로 타향 타국에서 기술자로 돈벌이 하려는 운도 들어
온다.

예6)

　　　　　　　　　　41 31 21 11　1
戊 庚 乙 辛　남명　庚 辛 壬 癸 甲 (大運)
子 申 未 巳　　　　寅 卯 辰 巳 午

　庚辛日主가 未月에 태어나고 신왕하다. 乙木 정재가 未月에서
투출되어 日干과 乙庚合하고 있다. 그런데 이것을 年干 辛金 겁
재가 辛 乙冲하여 합을 깨고 있다. 辛대운에 辛金 겁재가 발동
되어 부부이별했다. 이 사람의 성격은 온건 세심한 정재(丁財)
의 성격과 내성적이나 개혁적인 庚申 日主의 성격 그리고 자존
심과 폭렬성, 주체성을 의미하는 겁재의 성격이 공유되어있다.
특히 겁재의 성격(자존심, 폭렬성) 때문에 처(乙木)와 부딪치게
되고 끝내 이별하게 된 것이다.

예7)

　　　　　　　　　　36 26 16　6

戊 己 庚 庚　　여명　　　丙 丁 戊 己　(大運)
辰 丑 辰 寅　　　　　　　子 丑 寅 卯

　己丑 日主가 신왕하여 년지 정관(寅)을 용신으로 하지 못하고 월간 庚金 상관으로 용신하는 사주다. 따라서 직선적이고 규율과 억제를 싫어하며 경우 바른 상관의 성격이 크게 작용된다. 시(時)에 겁재가 있어 자존심과 남에게 지지 않으려는 성질도 공유하고 있다. 寅대운에 상관에 관운되어 부부이별 했고 그 대운에 이혼남에게 재취한 팔자다.

　이상으로 움직임에 대해서 간단히 살펴봤다. 이 동정(動靜)은 사주감정에 있어 아주 중요한 것으로 무슨 일이 어떻게 발생되느냐 하는것을 알 수 있는 것이다. 앞으로도 계속 다루어야 할 것이므로 이 부분에서는 대강 설명하고 다음으로 넘어가기로 한다.

一. 12지지 장간(藏干) 활용법

12개의 지지에는 두개 이상의 간(干)이 들어 있는데 이는 앞장 『월률분야장간표』를 참고하라. 12지에 들어있는 장간은 형충(刑沖)을 받으면 튀어나와 작용하게 되는데 이 또한 어떤 일이 발생하고 또 좋으냐 나쁘냐 하는 것을 파악하는 요소가 됨으로 아주 중요하다. 따라서 지장간 활용법을 습득 통달한다면 사주감정의 최고봉에 올랐다 할 수 있는 것이다. 이것은 앞장 「동정론」과 결부시켜 활용해야 한다.

1. 대운과 세운에서 刑冲될 때

예1)

乙 丁 丁 癸　여명　　辛 庚 己 戊 (大運)
巳 丑 巳 未　　　　　酉 申 未 午

丁火 日主가 巳月에 태어나 신왕이다. 日支丑土 식신으로 설기하여야 한다. 未도 식신이 되나 바짝 마른 흙이 되어 丁火의 기를 설하지 못한다. 未대운에 丑을 충하면 丑中에 있는 癸水 己土 辛金이 튀어나온다. 이 셋 중에서 辛金財가 丁, 巳火에 극됨으로 이때에 돈 날라가게 되고 아버지나 아버지의 형제가 다치든지 죽던지 하게 된다. 申대운은 年上 癸水가 死地에 해당된다. 그리고 巳申으로 월시의 巳를 형하여 巳中丙火 戊土 庚金이 투출되게 한다.　이중에 戊土 상관과 丙火 겁재가 제일 강하므로 癸水官을 치게되고 庚金 財가 극된다. 따라서 이 申대운에 남편죽고 손재했다.

예2)

　　　　　　　　　36 26 16　6
戊 丁 甲 甲　남명　　戊 丁 丙 乙 (大運)
申 巳 戌 申　　　　　寅 丑 子 亥

寅대운에 년지 申재성과 충되고 일시지와 寅巳申 삼형이 이뤄진다. 申中庚金, 壬水가 튀어나온다. 여자와 돈이 나갈 운이고 자식이 극되는 운이다. 壬戌年에 처가 3살 된 아들을 업고 가출했다. 申中에 壬水가 있어 壬戌年에 발동된 것이다.

예3)

<pre>
                        26 16 6
  壬 庚 癸 丙   남명   丙 乙 甲 (大運)
  午 午 巳 辰   申 未 午
      自刑
</pre>

庚金이 巳月 여름에 태어났고 日時支에 午火가 있어 火官殺의 극을 심하게 받고 있다. 월간 癸水가 辰에 통근했다하나 巳위에 앉아있고 그 옆에 丙火가 있어 증발되는 물이므로 용신될 수 없다. 할 수 없이 년지 辰土로 용신할 수밖에 없으나 일간과 멀리 떨어져 있어 안타까운 팔자다.

甲午 대운은 甲木은 生 丙火하고 午火는 日支午와 午午 自刑되어 午中丁火가 튀어나오게 되니 아주 위험한 운이다. 이러한 때에 8살되는 癸亥年을 만나 월지 巳火를 충하게 되자 旺火가 폭등하여 큰 화상을 입게 되었고 수술까지 하게 되었다. 혹자는 癸亥水가 旺火를 극해줌으로 좋다할지 모르나 旺火가 弱水를 만나면 화염이 폭등함을 모르는 소리다. 庚午 日主가 午時를 만나 自刑 되어있는데 午 대운이 와서 동(動)이 된 것이다.

이 사람은 필자의 이웃에 살고 있었는데 골목길에 쌓여있는 휴지와 박스 사이에 숨어 있다가 잠이 들게 되었다. 이때 지나가던 행인이 던진 담배꽁초 불이 휴지와 박스에 인화되었고 그로 인해 온 얼굴과 몸뚱이가 큰 화상을 입게 된 것이었다. 旺神을 건드리면 왕신이 격동한다.

예4)

<pre>
                          51
  戊 乙 丙 壬   남명   壬 (大運)
  寅 丑 午 申   子
</pre>

乙木 일주가 丙午月에 태어나 木火 상관을 이루었다. 寅午로 火旺하여 日支丑土로 火氣를 설(泄)하여 申金官을 도와야 한다. 壬水는 申장생지에 앉아 조후는 되나 용신은 아니다.

壬子대운에 子午冲하여 旺火를 격동시키고 壬戌年에 寅午戌 火局을 이루며 丑 용신을 형하게 되어 丑中 己土가 작용하는 己亥月에 혈재(血災)가 있었다.

예5)

				남명	36	26	
丙	己	庚	戊		甲	癸	(大運)
寅	卯	申	子		子	亥	

己土 日主가 庚申月에 태어나 土金 상관격을 이루었다. 時 丙火가 寅에 장생함으로 용신으로 한다. 癸亥대운 庚申年에 丙寅과 천충지충되었다. 申中 壬水에 丙火가 극을 당하여 업장을 모두 태워 알거지가 되었다.

※ 申이寅을 冲하면 寅中丙는 申中壬水에 극되고 寅中甲木은 申中庚金에 부서진다.

예6)

				여명	庚	辛	壬	癸	(大運)
丙	甲	甲	庚		辰	巳	午	未	
寅	午	申	子						
	홍염								

甲木 日主가 申月에 태어나 편관격이다. 편관은 식상으로 제압해 줌을 기뻐한다. 그러나 이 사주의 申金 편관은 申子로 半水局을 이루어 설기함으로 약하게 되었다 이렇게 편관이 약한 데다 寅午火局이 또 극하므로 午火 상관이 병이다.

土金水운은 좋고 木火운은 좋지 못한 사주다. 壬午대운에 년지 子水를 冲하니 子中 壬, 癸水가 나온다. 또 日支午와 午午子刑이 되어 午中丁火 상관이 튀어나온다. 子中壬水가 응하는 壬戌년에 모(母)가 연애(홍염)못하게 한다고 약(午;탕화)을 먹고 자살(午午子刑)기도했다. 壬戌년에 寅午戌 火局을 이루고 丁火 상관(반항적 기질)이 발동된 것이다.

예7)

丁甲癸壬　여명　　辛壬　(大運)
卯戌卯子　　　　　丑寅
　도화　도화

甲木이 양인을 월시에 얻고 壬癸水까지 투출되어 아주 신왕하다. 丁火 상관으로 旺木의 氣를 빼주어야 하니 가상관(假傷官)격이다. 이런 격은 관성운과 인수운을 만나면 불길한데 辛丑대운 癸酉년(22)을 만났다. 丑대운은 卯戌合火하여 양인의 강한 성질이 순화되어 있는 것을 丑戌로 刑하여 합을 깨어 버린다.
　이리되면 양인의 굴하지 않는 강열한 성격이 발동되게 되고 戌中에 있는 丁火 상관, 辛金 정관, 戊土 편재가 출한다.
　이중에 戊土는 癸水와 합하여 火가 되어 丁火 상관을 도와 辛金 정관과 싸우게된다. 癸酉년은 癸水 忌神이 도화관(酉)을 타고 있는 해로서 時干丁火 용신을 극한다. 이리되어 이 여자는 그해 乙丑月에 남자에게 겁탈당하여 강열하게 저항하다가 목졸려 죽고 말았다.

예8)

　　　　　　　　　25
己甲丁癸　여명　　庚　(大運)
巳戌巳巳　　　　　申

甲木 日主가 丁巳月에 태어나 木火 상관격이나 甲己合化土格으로 변했다. 이리되면 火土운이 좋고 水운이 제일 안좋으며 甲己合을 깨트리는 庚, 乙운이 좋지 않다. 庚申대운은 甲庚충하여 甲己合을 깨트리니 불길한 운이다. 己未년에 日支戌을 형한다. 戌中辛金 정관이 튀어나와 旺한 丁火에 극되니 보일러(戌: 火庫)가 터져 남편이 죽을뻔했다. 죽지 않았음은 金大運이었기 때문이다.

예9)

```
癸 戊 戊 乙    여명    庚 (大運)  庚  25세
丑 戌 寅 未          辰       申
                              年
```

辰대운에 日支戌을 冲한다. 戌中 戊土, 丁火, 辛金이 나온다. 재물이 날라가고 (戊土 투출하여 爭財), 남편 乙木이 辛金 상관에 상하는 일이 발생되며 문서사 계약사가 대두되는 운이다.

이런 운에 庚申년을 만나 乙木 관성의 뿌리인 月支 寅木을 충하니 남편이 관형(官刑)을 받아 구속되었다.

예10)

```
乙 甲 癸 丁    여명    丙 (大運)  壬  35세
丑 辰 卯 亥          午       戌
                              年
```

甲木 日主가 卯月에 生하고 癸, 亥, 乙이 있어 아주 신왕하다. 丑中 辛金으로 용신을 하니 金神格이다. 金神은 火를 좋아하나 신왕하고 金神 약하면 火를 싫어한다. 丙午 대운은 丁火 상관이 旺해지는 때이다. 壬戌년은 日支辰을 冲한다. 辰中 戊土편재, 乙木겁재, 癸水인수가 출한다. 이리되면 부부이별수에 손재운이

다.(乙木이 戊土를 剋함으로)

　또 壬戌년은 時支丑을 형하여 丑中 辛金관성이 형출(刑出)된
다. 이렇게 형출된 관성은 戌中丁火와 午火대운에 왕해진 丁火
상관의 극을 받게 된다. 이리하여 남편이 사기죄로 구속되었다.

　※ 原命에 丁火 상관이 호시탐탐 노리고 있는데 癸水의 견제
를 당해 상관(傷官)하지 못하다가 午火대운에 丁火는 왕해졌고
癸水는 힘이 약해져 있는중 辰戌冲으로 冲出된 왕한 戊土가 癸
水를 合去함에따라 상관이 작용된 것이다.

2. 지장간과 육친(六親)관계

지장간으로 육친을 살피는 방법은 천간합(干合), 지지합(支合) 그리고 암합(暗合), 명암합(命暗合), 동합(同合)등과 형충을 잘 살펴야 정확히 알 수 있다.

° 암합(暗合) : 子中 癸水와 巳中 戊土는 암합이다. 기타의 것도 이처럼 찾으면 된다.

> 未中 丁火와 申中 壬水는 丁壬으로 합한다.
> 戌中 丁火와 申中 壬水 역시 丁壬으로 암합이다.
> 卯中 乙木과 申中 庚金은 乙庚으로 암합한다.
> 亥中 壬水와 戌中 丁火는 丁壬으로 암합한다.
> 寅中 丙火와 酉中 辛金은 丙辛으로 암합한다.
> 寅中 甲木과 未, 丑中 己土는 甲己로 암합한다.

° 명암합(明暗合) : 천간에 나와 있는 간(干)과 지지에 숨어있는 장간과의 합을 말한다.

예1)

乙 甲 癸 丁 여명
丑 辰 卯 亥

년간 丁火는 亥中 壬水와 명암합이다. 월간 癸水는 辰中 戊土와 명암합이다. 따라서 이 여자의 母는 癸水이며 辰中 戊土는 父에 해당된다. 또 丁火는 딸자식이고 亥中壬水는 사위이며 癸

水는 딸의 애인이다.

예2)

己庚己辛　여명　癸壬辛庚　(大運)
卯子亥亥　　　　卯寅丑子

亥中 甲木은 편재 父星이다. 월간 己土는 母星이다. 亥, 亥중에 2개의 편재가 있고 卯中 甲木의 편재가 있어 이 여자의 아버지는 3명이다. 또 母星인 己土가 월, 시에 2개가 있어 어머니 또한 2명이다.

그 뜻을 정리해보면 월간 己土 엄마는 년월지의 亥中 甲木과 두 번 합했다. 즉 월간에 있는 엄마는 두 번 결혼이니 첫 결혼에서 辛金 겁재를 낳은 후 이별하고 이여자의 아버지인 월지 亥中 甲木에게 재취로 와서 이 사주의 주인공을 낳은 것이다.

그러다가 丑대운에 친엄마가 죽자 그 아버지는 이혼녀인 己土를 맞았던 것이다.

예3)

戊庚癸己　여명　丁丙乙甲　(大運)
寅寅酉未　　　　丑子亥戌

이 사주는 己土 정인이 일시지에 있는 寅中 甲木과 甲己, 甲己로 두 번 명암합하고 있다. 즉 엄마가 두 번 결혼하고 있다는 말이다. 이 사주는 양인격(月支에 양인)되어 父를 일찍 이별할 명인데 초년 甲대운 辛酉년 3살 때에 父와 사별했다. 그러자 그 엄마는 이 사주의 주인공을 데리고 일지 寅中 甲木과 결혼하여 酉金 동생을 낳았다. 그런후 몇 년후에 그 엄마는 후부(後夫)와 헤어져 언니뻘되는 戊土의 남편인 寅中甲木과 또다시 결합했는데 첩(妾)이란 이름으로였다.

자식은 癸水인데 두 개의 寅中 戊土로 합이므로 두 번 결혼한 남자 자식이 있게 된다. 癸水가 酉金에 앉아 生을 받고 초년에 亥子丑 水대운을 만났으므로 자식은 많은 상이며 戊, 己土의 극을 받고 있어 2~3명 정도 잃어버렸을 것이다. 남편은 未中 丁火이나 공망지에 있어 힘이 약하다. 그러나 천간에 戊癸 合火가 있어 있긴 있으나 이름만의 남편일 뿐 庚金을 녹여서 그릇을 만들어주는 힘찬 남편은 아니다.

예4)

壬 乙 壬 壬　　남명　丙 乙 甲 癸　(大運)
午 酉 子 子　　　　　　辰 卯 寅 丑

水太旺하여 乙木 나무는 큰 물결을 타고 흘러가는 상이다. 이리되면 왕한 水를 극하는 土운이 오면 아주 불길해진다. 丑土대운 戊午年에 土가 旺水를 노하게하여 父別했다. 처(妻)는 午中 己土고 午中 丁火 식신은 장모다. 3개의 壬水와 午中 丁火가 丁壬으로 세 번 명암합했다. 따라 세 번 결혼한 여자(장모)의 딸을 처로 맞았다.

예5)

壬 癸 壬 己　　남명
戌 巳 申 巳

申金 인수는 어머니를 뜻하고 장인을 뜻하는데 이 申金이 년지와 일지에 있는 巳와 巳申巳로 두 번 합하고 있다. 따라서 그 어머니가 두 번 결혼했던지 아니면 그 장인이 두 번 결혼했다는 뜻이다. 이 사주는 日支 巳中丙火가 처(妻)이므로 장인의 두 번

째 여자의 딸이 내 마누라다.

그리고 日主인 癸水는 년에있는 己巳의 巳中戊土와 명암합이고 時에 있는 壬戌의 戌中戊土와도 명암합이다. 따라서 형수나 형님뻘되는 사람의 처와도 사통(私通)이 있다.

月支 申中 壬水가 월간에 투출되어 장생(長生)을 얻고 있으므로 위로 형님과 누나가 있다. 자식성인 관살이 왕하므로 자식도 많이 있을 상이다.

예6)

```
              24
○ 甲 庚 癸    여명    癸 (大運)   癸    30살
○ 寅 申 巳          亥          亥
                                年
```

甲寅 日主가 庚申月에 태어나 남편성은 강하다. 巳中 丙火가 자식인데 寅申巳로 三刑이 구성되어있고 癸水 인성이 투출되어 巳中 丙火를 노리고 있다. 癸亥대운에 巳亥로 충하니 巳中丙火는 亥中 壬水에 극을 받는다.

그런데다가 癸亥年을 만나 대운과 년운이 합세하여 巳火를 충하니 큰아들이 병으로 죽었다. 이런 경우 어릴때에 癸亥운을 만나게 되면 자식이 아니라 그 아버지가 죽게 된다. (巳中戊는 父)

예7)

```
乙 壬 庚 壬    여명    丁 戊 己 (大運)
巳 申 戌 戌          未 申 亥
```

壬水 日主가 년월 戌中 丁火와 명암합이다. 그리고 정관은 없고 戌中 戊土를 남편성으로 한다. 따라서 남편 노릇하는 것이 두 개다.(戌 戌) 丁未대운에 戌戌과 未가 刑을하여 두 개의 戌中

에서 丁火 戊土가 나오게되니 남편이 타향에 나간 사이에 시동생과 붙었다.

예8)

丙 戊 丁 辛　여명　庚 己 戊　（大運）
辰 午 酉 丑　　　　　子 亥 戌

亥대운의 亥中에는 甲木 관성이 숨어있다. 따라서 이 대운에 남자를 만날 운인데 亥가 역마이므로 타향의 남자며 길거리에서나 여행중에 만나게 된다.

또 亥中甲木 관성은 천간에 있는 己土 겁재와 甲己로 명암합하고 있다. 따라서 마누라나 여자가 있는 남자다. 亥中 甲木이 튀어나오는 甲子년에 남자를 알았는데 총각인줄 알았으나 유부남이었다.

예9)

庚 戊 己 己　여명
申 申 巳 卯

년지 卯中에는 乙木 정관이 있다. 그러나 관성은 하나뿐인데 나와 똑같은 여성을 뜻하는 비견 겁재는 己土가 두 개고 巳中에 戊가 있어 모두 3개나 된다. 따라서 이여자의 남편은 혼전애인이 있었고 결혼 후에도 딴 여자와 심한 바람을 피우게 된다.

그리고 두 개의 申中에는 壬水 편재가 들어있으며 월지 巳中에는 丙火 인수가 있어 申申巳로 2 : 1의 합을 하고 있다. 이는 모(母)가 두 번 결혼했음을 뜻한다.

예10)

```
                            40 30 20 10
乙 丁 丙 甲   여명   壬 癸 甲 乙 (大運)
巳 酉 子 午          申 酉 戌 亥
```

丁火 日主가 子月에 생했으나 巳, 午, 丙, 甲, 乙이 있어 丁火
를 도우므로 신왕해졌다. 따라서 子中에 있는 壬癸水가 남편이
요 용신이다. 그런데 子水는 午와 沖되어 약해져 있는 중 수옥
살에 임하고 있다. 그런데다가 戌대운은 土剋水로 子水를 치니
남편이 병들게되는 대운이다.

그리고 년지 午火中에는 丁火가 들어있어 子中 壬水와 丁壬으
로 암합되고 있다. 이것은 내 남편에겐 혼전애인이 있었음을 나
타낸다. 일지 酉金 재성으로 子水를 생하므로 돈을 벌어 병든
남편을 부양하는 상이다.

예11)

```
丁 戊 戊 戊   여명
巳 辰 午 子
```

얼핏보면 관성인 木이 없고 자식성인 金이 없어 보인다. 그러나
日支 辰中에 乙木 정관이 있고 時支 巳中에 庚金 식신이 있다.

예12)

```
乙 己 丁 庚   여명
亥 未 亥 子
```

월과시에 있는 亥中에는 甲木정관이 있다. 이것들이 좌우에서
亥未 亥未로 또 甲己로 명암합하고 있다. 따라서 이 여자는 2-3
차 결혼할 운명이다.

예13)

```
丁  癸  己  癸   여명
巳  未  未  酉
```

얼핏 보아서는 자식성인 식신 상관이 없다. 그러나 未中에는
乙木 식신이 들어있다. 이 사람은 평소엔 자기표현(乙木 식신)
을 잘하지 않다가 누가 충격을 주거나 건드리면 속에 담아 두었
던 말들을 끄집어내게 된다. 그 까닭은 고중(庫中)에 있는 것은
刑沖을 받으면 튀어나오기 때문이다.

一. 육친의 관계와 그 길흉

이때까지의 육친(六親)관계는 통변성을 찾아보는 것이었다. 즉 편재를 부(父)라하고 관성을 자식과 남편으로 취급하는 것이었다. 그러나 편재 정재가 없는 사주도 많고 정관 편관이 없는 사주도 아주 많다. 이렇다면 편재가 없으니 아비(父)가 없고 관성이 없으니 자식과 남편이 없다고 해야 할 것이나 사실은 그렇지 않은 경우가 아주 많다. 그렇다면 편재는 부(父)고 관성은 자식이고 남편이다로 보는 방법외의 것이 있어야 한다.

이점에 대해 「궁통보감」이란 책에서만 한 구절 -'용신을 자식으로 하고 용신을 생하는 것을 처(妻)로 한다.'- 이 있을 뿐 그 어떤 서적에서도 언급되어 있지 않다.

그러므로 이장에서는 이때까지의 방법을 먼저 익힌 후에 필자가 발견한 새로운 추리법을 살펴보기로 한다.

1. 추명구결(推命口訣)

1) 男命

1… 식신 상관 중첩하면 조모(祖母) 및 장모 두 분이다.

$$乙\ 乙\ 丁\ 戊\ \text{남명}$$
$$酉\ 巳\ 巳\ 子$$

丁火, 巳火, 巳火로 식신 상관이 3개다. 이러므로 이 사람의 할 아비는 두 번 결혼하여 조모가 두 분이다.

2… 편인 정인이 혼잡하면 생모, 서모, 계모 있다.

$$甲\ 丁\ 乙\ 丙\ \text{남명}$$
$$辰\ 巳\ 未\ 午$$

月干乙木 편인이 있고 時干 甲木 정인이 있다. 이러므로 이 사람의 엄마는 두 분이다.

3… 인수가 형(刑)을 받으면 그 어머니 불구되던지 수술하고 심하면 그 어미 사별한다.

$$甲\ 己\ 乙\ 己\ \text{남명}$$
$$子\ 未\ 亥\ 巳$$

巳火 인수가 亥水의 충을 받았으므로 그 엄마가 교통사고로 객사했다.

| 丙 | 庚 | 辛 | 丙 | 남명 |
| 戌 | 申 | 丑 | 辰 | |

庚日主의 모는 丑中 己土다. 時丙戌 백호살과 戌丑형을 받고
있다. 모(母)가 폭탄에 맞아 숨졌다.

4… 정재 편재가 日月에 상합하면 남에게 양육된다.

| 戊 | 己 | 庚 | 丙 | 남명 |
| 辰 | 丑 | 子 | 子 | |

년월지 子中에는 壬水 정재와 癸水 편재가 있다. 이것들이 일
지와 합하고 있어 일찍 아버지 잃고 남의 집에서 키움을 받았다.

5… 월지에 도화 망신살 있으면 후처 소생이다.

| 己 | 庚 | 丁 | 甲 | 남명 |
| 卯 | 午 | 卯 | 午 | |

월지에 卯木이 도화살이다. 따라서 이 사람의 엄마는 재취로
와서 이 사람을 낳았다.

| 己 | 丙 | 戊 | 己 | 남명 |
| 未 | 申 | 辰 | 卯 | |

이 사람도 후처 소생이지만 월에 망신: 도화살은 없다.

| 丁 | 乙 | 辛 | 戊 | 남명 |
| 丑 | 巳 | 酉 | 子 | |

월지 도화살 있지만 이 사람은 후처소생도 아니고 어머니 한 분뿐이다.

6… 생월에 재성이 있으면 그 부친이 완고하고 인수가 합을 맺으면 엄마가 외정을 갖던지 재가한다.

庚　壬　辛　乙　　남명
戌　寅　巳　酉

月支 巳中丙火가 편재 아버지이다. 따라서 그 부친이 완고했다.

戊　甲　乙　癸　　남명
辰　申　卯　未

癸水 인수가 시간에 있는 戊土와 戊癸合이다. 부친 일찍 죽고 그 엄마 재가했다.

7… 재성과 인수가 일주와 합하면 어머니가 재취 혹은 재혼한다.

辛　丙　乙　丁
卯　申　巳　丑

辛金財와 乙木 인수가 일주와 丙辛합 巳申合이다. 따라서 그 어머니 재취로 시집왔다.

8… 편,정재가 혼잡하면 아버지에 배다른 형제 있다.

丙 己 癸 癸
寅 亥 亥 亥

癸水 편재와 亥中 壬水 편재가 혼잡하여 많다. 아버지에 배다
른 형제 있었던 사주다.

9··· 편재성이 형충을 만나던지 재살(災殺)이 있으면 그 부친
에 횡액있다.

丙 丁 乙 乙
午 亥 酉 卯

酉金 편재성이 卯酉冲되어 재살(災殺)되어 있어 그 부친이 횡
액있었다.

10··· 甲辰 乙未日生은 그 부친에 피를 보는 액운이 있고 피
흘리고 세상 떠난다.

戊 甲 甲 丁　ⓐ　　　乙 甲 戊 乙　ⓑ
辰 午 辰 未　　　　　亥 辰 寅 未

ⓐ 사주는 甲辰日生은 아니지만 甲辰의 辰中戊土가 편재이고
甲辰이 백호살이다. 그 부친 자살한 사주다.
ⓑ 사주는 甲辰日生이고 또 乙未가 년에 있어 월간 戊土를 심
하게 극하고 있다. 부친과 숙부가 모두 총살당했다.

11··· 인수 태왕 편재 약하면 부친 얼굴 보기 힘들다.

壬 乙 壬 壬　남명

```
午  酉  子  子
```

인수가 태왕하고 午中 己土 편재가 심히 약해 7살 때 그 부친
세상 떠났다.

12… 인수성이 공망되고 편인이 있으면 어려서 엄마 잃는다.

```
戊  庚  癸  己    여명
寅  寅  酉  未
```

己未 인수가 공망이며 시간에 戊土 편인을 봤다. 그러나 이
팔자는 어려서 그 부친이 세상 떠났고 모가 나를 데리고 재가했
다. 그러므로 무조건 구결대로 해석하면 안되고 사주의 구성을
잘 살펴야한다.

13… 재성과 식신이 같이 있으면서 일주와 합하면 장모 봉양
한다.

```
丙  壬  丁  庚
午  寅  亥  辰
```

寅식신과 午中 丁火가 寅午로 합되어 장모봉양하고 있다.

14… 사주에 財가 많으면 일찍 한쪽 부모를 잃게되고 재성이
절지에 임하고 비견, 겁재가 많으면 유복자다.

```
辛  庚  辛  甲    남명
巳  辰  未  申
```

2살 때 아버지를 잃었다. 甲木 편재가 申절지에 앉았고 비견 겁재가 왕하다.

15… 일과 월이 충되거나 원진살 되던가 종재격에 인수가 투출되면 처와 모가 불화하여 밤낮으로 다툰다.

壬　壬　癸　辛　남명
寅　寅　巳　未

처와 모친이 밤낮으로 다투다 둘 다 약먹고 세상 떠난 사주다.

16… 일과 월이 형충되면 생가(生家)와 척을지며 형제간에 우애없다.

庚 壬 辛 庚　남명　　辛 丙 戊 丙　여명
戌 寅 巳 午　　　　卯 辰 戌 戌

남자사주는 월일간에 寅巳刑이고 여자사주는 월일간에 충이되어 있다. 두 사주 모두 형제간에 우애없고 생가와 담을 쌓고 지낸다.

17… 비견 겁재가 있고 정편재가 있으면 형제지간에 재취있고 비견 겁재 있고 식신 상관이 많은 사주는 누나 및 누이가 홀로 산다.

18… 관살에 백호살있고 식신 상관이 많으면 매부가 혈광사(血光死)한다.

19… 정편재가 혼잡하면 여형제의 시모가 두 분이고 비견 겁재 있는데 관살이 없으면 여형제가 고독하다.

20… 월에 관살이 있던지 사절묘(死絶墓)가 되면 형제가 없거나 있어도 고독하다.

21… 시상(時上) 편재있고 日時 상충하면 부부이별이다.

22… 일간과 일지가 동일한 오행(庚申日, 甲寅日, 乙卯日 등)이고 비견 겁재가 또 있으면 처를 극하여 생별 사별한다.

23… 癸年 壬月 戊己日生 본처해로 못한다.

24… 丁未日, 戊午日 태어나면 성욕이 강해 한 여자에 만족 못한다.

25… 戊寅日, 戊午日, 戊戌日, 己巳日, 己未日에 태어나고 寅午戌 巳未가지지에 있으면 예쁜 여자 많이 따르니 여색을 조심하라.

26… 丁丑日生이 申酉戌月에 태어나 신약하면 애인 및 마누라가 자살소동 있게 된다.

27… 壬寅日 庚寅日生이 巳와 申을 만나고 財多身弱 사주면 처, 첩중에 자살 있어 그 가정이 몰락한다.

28… 申酉戌月에 태어난 丙戌日이 신약하면 역시 그 처첩이

한을 품고 죽게 된다.

29… 戊己日生이 壬戌을 만나고 財多身弱 이던지 신왕하면 애인이나 마누라가 아이낳다 화를 당한다.

30… 日主强에 時上七殺 첩둔다고 자랑하지만 時上七殺되고 財多身弱되면 그 마누라가 호랑이다.

31… 時上 七殺 時上 편재되고 財殺旺한데 日主弱이면 부부간에 싸움잦아 그 처가 음독한다.

32… 사주중에 財多旺이면 인수성을 만난 것을 좋아마라. 모와 처간에 싸움심해 속상하게 된다.

33… 사주에 인수가 왕할때 거듭거듭 재성을 만나게되면 역시 모와 처간에 불화한다.

34… 財多身弱자는 마누라 말 잘 듣고 일주 강에 시상편재는 마누라 학대한다.

35… 재성과 암합하고 財殺旺하면 정사(情死) 괴변 있게 된다.

36… 일시에 도화살 있으면 바람피우며 도화형을 만나면 성병에 걸린다.

37… 관성도화(官에 도화살 있을 때) 있으면 처로 인해 벼슬하고 살성(殺星)도화 만나면 간통하다 봉변당한다.

38… 재록도화 있으면 처로 인해 부자되나 사주도화 비견 겁재 刑은 처, 첩 송사(訟事) 패가한다.

39… 財星 쇠약 官殺旺은 生子후에 처첩잃고 財星白虎 日主弱은 처첩이 산망(産亡)하거나 자살한다.

40… 甲辰, 乙未日生 財旺하고 비,겁 왕하면 그 처가 음독하니 함부로 색을 탐하지마라.

41… 壬申日, 庚申日生이 壬寅, 戊寅時를 만나고 신왕하면 그 마누라 눈어둡고 흉사(凶死)한다.

42… 甲寅日, 庚寅日生이 巳申을 만나고 戊申, 庚申日生이 巳寅을 만나면서 財多身弱이던지 身旺財弱되면 처첩이 흉사한다.

43… 日時가 귀문 원진살되면 부부불화하며 신경쇠약등의 정신질환 갖게된다.

◎ 자손(子孫)

1… 庚辰日 庚辰時 형제간에 수액(水厄)있고 자식에 익사운 있다.

2… 申子辰生 戊日 戊時, 寅午戌生 辰日 辰時 큰아들이 다리전다.

3… 亥卯未生 丑日丑時, 巳酉丑生 未日未時 또한 큰아들이 다리불구.

4… 財, 官殺이 합신(合身)하면 결혼식 올리기 전에 자식 낳는다.

5… 丙, 庚日이 日과 時에 寅申이 있으면 그 처가 애기배면 이별이다.

6… 정편관이 혼잡하면 여기저기서 아이낳고 상관에 정관을 보는사주 불구자식 두게 된다.

7… 일시에 역마관이 있고 지살 형충되면 자식 실종 있게 된다.

8… 己未日生 甲戌時, 己未日生이 年과 時에 丑戌이 있으면 그자식이 자살한다.

9… 壬日主가 傷官見官이면 말못하는 자식있으며 甲乙日生 月時 丙戌되면 자식하나 흉사한다.

10… 時가 空亡이며 형살(刑殺)되면 그자식이 일찍 죽는다.

11… 신약사주에 時上 七殺이면 손자같은 아들이요.

12… 日時간에 상생 상합 효자효녀 두게되나 四柱殺旺 無制者는 불효자식 속 썩인다.

13… 관성약한데 상관을 많이 보면 관살운과 재운에 자식 얻지만 시상 상관이며 공망되면 자식 얻기 어렵다.

14… 관살이 형을 맞고 또다시 제극(制剋)되며 時에 급각, 단교살 있으면 자식이 다리절거나 수족에 이상이 있으니 소아마비 조심하라.

15… 辛丑日生 辛卯時는 첩에게서 자식낳고 乙日申時, 丙日亥時 자식많고 현달한다.

16… 지살 중중한데다 관성을 품고 있으면 이방여인에게 자식낳고 역마성이 관성을 품고 있으면 혼혈아를 얻는다.

17… 陰官殺이 작합하면 딸자식이 연애하고 비견겁재 혼잡되면 아들놈이 재취한다.

18… 편정인이 중중하면 아들 장모 두 분이고 딸자식이 재가함은 식신상관 중첩이다.

19… 정편인수 왕성하면 청상과부 따님이고 편정관이 혼잡하면 그 신랑이 첩얻는다.

2) 女命

1… 비견 겁재 많아 신왕이면 시부모와 못살고 남편기만 잘

한다.

2… 년과 월에 재관 인수가 있으면 좋은가문 출신이고 지살 역마 있으면 친정 떠나 멀리 산다.

3… 편정재가 혼잡하면 두분 시모 있게되고 인수성이 많으면 시모와 불화한다.

4… 재관인수가 일주와 합하면 친정부모 모신다.

5… 財旺하고 官이 많으면서 명으로 암으로 관과 합하면 내것 주고 뺨맞는 격이다.

6… 정편관이 혼잡하면 두남자방에 치마 걸고 戊子日生 그 여자는 머리 흰 서방 맞는다.

7… 관성이 없는 사주 청춘 성욕 굶주리고 신왕한데 관성 약하면 남자 그리워 눈물짓는다.

8… 식신 상관 중첩하면 과부소리 듣게되고 多官制弱되는 사주 유흥가에 여자로다.

9… 戊己, 丙丁日生이 巳午未月에 태어나고 庚辛日生이 亥子丑月에 태어나면 독수공방이다.

10… 乙巳 辛巳 癸巳 丁亥 己亥日生이 천간에 관성이 투출되어 있으면 아기 낳고 살다가 딴 남자와 눈이 맞아 손잡고 달아

난다.

11··· 財가 많아 천간에 나온 관살을 생해주는 격은 돈벌어 대어주고 정에 속고 돈에 속는다.

12··· 壬癸日生은 머리흰 남자와 인연있고 壬寅日 癸卯日生은 팔자 순탄치 않더라.

13··· 壬子 壬申 癸酉 癸亥日生이 申酉月이나 亥子丑月에 태어나면 성욕만족 아니되어 한 남자 가지곤 못산다.

14··· 甲午 乙未 丙午 丁未 戊申 己酉 庚申 辛酉 庚子 辛亥 丁巳 甲寅日生은 달밝은 깊은밤에 외로이 잠을 잔다.

15··· 日時에 辰戌 있으면 독수공방이며 庚辰 庚戌 壬辰 壬戌日生은 남편이 무책임하거나 감금 납치되어 그 종적이 묘연하다.

16··· 丙子 丁丑 戊寅 丙午 丁未 戊申 辛卯日과 壬辰 癸巳 辛酉 壬戌 癸亥日生은 그 남편이 풍류(風流)호탕하다.

17··· 庚辰 庚戌 壬辰 壬戌 괴강일에 태어나면 남편이 파재(破財)또는 납치 감금되거나 횡사하게 된다.

18··· 壬戌 癸丑日生과 壬癸日生이 관성에 백호살되면 십중팔구 남편이 객사 또는 피 흘리고 죽는다.

19··· 水日柱가 太多하면 유흥가로 나가고 時上 상관되고 官이

약하면 식모, 마담, 기생된다.

20… 官星 입묘되고 官이 殺地에 임하면 남편이 객사한다.

21… 관성과 식신이 모두 충파되면 남편자식 다 버리고 애인 따라 도망간다.

22… 辰戌丑未가 모두 있는 사주 일부종사 못한다.

23… 丁亥 己亥 乙巳 辛巳 癸巳日生이 관성이 투출되어 있는 데다가 관성과 암합하면 의처증 심한 남편 만난다.

24… 관성과 식신이 공망이면 남편과 자식이 명이 짧고 관성 미약한데 비견겁재가 관과 합하면 내 친구가 내 남편 뺏아간다.

25… 寅申巳亥가 모두 있으면 음란분주하고 子午卯酉 모두 있으면 사랑따라 잘도간다.

26… 合多合貴되면 여기 저기 정을 맺어 바쁘게 만나 바쁘게 헤어진다.

27… 乙巳 辛巳 癸巳 丙子 戊子 丁亥 己亥 甲申日生은 십중팔 구 첩팔자다.

28… 자요사격, 육을서귀격, 축요사격, 형합격, 육음조양, 비천 록마격은 많은 남자 상대한다.

29··· 윤하격, 종혁격, 염상격은 빈방지키며 고독하고 가색, 곡직, 육갑추건, 육임추간격은 일부종사 못한다.

30··· 戊己日生 木弱多水 甲乙日生 金弱多水면 그남편이 술에 취해 죽던지 물에 빠져죽는다. 壬癸日生 土弱한데 金水多하면 그 남편이 수액(水厄)과음으로 세상 뜬다.

31··· 丑日生이 午未戌을 만나고 寅日生이 巳申을 만나면 부부 간에 음독함이 있게 된다. 午日生 丑혹 午辰, 戊寅日生이 寅을 거듭만나고 戊子日生이 寅巳申을 만나면 음독사 있게 된다.

32··· 관과 인성이 같이 임하면서 일주와 합하면 스승 및 교주(教主)와 연애한다.

33··· 봄에 태어난 己日主가 甲을 만나 甲己合土格이되면 시누이 및 시동생이 부부불화 야기하고 여름에 태어난 乙日 乙庚合化格은 자식으로 인해 부부정이 부서진다.

34··· 辰戌丑未月에 태어난 辛日主가 丙을 만나 合化水가 되면 모친으로 인해 부부사이 찢어지고 가을에 태어난 丁日主가 丁壬化木을 이루면 시모로 인해 부부사이 풍파난다.

35··· 겨울에 태어난 癸日主가 戊癸合化格을 이루면 형제, 동서 때문에 부부사이 멀어진다.

◎ 자손

1… 식신 상관 혼잡하면 남의자식 부양하고 상관성이 인수를 만나면 자녀의 질병과 불구를 두려워한다.

2… 관성을 충하고 식신과 합이되면 남편무덕하나 자식덕은 있다.

3… 식신 상관 태왕하면 자식 낳기 어렵고 일주 약한데 식신 상관 많으면 유산낙태 빈번하다.

4… 식신이 충파되면 유종병, 유방암 수술이던지 애기 먹일 젖이 부족하다.

5… 관성과 식신이 같이 있고 일주와 합하면 처녀가 애기 밴다.

6… 상관 중중한데 관성이 약하면 애기낳고 남편이별.

7… 많은 관성속에 식신상관이 포함되면 이 남자 저 남자에게서 애기 낳는다.

8… 인수성이 국(局)을 이루면 자식없어 한숨이고 식신상관이 인수의 형충을 받으면 친정에서 출산마라.

9… 식신상관이 형을 맞으면 유산하다 병을 얻고 나팔관 임신 되니 자궁수술 있게 된다.

10… 편인정인 혼잡하면 그 따님이 재가하고 정편관이 혼잡하면 딸의 시모 두 분이다.

11… 인수 약하고 財旺하면 딸자식이 과부되거나 두 남자에게서 자식 낳는다.

12… 陰官殺이 作合하면 며느리가 바람난다.

13… 정편재가 혼잡하면 며느리에 전모 후모있다.

14… 비견겁재 있는데 관살 왕한 사주는 며느리 모친이 과부다.

15… 인수성이 암합하면 사위가 바람난다.

16… 식신상관 공망 형충이고 生時에 급각살 있으면 소아마비 자식둔다.

17… 甲乙日生은 火가 식신상관인데 水가 많으면 자녀들이 시력 약하다.

이상으로 이때까지의 육친파악법중 중요한 부분만을 기술했다. 그러나 위내용이 모두 적중되는 것은 아니다. 다만 이것을 기초로하여 사주의 구성을 살펴야 좀 더 정확한 사항을 알 수 있다는 말이다. 따라서 지금부터는 위내용과 필자가 터득한 것을 묶어서 풀이하는 방법을 밝히기로 하겠다.

〈고 급 편〉

易은 항상 변하는 것인데

그 변화를 따라가지 못하면

영원한 하수(下手)로 남게 된다

一. 한밝식 사주풀이

필자의 호(號)를 딴 한밝식 사주풀이법의 첫째 핵심은 합(合)을 살펴 육친관계 및 사주의 길흉화복을 파악하는 것이다.

즉 생(生) 극(剋)보다 합(合)을 중요시 한다는 말이다. 이것은 인간이 이 세상에 태어난 것도 부모(父母)라는 음양의 합에 의해서며 살아가는 과정 또한 만나고(合) 다투고(刑) 헤어지는(冲) 일의 반복이기 때문이다.

이러므로 역서 첫머리에도 음양상합시위도(陰陽相合是爲道)라 말하고 있는 것이며 탐합망생(貪合忘生) 탐합망극(貪合忘剋)이란 용어까지 생겨난 것이다.

여기까지의 말을 두고 대부분의 역자(易者)들은 '그까짓 합(合)을 모르는 사람이 누가있어' 무슨 큰 비결이라도 있는 줄 알았더니 참으로 초보적인 말만 하네.' 할 것이다. 그러나 참으로 그럴까?

두 번째 핵심은 해당 육친의 표출신을 활용하는 것이다. 표출신이란 용어는 이때까지의 명리학엔 나타나있지 않은 것으로 필자가 이름붙인 것이다.

즉 지지(地支) 장간중에 있는 것이 투출되어 있는 것을 말한다.

이 또한 어떤 이는 적천수에 천복지재(天覆地載)라고 말하고 있는데 새삼 무슨 소리냐고 할 것이다.

그러나 이것은 적천수에서 말하고 있는 천복지재와는 전연 다른 것으로 이때껏 그 어느 누구도 찾아내지 못한 육친과 그 성정을 파악하는 하나의 방법이다. 세 번째는 투출신(透出神)을 활용하는 것인데 이 용어 또한 필자가 이름 지은 것이다.

이것은 사주원국에 있는 지지(地支)장간에 있는 것이 대운세운에 나타나 있음을 일컫는 것이다. 즉 壬寅일주일 때 대운 및 세운 천간에 丙火를 만나는 것이고 辛巳월주일 때 대운 및 세운 천간에 戊土와 庚金, 丙火 등을 만나는 경우를 말함이다.

위 세 가지 방법은 실제풀이를 통해 하나하나 설명될 것이다.

그러나 실제 풀이에 들어가기 전에 이때까지의 이론에 따른 사주풀이의 허와 실 그리고 그 보완점등을 살펴보기로 하자.

一. 새로운 팔자 해석법과 그 통변

부산에서 서울로 가는 방법은 아주 많다. 비행기를 이용하여 단숨에 날라가거나 기차나 자동차를 타고 갈수도 있고 말을 타거나 걸어서 갈수도 있다. 이 처럼 사주풀이와 그 통변에도 여러 가지 방법이 있다.

시중에 나와 있는 명리서들을 보면 각종신살(神殺)에 비중을 둔 해설서도 있다. 그리고 오행의 생극제화(生剋制化) 관계만으로 해석하기도 한다. 이런 부류의 사람들은 각종 신살은 아무런 소용이 없는 것으로 몰아 버리기까지 한다.

그리고 또 어떤 이는 투출된 천간의 작용만을 중요하게 여기며 십간과 십간끼리의 좋고 나쁜 관계를 따져 추명하기도 한다. 그러나 이런 치우친 방법으로는 그 본모습을 정확히 찾아내긴 어렵다.

즉 장님이 코끼리 만지는 식의 판단이 되어서는 안된다는 말이다. 따라서 여기서는 틀림없다 싶지만 헛다리짚는 완전치 못한 사주풀이의 이모저모를 먼저 살펴보고 그 다음으로 각종 풀이법과 필자가 제시하는 다각적이고 새로운 해석법을 설명하기로 하겠다.

어! 사주가 안 맞네?

사주풀이를 하다보면 자신이 지니고 있는 사주지식과는 전연 부합되지 않는 경우가 종종있다. 즉 재다신약(財多身弱) 사주에 비견겁재가 희신인데도 비견겁재가 뿌리를 얻는운에 큰 손실과 재액(災厄)을 당하는 경우다. 그리고 관성이 많아 인수로 통관 시키는 사주일 때 인수운과 비견운을 만나면 좋다고 알고 있는 데 오히려 나빠진 경우도 있다. 이럴땐 '어! 이것봐라? 용신운인 데도 이렇게 큰 손실을 당하게 되고 죽기까지 하다니 참으로 알 수 없는 일이로군' 하며 고개를 갸웃둥한다. 이런등의 경우는 사주학을 연구해본 사람이라면 누구나가 겪어본 일일것인데 필자 역시 그러했다.

이것은 사주학을 믿고 배우는 우리들의 입장에선 사주학의 논리체계를 부정 할 수는 없고 우리들의 안목과 지식체계에 문제가 있다고 봐야 할 것이다.

즉 대부분의 역인들은 신왕신약(身旺身弱)을 따져 그것을 처리하는 억부법에 익숙해져 있고 생극(生剋)에 큰 비중을 두고 있다는 말이다. 이런 간법(看法)은 비교적 단순 간단하기 때문에 쉽게 취용한다. 그러나 생(生)에도 불리한 것이 있으며 극(剋)에도 유리한 경우가 있다. 그리고 생극(生剋)의 작용보다 회합 형충(刑冲)의 작용력이 더 큰 영향을 끼치는데 이것을 간과하기 때문에 오류가 생길 수밖에 없는 것이다. 따라서 이장에서는 현재 우리들이 지니고 있는 사주학의 논리체계에 대한 허점과 이를 수정 보완할 수 있는 논리개발을 살피기로 하겠다.

예1)

					56	46	36	26	16	6	
癸	丙	辛	丙	남	丁	丙	乙	甲	癸	壬	대운
巳	申	丑	戌		未	午	巳	辰	卯	寅	

丙火 일간이 겨울인 丑月에 태어나 년간에 丙火 시지에 巳火 있고 년지 戌중에 통근했다. 그러나 일지에 申金 편재 있고 월지 丑土 년지 戌土 있으며 丑중에서 월간 辛金 정재와 시간 癸水정관이 투출되어 있다. 따라서 일주의 세력이 조금 약하므로 일간을 도와주는 木火운이 좋을 것이다. 이 역시 억부법에 따른 논리이다.

이 사주 주인공은 癸대운에 고등학교만 마치고 해병대에 입대했다. 卯대운은 변변치 못한 곳에 직장생활 했으며 甲대운에 결혼하여 여러 가지 업을 했으나 성공치 못했다. 辰대운에 매부(妹夫)의 회사에 취직하여 안정한 생활했고 乙巳대운엔 승진이 계속되어 丙대운에 부사장까지 하게 되었다. 그러나 午대운 들어 사업을 크게 벌리다가 2년도 못 버티고 부도가 났다.

전재산을 깡그리 상실한채 丁대운까지 어렵게 지내고 있다. 사업을 크게 벌리기 전 50살 때 다섯곳의 철학원에서 운세를 물었더니 모두가 재왕하고 약간 신약하니 午대운에 크게 성공하겠소 하는 감정을 받았다한다.

이 사주 역시 억부법으로 보면 일간을 강하게 해주는 午 丁대운이 좋다. 그러나 실제로는 정반대였는데 어째서일까? 이 사주도 뒷장에서 자세히 해석 될 것이므로 중복 설명하지 않겠다.

예2)

					55	45	35	25	15	5	
丙	庚	甲	甲	남	庚	己	戊	丁	丙	乙	대운
戌	戌	戌	申		辰	卯	寅	丑	子	亥	

庚戌 일주가 가을인 戌月에 태어났고 시지 戌있고 년지에 申金 있어 신왕이다. 따라서 3개의 戌土에 뿌리있고 년월간의 甲

木에게 생을 받고있는 시간의 丙火 편관으로 용신해야 한다. 이리되면 시상일위귀격(時上一位貴格)되어 병권(兵權)을 잡거나 큰 권세를 지니게 된다. 그런데다가 대운마저 중년에 寅卯木을 만나 丙火를 생해주므로 크게 현달했던 인물이다. 이런 논리 역시 억부법에 따른 것이다.

그러나 이렇게 보자. 왕강한 庚金은 丁火를 만나야 그릇이 되는데 丁火는 戊중에 암장되어 있을 뿐 개고(開庫)되지 못했다. 그리고 시간 丙火가 강한 세력으로 庚金을 제하고 있지만 戊月의 태양(丙)은 서산에 지는 태양인데다 어두운 戌시의 태양이다.

그러므로 그 모양은 비록 아름다우나 庚金을 녹여 그릇을 만들진 못한다. 따라서 丙火는 어둠을 밝히고 가을 경관(景觀)만을 피빛처럼 아름답게 꾸며주나(석양) 헛된 광명에 불과하다. 혹자는 년월간 甲木이 시간 丙火를 생할수 있다한다.

그러나 9월 甲木은 노목(老木)이되어 자신의 안위만을 생각할 뿐 丙火를 생해줄 엄두도 못낸다. 그런데다가 사주지지 그 어디에도 甲木의 뿌리가 없다. 이처럼 신왕한데다 재관(財官)이 허약하면 평생을 무엇하나 이루지 못하게 된다. 따라서 중팔자이며 빛 좋은 개살구같은 팔자다. 그렇지만 그래도 나는 庚戌 괴강인데 그렇게 허무하게 별 볼일 없이 살수는 없다.

그래서 삼산(三山 ; 戌)에 앉아 연금(練金)해줄 빨간(丹) 丁火를 끄집어내고파 이리저리 부딪치고 비트는(冲刑) 몸짓을 할 수밖에 없었다. 이 사람은 丑대운에 입산수도한 연단술사(練丹術士)이다.

寅대운에 丙火가 힘을 얻어 庚金(머리)을 충극하므로 주화입마되어 큰 고생을 했다.

예3)

```
                              24 14  4
丁 丙 乙 戊   여      壬 癸 甲   대운
酉 戌 卯 午          子 丑 寅
```

丙火일주가 卯月에 태어났고 년지 午火 양인과 시간의 丁火 겁재를 만나 아주 신왕하다. 따라서 시지 酉金을 용신으로 삼게 된다. 여기까지 파악한 대부분의 역인들은 천간으론 土운이 좋고 지지로는 土金운이 좋다고 판단한다. 그리하여 丑대운은 그 본기가 土인데다가 시지 酉와 酉丑으로 생합(生合)하므로 좋았다로 말하게 된다. 그러나 이 사주의 주인공은 丑대운에 들어서던 19세부터 대장이 좋지못해 고생했으며 22세되는 己卯년에는 병이 악화되어 큰 수술을 받게 되었다.

그리고 그 이후에도 계속 건강이 나빠 큰 고생을 했다. 좋아야될 丑대운에 어째서 생사지경에까지 가게된 큰 병이 발생되었을까? 이 사주는 火가 태왕하여 金이 극되므로 폐 기관지 대장이 좋지 않은 것은 당연하다. 그런데다가 월주 乙卯가 년주 戊午와 동순(同旬)이며 3급상순 관계가되어 木火의 세력이 한덩어리로 밀착되어 있다. 그러면서 월지 卯木은 시지 酉金을 충하고 있다. 즉 월지 卯가 년지 午火를 끌고와 酉金을 치고있다. 이런 충을 일지 戌이 卯와 합을 맺어 일단 보류시키고 있다. 그런데 대운지 丑이 酉丑金局 하기전에 일지 戌을 먼저 형하여 卯戌합을 풀어주므로해서 卯酉冲이 발동된 것이다. 따라서 이런 형충합의 변화를 도외시한채 단지 생극만을 살피게되면 큰 오류를 낳게 된다.

예4)

```
                         43 33 23 13  3
壬 丙 乙 己   여      庚 己 戊 丁 丙   대운
```

辰 辰 亥 亥   辰 卯 寅 丑 子

丙火일주 亥月生으로 아주 신약하다. 이리되면 일시지 辰에 뿌리를 둔 월간 乙木으로 용신한다고 말하기 쉽다. 그러나 물에 젖어있는 乙木으로 丙火를 생할수 있을까? 더욱이 亥水에 앉아 부목(浮木)까지 되어있는 乙木으로 말이다. 그러므로 이 사주는 억부법으로 보면 안되고 병약법으로 해석해야 한다. 즉 水多함 이 병이고 일시지 辰中戊土가 제습하고 제수(制水)하는 약신이 다. 그러나 辰역시 물에 젖은 흙이라 용신의 힘이 떨어져 불미 스런 팔자다.

년지 亥中壬水가 첫 남자인데 자식성인 상관 己土가 년지 亥 水위에 앉아 있어서이다. 즉 己土 상관은 나의 자식이고 그것이 년지 亥中甲木과 명암합하고 있기 때문에 년지 亥中壬水를 나 와함께 자식낳은 첫 남자로 보는 것이다. 그러나 일시지 辰이 관성의 고(庫)가 되어 바로 관성입묘(官星入墓)로 남편 사별할 팔자다.

이렇게 관성이 입묘고(入墓庫)되어 있으면 관성이 사절(死絶) 되는 운에 그 남편이 사망하게 된다. 丁丑대운은 火土운이라 왕 한 수기(水氣)를 제극해주므로 평길했고 일지 辰中戊土가 투출 되는 戊대운에 결혼했다.

寅대운은 신약한 丙火 일간의 뿌리가 되어 좋은 운이었고 己 土대운 역시 土가 되어 제습해주므로 좋았다. 그러나 亥中壬水 가 대운지 卯에 사(死)가 되어 불길하다. 그런데다 亥卯로 木局 을 지어 극토(剋土)하므로 대흉하다. 丁丑년(39세)되어 시간의 壬水 관성을 합거시켜 그 남편이 교통사고로 식물인간이 되고 말았다.

편재인 庚대운에 월간 乙木과 합하여 돈벌이(다방)하게 되나

金운이라 기신인 수(水)를 생하게되어 불미하므로 손해만 보고 말았다. 이 사주에서 월간 乙木은 丙火를 생해주는 것이 아니라 오히려 丙火 때문에 살수있는 것이니 겨울의 乙木은 丙火가 있어야만 하기 때문이다.

丁丑년이 대흉한 것은 남편이 있는 년주 己亥와 2급 소용돌이를 형성했기 때문에 남편에게 큰 사고가 생겨 이별하게 된 것이다. 아래에 이 사람의 남편 명조와 그 해석을 싣는다.

		41 31 21 11 1	
庚辛甲丁 남		己庚辛壬癸 대운	
寅亥辰酉		亥子丑寅卯	
墓			

辛金일주 辰月生으로 누가봐도 신왕이다. 따라서 월간 정재(甲)가 희신이며 약한 편관(丁)을 재로서 생해주는 재자약살격(財滋弱殺格)이다. 그런데 월간 甲木은 일지 亥(역마)에서 투출된 정재이므로 나의 육신이다. 따라서 이 사람의 건강과 생명관계는 명줄인 甲木의 상태를 살펴야 그 길흉을 알 수 있다.

그런데 이처럼 명줄이 천간에 투출되어 있는 사주도 있고 그렇지 않은 사주도 있다. 명줄이 천간에 투출되어 있으면 나쁜운에 쉽게 상하게되고 지지에 숨어있으면 쉽사리 당하진 않는다.

壬寅 癸卯대운은 월간 甲木을 생해주고 도우는 운이어서 좋았다. 丑대운에 결혼하게 되는데 이것은 정재궁(甲辰)이 연주 丁酉와 辰酉로 합되어 있는 것을 酉丑으로 반금국을 지어 辰酉합을 풀었기 때문이다.

庚대운은 겁재운되어 甲木정재를 충극하므로 나쁘다 하기 쉬우나 벽갑인정(도끼로 甲木을 쪼개 불을 붙인다)되어 직장에 승진운이었다.

子대운은 무난했고 己대운에 월간 甲木을 합하여 큰 사고가 생겼다. 甲을 치는 庚보다 합하는 己대운이 안 좋은 경우다. 丁丑년 이었는데 일간 辛金이 丁火에 극되고 세운지 丑에 입고되었으며 丁火용신 역시 丑에 묘(墓)지가 되었기 때문이다.

교통사고로 큰 부상을 입고 치료도중에 식물인간이 되고 말았다. 이 사람의 아들 사주는 다음과 같다.

```
                          17  7
辛 乙 乙 甲    남      丁 丙    대운
巳 卯 亥 子            丑 子
```

乙木이 亥月에 태어났고 亥卯木局 있는데다가 일지 卯中에서 甲乙이 투출되어 있다. 신왕하여 비견겁재가 난동하고 있는데다가 일지에서 비겁이 투출되었으므로 초년에 극부(剋父)하는 명조임을 곧바로 알 수 있다. 이 사주의 부친성은 시지 巳中戊土인데 巳는 월지 亥水의 충을 받고 있으나 일지 卯木이 그사이에 앉아 亥卯로 합하여 (亥水를 木으로 전환시켜) 巳火를 생하게 하고있다.

즉 일지 卯木이 巳亥간의 충을 해소시키고 있다는 말인데 이럴땐 卯木이 형충되거나 합(六合)을 만나게되면 곧바로 巳亥충이 발동된다. 따라서 子대운은 일지 卯를 형하므로 그 부친(巳中戊)이 교통사고를 당하게 된다.

丁丑년(14살)은 일간 乙卯와 2급소용돌이를 형성했고 세운간 丁火는 시간 辛金 편관을 극하며 세운지 丑은 亥子丑 방국을 이뤄 水旺하게 한다. 그러므로 이해에 부친이 큰 사고를 당하게 된 것이다.

예5)

己 癸 乙 辛　남
未 未 未 巳

庚 辛 壬 癸 甲　대운
寅 卯 辰 巳 午

癸日主 未月生으로 시간 己土 편관에 종할 수밖에 없다. 따라서 旺土에 거역되는 월간 乙木 식신은 용신의 병이되고 乙木을 제거하는 辛金은 약신이된다. 월일시에 乙木의 뿌리 있으므로 쓸모없는 바짝 마른 나무(乙木)가 여기저기에 널려있는데 그것에 조금의 물(癸)을 뿌려 깨트리고 잘라(辛)버리는 상이다. 따라서 쓰레기같은 파지(破紙)를 재생하는 종이공장이 인연있는 직업이다.

이 사주역시 병약법에 따라 해석해야하며 단순한 억부법의 논리로 풀면 안된다. 甲午대운의 甲木은 시간 己土를 합하고 대운지 午는 사주원국과 巳午未 火局을 이뤄 辛金 약신이 극되므로 불미스런 시절이었다.

癸대운은 辛金을 극하는 火를 제거하므로 소길하며 巳대운은 巳中庚金이 장생하는데다 戊申(28살) 己酉 庚戌 辛亥의 세운을 만나 년간 辛金이 힘을얻어 병을 제거하여 나날이 발전되었다.

壬대운 역시 왕한 火氣를 제하여 辛金을 보호하므로 좋다. 이 대운에 제지공장 설립하여 큰 돈 벌었다. 그러나 辰대운 들어 병신(病神)인 乙木이 뿌리를 얻게되어 불길한데다 壬辰대운이 년주 辛巳와 1급 소용돌이를 일으키므로 더욱 흉조(凶兆)가 강해진다. 그러므로 병신인 乙木이 왕해지는 甲寅 乙卯(35세)년에 부도가 나서 전재산 상실했다.

辛대운에 乙木을 극하여 재기하는 듯했으나 대운지 卯가 乙木의 강한 뿌리되므로 결국 일어서지 못했다. 庚대운에 월간 乙木을 합거시켜 소길(小吉)하다. 그러나 寅대운되어 乙木은 뿌리가 생겼으나 庚(巳中庚) 辛金은 寅에 절(絶)이되므로 병신(病神) 왕하고 약신(藥神)의 기가 끊어져 대흉(大凶)하다. 이런중에 丙子년(56세) 만나 년간 辛金약신이 합거되어 죽고 말았다.

예6) 병을 제거하는 것이 용신

```
                    43 33 23 13 3
丁 癸 乙 丙   여    庚 辛 壬 癸 甲   대운
巳 未 未 申         寅 卯 辰 巳 午
      공망
```

癸未일이 未月에 태어나 극신약이다. 년지 申이 있으므로 그것에 의지하려한다. 그러나 공망된데다 천간에 申中庚金 壬水가 불투되었고 년지에 멀리 떨어져 있어 그만 할 수 없이 음간(癸)은 종살하고 말았다. 이리되면 월일지에 뿌리를 두고있는 월간 乙木이 용신의 병이되고 申中庚金은 약신이나 천간에 그 기운이 투출치 못했으므로 약신 역할은 크지않다. 다만 申中庚金이 운에서 나타나면 년지 申金도 작용된다. 또 대운간에 辛이 와도 년지 申에 뿌리를 내릴수 있으므로 좋다. 앞의 사주와 비슷한 구조이나 이 사주는 월간 乙木 병을 丙丁火의 財로서 태워 없애려하는 점이 다르다. 따라서 甲午 癸巳대운은 火운되어 좋았으며 壬대운은 火를 극하여 나쁠듯하나 시간 丁火와 丁壬合하므로 무난했다.

辰대운은 불길하나 세운을 잘만나 잘 넘어갔다. (丙寅 丁卯 戊辰 己巳년) 辛대운은 년간 丙火와 합하나 서로의 세력이 약하여 합거(合去)되지 않고 오히려 丙火가 거울(辛)을 만난 격이되어 재운(丙火)이 빛났다. 그러나 卯대운이 들어오면 乙木 병신이 득록하여 흉한데 甲戌 乙亥년을 만나 종신(從神)인 土에 거역되므로 부군의 사업이 망하게 되었다.

癸 己 癸 癸　남　上人의 夫
酉 巳 亥 巳

戊 己 庚 辛 壬　대운
午 未 申 酉 戌

이 사주는 종재격이다. 따라서 년일지의 巳中戊土가 병이되고 월지 亥中甲木이 약신이 된다. 따라서 金대운에 재성을 생하여 좋았으며 己未대운은 월지 亥와 亥未로 합을지어 亥中甲木의 기가 살아나 戊土를 극할 수 있어 어려운 가운데에서도 흉함을 제거하여 길(吉)할수 있었다.

그러나 戊대운 들어 깨어져 쓸모없이 된 년일지 巳中戊土가 다시 살아나는 격이되어 종신에 역하므로 망하고 말았다.

예7)

戊土일간이 卯月에 태어나 寅卯辰 卯未 목국 있으므로 관살혼잡격이다. 따라서 일지 寅과 년지 未에 뿌리를 두고있는 시간의 丙火 편인으로 용신한다. 여기까지는 사주학의 왕초보들도 알 수 있는 것이며 당연히 월간의 乙木 정관을 첫 남자로 볼 것이다.

그리고 사주에 자식성인 金이 없으므로 '자식이 없던지 또는 자식이 있다해도 자식덕이 없을 것이다.'로 말할 것이다. 그러나 이 사주의 첫 남자는 월간 乙木이 아니라 戊土 일간과 합하는 년간의 癸水이다. 이는 병(病)이되는 관성을 버리고 합신(合神)을 배우자로 한것이다. 이리되면 년지 未中己土는 남자자식이고 (癸水에서 己土는 편관) 일간 戊土와 시지 辰中戊土는 딸자식이 된다.

그리고 남편성인 癸水를 생해주는 金이 없는데다가 그 뿌리마저 시지 辰뿐이므로 아주 약한 癸水가 되었다. 이런데다가 癸水의 식신상관성인 木이 태왕하여 癸水의 기운을 크게 빼주고 있다.

이는 무능력한 남편(癸)이 사주의 병이되는 木을 생하여 일간인 戊土를 극하는 상이다. 이런 구조는 능력없는 남편이 큰 소리 탕탕치며 나(戊)를 두들겨 패게됨을 말하고 있다. 관살혼잡격인 데다가 이리되면 결국은 헤어지게 되고 또 결혼하게 된다.

따라서 시지 辰中癸水가 2번째 남자가 되는데 유부남 및 상처남이며 아이까지 딸린 남자다.

그렇지만 이 남자 역시 악부(惡夫) 역할하게 된다. 이 사주의 구성은 시간 丙火가 일지 寅에서 투출되어 왕한 木氣를 인화(引化)하여 戊土일간을 도우므로 즉 관인상생(官印相生)되어 좋은 팔자 같다. 그러나 그렇지 못하고 돈에 갈증 느끼고 남편에게 심한 구박을 받는 좋지못한 운명이 되었다. 그 까닭은 일주인 戊土가 기신인 년간 癸水와 합정(合情)하여서이다.

즉 일주 戊土가 시간의 丙火와 유정하여야 하지만 일시주간에 2급 소용돌이가 되어 무정하게 되었고 일주의 정은 멀리 년간에 있는 癸水에게로 향했기 때문이다.

따라서 이 여성은 명예와 체면을 지키며 학문에 힘쓰고 부모님을 존중해야 할 것이나 육신의 욕망(癸水財)을 채우려는 쪽으로 갔기 때문에 나쁜 운명이 되었다. 배우자 자리인 일지 寅(편관)중의 戊土가 투출된 戊대운에 남자 나타나 결혼했다.

그러나 戊午대운은 나의 합신인 년간 癸水를 비견인 戊가 합거시킨다. 그러므로 결혼 후 얼마 안되어 이별하게 되었다. 관살이 왕해 신약해진 사주가 일간을 강하게 해주는 戊午대운을 만났으므로 '좋은세월이었다.'로 말할 수 있다.

그러나 실제로는 갈등과 이별을 겪은 불행한 때였다. 이는 대운 戊午가 년지 癸未와 천지합을하여 戊土일간을 돕지 않을뿐 아니라 내가 정을 주고 있는 것마저 완전히 뺏아가기 때문이다. 己대운에 남의 덕으로 살다가 未대운에 두 번째 남자인 월간 乙木을 만났다.

이는 시지 辰中癸水가 두 번째 남자이나 辰中에 있던 乙木이 월간에 투출되어 이부(二夫)의 표출신 역할을하기 때문이다. 두 번째 남자와 아이낳고 살다가 庚대운에 乙木을 합거시키므로 두 번째 남자와도 이별하게 되었다.

예8) 식신제살로 보면 오류다

```
                      45 35 25 15 5
丁 己 辛 辛    여    丙 乙 甲 癸 壬    대운
卯 巳 卯 巳          申 未 午 巳 辰
  수옥   수옥
```

己土일주 卯月生으로 월지 편관격에 해당된다. 역서에는 '편관은 제복되어야 하던지 인성으로 화(化)해야 한다.'로 기재되어 있다. 그러나 이 사주는 그렇게 보면 안된다. 일간 己土는 卯月에 태어나 초목을 키울 수 있는 전토(田土)이므로 반드시 木이 머리를 내밀고 있어야만 그 구실을 다할 수 있어 호명(好命)이 된다.

그러나 이 사주는 년월간의 辛金이 卯木위에 앉아 목기(木氣)를 누르고 있다. 그러므로 이 사람의 남편(卯木)은 용맹없고 발신하지 못한다. 이렇게 되어 있으므로 辛金을 제거해주는 시간의 丁火는 이 사주의 용신이 된다. 자식궁인 시(時)에 자식성의 극성인 丁火 편인이 앉아 있으므로 이 여성은 자식을 극하게 되고 자식보다는 남편을 더 귀중하게 생각한다.

대운을 살펴보면 壬辰 癸대운은 丁火를 극합하므로 학업이 이

뤄지지 않았으며 부모덕도 없었다.

　甲午대운의 甲은 월지 卯에서 투출되어 일간과 합하고 대운지 午는 도화살되므로 결혼운이었다. 비록 卯中에서 나왔으나 辛金은 甲木을 극할 수 없어 남편이 상처입지 않았고 평길한 생활을 하게 되었다.

　乙대운은 월지 남편궁 卯에서 투출되었으나 乙木은 辛金에 크게 상처입게 되므로 이때에 그 남편이 큰 실패를 하여 관재수까지 있었다. 원명 월지 卯(남편궁)가 수옥살되어 남편이 관재수까지 당하게 된 것이다. 未대운은 丁火용신의 뿌리가되나 卯未로 합하여 관성(卯)이 입고되므로 남편에게 답답한 일이 많이 생기고 남편이 동사동업하는 일이 생긴다. 년일지 巳에서 투출된 丙대운은 이동변동(巳역마지살) 있고 년간 辛金을 합하여 남편을 억제하고 있던것중의 하나를 제거하므로 숨통이 트인다.

　그러나 년월간 辛金 두 개가 丙火 하나를 놓고 쟁탈전 벌리므로 치열한 경쟁사가 있게된다. 申대운은 辛金이 뿌리를 얻어 왕해지고 용신인 丁火의 뿌리인 巳를 형합하므로 실패 및 관재수가 나타난다.

　이런 申운에는 申中壬水가 투출되는 세운에 흉합을 당하게 되는데 그만 壬申년을 만났다. 그리하여 壬水는 丁火를 합거하고 세운지 申은 대운지 申과 합세하여 용신의 뿌리인 巳火를 형합했다. 이러므로 그 남편이 관재에 걸려들어 형액을 받게 되었다.

1. 신살(神殺) 통변

사주팔자에 붙어있는 각종 신살만을 가지고 통변하는데 백호살이 형충을 맞았으므로 그 부친이 흉사흉액 당한다. 그리고 재물궁이 겁살을 당했으므로 재물이 모이지 않고 부부관계가 좋지 못하다. 는 식의 논평들이다.

사주의 격국용신을 도외시하고 내리는 이런 해석은 그야말로 단견(短見)이므로 상담자에겐 아무런 도움도 줄 수 없을 뿐 아니라 명리학을 미신으로 만드는데 일조를 하게된다.

이러므로 사주학의 왕초보들이 많이 애용한다. 그러나 신살을 보지 않고는 어떤일이 어떻게 벌어졌는지 알 수 없으므로 무시해선 안되며 일주와 년주위주의 신살만을 봐선 안된다. 예를들면 다음과 같다.

예1)

```
                              35 25 15 5
癸 丙 丙 庚    남       庚 己 戊 丁    대운
巳 戌 戌 子             寅 丑 子 亥
```

위 사주는 丙火 일간 위주로 보면 색정, 유흥, 이성교제등을 뜻하는 도화살 및 홍염살이 없다. 그러나 년간 庚金 편재의 입장에서 보면 월간 丙火 편관 아래에 있는 戌 그리고 일간 丙火 편관 아래에 있는 戌에 홍염살이 된다. 따라서 여자하나(庚)가 나와 월간 비견(丙)에게 동시에 연정을 지니게 된다.

즉 庚金 애인이 나와 연정을 맺을 뿐 아니라 월간 비견과도 연정을 맺고 있다는 말이다.

예2)

<pre>
                            19 9
     甲 丁 戊 乙   여   庚 己   대운
     辰 酉 寅 丑   辰 卯
</pre>

이 사주를 丁火일간 위주로 보면 그 어디에도 색정관계를 뜻
하는 도화 홍염살이없다. 그러나 시주 甲辰에서 보면 일지 酉가
도화살이 된다.

이런 형태는 甲辰이 丁酉일주를 도와준다는 명목으로(甲生丁
火) 찾아와 색정상대로 만든다는 뜻을 나타낸다. 이런 신살의
변화는 기초편에서도 설명했으며 앞으로도 종종 설명될 것이다.

2. 생극제화(生剋制化)의 통변술

일간 및 용신(用神)에 대한 억부와 병약(病藥) 조후등을 살펴서 내리는 판단법이다. 예컨대 甲木 일주가 子月에 태어나 水多하면 丙火로 조후하고 戊戌未등의 조토(燥土)로 水旺함을 극제해야 한다. 그리고 壬水 일주로 겨울철인 子月에 태어나 水旺하면 첫째 戊未등의 조토로 水의 세력을 막아야되고 丙火로 조후해야 된다는 논리이다.

이런 통변은 사주학에 정통했다고 하는 사람들뿐 아니라 어느정도 명리학을 배운 사람까지도 널리 활용하고 있는 방법이다.

따라서 수준높은 단계라 할 수 있지만 여기에도 허점이 있다. 하나의 명조로 그 예를 든다.

예1)

```
                        33 23 13 3
辛 壬 丙 甲   여        壬 癸 甲 乙    대운
亥 申 子 戌            申 酉 戌 亥
```

壬申 일주가 子月에 태어났고 시지에 亥水있고 시간에 辛金있어 壬水를 생하므로 아주 신왕하다. 이렇게 水旺하므로 윤하격을 구성할것 같으나 년지에 조토(燥土)인 戌이 있고 월간에 丙火 있으므로 윤하격은 성립안된다.

따라서 년지 戌土로 旺水를 막아줘야하고 월간 丙火로 조후해야 하는데 丙火의 뿌리는 년지 戌에 있으며 년간 甲木에게서 생을 받고있다.

그러므로 천간으로 甲木과 丙丁火 그리고 戊土가 와야 좋으며

지지로도 火土운이와야 좋아진다. 그리고 년지 戌中戌土는 남편성인데 이것이 차디차고 왕한 물을 막아주면서 丙火의 뿌리가 되므로 남편 덕이 있을 것으로 말할 수 있다.

즉 남편성이 희용신이므로 남편 덕있는 팔자로 감명하기 쉽다는 말이다.

그러나 이 여명은 戌대운에 결혼하여 酉대운 甲辰년(31살)에 이혼을 하게 되었다. 술주정뱅이 남편의 폭언과 폭행을 견디다 못해 헤어질 수밖에 없었다는 것이다. 戌土 남편성이 희용신이 분명한데 어째서 그 남편이 잘해주기는 고사하고 매일같이 술에 취해 폭언과 구타를 일삼는 행동을 나타냈을까?

이에 대해 '癸酉대운 10년운이 좋지 않았기 때문이다'로 말할 것이다. 그러나 남편성이 희용신이라면 남편은 분명 희용신 역할을 해야 한다.

이처럼 대운이 나쁘더라도 남편이 하는 일은 잘 안되지만 그렇게까지 형편없는 남편노릇은 하지 않아야 된다는 말이다.

이것은 필자가 발견한 표출신의 개념을 모르면 절대로 풀리지 않는다.

즉 이 사주의 戌土중에 있던 辛金이 시간에 투출되어 있는데 이것이 곧 남편인 戌土의 표출신이다. 따라서 辛金을 남편으로 하여 그 길흉작용을 살펴야 하는데 뒷장에서 설명하겠다.

예2)

```
乙 甲 壬 戊    남      丁 丙 乙 甲 癸    대운
丑 戌 戌 子            卯 寅 丑 子 亥
```

甲木일주가 土旺節인 戌月에 태어났고 재다(財多)하여 신약이 되었다. 따라서 대부분의 역인(易人)들은 월간 壬水로 甲木을 생해주어야 하고 시간의 乙木으로 일주(甲)를 도와야 된다고 말

할 것이다. 즉 재다신약(財多身弱)으로 되어있다.

그런데다가 년간에 戊土가 월간 壬水를 극하는 구조가되어 흔히말하는 탐재괴인의 격국이다. 따라서 대운이 좋아 그런데로 지낼 수 있지만 부귀(富貴)가 따르는 좋은 팔자는 결코 아니다.

이는 일간을 중심으로한 억부법에 따른 논리인데 이 사주 주인공은 겁재인 乙木이 득록하여 일주가 신왕해지는 卯대운 癸未년에 고층빌딩에서 투신자살한 재벌회장인 정몽헌씨이다.

따라서 단순한 억부법의 논리만을 적용하면 크나큰 오류를 범하게 될 수밖에 없는데 이에 대해선 뒷장에 설명키로 하고 더 이상 언급치 않겠다.

3. 천간과 천간 서로간의 관계에 따른 통변

사주팔자에 있어 지지는 음(陰)이고 천간은 양(陽)이다. 그리고 지지는 웅크리고 있는 상태이며 천간은 나타나 움직이는 상태이다. 그러므로 천간을 통하여 그 나타난 사상을 쉽게 찾아볼 수 있다. 여기에 착안하여 투출된 천간과 천간끼리의 좋고 나쁜 관계를 규명하여 사주팔자를 감정하는 사람들이 있다.

명징파 혹은 투파(透波)라 불리며 중국의 「포여명」이란 사람이 주체이다. 뚜렷한 근거를 지닌 이론체계이긴 하다.

하지만 근본적으로 음(地) 양(天)은 일체인데 천간인 양(天)에만 치우쳐 있으므로 완전한 이론체계로 보긴 어렵다. 따라서 많은 오류를 발견할 수 있다. 그렇지만 여기서도 취해야 할 것이 있는데 다음과 같다.

― 十干 서로의 관계 ―

甲木

① 甲木은 본성상 乙木의 조력을 필요로 하지 않는다.
② 甲木은 우선 土를 본 연후에 水를 써야한다.
③ 甲木이 너무 강하면 火로 설하기 이전에 庚을 쓴다.
④ 가을(秋) 甲木은 庚甲丁의 천간 구성을 제일로 삼으며 土를 그다지 기뻐하지 않는다.

〈 좋은 관계 〉

① 甲 + 甲의 관계는 쌍목위림(双木爲林)이라하며 경쟁에 강하다.
② 甲 甲 甲의 구조는 활동력이 뛰어나며 다방면에 두각을 나타내며 좋은 팔자가 되는 하나의 조건이다.
③ 甲 丙의 구조 ; 예기치 않은 행운을 잡을 수 있다. 이런 구조에 癸또는 己土가 첩신되면 甲癸丙의 구조는 좋지 않고 甲丙癸의 구조는 좋다.
④ 甲 丁 ; 장작이 불을 피워주는 격으로 학문 및 예술에 대한 재능이 뛰어나다. 甲丁戊의 구조는 장작불이 화로(戊)를 얻은격되어 지식의 습득능력과 발표력 기획력이 탁월하며 학업성적도 우수하게 된다.
⑤ 甲 己 ; 좋은 흙에 나무가 뿌리박고 잘 자라는 모습이다. 경영능력이 강한데 여기에 丙火가 있게되면 예술 언론 출판계통에 인연있고 癸水가 甲己와 어울리면 유흥 및 요식업계에 적합하다.

⑥ 甲 庚 ; 가을(秋)일 때엔 관직에 인연 있으나 봄(春)에는 不吉함이 많다.

⑦ 甲 壬 ; 연못에 수양버들이 늘어져 있는 격으로 대중의 인기가 좋다. 丙火가 끼어들면 교제술이 좋고 물류(유통) 계통으로 출세할 수 있다.

⑧ 甲 癸 ; 나무가 비를 맞아 생기발랄한 격으로 대인관계 좋으며 조직이나 집단에서 두각을 나타낸다.

〈 甲木과 나쁜관계 〉

① 甲 戊 ; 민둥산에 고목 한그루만 있는 격되어 안정감이 떨어지며 재물의 상실을 겪게된다.

② 甲 辛 ; 나무 몽둥이가 잘게 부숴져 쓸모없이 되는 격으로 고위직에 인연 없다.

乙木

① 乙木은 양지(陽支)를 좋아하므로 寅을 기뻐하고 卯를 달가워하지 않는다.

② 乙木이 약하면 인수로 돕는 것보다 甲木의 부신(扶身)이 좋다. 金으로 극하는 것보다 丙火로 설기시킴이 좋다.

〈 좋은 관계 〉

① 乙 甲 ; 담쟁이 넝쿨이 소나무를 휘감고 올라가는 격되어 귀인의 조력을 얻을 수 있다. 乙戊甲의 구조로되면 귀인 및 관청의 천거와 원조가 있으며 그로인해 출세한다. 癸水가 더해지면 학문과 재산을 동시에 얻을 수 있다.

② 乙 丙 ; 난초가 빨간 꽃을 피워낸 격으로 표현력이 뛰어나고 사람들의 인기를 얻는다.

③ 乙 戊 ; 아름다운 난초가 그려진 꽃병의 형상으로 이재(理財)에 능하고 부(富)가 따른다. 乙木은 己土를 극할수 있으나 戊土를 극하긴 어렵다. 그러나 이것도 꼭 그렇지 않고 힘의 강약에 따라 달라진다.

예)

庚 庚 戊 乙　남　　乙 丙 丁　대운
辰 寅 子 卯　　　　酉 戌 亥

이 사주는 신약하므로 월간 戊土로 제습하고 시간 庚金으로 도와야 된다. 그런데 월간 戊土가 子에 앉아 약하고 乙卯木은 왕하여 戊土가 乙卯木의 극을 받게 되었다. 그리하여 戊土는 절(絶)에 들어가고 亥卯 寅亥로 木旺해지는 亥대운에 부친 사망했다. 그리고 乙대운에 탐재괴인되어 여자를 탐하다가 살인을 하고 무기수가 되었다.

④ 乙 己 ; 좋은 땅에 난초가 자라는 격으로 예능계로의 진출이 좋다. 丙火가 더해지면 서비스, 오락 및 유흥업으로 성공할 수 있다.

⑤ 乙 壬 ; 물속에서 한송이 꽃나무가 솟아오른 격으로 귀인의 조력을 얻을 수 있으며 큰 성공을 이루기도 한다.

⑥ 乙 壬 丙 ; 교제능력이 뛰어나 큰 성공을 할 수 있다. 특히 유통업계로의 진출이 좋다.

※ 壬水는 乙木에 대해 좋고 나쁨이 극단적으로 작용한다. 壬水가 기신인 경우 이를 축수도화(逐水桃花)라 하여 술을 좋아하며 음란하다. 그리고 타인으로부터 나쁜 유혹을 많이 받으며 순탄치 않은 삶을 살게 된다.

⑦ 乙 癸 ; 풀잎에 맺힌 영롱한 이슬로 비유된다. 대인관계 좋으며 남의 덕을 입어 발전된다.

〈 나쁜 관계 〉

① 乙 乙 ; 도토리 키재기 하는격되어 형제 및 친구의 덕이 없고 주변의 조력을 얻지 못한다.

② 乙 丁 ; 꽃나무에 불이 붙은격되어 표현력 약하고 재능을 인정받지 못하는 경우가 많다.

③ 乙 庚 ; 백호(白虎)가 미쳐 날뛰는 격으로 갑작스런 재앙이 따른다.

④ 乙 辛 ; 날카로운 가위에 짤린 난초를 뜻하며 일반 직장근무가 맞지 않는다.

丙火

〈 좋은 관계 〉

① 丙 乙 ; 지식의 흡수가 뛰어나며 모친의 덕이 두텁고 좋은 팔자를 이루는 조건이 된다. 丙乙壬의 구조는 관운도 좋아 크게 빛을 낼 수 있다.

② 丙 己 ; 큰대지위에 태양이 비치는 격되어 표현력(행동력) 탁월하며 크게 두각을 나타낸다. 다만 여름에 태어났을땐 남에게 기피 당한다.

③ 丙 壬 ; 호수에 태양이 비추이는 격되어 크게 빛을 낸다.

〈 좋지 않은 관계 〉

① 丙 丙 ; 하늘에 태양이 두 개 있는 격되어 시끄러움이 많

다. 이럴땐 癸水로 丙火를 제함이 좋다.

② 丙 癸 ; 검은 구름이 태양을 가린 격이 되어 불미스럽다.

丁火

〈 좋은 관계 〉

① 丁 甲 ; 장작(甲)이 불을 피워주는 격되어 사물에 대한 이해가 빠르고 두뇌명석하여 어떤 경쟁이라도 이길 수 있다. 사물을 살피는 식견이 뛰어난다. 丁甲庚의 구조는 벽갑인정(劈甲引丁)으로 말하며 재물운이 좋고 이재(理財) 수완이 좋다. 그러나 甲木이 기신으로 작용하면 장작을 껴안고 불속으로 뛰어드는 격되어 불리하다.

② 丁 丁 ; 두 개의 불이 타오르는 격되어 눈살미가 뛰어나며 매사에 기선을 제압하는 날램이 있다.

③ 丁 丙 ; 丁火가 약할땐 좋으나 여름태생이면 남 때문에 많은 피해 당하고 대발은 어렵다. 가을 겨울생이면 좋다.

④ 丁 戊 ; 丁火는 불이고 戊土는 화로다. 따라서 안정감있고 오랫동안 밝음을 유지한다. 丁火에 戊土가 없으면 끈기없고 재물운 약하다.

〈 좋지 않은 관계 〉

① 丁 乙 ; 마른섶에 불이 붙은 모양이므로 나쁘다한다. 그러나 가을과 겨울에 태어나면 乙木과 丙火가 있어야 좋은 팔자가 된다.

예)

丙丁乙乙　남
午亥酉卯

酉月의 乙木은 습하여 丁火를 생해주기 어렵다. 그러나 丙火를 만나 乙木이 바짝 마르게되어 丁火를 생할 수 있다. 따라서 이런격을 「바짝 마른섶이 불을 붙일 수 있다.」로 말하며 학문적 성취가 있고 타인(丙)의 도움을 많이 받게되는 좋은 팔자이다. 그러므로 무조건 丁 + 乙의 구조를 나쁘다하면 안된다.

戊土

〈 좋은 관계 〉

① 戊 丙 ; 산위에 태양이 떠오른 격되어 처음은 어려우나 갈수록 좋아지게 됨이 많다.

② 戊 丁 ; 기획력 뛰어나며 사물의 처리와 위기에 대한 대처능력이 아주 좋다. 특히 위험한 일을 잘 처리하는 능력이 있다.

③ 戊 壬 ; 큰 산 옆에 호수가 있는 상이다.

〈 좋지 않은 관계 〉

① 戊 甲 ; 민둥산에 고목한그루 있는 격되어 불호하다. 그러나 이 역시 사주상황에 따라 달라진다.

② 戊 庚 ; 남의 일에 참견이 많고 그로인해 손해본다.

己土

〈 좋은 관계 〉

① 己 丙 ; 대지에 태양이 비추이는 격되어 좋다. 그러나 여름생되어 조토(燥土)되면 오히려 丙火가 나쁘게 작용한다.

② 己 戊 ; 산아래 있는 전토되어 남의 도움을 입게된다. 戊土가 바람과 壬水의 침범을 막아준다.

③ 己 癸 ; 전토위에 가랑비 내려 땅을 촉촉하게 해주는 상이다. 재물복이 많고 육친의 덕도 많다.

〈 좋지 않은 관계 〉

① 己 乙 ; 전토(田土)위에 잡초 무성한격.

② 己 壬 ; 전토에 홍수 침범한 격되어 이성의 덕이 박하고 색정문제로 더러운 소릴 듣게 된다.

庚金

〈 좋은 관계 〉

① 庚 丁 ; 무쇠가 불을 만나 그릇이 되어지는 격되어 직장이나 조직내에서 강한 역할을 발휘한다. 庚 丁 戊의 구조가 되면아주 좋은 격이다.

② 庚 壬 ; 선천적인 재능을 발휘하여 성공할 수 있다. 다만壬水가 太旺하면 庚金이 가라앉게 된다. 그러므로 매사에 참견많고 이로인해 실패한다.

〈 좋지 않은 관계 〉

① 庚 丙 ; 직장근무에 적합치 않으며 그 재능을 발휘하기 어렵다하나 꼭 그렇지 않다.

② 庚 戊 ; 戊土가 많을 때 꺼린다. 남의 조력도 없으며 혼자

서 이리 뛰고 저리 뛰는 격이다. 庚金이 약할땐 戊土가 당연히
좋다.

③ 庚 庚 ; 일생에 한번은 크게 흉함을 당한다. 형제 친구(동
료)와 연계되어 사건발생이다.

④ 庚 辛 ; 철추(庚)로 보석 및 거울(辛)을 깨트리는 격이다.
무서운 성격을 감추고 있다가 크게 나타낸다. 그러나 辛金이 기
신되면 큰일을 하게 된다.

예)

```
戊 庚 辛 丁    남      丙 丁 戊 己 庚    대운
寅 申 亥 巳            午 未 申 酉 戌
```

월간 辛金이 기신 역할하고 있다. 따라서 이 辛金을 내가 지
니고 있는 丁火로 제거하므로 큰일을 하게되어 그 이름을 천추
(千秋)에 전하게 되었다.

⑤ 庚 癸 ; 칼이 녹쓰는 격되어 남의 일에 참견 심하고 그로인
해 큰 흉함을 당한다. 특히 규칙 및 법을 무시하는 행동을 많이
한다.

예)

```
                  61 51 41 31 21 11  1
戊 庚 癸 己    여    庚 己 戊 丁 丙 乙 甲    대운
寅 寅 酉 未          辰 卯 寅 丑 子 亥 戌
```

이 여명은 평생을 남의 일에 참견 잘했다. 庚辰대운에 癸水상
관이 힘을 얻어 발동되는데 이때에 남의 일에 참견하여 관형(官
刑)까지 받게 되었다.

辛金

〈 좋은 관계 〉

① 辛 壬 ; 총명영리하며 깔끔하다. 씻고 닦아 깨끗하게함을 좋아하며 정직하다.

〈 좋지 않은 관계 〉

① 辛 己 ; 맑은 거울에 티끌이 묻어있는 상이다. 남에게 더러운 소릴 듣게 되는 경우가 많다.

② 辛 甲 ; 달빛아래에 있는 소나무 그림자의 상이다. 외롭고 재운이 약하다.

③ 辛 丁 ; 남자는 세상을 모르는 무기력함이 있고 여성은 이성에게 속아 상처 입게 된다.

※ 화상(火傷)을 당하게 되는 경우가 많으며 폭력 폭언을 싫어한다. 그러나 눈살미가 있으며 조명을 잘 받으므로 인기인이 되고 싶어한다.

壬水

〈 좋은 관계 〉

① 壬 甲 ; 성실성있고 자신의 재능을 발휘하여 행운을 쉽게 잡는다.

② 壬 乙 ; 자신을 표현해내는 재주 있으며 재능을 인정받을 수 있다. 두뇌 명민하고 언어 유창하다. 壬乙丙의 구조면 아주 좋다.

③ 壬 丙 ; 일확천금 할수있는 행운이 따른다.

④ 壬 戊 ; 관운좋아 두목격이다. 壬戊丙의 구조이면 재물과 권위가 따른다.

⑤ 壬 庚 ; 두뇌명민하고 인품이 맑고 깨끗하므로 많은 사람의 도움을 받을 수 있다. 대성하기도 한다.

⑥ 壬 癸 ; 경쟁에 강하며 그 결과로 순조롭게 나아간다. 그러나 癸水가 기신이던지 정재를 보게되면 좋지 않다.

〈 나쁜 관계 〉

① 壬 己 ; 흐린물이 되므로 직장운 좋지 않다.

② 壬 壬 ; 큰바다의 형상이고 홍수(洪水)의 모습이다.

癸水

〈 좋은 관계 〉

① 癸 己 ; 직장생활 좋고 관운 좋다. 己土가 기신이면 직업상 문제 발생이고 여성은 남자로 인해 고통 받는다.

〈 나쁜 관계〉

① 癸 丙 ; 재물의 손실을 많이 입는다. 그러나 丙火가 희신이면 좋다.

이상으로 십간끼리의 좋고 나쁨을 살펴보았다. 이는 투파(透破)의 감정 요체이나 「적천수」에서 이미 밝혀놓은 것들이다.

4. 물상적(物象的) 통변

통변중에서 제일 어려운 것으로 여기에 정통하면 세인의 경탄을 자아내게 되고 사주학의 대가란 소릴 듣게됨에 모자람이 없다. 물상(物象) 이란 것은 십간과 12지가 지니고 있는 사물적(事物的)인 모습을 말한다. 즉 乙木을 머리털, 새(鳥), 곡괭이자루, 창자, 줄(線)등으로 보며 辛金을 열매 냉장고 거울 및 귀금속등으로 보는 식이다. 이러한 물상을 지닌 천간지지가 서로 어울려 나타내는 모양을 총체적으로 파악하는 것이 물상적 통변의 요체이다. 이후 본문에서 자주 설명될 것이나 미리 하나의 예를 든다.

예)

					46	36	26	16	6	
癸	戊	癸	甲	여	戊	己	庚	辛	壬	대운
亥	寅	酉	辰		辰	巳	午	未	申	

戊일주 酉月生으로 신약이다. 년지 辰에 일간 戊土의 뿌리가 있으나 辰酉合되었고 일지 寅 역시 寅亥合되어 버려 일간의 뿌리역할 못한다. 따라서 종재격 사주가 되었다. 년지 辰中乙木 정관이 첫남자이고 월간 癸水는 첫남자의 표출신이며 나의 합신이다.

그러므로 癸水는 부성(夫星)인데 시간에 또 癸水 있어 일간과 합한다. 따라서 재혼하는 팔자다.

그리고 월지 酉는 도화살이고 이것이 월간 癸水를 생하므로 유흥업으로 먹고 살게 된다. 癸酉는 술(酒)인데 癸는 수(氵)이고 이것이 酉와 합하면 (氵+酉) 술(酒)이 된다.

그러므로 유흥업중 술장사로 먹고 살게 된다. 癸酉를 술(酒)로 보는 것도 물상적 통변이나 이 사주전체를 물상적으로 보면 다음과 같다. 중추(仲秋 ; 酉月) 야밤(亥時)에 장대비(癸) 쏟아지고 있는데 남향(南向)하고 있는 산(戊)속의 호랑이(寅)가 물에 떠내려가는 돼지(亥)를 잡아 주린 배를 채우려 한다. 친구(辰中戊土)는 여의주(酉) 얻은 청룡(甲辰+酉)되어 비구름(癸)타고 승천하는데 나는 왜 이럴까. 남편도 밉고 자식도 미워진다.(寅酉원진) 그나마 잠깐씩 번쩍번쩍 번개치니(癸戊癸) 답답한 중에도 기분 상쾌해진다.

해지는 저녁(酉)에 서쪽 일터로 가서 한밤중(亥時)까지 양다리 양어깨 동무(癸戊癸)하여 내일이면 흘러가버릴 물돈(癸水財)을 벌고 있다.

이 통변에서 남향한 戊土와 서쪽에 있는 일터(癸亥時)가 나온다.

즉 방향을 말하고 있는데 일지를 남(南) 시주(時柱) 를 서(西)로 나타내었다. 이것은 년을 북방 월은 동쪽 일은 남쪽 시는 서쪽으로 설정한 것이다. 이런 방위는 진열스님의 「사주핵심강의」에 소개되어 있는데 그 근거는 계절의 운행에 따랐다.

즉 사주는 년(年)에서 시작되어 계절또한 겨울인 북(北)에서 시작되어 봄(東)으로 흐르며 이어서 여름인 남(南)으로 진행하고 가을인 서(西)로 가기 때문에 그렇게 맞춘 것이다. 이 논리는 역(易)의 좌동우서(左東右西)라는 방위개념과도 통한다.

그런데 역의 방위개념인 좌동우서(左東右西)는 우리가 남쪽을 향하였을 때 성립된다. 사람은 동쪽을 보고 있을 때도 있고 북쪽을 향하고 있을 때도 있는데 왜 하필이면 남쪽을 향하면서 좌동우서라는 방위개념이 성립되도록 했을까?

그리고 계절의 진행에 있어 만물이 생기를 발하기 시작하는 봄(春)을 계절의 시작인 첫걸음으로 보지않고 왜 겨울을 첫걸음으로 했을까? 이런 근본적인 문제는 역학(易學) 및 역사상(易思想)이 어떤 민족에 의해 이뤄졌는가 하는 것과도 맞물려 있는 아주 중요한 것이다.

지금의 사람 대부분은 역학의 발생지가 중국 땅에서 였으며 중국인인 복희씨에 의해 처음으로 대두되기 시작했다고 알고 있다.

그러나 이는 반쯤은 맞는 말이나 반쯤은 틀린 말이다.

즉 중국 땅에서 이뤄진 것은 맞으나 역의 비조인 복희씨는 중국인을 대표하는 오늘날의 한족(漢族)이 아니라 우리들의 선조인 이족(夷族 ; 東夷)이었다. 그리고 역사상 및 역학 또한 어느 한 개인에 의해 어느 날 갑자기 창안된 것이 아니고 우리들의 선조들에 의해 오랜 세월에 걸쳐 점차적으로 이뤄지게 되었다는 말이다.

아득한 옛날 우리들은 북두칠성이 바로 위에서 내려다보고 있는 시베리아 바이칼 호숫가에 터를 잡고 살고 있었다.

그러다가 지축의 변화에 의해 그곳이 차디찬 겨울의 땅으로 변해졌다. 따뜻하여 온갖 식물과 많은 동물들이 있던 그곳이 혹한이 몰아치는 환경으로 바뀌게 된 것이다. 그에 따라 우리들은 밝음과 따뜻함을 던져주는 태양을 무엇보다 소중하게 여기게 되었다.

이렇게되어 태양을 우러러 기리는 종교적 믿음을 지니게 되었고 이것은 밝음(光明)을 지향하는 생각과 생활태도로 이어지게 되었다. 그렇게 살던 우리들은 지금으로부터 12000여 년 전에 그곳을 떠나 이동을 하게 되었다. 물론 따뜻함을 찾아가는 남행로(南行路)였다. 한 갈래는 알라스카를 지나 북미(北美) 내륙으로 향했고 또 한 갈래는 알타이 산맥을 따라 남행했다. 만주와 몽골지역으로 들어온 이들은 한반도와 중국의 산동(山東) 지역으로까지 내려가 터를 잡았다.

이런 이동은 점차적으로 이뤄졌다. 이러므로 중국땅에 터를 잡은 우리들에겐 북쪽은 등을 진 곳이고 남쪽은 앞(前)이 되며 지향하는 방향이 된 것이다.

즉 북(北)을 등지고 서게 되면 왼쪽은 동(東)이되고 오른쪽은 서(西)가 되는 역의 방위개념이 자연스럽게 이뤄지게 되는 것이다. 따라서 역(易)은 서쪽에서 동쪽으로 진출한 한족(漢族)의 조상들에 의해 이뤄진 것이 아니라 북에서 남으로 이동한 「북방 몽골리안」에 의해 이뤄진 것이다. 이것은 우리들의 생각과 삶의 모습을 반영하고 있는 중국문자에서도 찾을 수 있다.

북방을 뜻하는 북(北)자는 등을 지고 있는 사람의 모습을 그린 것으로 원래의 뜻은 등지다였다. 그러다가 등진곳이 곧 북쪽이므로 북방을 뜻하는 글자로 쓰이게 된 것이다. 이렇게되자 등지다. 등의 뜻은 북(北)자에 고기육(肉 ; 月)을 붙여 배(背)자를 만들어 쓰게 되었다. 북방 산등의 뜻을 지니고 있는 간(艮)자 역시 뒤(後)가 북방임을 나타내고 있다. 고체(古体)는 사람의 등쪽에 눈(目)이 달린 자였다.

이는 뒤(등쪽)를 본다는 뜻이고 여기서 뒤(後) 뒤돌아보다의 뜻이 따르게 되었다. 다음의 글자들에서 이 뜻을 확인할 수 있다. 퇴(退) ; 물러간다는 뜻인데 「간다(辶) + 뒤(艮)」의 합체로 앞으로 오지 않고 뒤로 간다는 뜻이다. 한(恨) ; 「마음(忄) + 뒤돌아보다(艮)」의 구조로 뒤돌아보는 마음이란 뜻이다.

중국의 태행산 서쪽을 산서(山西)라 하며 그 동쪽편을 산동(山東)이라 부른다. 그런데 주로 산동쪽에 살고 있던 이족(夷族)을 중국인들은 동이(東夷)로 불렀다. 우리는 흔히 동이(東夷)의 후손이라 칭하며 중국의 역사책(史記)에도 한반도에 사는 우리를 동이(東夷)라 말하고 있다. 우리가 살고 있었던 한반도 및 만주와 요동지역은 중국의 중심지에서 보면 동북방(東北方)이지 동쪽은 아니다.

그런데도 어째서 우리를 동이라 불렀을까.

이는 중국 산동지역에 살던 동이족의 맥이 한반도로 들어와 우리 역사를 이루었기 때문인데 아쉽게도 지금의 역사책엔 그 이동하게 된 내력이 기재되어 있지 않다. 그러나 그 흔적은 중국문자와 언어 그리고 고고학적 유물속에서 찾을 수 있다.

5. 십간 십이지의 향배(向背)

십간 및 12지가 어느 쪽으로 향하며 어느 것을 등지느냐(背)하는 것이다. 즉 이것은 일주가 어떤 것과 유정하고 무정한 것인가? 와 주위에 있는 10간 12지가 일간에게 어떻게 작용하고 있는가 하는 것을 말함인데 이는 회합(會合) 형충(刑沖) 그리고 기의 흐름을 통해 알 수 있다.

예1)
```
甲 戊 丁 戊
寅 戌 巳 申
```

戊일주 巳月生으로 조토(燥土)되어 있어 무엇보다 더위를 식혀줄 물이 필요하다. 시주 甲寅이 戊戌일과 寅戌로 합을 맺고 있다.

이것은 甲寅 편관이 나와 합하자며 찾아오는 상이다. 그러나 일주 戊戌의 정은 戊申에게로 향하고 있다. 년지 申중엔 갈증을 풀어줄 壬水 편재가 있기 때문이다.

예2)
```
庚 壬 辛 乙
戌 寅 巳 酉
```

壬일주 巳月生으로 신약하므로 인수성에 의지해야 한다. 그런데 월간 辛金 인수는 년주 乙酉와 타순(他旬)이나 4급 상순관계(辛巳 → 壬午 → 癸未 → 甲申 → 乙酉)를 이루면서 지지 역시 巳酉로 합하고 있다. 이는 辛金의 정이 壬일주에게로 향하지 않고있다.

　이런 것을 무정이라하며 이리되면 모친의 덕이없고 정통적학
문(辛인수)에도 인연없음을 나타낸다. 따라서 壬寅일주는 시주
寅戌로 합을 맺어 찾아갈 수밖에 없다. 일지 寅에서 卯辰巳午未
申酉戌로 향하므로 내가 찾아가는 길은 머나먼 곳에 있는 편인
(庚)이다.

〈 기의 운행 〉

10간은 甲에서 乙로 乙에서 丙으로 …丁 戊 己 庚 辛 壬 癸로 진행함이 순서이다. 12지 역시 子에서 丑 寅 卯 辰 …으로 진행한다. 사주팔자라는 것은 어떤 기운들이 어떻게 구성되어 있고 어떻게 흐르는가 하는 점을 10간 12지로 나타낸 것이다. 그러므로 천지자연의 순조로운 진행 -이것을 순행(順行)이라 한다- 에 따른 팔자를 호명(好命)이라 하며 그렇지 못한 진행을 하는(역행) 사주를 흉명(凶命)이라 한다.

순행의 예)
<pre>
丙 甲 壬 庚   남
寅 子 戌 申
</pre>

이 사주는 년주 庚申이 월주 壬戌로 庚申 辛酉 壬戌로 진행하고 있으며 월주 壬戌에서 癸亥 甲子로 진행하고 甲子일에서 乙丑 丙寅으로 진행하고 있다. 이처럼 천간지지가 한몸이되어 순행하고 있는 팔자를 최상의 것으로 여기는데 이를 「연여격」이라 말하기도 한다. 이런 순행은 다음과 같이 나눈다.

> 1급 순행 ; 甲子가 乙丑을 만났을 때
> 2급 순행 ; 甲子가 丙寅을 만났을 때
> 3급 순행 ; 甲子가 丁卯를 만났을 때
> 4급 순행 ; 甲子가 戊辰을 만났을 때
> 5급 순행 ; 甲子가 己巳를 만났을 때

5급까지의 순행만을 보며 6급 7급등은 큰 영향이 없으나 가는

길은 된다. 甲子 이외의 것도 위처럼 보면되며 순행(順行)이란
말을 상순(相順)관계로 말하기도 한다.

※ 대만의 하건충 선생은 상순관계라는 용어로 쓰고 있다.

역행(逆行)의 예

戊 丁 丙 丁　여　　己 戊 丁　대운
申 酉 午 巳　　　　酉 申 未

월간 丙火는 년간 丁火로 진행하고 있으나 년지 巳는 월지 午
로 천간의 흐름에 역하고 있다. 일주 丁은 시간 戊로 진행하나
시지 申은 일지 酉로 천간의 운행과는 거꾸로 진행하고 있다.
위 사주는 년월주가 하나의 회오리 및 소용돌이를 이루고 있으
며 일시주 또한 그러하다. 시간의 戊土 상관이 용신이라 두뇌
총명했고 그 재주가 뛰어났다. 그러나 戊申대운 癸未년에 소아
당뇨에 합병증이 생겨 꽃다운 나이에 그 재주를 펼쳐 보지도 못
하고 저세상 사람이 되고 말았다.

1급 역행 ; 癸亥 일주가 壬子를 만났을 때

2급 역행 ; 甲辰 일주가 丙寅을 만났을 때

3급 역행 ; 戊申 일주가 辛巳를 만났을 때

4급 역행 ; 丙辰 일주가 庚子를 만났을 때

5급 역행 ; 甲子 일ㅈ가 己未를 만났을 때

이렇게 천간과 지지가 따로 진행하는 것을 필자는 「소용돌
이」라 이름하여 쓰고 있다. 5급까지 보는데 가까울수록 그 작
용력이 강하며 멀수록 작용력이 떨어진다. 즉 1급이 아주 강하
게 삭용되며 5급은 그 세력이 약하다는 말이다. 이 소용돌이는
질병 흉액 육친의 이별 및 갈등 진로의 실패와 혼란등을 뜻한다.

사주에 있는 어느 주(柱)와 대운(大運) 세운 사이에 구성되기도 한다. 소용돌이가 구성되는 대운에 세운이 일주 및 용신과 소용돌이를 구성하면 아주 나쁘다. 따라서 이런 운엔 해당 육친과의 이별 및 갈등 그리고 흉액이 있게 된다.

6. 표출신(表出神)에 따른 통변

　표출신을 활용하는 통변은 사주학의 일대 혁명이다. 육친관계에 대한 표출신의 역할은 앞장에서 충분히 설명되었다. 그러므로 여기서는 생극(生剋)제화의 통변에 의해 해결되지 못했던 예1의 사주를 풀어보기로 한다.

예1)

```
                    53 43 33 23 13  3
辛 壬 丙 甲   여   庚 辛 壬 癸 甲 乙   대운
亥 申 子 戌        午 未 申 酉 戌 亥
  홍염 역마
```

　壬일주가 子月에 태어나 水多하여 아주 신왕하다. 년지 戌土로 旺水를 제해주고 월간 丙火로 조후해야 한다. 여기까진 기존의 해석이론과 필자의 소견이 일치된다. 그런데 대부분의 사람들은 이 여성의 남편을 년지 戌中戊土로 본다. 필자 역시 그렇게 본다.

　그러나 필자는 그 남편의 나타난 모습을 시간의 辛金으로 본다. 이는 戌中에 戊土와 같이 있던 辛金이 시간에 투출되어 남편인 戊土의 표출신이 되었기 때문이다. 즉 남편인 戊中戊土가 시간의 辛金으로 나타나 행세한다는 말이고 이것이 기신이 되므로 남편은 내게 나쁜 영향만을 끼치게 되는 것이다. 辛金(夫표출신)의 나쁜 역할은 왕한 물(水)을 생해줌이 첫째요, 월간 丙火를 합거시키려함이 두 번째이다. 그런데다가 辛亥는 술(酒)이고 일지와 상해(相害;亥申)하고 있다. 그러므로 이 사람의 남편(辛)은 나의 돈(丙)만 가져다 쓰며 술을먹고 손찌검(相害)까지 하게

되는 것이다.

酉대운은 기신인 辛金이 득록하므로 남편(辛)이 기세등등하게 나를 못살게 하며 壬申대운은 일주와 똑같은 운(복음운) 되는데 다가 일간이 동하며 홍염살(申)과 양인(子)까지 발동된다.

그러므로 참고 견디던 일주(壬)가 칼을 빼들고 설치듯 행동하게 되고 딴 남자와의 연애사(홍염살)도 있게 된다. 이 여성은 壬申대운에 가출하여 딴 남자와 만나 동거에 들어갔는데 가출하게 된 것은 더욱 水旺해지면 흐르기 때문이다. 이 사주는 년지 戌中辛金이 시간에 있고 시지 亥中甲木이 년간에 투출되어 있어 년시가 서로 기운을 교환하여 戌亥로 천문살을 작용시키고 있다.

이러므로 이 여성은 일찍부터 신기(神氣)가 있었고 남방 화운(火運)에 월간 丙火가 뿌리를 얻게되자 활인(活人)공덕을 쌓는 삶을 살게 되었다. 甲木 식신이 丙火를 생하므로 자식과 함께 사찰을 운영하며 고통받는 사람들을 침술로 도우고 있다.

壬丙甲으로 구성된 천간구조는 매우 좋으나 시간의 辛金만이 나쁘다. 이런 표출신에 대한 활용통변은 이후 설명에 아주 많으므로 더 이상의 설명은 생략한다. 이상으로 사주를 풀어 통변하는 기존의 방법과 필자의 새로운 방법을 설명했다.

따라서 위의 6가지를 익혀 모두 활용한다면 그야말로 최고의 통변이 될 것이다. 그러나 이미 알고 있는 것마저 제대로 활용하지 못하는 세기(細技)가 부족한 사람들을 위해 다음과 같이 보충한다.

〈 보 충 사 항 〉

1. 더하고 빼는 통변술

통변을 잘한다는 것은 사주풀이를 잘한다는 말과 통하며 통변술이란 통변하는 여러 기술을 말한다. 더하고 빼는 통변술은 아주 기초적인 것이다. 그렇지만 대부분의 역인(易人)들은 그 운용에 서툴며 운용방법조차 모르고 있다. 예컨대 생자별부격(生子別夫格)에 대해선 모르는 사람이 없다.

이는 자식을 낳게되면 남편과의 사이에 금이가게 되며 이별까지 있게 된다는 말인데 이것은 잘 알면서도 남편이 생기게되면 어떤 일이 일어나는지에 대해선 생각조차 못한다는 말이다.

따라서 이장에서는 어떤 일이 있었을 때 그 영향으로 어떤 문제가 생겨나는가 하는 「더하는 통변」 그리고 어떤 사항 및 일이 없어질 때 또는 없다고 가정할 때엔 어떤 문제가 있는가하는 「빼는 통변」을 설명하기로 한다.

예1)

```
                    46 36 26 16  6
壬 癸 丙 甲   여    辛 壬 癸 甲 乙   대운
子 亥 子 申        未 申 酉 戌 亥
```

癸일주 子月生으로 水太旺하다. 일지 亥中에 뿌리를 둔 년간 甲木 상관으로 旺水의 기운을 설하여 월간 丙火를 생하는 팔자다. 일지 亥중에서 투출된 년간 甲木은 나의 표출신이면서 왕한 수(水)가 가는 길이므로 억제를 싫어하고 자유분망한 삶을 살게 된다.

일지 亥中에서 또 시간의 壬水가 투출되었으므로 내가 태어난 후 남동생(壬) 하나 태어났고 그 이후부터 丙火부친이 극을 받는다.

즉 내(癸 일간)가 태어난 때부터 丙火 부친이 극되므로 부친의 운세가 어둡게 되었고 이어서 아우(壬) 하나 태어남에 따라 부친(丙火)은 더욱 심하게 극을 받아 크게 망하거나 사망하게 된다.(더하기 통변) 따라서 亥대운에 丙火(부친성)이 절(絶)되어 이때에 부친 사망했다.

예2)

					48	38	28	18	8	
癸	癸	丙	己	남	辛	壬	癸	甲	乙	대운
丑	卯	子	卯		未	申	酉	戌	亥	

癸일주 子月生에 시간에 癸水 있고 시지에 丑土 있으므로 일간은 약하지 않다. 월간 丙火가 조후하므로 길신(吉神)이다. 그러나 월지 子水에 앉아 있는데다 子中癸水가 시간에 투출되어 子丑으로 월지와 합을 맺고있다. 이리되면 丙火정재는 시간 癸水의 극까지 받게된다. 월간 丙火가 희신이므로 이 사람은 결혼 후부터 좋아진다. (더하는 통변)

그러나 丙火 정재의 입장에서 보면 검은구름(黑雲)같은 癸水 남편은 나를 힘들게하는 존재며 나를 어둡게하는 역할을 한다. 이처럼 정재인 丙火가 희신이되면 처가 아프거나 옆에 없으면 재운없고 재운 없으면 처역시 아프거나 내곁을 떠나게 된다. (빼는 통변)

예3)

<pre>
                          31 21 11 1
丁 辛 癸 癸   여   丁 丙 乙 甲   대운
酉 巳 亥 卯   卯 寅 丑 子
</pre>

이 사주는 金水 상관격으로 신약하다. 따라서 일지 巳中丙火로 조후하고 巳中戊土로 왕한 水를 제압하여야 하나 바로옆 월지 亥가 충을 하여 丙火 戊土는 쓸모없이 되어 버렸다. 따라서 辛金일간은 시지 酉에 의지할 수밖에 없다. 이렇게 관성이 극충을 받아 깨어진 상태를 애기 생기면 남편과 깨어진다(生子別夫)고 말하는데 이에 대해선 초심들도 능히 말할 수 있다. 그러나 애기(亥水)가 생기기 전의 상태 즉 월지 亥水가 없으며 작용하지 않는다고 생각해보자. (빼는 통변)

그러면 일지 巳는 시지 酉와 巳酉로 합을 지어 일주를 강하게 해준다. 따라서 이 여성은 아기가 생기기 전에는 남편과의 사이가 좋았으며 남편도 내게 잘 대해 주었다. 그리고 일지 巳火는 巳酉로 합하여 약한 일간을 도와줄 뿐 아니라 따뜻하게 감싸주기까지 한다.

그러므로 남편감이 나타나는 운에는 서슴없이 결혼하게 되는 것이다. 따라서 일지 巳中의 丙火가 나타나는 丙寅대운은 이 여성에게 직장과 남편감이 나타나며 대운지 寅이 월지 亥와 합을 하여 巳亥충을 해소하므로 결혼하고 아이까지 낳게된다.

그리고 이 대운은 겨울철 눈보라 휘날리는 흐린 날씨(癸癸)에 따뜻한 태양(丙火)을 만나므로 기분좋은 미래를 꿈꾸는 좋은 세월이 된다. 그러나 월지 亥水 식신상관(자식)이 생김에 따라 상관의 작용이 생기게 되고 년지 卯와 亥卯로 합을지어 巳酉 금국과 한판의 치열한 전투를 벌이게 된다.

즉 년지에 웅크리고 있던 卯木 시모가 亥水가 발동 작용함에 따라 완강한 힘을 지닌 세력으로 변해 巳酉 金局을 충파하게 된다. (더하는 통변) 이런데다 丁卯대운을 만나 丁火는 辛金 일주를 극하고 대운지 卯는 나의 유일한 의지처인 酉金을 충거시킨다.

따라서 시모(卯木)로 인해 큰 고통과 구박을 받게 되는데 乙亥년(33살) 만나 亥卯에 힘을 얻은 乙木은 辛金일주를 충하고 세운지 亥는 일지 巳를 충해 그만 가출하고 말았다.

卯대운은 편재운이고 이것이 나의 록인 酉를 충하므로 돈으로 인한 고통이 따르며 시간의 丁火 역시 대운간 丁火에 의해 발동되어 나타난다. 추명가엔 '辛巳 일주가 천간에 관성을 보면 애기 낳고 살다가 남편 이별하고 외부(外夫) 만난다.' 했다. 그런데 시간의 丁火 편관은 뿌리없는 떠돌이 남자며 '너를 따뜻하게 해줄게' 하며 찾아와 상처만 남기고 떠나가는 사람이다.

따라서 떠돌이 남자에게 당할 운이다. 이 여성은 가출후 다방에 나가 생계를 이어 갔는데 40세되던 壬午년에 남자에게 속아 돈만 날리게 되었다.

예4)

```
乙 丙 壬 庚    여      戊 己 庚 辛    대운
未 子 午 戌            寅 卯 辰 巳
```

丙火 일주가 양인(羊刃)지인 午月에 태어나 신왕이다. 따라서 월간 壬水로 용신해야 한다. 이 사주는 시간의 乙木 모친이 午月 더위에 바짝 말라 있는데다가 시지 未(조토)에 입고되고 있으며 백호살(乙未)되어 있다. 그런데 이 여성의 남편인 子水와 월간 壬水가 생기자(결혼) 乙木은 壬 子水에 생기를 얻게 되었다.

따라서 이 여성이 결혼하기 전까지 즉 이 여성의 사주에 있는 壬子水가 발동 작용하기 전에는 그 모친이 항상 병마에 시달려 시름시름했다. 그러다가 이 여성이 결혼한 후 즉 壬子水 관성이

발동작용하자 그 모친은 생기를 얻어 건강해졌다. 즉 관성(壬子)이 들어오자(더하기) 그 모친이 좋아졌다. 그러나 일지 남편자리에 子水가 들어와 월지 午火 양인을 충하게 되었다.

그래서 결혼한 그 이듬해에 크게 다쳐 수술까지 받았고 그 이후에도 틈틈이 사고와 부상을 당하게 되었다. 관성이 들어옴(더하기)으로 파생된 좋고 나쁜 영향인 것이다. 알고 보면 별것 아닌 이런 더하고 빼는 통변 한 두 마디 만으로 몇 년 전에 찾아온 이 여성의 입과 눈을 크게 벌어지게 했다.

예5)

```
                          36 26 16  6
壬 戊 庚 乙    여      甲 癸 壬 辛    대운
戌 申 辰 未            申 未 午 巳
        홍염
```

戊일주 辰月生에 신왕하다. 월지 辰 년지 未에 뿌리둔 년간 乙木 정관이 첫남자이다. 3월 乙木은 뻗어 오르는 힘이 있어 일간 戊土에 뿌리박고 남편역할 할 수 있다. 그러나 일지 申에서 투출된 월간 庚金이 乙木을 합하여 戊土에 뿌리박아 살 수 있는 능력을 상실케한다. 따라서 이여성은 두 사람의 전처가 있었던 남자(乙木 아래에 己土 있다.)와 결혼하게 된다. 그런데 아기(庚 식신) 생기기 전까진 그 남자가 남편구실했다. (빼는 통변)

그러나 애기(庚)가 생기고나자 그 남편이 남자로서의 능력을 상실하게 되었다. (더하기 통변) 그래서 일주 戊의 홍염살인 辰 中에 있는 癸水가 투출되어 일간과 합을 짓는 癸대운에 바람이 나 가출하고 말았다.

예6)

```
                  56 46 36 26 16 6
庚 庚 庚 丙   남   丙 乙 甲 癸 壬 辛   대운
辰 辰 寅 戌        申 未 午 巳 辰 卯
```

庚辰 일주가 寅月에 태어났으나 천간에 三庚있고 지지에 辰辰 戌의 土가 왕하여 신왕하다. 이리되면 월지 寅에 장생하고 년지 戌에 뿌리둔 년간 丙火로 용신해야 한다. 그런데 이 사주의 구조는 三庚이 월지 寅中甲木과 일시지 辰中乙木을 노리고 있으며 용신자리인 丙戌과 일시주 庚辰이 충을 하고있다.

이런 충은 괴강일(庚辰)이 丙戌 백호살의 충을 받아 흉한 일이 생김을 나타내고 있으며 또 나의 친구형제(시주 庚辰)가 나의 의지처를 충파한다는 불길함을 뜻한다.

그런데 월지 寅이 그 사이에 앉아 년지 戌과 寅戌로 합을지어 충을 해소시키고 있다. 이럴땐 申이와서 寅을 충하거나 亥가 와서 합하게 되면 寅木이 없어져 辰戌간의 충이 작용된다. (빼는 통변) 그리고 午가 와서 寅午戌로 완전한 합을 짓게되면 丙火 용신이 더욱 힘을 얻게되고 卯가 와서 寅卯辰으로 木局을 만들어도 좋다. 따라서 午의 방향이나 말띠(午生)가 오게되면 아주 좋으며 卯에 대한 것들도 도움이 된다. (더하는 통변)

그리고 월지 寅은 본기가 편재인 甲木이므로 애인(편재) 생기면 사업 잘되고 애인 떨어지면 사업 안된다. 말띠(午生) 범띠(寅生) 여자와 친구는 내게 득이 된다. 그리고 월지 寅中甲木은 土를 다스리는 생목(生木)이 아니고 불(丙丁)로 변하는 사목(死木)이므로 섬유 종이 등이다. 따라서 그런 직종에 종사하면 좋다. 그리고 년간 丙火 편관은 비견을 제압하는 법이고 관청이다.

그러므로 법(관)과 관청의 조력을 많이 받을 수 있다. 그러나 庚辰일주인 나 역시 당할 수 있는데 그것은 월지 寅이 없어질

때이다. 또 월지 寅中甲木 편재가 년간 丙火를 생하므로 관청에 뇌물쓰면 내게 유리하게 되어 경쟁자를 제거할 수 있다.

또 희신 寅이 있는 곳은 동쪽이므로 동쪽에 있는 목성(木姓) 여자가 들어오면 관청과의 소통도 잘된다. 이 사람의 대운을 보면 辰대운은 년지 戌을 충하여 불미스런 세월이었고 癸대운은 丙火를 극하여 손재 쟁재(爭財) 있게 되었다. 巳대운은 일간의 장생지이면서 년간 丙火가 록을 얻으므로 새로운 일을 시작하게 되며 발전된다.

그러나 巳가 월지 寅을 형하므로 자금 및 자본에 어려움 겪게 된다. 甲대운엔 자금융통 잘되어 사업번창이다. 대운간 甲木이 월지 寅에서 투출되었으므로 애인도 생긴다.

午대운은 寅午戌 화국을 이뤄 최전성기이다. 乙대운은 일시지 辰에서 투출되었으므로 숨죽이고 있던 처와 재물이 밖으로 고개를 내밀어 三庚과 쟁합하게 된다.

즉 밖으로 나온 나의 재물과 여자로 인해 쟁탈전 벌어지고 일시 辰辰이 발동되어 자형(自刑)되며 년지 戌과 어울려 천라지망(辰辰戌)을 구성한다. 그러므로 쟁재(爭財)에 따른 관재가 있게 되는데 그만 乙亥년(49세)를 만나 희신인 월지 寅이 합을 당하고 辰戌충이 작용되어 부도내고 감방가게 되었다. 월지 寅이 세운지 亥에 합되면 믿었던 돈과 애인이 변심하여 나를 떠나게 되는 현상으로 나타난다.

예7)

```
                        61 51 41 31 21 11  1
壬 乙 壬 壬    남    己 戊 丁 丙 乙 甲 癸    대운
午 酉 子 子          未 午 巳 辰 卯 寅 丑
```

이 사주는 壬子水가 태왕하여 수다부목(水多浮木)되어 있으며

종왕격이다. 인수는 정신세계이며 생각이고 사상이다. 그리고 식신상관은 나의 활동력이며 표현해내는 언어와 행동력이다. 그런데 이 사주는 일간 乙木이 壬水 인수속에 둘러싸여 있으며 시지의 午火는 旺水의 충극을 받아 만신창이가 되어있다. 따라서 이 사람은 많은 생각속에 잠겨 있으며 좀처럼 행동하지 않는다.

물론 말도 잘하지 않고 자신의 속내를 쉽게 내보이지 않는다. 이런 사람을 움직이게 하기 위해서는 乙木과 같은 木이 와야하고 丙丁의 火가 와야한다. 비견겁재가 오면 木이 강해지므로 火를 생할 수 있는 힘이 생기기 때문이고 火가 오면 乙木이 활동력을 내보인 상태이기 때문이다. 따라서 이 사람을 움직이게 하기 위해선 이 사람의 친구 및 형제가 개입되어야 하고 열화(熱火)가 밖으로 튀어 나오도록 충동(子午충) 시켜야 한다.

이 사람의 대운을 보면 丑土대운 戊午년(7살)에 부친 사별했고 甲寅대운에 형(兄)을 따라 따뜻한 남쪽 부산으로 왔다.

乙卯대운 역시 왕성한 활동을 했으며 丙丁 대운까지 계속하여 제법 많은 재산까지 모았다. 그러나 戊대운에 왕신인 壬水를 충극하므로 재산권리 다툼으로 관재를 겪었으며 이때부터 생산활동을 중지했다. 戊대운 이후 평생을 방안에 누워 지냈는데 어느 날 이웃사람이 찾아와 물었다. '아저씨! 천날 만날 그렇게 눈감고 방안에 누워 계시는데… 잠자지 않는다면 뭣 때문에 그렇게 송장처럼 누워 계십니까? 그리고 그렇게 하시는 것이 지루하거나 심심하진 않으세요?' '허허 이 사람아 사람이 어찌 계속 잠만 자고 있겠는가. 누워서 이 생각 저 생각 이 궁리 저 궁리하며 지낸다네. 그러다보면 조금도 심심하거나 지루하지 않다네.'

어느 초겨울이었다. 모친이 신발공장에 다니면서 벌어온 몇 푼의 돈으로 생계를 이어가던 이 사람의 자식들이 참다못해 한 마디했다. '아버지! 가장(家長)으로서 그렇게 누워만 계시면 어떻게 합니까. 다른 집 아버지들처럼 가장으로서의 책임을 다하지 않고 말입니다. 남들보다 건강하신 분이 그렇게 누워만 계시다니 정말 안타깝습니다.'

이불을 코밑까지 덮고 누워있던 주인공이 감았던 눈을 겨우 뜨면서 말했다. '그래 맞는 말이다. 가장으로서 할 일은 해야하제. 안그래도 해동(解冬)되는 내년 봄에는 무엇을 어떻게 해야하나 하면서 생각중 이었단다.' 이렇게 한 마디한 주인공은 또다시 눈을 감았다. 이듬해 또 이듬해… 해동하면 나가서 활동하리란 말은 계속 이어졌다.

2. 상대적 통변

　이 세상 대부분의 사람들은 모든 것을 자기 위주로 해석하고 받아들이려 한다. 즉 부모와 친구형제 및 처, 자식 그리고 타인과 사회가 내게 어떤 영향을 끼치며 득이 되느냐 안되느냐. 하는 것을 먼저 따진다. 무릇 인간관계라는 것은 상대적인데도 그렇게 하는 것은 대부분의 사람들이 이기적이기 때문이다.

　사주해석에 있어서도 초보자를 비롯한 많은 사람들이 일간 위주의 해석에만 매달려 있는 경우가 많다. 즉 '당신은 부모 복이 없고 처덕도 없군요' 하는 풀이는 많지만 일간이 처와 부모형제 그리고 사회에 어떤 영향을 끼치는 존재인가를 등한시하는 해석을 일삼는다. 두 사람이 서로 다툴 때는 양쪽의 주장과 입장을 모두 헤아려 봐야만 그 진실을 알 수 있다.

　이처럼 사주풀이 역시 일간의 상대인 육신(六神)의 입장에서 보는 일간의 역할과 작용을 살펴야만 사주의 모든 정황을 낱낱이 파악할 수 있을 것이다. 이러한 상대적 간법에 따른 통변은 아주 중요한 것으로 앞으로 종종 설명될 것이나 미리 몇 가지 예를 들기로 한다.

예1)

```
              44 34 24 14  4
己 辛 己 庚  남   甲 癸 壬 辛 庚   대운
丑 亥 卯 子      申 未 午 巳 辰
```

　辛金일주 卯月生으로 년간 庚金 겁재는 년지 子水를 생하므로 일간에 도움주지 않는다. 월간 己土 편인 있으나 辛과 己의 관계는 거울(辛)에 흙덩이(己)가 묻게되는 상이라 불호하여 큰 도움되지 않는다. 따라서 시지 丑만이 일간의 뿌리되어 유정하나 재다신약을 못면하는 명조다. 그러므로 더럽게 되지만 辛金 일간으로서는 월시간의 己土 편인의 도움을 요청할 수밖에 없다.

이런 격국을 보고 대부분의 역인(易人)들은 단순하게 모친인 己土의 도움이 있을 것이라 판단하기 쉽다. 그러나 모친인 월간 己土의 입장에서 보면 이렇다. 봄이 무르익어 가는 계절인 卯月의 己土는 생기 머금고 고개 내밀려 하는 나무(卯木)를 키울수 있는 전토(田土)의 역할을 한다.

즉 己土 모친성이 정을주고 반갑게 맞이하여 키울려는 것은 卯木이다. 이 卯木은 己土에겐 남편성이 되고 辛金 일주에서 보면 재물(財)이다. 따라서 모친은 남자와 돈을 키우는 것이 삶의 목적이고 이 卯木을 충극하는 辛금 자식을 경계하고 내치기까지하는 태도를 나타내게 된다.

그러므로 이 사주의 주인공은 모친의 재정적 도움을 못받을 뿐 아니라 버림까지 받게 된다. 이런 현상은 亥卯 木局이 투출되는 甲乙운에 발동된다.

이 사람의 성격과 살아온 내력을 대운에서 보면 다음과 같다. 재다신약 사주에 비견겁재를 용신으로 하지 못하고 시지 丑과 월시간 己土 편인에 의지하려 하므로 분발심 및 생활력 없으며 모친 및 남에게 의지하여 살려한다. 편인인 己丑시가 辛金을 생해주므로 외견상으론 어질고 착하게 보인다.

그러나 사주팔자에 火의 기운이 하나도 없으므로 음침한데다 열정까지 없다. 庚辰 辛巳대운은 약한 辛金 일주를 도와주므로 평길했다. 壬午대운의 壬은 배우자궁인 일지 亥에서 투출되었고 대운지 午는 일주 辛의 천을귀인 인데다 사주의 음습한 기운을 풀어주므로 결혼하게 됐고 직장생활로 무난하게 보냈다. 癸대운은 음습한 사주가 봄비맞은 격되어 어둡고 불안했다.

未대운에 월시지와 亥卯未 삼합재국을 이루었고 일간의 유일한 뿌리인 시지 丑을 충하여 돈과 여자로 인해 고통받게 되므로 이혼하게 됐으며 빈털터리로 어렵게 지냈다. 지지 亥卯木局에서 그 원신(元神)이 투출되는 甲木대운은 기신인 甲木정재가 발동한다.

이것이 월시간의 己土를 쟁합함은 다음과 같은 사상으로 나타난다.

거울같은 辛金 일주에게 때를 묻히는 흙먼지같은 己土이지만 태약한 일주로서는 더럽지만 어쩔수없이 의지할 수밖에 없는 상황이다. 그런데 甲木이 와 월시간의 己土와 쟁합하므로 인해 己土는 辛金을 생해주지 않으며(탐합망생) 발호하여 辛金 거울에 흙먼지만 묻게 한다. 이런 상황을 모정유변(母情有變)이라 한다.

이렇게되면 그나마 辛金자식을 생해주던 己土의 정이 돌변하여 辛金을 내치게 되므로 모친에 의해 피해마저 입게된다.

甲木은 일주 辛에겐 정재(正財)가 되고 모친인 己土에겐 관성인 남자가 되므로 돈문제 및 모친의 남자문제로 인해서이다.

이런 흉운중에 癸未년(44세)만나 일주의 유일한 의지처인 시지 丑을 충하므로 모친에게 고소당해 구속되었으며 끝내 간경화증으로 입원까지 하게 되었다. 木이 병이되어 간(肝)병이다.

예2) 겨울 난초꽃같은 엄마 두었다

```
壬 丙 乙 癸   남      辛 壬 癸 甲   대운
辰 午 丑 酉           酉 戌 亥 子
```

丙火일주가 丑月에 태어나 일지에 午양인을 얻었으나 신약하므로 월간 乙木을 용신으로 한다. 혹자는 겨울 癸水에 젖는 음목(陰木)이 어찌 丙火를 생할 수 있느냐 또 乙木은 초목인데 하늘에 높이 떠있는 丙火를 생할 수 없고 오히려 겨울의 乙木을 丙火가 생해준다. 고 말하기도 한다. 물론 모두 맞는 말이지만 한쪽에만 치우친 논리로 오류다. 오행의 생극은 기의 흐름이다. 소위 水生木 木生火 火生土 土生金 金生水의 상생관계라는 것은 생명력을 지니고 있는 수(水)가 그 생명력을 바깥으로 내보인 단계의 상태가 木이며 최대로 발전하여 꽃을 피우고 분열된 단계가 火이다.

그리고 火는 부풀어지고 팽창되어 분열될 상태이므로 이렇게 되면 그 생명력이 소진되어 없어지게 되므로 일단 한숨 돌리며 숨고르기하는 상태가 土의 단계이다. 그리고 金은 그 생명력을 보존 간직하기 위해 바깥은 딱딱하게 굳히고 안으로 스며들어가는 단계이다. 그러므로 辛金을 열매, 냉장고, 야물다(굳다)등으로 그 물상을 말하는 것이다.

이것은 이 우주에 존재하는 생명력의 발전진행을 말하는 것으로 수화일체설(水火一体說)도 여기에 근거한 것이다. 그러므로 전연 별개의 것으로 보이는 子와 午, 寅과 申을 일러 군화(君火) 상화(相火)라고 오운육기론(五運六氣論)에서 말하고 있는 것이다.

즉 子午는 한몸이고 寅申, 巳亥, 卯酉 모두가 한몸으로서 안팎, 표리, 시종(始綜)관계다. 그런데 이런 오묘한 역의 원리를 이해하지 못하는 사람들은 아주 간단하고 단순하게 말한다. '물을 주어야 나무(木)가 살아갈 수 있고 나무(木)에서 불(火)이 나제……' 이런 논법은 역의 본질을 쉽게 받아들이기 위한 하나의 방편으로 쓰일 수는 있으나 아주 유치한 것이다. 따라서 생극(生剋)을 물상적으로만 받아들이지 말고 기의 운행적인 측면으로도 보아야만 할 것이다. 그러므로 위 사주는 년간 癸水가 월간 乙木에게로 乙木은 일간 丙火에게로 기가 전달되고 있다.

그러나 양목(甲.寅)이 아니고 음목(陰木 乙.卯)이므로 기의 전달진행이 원활치는 못하다. 따라서 이 아이의 학문(乙木 인수) 능력은 그리 뛰어나지 못하게되며 부모와 모친의 덕도 시원치 않지만 인수의 본성을 이어받으므로 예의 바르고 거역치 않는 착한 성품이며 모친을 좋아하여 평생 자기 옆에 두려 하게된다.

이 사주를 물상적이고 상대적인 관점에서 통변하면 다음과 같다. 12월(丑月) 추위에 꽁꽁얼어 있는 땅(丑中己土)위에 북에서 몰아치는 눈비(癸) 맞고있는 난초(乙木) 한포기가 있다.

그런데 동쪽에서 떠오르는 아침(辰時) 태양이 있어 겨울추위에 떨고있는 한포기 외로운 난초에겐 희망이고 빛이다. 그리고 태양이 떠오른 그 오른쪽(서쪽)에는 큰호수(壬)가 있고 그 속에는 한 마리 용(辰)이 도사리고 있으면서 승천할 날만 기다린다. 이젠 이것으로 이 아이의 엄마(乙)에 대한 이모저모를 찾아보자.

월간 乙木은 시지 辰中에서 투출되었고 겨울 차디찬땅(丑中己土)에 뿌리박고 있는 희귀한 존재다. 그런데다 丙火 태양을 얻어 이것을 나(乙木)의 활동(乙에서 丙은 상관)으로 삼아 丑中己土를 따뜻하게하여 乙木 자신이 뿌리박고 살 수 있는 공간으로 만들려 한다. 그리고 乙木이 丙火를 보는 것은 마치 난초(乙)가 한송이 빨간꽃을 피워낸 것같다. 그러므로 이 아이의 모친은 승천하려는 용같은 꿈을 품고 있으며 쓸모없는 것(찬 丑土)을 쓸 일수 있는 유용한 것으로 만드는 재주가 있다. 그리고 남들에게 예쁘다는 소리를 많이 듣는 분이다. (겨울난초가 꽃을 피웠다.)

또 乙木의 상관인 丙火는 午에 앉아있고 乙木이 앉아있는 丑과는 丑午로 귀문살 구성된다. 그러므로 그 모친의 생김새는 연약해 보이나 동쪽에서 솟아오르는 태양같은 열정을 지니고 있으며 역학(易學)및 무업(巫業)으로 활동하게 된다. 그리고 또 일주 丙午는 乙木에서 보면 도화상관에 해당된다.

그러므로 내(丙)가 태어난 다음에 반드시 외정(外情)문제 생기고 그로인해 나의 부친(酉中庚金)을 등지게 된다. 이젠 이 아이의 부친쪽에서 보면 酉金 부친은 년지에 앉아 乙木이 앉아있는 월지 丑에 입고하면서 酉丑 반삼합을 짓는다.

이것을 乙木 모친에서 보면 많은 남자가 내밑으로 들어와 머무는 형상이고 부친쪽에서 보면 나와같은 무리(酉丑金局)가 乙木 하나를 두고 서로 차지하려 경쟁하는 상이다. 그리고 년간의 癸水는 丑酉金局의 丑中에서 투출된 것이므로 나에겐 할머니(丑中己土)의 표출신이며 부친의 표출신이기도 하다.

그리고 乙木 모친의 입장에선 년간 癸水는 시모(丑中己土)와 남편(년지 酉金)의 표출신이다. 그러므로 나의 모친(乙)은 남편이 내품는 언어와 행동(癸는 酉中庚金의 상관) 때문에 몸서리치게 된다. 또 酉金 부친은 丑에 입고되어 있으므로 자기엄마와 같이 살게되며 효자노릇 하게된다. 월지 丑中己土(할머니)는 乙木이 내뿜는 丙火를 좋아하므로 나와 나의 모친을 필요로하여 좋아하게 된다.

또 년지 酉金 부친 역시 丙火가 있어야 빛이나고 차가운 속성에서 벗어날 수 있으므로 나(丙)와 모친의 활동능력을 필요로 한다.

그러나 丑酉금국과 일지 午가 丑午로 원진살되어 쉽게 합되긴 어렵다. 甲대운은 丙火를 생하여 무난하다. 子대운은 년간 癸水가 발동되어 乙木 모친이 부친(酉)의 언어와 행동 때문에 피해 입는다. 그런데다가 子는 먼저 월지 丑과 육합하여 丑酉로 연결되어 있는 乙木 모친과 酉金 부친사이가 끊어진다. 그런 다음에 대운지 子는 일지 午를 충하여 午酉간의 암합(丙辛)을 깬다. 그러므로 부모가 이별함에 따라 나역시 부친과의 연결도 끊어지니 모친은 나를 데리고 떠나는 현상으로 나타난다. 또 甲子대운

보충사항 **289**

은 乙木 모친에게는 子는 천을귀인이며 甲木은 오빠며 남자친구이다.

그러므로 모친은 모친의 오빠(甲)에게 의지하려 한다. (乙은 甲木보면 감고 올라가 같이 살려한다.) 따라서 子대운에 접어드는 10살 때(壬午년)에 모친은 부친 곁을 떠나 북쪽(子方向)에 있는 오빠에게로 나를 데리고 가게 되었다. 현재(13살)까지 같이 살고 있는데 15세 癸대운 되면 변화가 생겨 이동하게 될 것이다.

아마도 큰 강이나 호수가 있는 서쪽으로 가게 될 것이고 부친과 합하게 될 것이다. 이젠 일주인 丙火 입장에서 보면 나는 겨울의 태양이므로 많은 사람들이 좋아하고 따른다. 나 역시 남의 어렵고 궁한 일을 따사롭게 도와주는 마음이 있어 그런 좋은 일 많이 하게 된다. 년지 酉中辛金이 처(妻)인데 酉丑합되었고 시지 辰과 辰酉合되어 양처지명(兩妻之命)이다.

따라서 년간 癸水는 첫 번째로 태어난 딸자식으로 본처인 酉金의 소생이다. 할머니와 모친을 반반씩 닮은 모습이며 살결은 검은 색을 많이 띠고 있다가 희게 되던지 희다가 검게 되거나 한다.

본처는 술을 좋아하는 여성이고 첫딸 역시 제 에미를 이어받아 술마시길 좋아하며 먼산을 쳐다보며 무지개꽃 피우는 공상을 즐겨할 것이다.

시간의 壬水 아들은 후처소생으로 나를 빛나게 할 큰 그릇이다. 戌대운에 결혼할 것이고 辛酉대운에 후처만날 것으로 추리된다. (40세 이후 酉대운)

예3) 아직 제대로 피지도 못한 꽃이⋯

						19 9		
甲	丁	戊	乙	여		庚	己	대운
辰	酉	寅	丑			辰	卯	

丁火 일주가 寅月에 태어났으나 아직도 한기가 심해 신약이다. 월지 寅에 든든한 뿌리를 둔 시간 甲木으로 용신한다. 따라서 좋은 팔자같다. 그러나 丁火의 기세가 약한데다 木氣 많아 쉽사리 불이 붙지 않고 연기만 풀풀나는 형상이다.

즉 초봄의 습기찬 甲木으론 생화(生火)가 잘 안된다. 그렇지만 의지 할것이라곤 가까이 있는 甲木뿐이다. 따라서 甲木을 합하는 己土 대운은 아주 불길한 운이다. 이 사주 주인공은 乙亥년 11살되던 때에 한동네에 사는 어른들에게 번갈아가며 성폭행을 당했다. 그러다가 12살되던 丙子년에 세상에 알려져 세상사람들의 비분과 동정을 사게 되었다. 어째서 어린나이에 그런 끔찍한 일을 당했는지 그 명식을 분석해보자.

丁火 일주가 甲木을 보고 戊土상관까지 있어 부모복있고 두뇌 좋을 것 같다. 그렇지만 초봄의 丁火되어 木多하므로 불이 잘 붙지 않는데다가 戊土마저 화로노릇 못하고 오히려 丁火의 기운을 설기시키는 작용을 하고 있으므로 머리회전이 잘 안되고 엉뚱한 짓(戊土상관)을 할 수 있는 성품이다. 이런데다가 다음과 같은 물상(物象)이 되어 가슴에 지울 수 없는 큰 상처를 받게 된 것이다.

입춘이 막 지난 초봄은 아직도 한기가 심하다. 丁火는 초목(甲乙)이 무성한 산(戊)속에 홀로 외롭게 피어있는 미미한 장작불이고 등불이다. 또 아직도 피어나지 못한 빨간 야생화다. 그러므로 따뜻한 불을 찾아 헤매는 벌레같고 나방같은 뭇것들이 찾아오는데 멀리 북쪽에 있는 수전노같은 남자(년지 丑中癸水)가 부모(월지 寅) 만나러 왔다며 찾아온다. (寅과 丑은 암합)

그러고는 내몸(일지 酉)을 집어 삼킨다. (丑은 酉를 입고시킴) 다음에는 서쪽 가까운 곳에 있는(시지 辰) 이무기같은 남자가 찾아와 '너 외롭지 않게 해줄게.' 하며 뱀처럼 칭칭 감는다. 북쪽의 丑과 서쪽의 辰은 모두 甲 乙 인수를 태웠으므로 부모같은 남자인데 지지에 숨어 있으므로 얼굴을 가린 채 암암리로 찾아온 것이다.

己대운은 나의 용신을 합하여 의지할 곳 없이 외로운데다가 불길하다. 이런 운중의 乙亥년(11살)은 년간 乙木과 시간 甲木이 모두 발동되고 亥中壬水는 정관성되어 나와 명암합하며 천을귀인에 해당된다. 따라서 많은 木에 짓눌리면서 합하게 된다.

그리고 세운지 亥는 월지 寅을 합하여 寅中丙火까지 사라지게 되어 더욱 외롭고 의지할데 없게된다. 이런 틈을 헤집고 소같이 미련하고 이무기(辰)같이 간교한 어른들이 접근하게 된 것이다.

예4)

壬 戊 庚 庚	여
子 午 辰 戌	

홍염

31 21 11 1

丙 丁 戊 己	대운
子 丑 寅 卯	

戊午 일주 辰月生에 년지 戌土까지 있어 신왕이다. 그러므로 식신생재격으로 볼 수 있다. 따라서 丁대운은 식신을 극하여 불길하나 시간 壬水와 丁이 합하여 탐생망극하므로 무난했고 丙火대운은 庚金을 극하므로 나쁘다. 이런 해석은 일반적인 것이다. 다음과 같이 해석해보자. 춘삼월(辰月) 민둥산(戊土)이 달덩이(庚)같은 아이(식신)둘 낳자 대지는 지진을 만났고 그위에 서 있던 민둥산(戊)는 무너졌다. 이런데다가 서쪽에 있는 시퍼런날(羊刃) 세운 강물(壬水)이 뿌리상해 무너진 이름만의 산을 쉴새 없이 두들긴다.(子午沖)

따라서 辰속에 숨어 자라나려던 남편(乙木)은 상처받고 사라지며 항상 돈(壬) 때문에 시달리니 우뚝 높게 세웠던 戊土의 자존심마저 세울길 없게된다. 이 여성은 일지 부궁에 있던 午火가 발동되어 나타나는 丁대운에 시간 壬水(일지 合神)와 丁壬으로 합을 맺어 木氣되므로 남자생겨 연애 결혼했다.

丑대운은 년지 戌(부모, 존장)을 형하여 부모 및 존장의 일로 시끄러웠으나 시지 子를 합하여 子午충을 막으므로 부부사이는 무난했다. 丙대운은 일지 午에서 투출되므로 午火 발동이고 시간 壬水와 충극되므로 지지 子午沖도 덩달아 발동되어 부부불화 있었고 이별하게 되었다. 아기(庚金식신)둘 낳은 후였다. 壬午년(33살)에 子午沖되어 부부불화속에 지냈고 癸未년(34살)에 충중봉합지년(子午沖 있는데 未가와 午未合)되어 이혼했다.

쪼달리는 생활 즉 돈때문 이었는데 이혼후에도 계속 돈문제가 생겨 골아프다. 시간 壬水 부친이고 일지 午中丁火 모친인데 子午沖되어 부모는 서로 부딪치면 싸운다. 壬이 子양인에 앉아 그 부친 성질 대단해 성나면 칼 들고 설친다. 늦게까지 그 부친 때문에 속썩이게 된다.

예5) 책도 엉터리 많다

					42	32	22	12	2	
壬	丁	乙	辛	여	庚	己	戊	丁	丙	대운
寅	酉	未	酉		子	亥	戌	酉	申	

丁火가 未月에 태어나 뿌리를 얻었으나 辛金 편재가 강해 재다신약격이 되었다. 따라서 未中丁火로 득비리재(得比理財)해야 하지만 천간에 불투되어 할 수 없이 월간 乙木으로 생신(生身)하려 한다.

그러나 이마저 년간 辛金에 의해 깨어졌으므로 시지 寅木을 얻어 왕한 재성에 임하려 한다. 이렇게 일차적인 용신이 파괴되고 이차 삼차(三次)로 가게 되면 인생의 절반인 40까지는 무엇하나 제대로 이뤄지지 않는다. 따라서 후반기 亥대운부터 좋아진다.

월간 乙木 편인은 모친성인데 辛金에 충극절(絶)되고 未에 입고되어있어 모친과는 일찍 사별한다. 초년 丙申대운의 丙은 년간 辛金 기신을 합하여 좋을 것 같다.

그렇지만 丙은 대운지 申에 앉아 약하고 辛金은 酉에 앉아 강하므로 오히려 辛金이 합에 이끌려 발동되게되니 이를 일러 합동(合動)이라 한다. 따라서 丙이 지배하는 2살부터 6살 사이에 그 모친(乙木)이 辛金에 충극되어 크게 부셔지는데 乙丑년(5살) 만나 乙木의 고(庫)인 未를 충하여 그 뿌리를 뽑게되어 모친 사망했다.

다음해인 丙寅년(6살)은 대운세운이 병림하여 년간 辛金을 합하는데다가 세운지 寅이 金에 절지(絶地)되고 丙火의 뿌리되어 辛金이 합거(合去)되었다. 따라서 6살에 부친 사망했다. 이처럼 합으로 묶여 있는 것이 또다시 합을 당하면 결국은 합거된다. 申대운은 기신재가 왕해지고 시지 寅을 충하여 크게 불길했다. 어떻게 살아야할지 어디에 의지해야할지 막막한 운이다. 죽지 않고 살아난 것은 未月 여름의 丁火일주되어 뿌리가 강했기 때문이다. 그러므로 未土 할머니에 의지하여 살게 되었다. 丁대운은 기신인 년간의 辛金을 제거하므로 좋은 운이다. 할머니가 있는 未中에서 대운간 丁이 투출된 것이므로 이때부터 할머니가 활동하여 그 덕에 좋았다.

酉대운은 기신인 金이 왕해지는 최악의 운이다. 酉는 먼저 년지 酉와 자형하고 다음으론 일지 酉와 또 자형한다. 그러므로 조상 및 웃사람(년지)에 대한 문제가 발생되며 두 번째로는 월지 未와 일지 酉의 암합(乙庚)을 깬다. 이런 가운데 己卯년(19살) 만났다. 세운 己土는 월지 未中己土가 투출된 것이므로 조모에 대한 문제가 생기는데 세운지 卯가 월지 未와 卯未 합국하여 未中己土는 죽고 죽어있던 월간 乙木이 힘을 얻어 살아난다.

그런데다가 卯는 일지와 년지 酉를 충하여 未酉간의 암합을 깨므로 조모가 사망하게 되었다.

22세 부터의 戊대운은 남편궁인 시지 寅中에 투출된 戊土이므로 결혼할 운이나 시간 壬水 정관 있는데 상관(戊) 만나는 운되어 부부불화했고 이별까지 있었다.

戊대운은 나의 유력한 뿌리인 未를 형하여 그 뿌리를 상실하므로 돈에 농락당했다. 그러다가 亥대운에 좋아졌다.

이 사주처럼 재다신약한데다 재에 천을귀인이 붙게되면 푼돈은 그립지 않으나 큰돈은 못만지게 되는데 만일 큰돈을 만지게 되면 곧바로 나쁜 일이 생겨 큰욕을 보게 된다.

욕(辱)

이 글자는 누에를 뜻하는 辰과 손쓴다는 뜻을 지닌 촌(寸)의 합자로서 누에친다. 누에 돌본다는 것이 원래의 뜻이다. 그런데 누에는 알애벌레 번데기 나방의 순으로 변신을 하며 영롱한 실을 얻게해주는 벌래로서 넉잠을 자며 때맞춰 먹이를 줘야 할 뿐 아니라 냄새에도 아주 민감하므로 키우기에 여간 까다로운것이 아니었다. 그래서 욕(辱)은 힘들게 일한다, 수고한다는 의미에서 힘들다, 어렵다는 뜻이 되었고 '아저씨 욕보세요.' '욕 봅시다.' 는 말까지 생겨나게 되었다. 그러다가 후일에가서 모욕당하다. 욕된삶을 살다는 뜻에서 욕설(辱說)로까지 발전되었다. 그래서 '욕 봅시다'는 경상도 사람의 인사말을 아주 불쾌하게 받아들이는 사람도 생겨났다. 이리되자 욕(辱)자에 대한 해석도 '욕보일

욕, 욕할 욕으로' 말하며 '때(辰) + 촌(寸;법도)로 하여 옛날 경작의 시기를 어기면 처벌되었기에 욕. 욕됨의 뜻이 됐다.' 로 설명한다.

이런 엉터리 해석은 근본적으로 누에를 그려낸 辰자에 대한 이해가 부족했기 때문인데 더욱 가관인것은 辰자를 조개의 상형체로 받아들여 그에 따른 끼어 맞추기식의 해석을 하고 있다.

그런데 더욱 큰 문제는 문자학(文字學)에 어두운 일반사람들은 그런 해석을 진실이라 믿고 따른다는 것이다. 따라서 그것은 잘못된 것이라고 말하는 이가 있으면 '봐라! 여기 이 옥편에 이렇게 설명되어 있지 않느냐.' 며 서책을 들이민다.

즉 책에 이렇게 쓰여져 있으니 진실이라는 것인데 책은 사람에 의해 쓰여졌고 쓴 사람이 엉터리라면 엉터리밖에 쓸 수 없을 것이다. 역학을 하는 사람들은 남이 볼 수 없는 것을 볼 수 있어야 하며 치우치지 않는 관점으로 이치를 따져 그 허실을 가려낼 수 있어야 한다.

따라서 책을 무시해선 안되지만 너무 책을 믿어서도 안된다. 많은 공부를 한 사람이면 시중에 널려있는 역서(易書)중에는 그야말로 자기선전용으로 쓰여진 별 가치없는 책들이 수두룩하다는 것을 잘 알고 있을 것이다.

3. 기타 참고사항

1) 용신에 대한 생극만을 보면 안된다.

사주학에 입문하여 격국을 배우고 용신을 알때쯤되면 마치 사주학의 대가라도 된것처럼 우쭐거리며 동료 역인(易人)을 만나면 첫마디가 '이 사주 용신이 뭐요?' 한다. 용신을 알면 사주의 모든 것을 이해하고 해석할 수 있다는 뜻이다.

그러나 사주의 용신을 안다 하더라도 그 사주의 모든 것을 세세히 알 수 없으며 정확한 맥을 잡은 기막힌 통변을 할 수 없다. 또 설혹 용신을 모른다해도 사주정황을 살펴 훌륭한 통변을 할수도 있다. 그러므로 너무 용신에만 매달려서도 안된다.

그런데 바둑의 정석같은 격국용신만을 신봉하는 사람들은 하나의 용신을 잡아놓고 이에 대한 생극만으로 감정한다. 그러나한 개인의 모든 삶이 들어있는 사주풀이는 그렇게 간단한게 아니다. 실례를 들어 설명키로 한다.

예1)

```
                          40 30 10 10
壬 乙 丙 丙    남      庚 己 戊 丁    대운
午 卯 申 戌           子 亥 戌 酉
```

乙木일주 申月生으로 월지 정관격이 되나 년월간에 丙火 상관 있으므로 월지 정관은 파되었다. 申中壬水가 시간에 투출되어 약한 乙木을 도우므로 용신이다. 이리되면 水木운이 좋고 火土운은 나쁘다로 단순하게 감정하기 쉽다.

그러나 이런 간법은 종종 오류를 범하게 되는데 그것은 십간

(十干)과 십간(十干)간의 관계를 생각치않은 탓이다. 즉 생과 극에만 치우치지 말고 십간 서로간의 좋고(好) 나쁜(不好)관계를 살펴야 올바른 판단을 할 수 있다는 말이다. 먼저 육친관계부터 보자. 모친성인 壬水가 년지 戌中丁火와 명암합하므로 년지 戌中戊土 정재는 모친의 첫 남자이다.

그리고 戌이 일지 卯와 卯戌로 합하므로 戌中戊土 정재는(모친의 첫 남자이면서) 나의 부친이기도 하다. 그런데 부친이 있는 년주 丙戌은 백호살 되어있다. 그리고 壬水는 홍염살인 申에서 투출되어 시지 午火위에 앉아 있으면서 午中丁火와 암합하여 午中己土를 정관성으로하고 있다. 그러므로 친부(丙戌)는 흉사하게 되고 바람기 많은 모친은 午中己土에게 재가하게 된다. 午中丙火가 년월간에 두 개 있으므로 모친은 두 번에 걸쳐 재가한다.

丁대운은 시간 壬水와 합하며 년지 戌과 시지 午火에서 투출되어 있다. 이리되면 戌과 午가 발동된다. 그러므로 이 丁대운에 부친죽고 모친 재가하게 되는데 壬辰년(7살) 만나 년주 丙戌을 충하여 부친 사망했고 丙申년(11살)에 모친 재가했다.

酉대운은 金운되어 좋을것 같으나 일지 卯를 충하여 일간의 뿌리를 없애므로 크게 좋지 못하다. 따라서 큰 고생을 했다. 戊戌대운의 戊土는 용신인 시간 壬水를 극하여 대불길 할듯하다.

그러나 壬과 戊의 관계는 흐르는 물(壬)이 언덕(戊)을 만나 그 흐름이 중지되어(고인물되어) 乙木을 생할수 있으며 乙木또한 戊土에 뿌리를 내릴 수 있어 재물을 모을 수 있었다.

己대운 역시 壬水는 흐려지나 乙木은 뿌리 내릴 수 있는 땅을 만난격되었다.

따라서 돈벌이 잘되는 운이다. 이처럼 용신에 대한 생극만을 따지게되면 戊戌 己대운은 壬水 용신을 충극하므로 돈벌이는커

녕 크게 나빠야 할 것이다. 그러나 십간의 물상적간법과 희기 (喜忌)로 보면 전연 다른 결과가 나타나는 것이다.

예2)

					41	31	21	11	1	
甲	乙	丙	丙	여	辛	壬	癸	甲	乙	대운
申	卯	申	戌		卯	辰	巳	午	未	

乙木 申月生으로 월지 정관격이 되나 년월간에 두 개의 丙火 상관이 있으므로 정관파격이고 시간의 甲木 겁재에 의지한다. 년지 戌中戊土 정재는 부친성이고 월지 申中壬水는 모친성이며 시지 申中壬水 역시 모친성이다.

따라서 이 사주는 비록 부친궁이 백호살(丙戌) 맞고 있으나 부친 한명에 모친 두 분 있게 된다. 월지 申中庚金은 첫 남편이고 년월간 丙火와 년지 戌中丁火는 첫 남자와의 사이에서 태어난 자식(二男一女)이다.

그리고 시지 申中庚金은 두 번째 남자로 유부남이다. 乙卯일주가 년시지 申과 양다리 걸치고 암합하고 있다.

乙未대운은 乙木이 입고(入庫)되고 시주 甲申과 1급 소용돌이를 이루어 형제사별하게 된다. 午대운에 午戌로 반화국되어 申中庚金을 극하고 申戌간의 암합을 깨므로 이때에 부친과 모친은 이별했다.

癸巳대운은 일주 乙卯와 2급 소용돌이되며 월지 申을 형합하여 卯申간의 암합을 깬다. 그러므로 후모(癸水 편인)과 갈등있어 타향(대운지 巳는 역마)으로 나가 직장(申)생활 했으며 남편도 만나게 되었다.

※ 일지와 합(암합 육합)되어 있는 관성이 있을때엔 그 합을 풀어주는 운에 남편감이 나타나 결혼하게 된다. 壬대운은 월지

申中에서 투출되었으므로 남편의 표출신이 대운간에 나타난 격이 되었다. 그리고 남편의 표출신인 壬水는 庚(남편)의 식신이므로 남편의 활동력 및 건강이다.

이것(壬)이 대운지 辰에 앉아 입고(入庫)되고 있는데 이리되면 이때부터 그 남편이 활동력을 상실하거나 병이 들게된다. 그리고 壬水는 나의 용신인 甲木을 생하여 좋다하겠지만 먼저 년월간의 丙火 상관을 충극하므로 돈줄(丙火 상관)이 끊기게되고 나중에 친구형제 등의 도움을 받아 궁핍함을 모면하게 된다.

丙과 壬의 관계에 있어 사주천간에 壬水가 있을때 丙火운이 들어오면 호수물(壬)이 태양(丙) 빛을 받아 찬란히 빛나는 격이 된다. 그러나 사주천간에 丙火가 있을때 壬운이 오면 丙火가 상처받게 되는데 그것은 壬水의 기운은 하강하고 丙火의 기운은 상승되어 상극되기 때문이다.

辰대운은 남편의 표출신인 대운간 壬水가 완전히 입고(入庫)되는데다가 년지 戌을 충하여 申戌 卯戌간의 암합과 육합을 깬다.

이리되면 乙木이 뿌리박고 있는 戌中戊가 날라가고 자식궁(戌)과 남편(申)사이가 끊어지게 된다. 즉 내가 뿌리박고 있던 땅덩어리가 없어지고 자식과 남편은 이별하게 된다. 그리고 자식궁인 戌은 나의 자궁도 된다. 그러므로 辰대운은 남편과의 부부관계가 끊어지는 운이다. 이런중에 甲子년(38살)을 만나 대운지 그리고 월지와 더불어 申子辰 삼합수국을 이루어 일지 卯를 형하여 卯申간의 암합을 깨고 申中의 庚金은 사지(死地)에 들어가므로 그 남편이 병사(病死)하게 되었다.

그런데 이런 형충회합의 변화를 모르던지 무시하게 되면 壬대운은 시간의 甲木 용신을 생하고 약한 일주를 도우므로 좋다 그리고 辰대운 역시 일주(乙)와 甲木이 뿌리를 얻어 강해지므로 좋은 세월이다로 잘못 판단하게 된다.

예3)

　　　　　　　　　　　43 33 23 13 3
戊 丙 丁 己　여　　　壬 辛 庚 己 戊　　대운
戊 子 丑 巳　　　　　午 巳 辰 卯 寅

丙火일주 丑月生으로 土多하여 신약이다. 木인성이 없어 旺土
에 종할까나 년지 巳에 득록하고 시지 戊에 뿌리있으므로 丙
火는 종하지 않는다. 다만 년지 巳가 월지 丑과 巳丑으로 금국
을 이룰려하므로 배임(背任)하고 있다. 따라서 그 어디에도 확
실하게 뿌리를 두지못해 좋은팔자 못된다. 어떤 사람은 월간 丁
火 겁재로 일주를 돕는 용신이라 하기도 한다.

　그러나 金旺할땐 丁火를 용할 수 있지만 이처럼 土旺하면 丁
火는 土를 생하므로 오히려 병신(病神)을 도와주는 역할을 하게
된다. 따라서 丁火가 용신도 아니며 이럴땐 병(病)이 되는 土의
기운을 꺽어주던지 아니면 빼주어야 한다. 이런 논리는 일간위
주의 억부법에 익숙해져 있는 사람들에겐 선뜻 이해하기 어려
울 것이다.

　그러나 병약(病藥)의 이치에 익숙해져 있는 사람들에겐 쉽게
납득될 수 있을 것이다. 이 사주는 土旺하여 극수(剋水)하므로
극부지명(剋夫之命)이다. 이는 초심자라도 쉽게 알 수 있다.

　그러나 언제? 어떻게? 이별하는가 하는 것을 알기 위해선 어
떤것이 남편성인가 하는것을 먼저 알아야 할 것이다.

　대부분의 사람들은 일지 子中에 壬癸水(관성)가 있으므로 子
를 남편으로 보게 된다. 그러나 이 사주에선 월지 丑中에 辛金
이 들어있으면서 일간과 丙辛으로 명암합하며 丑中엔 癸水 정
관성이 있다. 그런데다 일지 子와 子丑으로 합하고 있다.

　그러므로 월지 丑은 남편궁이며 丑中癸水가 남편성이다. 戊寅

己卯 대운은 천간은 土이나 지지가 木이되어 丙火일간을 생해 주므로 반길 반흉하다. 庚대운은 편재로서 丙火 일간의 기운이 약해지므로 불미스럽다 할 것이다. 그러나 旺土의 기운을 庚으로 설기시키므로 상관(傷官)의 흉성이 풀어져 좋은 운이다.

그러므로 이 庚대운에 돈벌이도 되었으며 남편감도 만나게되어 辛卯년(23세)에 결혼하게 되었다. 세운간 辛은 월지 丑에서 투출된 남편의 표출이다. 그러므로 辛卯년에 일간 丙火와 합을 맺어 결혼하게 된것이다. 辰대운은 시지 戌을 충하여 일주 丙火의 뿌리를 없앴고 旺土가 더욱 왕해지므로 불미스런 세월이었다. 그런데다가 관성인 水가 입고되므로 남편에겐 좋지 않은 운이다.

따라서 이 대운 말에 남편이 병들었다. 남편의 표출신인 辛대운은 旺土의 기운은 설기되나 辛이 사지(死地)인 巳에 앉는 운되어 남편이 사망의 길로 가는 때이다. 그런데다 辛金(남편의 표출신)이 월간 丁火에 극되어 돈과 남편에게 해로운 때다.

巳대운은 일간 丙火가 득록하여 좋다할 것이나 辛金이 사지(死地)에 완전히 들어가는 운되어 남편이 사망하는 때다. 이러한 때에 丁未년(39세) 만나 원명의 子丑합을 충파한다. 이리되면 나(丙子)와 남편(丑)의 합은 깨어지고 충출된 丑中辛金은 丁(세운간)에 극되며 癸水 남편은 시간 戊土가 합거하여 남편 사망하게 된 것이다. 壬대운은 월간 丁火를 합하므로 나를 돕는척하며 나쁘게 만드는 형제 및 친구등이 사라져 좋은 운이다. 午대운은 일지 子를 충하며 시지 戌과 午戌로 반화국을 이루므로 자식덕 있고 평길하다.

2) 용신은 몰라도 사상변화는 알 수 있다.

예1)

				여	37	27	17	7	
辛	戊	戊	庚		甲	乙	丙	丁	대운
酉	戌	寅	辰		戌	亥	子	丑	

공망

　이때까지 세상에 나와 있는 역서(易書)에는 '년과 시의 합에 대해 큰작용이 없으므로 무시해도 좋다.'고 되어있다. 그러나 이 것은 합을 함으로 파생되는 그 해당육신에 대한 강약에 따른것 일뿐 육친의 사상(事象)에 따른 것은 아니다.

　즉 년시간의 합은 육친관계를 규명하는데 있어서는 아주 필요 한 것이므로 소홀히 해서는 안된다는 말이다. 사주풀이는 그 육 신의 강약을 파악하여 희기(喜忌)를 정하는 것도 중요하지만 육 친(六親)관계와 그 변화를 살피는 것도 아주 중요하기 때문이다. 이 사주는 그런 육친관계를 아주 잘 나타내고 있다. 戊土일간이 寅月에 태어났는데 그 남편성은 년지 辰中乙木이 있고 월지 寅 中甲木 편관이 있다. 이 둘 중 어느것이 내 남편일까? 그리고 년 간 庚金 식신(자식성)은 월간 戊土의 자식인가? 아니면 나의 자 식인가?

　이에 대한 명확한 정리가 있어야 될 것이나 대부분의 역인(易 人)들은 글쎄? 하며 우물쭈물 할 것이다. 여기에 대한 정확한 답 은 년지 辰과 시지 酉의 합 그리고 시지 酉에서 투출된 년간 庚 金이 년지위에 앉아있는 이 사주에서 찾을 수 있다.

　즉 시주는 나의 자식궁인데 여기에 있는 酉에서 투출된 庚金 이 년간에 있고 그 아래엔 辰中乙木 정관 있으며 이 辰은 시지 와 辰酉로 합을 맺고있다. 따라서 내자식(庚)이 타고 앉아있는 辰中乙木 정관이 나의 첫 남자며 그 남자와의 사이에 년간 庚金

시간 辛金 시지 酉金의 세 자식을 두게 되는 것이다. 그런데 년지와 일지는 辰戌冲이 되어있고 공망된 辰中乙木은 허약하기 짝이 없다.

따라서 辰戌冲이 작동되는 운이 오게되면 첫남자 乙木은 쉽사리 상처입고 골로가게 된다. 월지 寅은 천간 비견(戊)을 태우고 나와 寅戌로 합을 맺고있다. 따라서 월지 寅中甲木은 두 번째 만나는 남자로 이미 처(戊)가 있는 유부남이며 암암리로 만나는 사람이다. 그리고 월주 戊寅과 년주 庚辰은 동순(同旬)에 있으면서 2급상순(相順) 관계이므로 남편(庚辰의 辰中乙木)과 같은 영역(同旬)에 있으며 아주 가까운 사이(2급상순)이다.

여기까지 파악한 다음 이젠 대운을 살펴보자. 丁대운은 공부운이나 庚 辛金의 식신상관이 극되어 공부를 하나 그 총명이 발휘되지 않게되고 신체적(식상은 행동이고 신체)인 지장과 손상도 입게된다. 그러나 대운간 丁火는 일지 戌에서 투출되었으므로 공부엔 열중하게 된다. 丑대운은 운간 丁火가 입묘(入墓)되고 일지 戌(丁火의 집)이 형되어 모친에 질병과 위험이 따르게 된다. 丙대운은 월지 寅역마에서 투출되었으므로 타향으로 나가 학업을 하던지 돈벌이(시간 辛상관과 丙辛합)하게 된다.

그런 이동엔 언니나 친구(월간 戊)가 개입되게 된다. 子대운은 정재운되어 돈벌이 하게 되고 乙亥대운은 년지 辰中乙木이 고개 내밀므로 첫 남자 만나 결혼하게 된다. 亥대운은 월지 寅을 합하여 년일지간의 辰戌冲이 발동되므로 돈문제(亥水財)로 인해 부부다툼있고 이별운도 생기나 寅亥合木되고 辰中乙木이 亥水에 생을받아 남편이 크게 다치진 않게된다.

그러나 甲戌대운이 되자 일지 戌이 발동되어 년지 辰을 충하므로해서 그 남편과 사별하게 되었다.

※ 辰戌사이의 충을 가로막아주던 寅이 亥와의 합을탐해 생기는 辰戌충과 운에서 온 戌이 辰을 충하는 것과는 그 강도에 차이가 있다. 따라서 亥대운엔 부부불화와 잠시의 이별이 따르지만 戌대운엔 辰中乙木이 완전히 박살나게 되는 것이다.

예2)

```
                    46 36 26 16 6
壬 癸 壬 己   여     丁 丙 乙 甲 癸   대운
戌 未 申 丑          丑 子 亥 戌 酉
```

癸일간 申月生이고 월시간에 壬水 투출되어 신왕하다. 따라서 어떤이는 '년간 己土 편관을 용신으로 하여야한다.' 고 말한다. 또 어떤이는 '己土는 습토이므로 왕한 水를 제압할 수 없다.

그러므로 시지 戌土로 용신해야 한다.' 로 말하기도 한다. 또 어떤이는 '시지 戌과 일지 未가 형을하여 무너진 흙이 되었는데 어찌 왕한 물을 막을 수 있는가? 따라서 왕한 물의 세력에 따라야 할 것이다.' 로 말한다. 모두가 일리있는 말이라 초심자들은 어떤 이론을 따라야할지 헷갈린다. 이럴땐 사주의 구조에서 그 육친관계를 분석하여 통변하면 100점은 못받아도 80점은 받을 수 있다. 먼저 부친성을 찾고 모친성을 찾아야하는데 재성(財星)은 일지 未中에 丁火 있고 시지 戌中에 丁火있다.

이중 나와 제일 가까운것은 일지이므로 일지 未中丁火를 부친성으로 잡는다. 다만 년월지에 재성이 있다면 그곳에서 먼저 찾는데 년월지는 부모조상의 자리이기 때문이다. 이번엔 모친성을 찾아보면 월지 申中庚金 인수가 있고 년지 丑中辛金과 시지 戌中辛金이 있다. 이 셋 중에서 어느것을 취해야 할까?

이것은 필자가 발견해낸 표출신을 활용하면 금방 해결된다. 즉 일지 未中丁火가 부친성인데 未中에 같이 있던 己土가 년간

에 투출되어 부친의 표출신이 되어있다. 따라서 년지 丑中辛金이 부친의 첫여자이고 나의 생모이다. 덧붙인다면 일지에서 투출된것은 나의 표출신이기도한데 이것이 년지 丑위에 앉아있기 때문에 丑中辛金이 나의 생모인 것이다.

그런데 丑은 金인수의 고(庫)로서 모친성인 辛金이 입고되어 있는 상이다. 관성입고(官入庫)되면 남편이 사망하는 것처럼 인수 입고되면 모친 역시 죽게되는 상인데 초년을 뜻하는 년지에 인수의 고(庫)가 있어 모친과는 일찍 사별하게 된다. 게다가 일지와 년지는 충이되어 인연없음을 나타내고 있다. 월지 申이 일지 未와 암합하여 丑未충을 보류시키므로 申이 제거되는 寅과 巳운에 丑未沖이 발동되게되고 그렇게되면 丑中의 辛金은 상처받아 없어지게 된다. 따라서 5살되는 癸巳년에 모친과 사별했을 것이다.

월지 申中庚金은 일지 未中乙木과 암합하고 또 申中壬水와 未中丁火도 암합한다. 그러므로 월지 申은 모친 사후에 들어온 계모이며 여기서 월시간의 壬水가 투출되었으므로 이복 남형제 두 명 있게 되었다. 이젠 남편을 찾아보자. 일지 未中己土가 년간에 투출되어 관성(편관)이 되므로 이것이 나의 첫 남자다.

초년을 뜻하는 년간에 己土가 있고 부친인 未中丁火의 표출신과 같으므로 남편의 성격과 행동은 나의 부친과 많이 닮은 사람이다. 그러나 년지와 일지가 丑未로 충되므로 그 인연은 끊어진다. 년간 己土와 합되는 甲戌대운에 첫남자 만났으나 년일지와 더불어 丑戌未 삼형이 성립되어 불화속에 지냈다.

그러다가 乙대운을 만나 己土를 충극하므로 그 인연은 끊어지게 되었다. 대운간 乙은 일지 未中에서 투출되었으므로 내가 남자를 싫어하여 끝낸 것이다.

이젠 癸水 일간이 의지할 수 있는 관성은 겁재가 타고 앉아있는 시지 戌中戊土 뿐이다. 亥대운에 亥中壬水와 일지 未中丁火 그리고 시지 戌中丁火와 암합하여 戌未刑을 해소하여 戌中戊土 를 만나게 되었다. 그런데 시주 壬戌은 형맞은 백호살이므로 그 처가 흉사한 홀애비다. 또 戌은 재고(財庫)이므로 돈(戌中丁火) 도 제법 지니고 있는 남자며 말수도 별로 없는 사람이다.

많은 물은 흘러가다가 산(山)을 만나면 멈추게 되므로 이 사람이 뿌리내려 살곳은 山字 들어간 마산 부산 울산등이고 그 거주하는 집도 산이 가까이 있는 곳이다. 원칙적인 자식은 일지 未中乙木이다. 그런데 이것이 戌未刑을 맞아 파괴되었다. 그러므로 자식에 유산 낙태가 있게되어 무자식 상이다.

예3)

```
          36 26 16 6
戊 辛 辛 庚   여   丁 戊 己 庚   대운
戌 亥 巳 子        丑 寅 卯 辰
```

월지 巳中丙火 정관이 나의 남편이다. 그런데 일지 亥가 巳를 충하므로 정관이 내게 오지 않는 격되어 부부운이 불길하다. 월지 巳에서 투출된 년간의 庚金과 시간의 戊土가 남편의 표출신이다. 따라서 그 남편은 내게 두 가지 역할을 하게 된다. 첫째는 년간 庚金 겁재의 작용이다. 겁재는 재물을 겁탈 탕진하는 것인데 이것이 도화를 띠고 있는 년지 子水에 앉아 子水를 생해주고 있다.

이는 그 남편이 바람피워 돈까먹던지 도박으로 돈을 탕진하고 있음을 나타낸다. 그리고 시간의 戊土가 남편의 표출신이므로 나에겐 부모처럼 자상하게 보살펴주는 행동도 나타낸다. 또 겁재가 정관을 보면 그 정관을 탈취하는 역할도 한다.

따라서 년간의 庚金 겁재가 도화인 子에 앉아 정관이 있는 월지 巳를 겁살하고 있음은 나보다 나이많은 여자(庚은 辛의언니)가 내 남편을 색정(도화)으로 탈취함을 나타낸다. 이 여성은 월지 巳中戊土가 투출되는 戊대운에 남자만나 결혼했다. 그러다가 寅대운이되어 월일지간의 巳亥冲이 합(寅亥)을 만나게되어 巳亥冲이 발동되어 부부이별했다.

아이(일지 亥中壬水)하나 낳고 이별했는데 앞에서 말한 그런 내용 때문에 여자가 이혼을 요구한 것이었다. 시지 戊中丁火가 일지 亥中壬水와 암합하므로 丁火는 두 번째로 만난 남자다. 丁火가 戊庫에 들어 앉아 있으므로 큰 능력없으나 시간 戊土가 丁火의 표출신이라 나를 따뜻이 보살펴주는 착한 남자다. 그리고 일시로 戊亥 천문살 구성되어 종교인이다. 그런데 시지 戊中에 같이있던 辛이 월간에 투출되어 후부(後夫)의 표출신이 되어있다. 월지 巳는 역마고 辛金(後夫의 표출신)의 사지(死地)이다.

그러므로 다정한 친구 및 형제같기도한 후부는 객사하게 된다.

36세부터의 丁丑대운에 辛金은 丁火에 극되고 대운지 丑에 입고되므로 후부(後夫)와 사별할 것으로 추리된다.

예4)

```
            40 30 20 10
庚辛辛庚  여   丁戊己庚  대운
子未巳寅       丑寅卯辰
    午
    도화
```

월지 巳에 뿌리둔 년시간의 庚金과 2개의 辛金만이 천간에 떠있다. 이 사주를 어떤 이(透波)는 종왕격이라하며 土金운이 좋았다로 해석했다. 그래서 필자와 문답을 하게 되었다.

필자 問 ; 종왕격이라? … 그러면 이 사람의 부모운은 어떻소?

答 ; 년월간에 庚辛金이 있으므로 크게 나쁘지 않은것 같소.

問 ; 자식운은 어떻소?

答 ; 시간에 庚金있고 또 子水가 있어 조열한 지지를 윤택하게 하므로 좋습니다.

필자가 만난 투파(透波) 역술인의 실력이 아직도 완전치 못했던지 아니면 투파이론 자체가 결함이 있는 것인지는 모르겠으나 그 답은 전연 아니었다. 이 사주의 구조에서 먼저 부모관계부터 밝혀보면 다음과 같다. 년지 寅中甲木 정재가 부친성이고 寅巳刑을 맞고있는 월지 巳中戊土가 모친성이며 일지 未中己土가 또 모친성이다. 따라서 巳中戊土는 부친의 전처(前妻)이며 부친(寅中甲木)과는 寅巳刑되어 이별하게된 사람이다.

그리고 부친의 첫 여자궁(宮)인 巳에서 년시간의 庚金이 투출되었으므로 부친의 전처는 두명의 남자를 낳았다. 일지 未中己土가(년지 寅中甲木과 암합하므로) 부친의 후처이며 나의 친모인데 未土는 木의 고(庫)이므로 부친은 모친에게 꼼짝 못하며 정서불안 및 정신적 결함(寅未귀문)을 지닌 사람이다.

그리고 월간의 辛金은 부친의 후처며 나의 생모가 낳은 여형제이며 庚金은 이복남형제이다. 천간에 비견겁재 일색이고 년월지가 寅巳刑하여 寅中甲木이 巳中庚金에 상하므로 겁재 발동되는 庚대운에 부친과 사별했다. 따라서 辰대운에 어렵게 생활했고 겨우 중학을 졸업했다. 己대운은 일지 未中己土가 투출되어 辛金 일주를 때묻게 하므로 모친으로 인한 고통이 많았다.

이젠 남편과 자식에 대해 살펴보면 辛金 일주의 남편은 원칙적으론 월지 巳中丙火 정관이다.

그러나 이 巳中丙火는 寅巳刑으로 상해 있는데다 월간에 비견인 辛金을 태우고 명암합하므로 이미 여자(월간 辛金)가 있는 남자이다. 따라서 믿을 수 없는 정관이라 이를 버리고 월일지간에 협공된 午火 도화관을 내 남편으로 하게 된다. 그리고 이렇게 巳 … 午 … 未로 협공된 관국을 이루게되면 암암리로 많은 남자와 인연을 맺게된다. 따라서 배우자궁인 일지 未와 협공된 午火 관성중에 있던 己土가 투출되는 20세부터 남자 나타나 연애동거하게 되었다. (대운지 卯역시 도화살되었다.)

시지 子水자식은 이때에 생겨났다. 그러나 子水는 巳未사이에 협공되어 있는 午火 정관과 子午冲이 되므로 자식낳자말자 부부간에 불화가 심해졌다.

그러다가 협공된 午火가 나타나는 戊午년(29세)를 만나 子午冲이 발동되어 남편과 이별하게 되었으며 자식또한 자신이 못키우고 남에게 주고 말았다. 辛일간이 巳未사이에 협공된 午火를 관성으로 하게되면 자식인 子水가 그 관성을 깬다.

이것은 남자와 살려면 그 자식이 방해가 된다는 말이다. 戊대운은 월지 巳에서 투출되었으므로 이때에 유부남(월지 巳中丙) 만나 통정했는데 그 남자는 관형(官刑 ; 寅巳刑)을 당한 바람잽이로 길거리(巳역마)에서 만난 사람이었다.

사주천간에 겁재가 투출되어 있으면 탐심이 많게된다. 그런데다가 일지 未는 재고(財庫)이며 년지에 있는 남의재물(庚寅)을 비견과 연합(辛未 辛巳)하여 겁살(巳酉丑은 寅이 劫殺)한다.

그러므로 이 사람은 친구형제 및 동료와 연합(辛未 午 辛巳)하여 남의 돈을 갈취하여 자기 창고에 집어넣으려는 심성을 지니고 있다. 덧붙이면 월지 巳는 정관이므로 남의남자 그리고 관청 및 법의 힘을 빌려 남의재물(庚下의 寅)을 박살내고(겁살) 그렇게 흩어진 재물을 취하여 자기 창고속에 감추어 두는 생활태도를 나타내게 된다. 寅대운과 丁火대운에 그런 일이 발생된다.

一. 숨의 작용과 그 변화

명리학에 갓 입문한 초보자들도 육합, 간합 등의 합을 알고 있다. 그러나 寅亥가 合하여 木이 된다고 하는데 이리되면 寅中丙, 戊와 亥中壬水는 어떻게 되나? 또 乙木은 辰에 통근할 수 있는데 辰酉合이 된다면 그래도 乙木이 辰에 통근할 수 있는가?

그리고 丙辛으로 간합하면 水가 된다고 하며 그리되면 丙과 辛이 지니고 있던 본래의 오행적 속성이 없어진다고 하는데 틀림없는 것인가?

이런 변화에 대해선 수 십 년간 사주명리를 다뤄본 사람이라도 명확하게 말하지 못하고 우물쭈물하고 있는 실정이다.

따라서 여기선 합의 원리와 그 변화 및 작용력에 대한 새롭고 명확한 견해를 밝히기로 하겠다.

육합에 대한 것부터 먼저 살펴보고 간합과 그 외의 여러 합은 실례를 통해 해설하기로 하겠다.

1. 六合(지지 음과 양의 合)

1) 子丑 ; 子水가 丑土에 묶여 生木작용 안하고 고여있는 흙탕물 또는 진흙으로 변한다. 子水의 입장에선 合을 깨는 未가 밉다. 그러므로 子와 未의 관계를 六害라하고 원진이라 하게된다. 또 午가 미울 수밖에 없으니 이를 丑午원진이라한다. 午未를 만나 子丑合이 깨지면 子水와 丑土는 제갈길로 간다.

2) 寅亥 ; 亥中壬水는 흐르지 못하고 寅中丙火는 壬水에 剋받아 깨지게되며 이리되면 寅中戊土는 쓸모 없어진다. 寅中戊土는 亥中壬水를 극하고 亥中壬水는 寅中丙火를 극하며 亥中甲木은 旺해져 寅中戊土를 극한다. 이러므로 寅亥合은 서로 파(破)한다 하여 합파(合破)라 한다. 살아남는 것은 오로지 木뿐이다.

예) 戊 乙

　　　寅 亥 　의 구조이면 천간 戊土는 寅中丙火에 생을 받지 못해 그 뿌리를 상실함이 된다. 亥水의 입장에선 合을깨는 申이 미울 수밖에 없으니 이를 申亥相害라 한다. 또 寅木의 입장에선 亥를 沖하는 巳가 미울 수밖에 없어 서로간 싸우게되니 이를 寅巳刑이라한다.

3) 卯戌 ; 卯木이 戌土를 극하는 형상이나 卯中甲乙木이 卯戌合하여 戌中丁火를 피우는 형상이다 따라서 木의 소토작용은 없어지고 戌中戊土는 조토(燥土)로 변한다. 따라서 천간에 甲乙木이 있다면 그뿌리가 상실된다. 또 戌中戊土의 生金역할도 없

어지고 戌中辛金은 녹게된다. 戌의 입장에서 卯를 沖하는 酉가
합을 깨므로 미울 수밖에 없으니 서로간 상해(相害)관계가 성립
된다. 또 卯의 입장에선 合神을 충하는 辰이 미울 수밖에 없으
니 卯와 辰의 관계도 해(害)가 된다. 그러나 이때까지의 역서엔
卯와 辰의 관계를 상해(相害)로 밝혀놓지 않았다. 이는 卯는 辰
을 얻어 辰中癸水에 수생(水生)하고 辰中戌土에 그뿌리를 박을
수 있어서이다.

4) 辰酉 ; 辰中乙木이 酉中庚金과 암합하므로 진정한 합이되
며 土生金으로 生合까지된다. 庚의 입장에선 쇠붙이(酉中庚金)
가 도구로서 제몫을 할수있게되는 손잡이(자루;乙)를 얻은격이
고 辰의 입장에선 용이 여의주를 얻어 조화와 쓰임을 얻을수 있
는 격이다. 辰을 沖하는 戌과 酉는 상해(相害)관계가 되고 辰의
입장에선 酉를 沖하는 卯木이 미울 수밖에 없어지므로 해살(害
殺)이 된다. 즉 辰酉合이 있을 때 卯가와서 酉를 沖하면 아주 나
쁘게 작용된다. 단 酉金이 기신(忌神)일때는 무방하다.

예)

					51	41	31	21	11	1
丁	辛	己	壬	여	癸	甲	乙	丙	丁	戊
酉	酉	酉	辰		卯	辰	巳	午	未	申

위 여명은 乙卯년 丁卯년 己卯년 또 癸卯대운에 육친 이별과
질병, 수술등의 액을 만났다. 물론 왕신(旺神)을 충하게된것도
하나의 원인이다.

5) 巳申 ; 巳中丙火는 申中庚金을 극하고 巳中戊土는 申中壬水
를 극하는 관계이므로 이를 형합(刑合)이라한다. 巳를 沖하는 亥

와 申은 해살(害殺)이되고 申을 沖하여 합을 깨는 寅과 巳는 형(刑)이 된다. 부딪치면 붙고 붙으면 부딪친다. 巳의 본기는 火이고 申의 본기는 金이라 택화혁괘(澤火革卦)의 상이므로 개혁성이 강하다. 申中壬水가 巳의 合 때문에 물이 밖으로 흘러나온다.

6) 午未 ; 未中乙木은 불에타 없어지므로 천간에 있는 乙木은 뿌리상실되고 未中己土는 조토(燥土)되어 생금(生金)못하며 木을 키울수 있는 흙이 못된다. 未의 입장에선 午를 沖하는 子가 밉게되니 子未해살이 되며 원진살이 구성된다. 또 午의 입장에선 合神인 未를 沖하는 丑이 미울 수밖에 없어지므로 丑午로 원진살이 구성된다.

이때까지의 것을 보면 합(合)은 정을 맺는 것 붙는 것이며 충(沖)은 합의 반대작용으로 충돌이고 형(刑) 육해(六害) 원진 등의 신살 역시 합에서 비롯되어짐을 알 수 있었다. 따라서 모든 변화의 시작은 바로 합이다. 이러므로 필자는 사주명리 변화의 핵심을 합에서 구한 것이다.

2. 干合 : 천간 음과 양의 합

사주조직에 있어 천간은 양이며 지지는 음이고 천간은 동(動)이며 지지는 정(靜)에 속한다. 특히 일간(日干)은 머리요 정신이며 주체이다. 이에 비해 일지(日支)는 아랫도리며 육신(肉身)이며 물질이므로 일간에 종속되는 입장이다. 그러므로 천간끼리는 합이 되었으나 지지끼리 서로 배척한다던지 세력에 경중이 있던지하면 진정한 합이 이뤄지지 않는다.

흔히 천간에 己土가 있는데 대운세운에서 甲木이와 甲己合하게 되던지 甲木에 己土가 와서 甲己合하게 되면 합거(合去)되어 甲과 己土가 없어지던지 작용 못한다고 알고 있다. 그러나 꼭 그렇지 않고 오히려 합하여 동(動)하는 경우도 있다. 합거(合去)냐 합동(合動)이냐 하는 것은 전적으로 서로가 타고 앉아있는 지지의 세력과 서로의 작용에서 결정된다.

자세한 변화는 실례감정에서 하기로 한다.

3. 암합(暗合)

　지지 장간끼리의 合을 말한다. 서로 가까이 있으면 合力이 강하고 멀리 떨어져 있으면 合力이 약하다. 이 암합은 형충(刑沖)에 의해 깨어지고 육합이 와도 깨어진다.

　　예　　　壬　癸
　　　　　　戌　亥
　　　　　　時　日　　의 경우　日支 亥中壬水와 時支 戌中丁火는 丁壬으로 암합한다. 그러므로 戌中丁火가 癸日干의 처, 재(妻, 財)가 되는데 巳가와 日支亥를 沖하면 암합이 깨어져 이별 및 불화(不和)가 생기게된다. 또 辰이와서 時支戌을 沖해도 마찬가지다. 그리고 寅이와서 일지 亥와 寅亥로 合하게되면 亥水가 寅과의 合을 탐해 암합이 깨어진다. 또 卯가와서 時支戌을 합해도 역시 암합이 깨어진다. 이것은 암합보다 육합(六合)의 작용력이 강하기 때문이다. 따라서 寅이나 卯를 만나면 戌과 亥는 변심하게 된다.

4. 三合

合중에 제일 강한 힘을 가진 합이다. 따라서 三合을 형성하게
되면 육합, 암합 등은 모두 깨어진다. 이 三合도 형충에 의해 깨
어지는데 이리되면 큰 혼란이 오게 된다.

1) 삼합 인수국이 있으면 모친외에 또 모친있던지 모친에게
배다른 형제 있게 된다.

2) 삼합 관성국이 있으면 여명에는 남편외에 남편(애인)두게
되던지 남편에게 배다른 형제있게 된다.

3) 삼합 상관국이 있으면 여명에는 자식 아닌 자식두던지(남
이 낳은자식 키우던지) 이남자 저남자에게 아이 낳는다. 남명에
겐 장모두 분이거나 할머니 두 분 두게 된다.
  ※ 장모에게 이복형제 있거나 조모에게 이복형제 있다.

4) 삼합 재국있으면 남녀공히 아버지에게 이복형제 있던지 의
붓아버지 두게된다. 남명에겐 재성(財星)이 처(妻)가 되므로 처
외에 애인두던지 처에게 이복형제 있게 된다.

5. 반합(半合)

　巳酉丑 金局의 예를들면 巳酉, 巳丑, 酉丑의 구성을 말한다. 이들 반합중에서 三合의 중심인 酉가 들어있는 巳酉 酉丑의 반합은 70%정도의 힘이 있으나 巳丑의 合은 金의 세력이 20%정도에 불과하다. 그리고 지지에 三合이나 半合이되어 있고 천간에 그기운이 투출되어 있으면 더욱 합의 기운이 강해진다.

예)
```
庚 壬 辛 乙    남A        庚 壬 癸 辛    남B
戌 寅 巳 酉              戌 寅 巳 丑
```

　A의 경우는 巳酉로 반합되어 있고 金의 기운인 庚 辛金이 천간에 투출되어 있으므로 90%정도의 힘을지닌 三合金局이 형성된다. 따라서 이 사주는 월지 편재격에서 인수격으로 변격되게 된다. 그러므로 인수의 특성인 학문과 교육에 인연이 있게된다. 또 삼합인수국을 이루므로 모친 외에 또 모친을 두게되고 모친에게 배다른 형제가 있는 것이다.

　B의 경우는 천간에 庚 辛金이 투출되어 있으나 지지에서 酉가 빠진 巳丑의 반합을 이루고 있으므로 金局의 세력은 50%정도에 불과하다. 따라서 교육 학문계통으론 진출치 못하고 직장생활과 개인사업을 겸하고 있다.

　寅戌, 午戌, 寅午등의 반합도 위와같이 처리하면 된다.

6. 방합(方合)

巳午未, 寅卯辰 등을 말한다. 이 방합도 힘이 아주 강하나 암합, 육합, 삼합을 깨지는 못한다. 그리고 巳午, 巳未, 寅卯, 寅辰 등의 반합은 성립되지 못하므로 무시해도 된다. 방합(方合)의 육친관계도 삼합과 같다.

예)

```
己 己 戊 戊      여
巳 未 午 申
```

지지에 巳午未로 인수국을 이루고 있다. 따라서 이 사람의 모친에겐 이복형제가 있다.

一. 투출신(透出神)

이 투출신은 표출신과 비슷하게 사주원국 지지에 있는 장간이 튀어나와 있는 것을 말한다. 다만 표출신은 사주원국의 천간에 있는 것을 말하고 투출신은 대운과 세운에서 나타나는 것을 말함이 다르다. 이투출신을 잘 활용하면 어느대운에 어떤일이 발생하는지 알 수 있다. 물론 신살활용과 형충회합, 간합 등의 작용을 잘 알아야한다.

예1)

```
                       33 23 13 3
乙 甲 壬 癸      남      戊 己 庚 辛    대운
亥 午 戌 卯             午 未 申 酉
       도화
```

甲木戌月生이나 신왕이다. 상관으로 생재하는 격인데 戌이 년지 卯와 卯戌合되어 좋지 못하다. 더욱이 壬戌이 백호살이고 이것이 癸卯의 卯양인과 합하므로 戌中戊土 편재가 비명횡사할 팔자다. 23세부터의 己未대운은 甲午일주와 천간지합하므로 결혼운. 戊대운은 월지 戌中戊土가 투출신이므로 부친과 재물에 대한 문제가 생기는 때다. 그런데 戊가 년 癸와 간합하므로 서류보증(癸水인수) 및 강한성질(卯木양인) 때문에 돈 나가고 또

부친에게 흉액있는 운이다. 이것은 원명의 백호살이 발동된 탓이다. 이런 대운에 월지 戌中丁火가 투출되는 丁丑년을 만나 세운지 丑이 월지 戌을 刑하여 癸丑月에 그 부친이 교통사고로 세상떴고 손재 및 서류 부실로 인해 재산상의 분규가 발생했다.

예2)

					49	39	29	19	9	
庚	壬	辛	乙	남	丙	丁	戊	己	庚	대운
戌	寅	巳	酉		子	丑	寅	卯	辰	

庚대운은 년지 酉와 월지 巳中에 있던 것이 투출된것으로 본다. 따라서 학업에 대한 문제 및 모친 및 또다른 모친에 대한일 등이 일어난다. (년지 酉가발동) 다음으론 지살(巳는지살)이고 절(絶; 日主는 巳에 絶)을 만나 봉생(逢生)하는 운이라 사고 및 질병으로 죽을뻔하다가 살아난다.

※ 이 사주는 金旺하고 旺金의 氣를 泄하는 것은 日主壬水 하나뿐이다. 그러므로 운에서 또다시 金이오면 사고 및 질병이 생기게된다. 그것은 위장약한 사람에게 억지로 밥을 퍼먹이게 되면 생기게되는 그런 부작용과 같다.

그런데다가 庚辰대운이 일주 壬寅과 2급 소용돌이를 형성하여 생명의 위험 불화 갈등 중단 등의 일이 발생하게 된다.

사주지지에 있는 巳 寅 戌中의 戊土가 투출되는 戊대운은 寅 巳가 발동하여 형액, 부상, 수술 등의 일이 발생되고 또 시지 戌 (처궁)이 발동하므로 결혼이 이뤄지는 운이다.

39세 부터의 丁대운은 시지 戌에서 투출된 것으로 본다. 즉 丁火는 戌(처궁 및 財庫)의 투출신이 된다. 그러므로 첫째 처 (妻)에 대한 문제발생인데 이 丁火가 사주월간에 있는 辛金(처

표출신)을 극하므로 그처가 폐결핵 및 호흡기병을 앓게된다. (43세에 이 사람의 처가 폐결핵 걸렸다. 丁卯년)

49세 丙대운은 월지와 일지 巳 寅中에서 투출된 것이다. 따라서 애인 및 부친에 대한일이 생기고 부친사망운이다. 丙火가 子水위에 앉는 운이며 월간 辛金과 丙辛合하여 사라지는 운이기 때문.

예3)

```
丙 壬 癸 丙    여      己 庚 辛 壬    대운
午 辰 巳 申            丑 寅 卯 辰
```

壬水巳月生으로 火旺 신약이다. 따라서 일지 辰中에 뿌리를 둔 월간 癸水로 旺火를 制해야하니 日 比劫扶身格.

壬대운은 년지 申中壬水가 투출되므로 申金 역마 지살 발동 따라서 년간 丙火가 壬水에 극되므로 그 부친이 교통사로로 세상뜨거나 객사(客死)한다.

庚대운은 년지 申金의 투출이라 申金발동. 또 월지 巳中에서 庚金투출이라 巳도 발동. 따라서 문서, 교육, 학문, 존장이 내게 득이되며 죽어 없어진것같은 문서, 서류 등이 장생하여 내게 도움을 준다. 월지 巳는 가택이므로 이런 때는 집을사면 좋다.(집문서 잡는운)

己대운은 시지 午中에서 투출이고 그것이 나의 용신인 癸水를 극하므로 남자 나타나 손해보는운. (남자로 인해 손해본다.)

예4)

```
                        41 31 21 11 1
壬 乙 壬 壬    남      丁 丙 乙 甲 癸    대운
午 酉 子 子            巳 辰 卯 寅 丑
```

水多木浮格. 水旺하므로 그 旺氣를 역하는 土운이 제일 흉하다. 시지 午中己土 처(妻).

丙대운은 시지 午火중에서 투출되었으므로 처(妻)와 자식에 대한 문제 생기는운. 午火처궁에서 丙火나와 조후역할하므로 이때에 그 처가 활동하여 나를 돕는다. 그리고 자식을 보는 기쁨이 있는운. 좋은 운이다.

※ 이렇게 水旺한데 丙火가 오면 水火상극되고 丙壬冲되어 旺神인 水를 노하게하여 나쁘다고 하기쉽다. 그러나 丙火는 太陽之火요 그 성질은 상승하므로 하강하고 밑으로 스며드는 壬水와는 상극작용이 이뤄지지 않는다.

예5)

```
             24 14 4
丁 乙 乙 己  남    壬 癸 甲  대운
亥 巳 亥 亥        申 酉 戌
```

壬申대운의 천간 壬은 년월시의 亥中에서 투출되어 亥水역마가 발동하는운. 그런데다가 壬申은 일간 乙巳와 3급소용돌이되어 아주 흉한운이다.

일지 巳中戊土 발동되는 戊辰년(30세) 만나 巳亥冲이 발동되었고 申대운이 冲中逢合之運(巳亥冲있는데 申이와 巳申合한다.)되어 그처(巳中戊)와 부친이 교통사고로 저승갔다. (巳中丙火역시 亥中壬水에 극당해 장모 및 조모역시 路上死하는 팔자다.

一. 표출신(表出神)이란?

사주지지(地支)에 암장되어 있던 것이 천간에 투출된 것을 표출신으로 하는데 이것을 살펴보면 해당육친에 대한 것을 소상히 알 수 있다.

예1)

庚	庚	戊	乙	남	甲	乙	丙	丁	대운
辰	寅	子	卯		申	酉	戌	亥	

이 사주의 부친은 일지 寅中甲木인데 寅中에 같이있던 戊土가 월간에 투출되어 부친의 표출신이 되어있다. 이 戊土는 甲木편재(부친)의 편재가 되어 부친의 몸이 되고 명줄이 된다.

※ 財星은 물질이고 육신(肉身)

그런데 사주엔 寅卯辰으로 木旺하고 월지 子水 또한 木을 生하여 그야말로 木의세력이 엄청강해져 월간 戊土가 심하게 극을 받고 있다. 따라서 그부친의 건강(戊土 표출신)은 간(肝)과 위장이 좋지못해 투병하여 세상 뜰 사주다.

亥대운에 이르러 戊土는 亥에 절(絶)되고 亥水는 日支寅과 合하여 戊土의 생기를 끊는다.

이러므로 그부친이 亥대운에 간병(肝病)으로 세상떠났다. (寅亥合편 참고)

또 日支 寅中甲木 편재는 나의 몸이고 나의 건강줄이고 여기서 나온 戊土는 나의 표출신이기도하다. 그런데 년지 卯木도화재(財)가 戊土가 앉아있는 子水를 刑하고 卯中에서 나온 년간乙木이 戊土를 극하고 있다. 이는 바로 탐재괴인(財를 탐하면 인수가 무너진다)의 격국으로 아주 불길한 형상이다.

乙대운들어 년간 乙木발동하여 戊土를 극하므로 여자를 겁탈하려다 무기형을 받게 되었는데 죄명은 강간치사였다.

이 표출신의 이치를 모르는 역자(易者)들은 월간 戊土를 모친 및 모친의 형제로 볼것이고 그리되면 亥대운에 모친 및 모친의 형제가 사망 및 흉액을 당한다고 감정할 것이다.

예2)

```
                              44 34 24 14 4
丁 甲 壬 丁   남        丁 戊 己 庚 辛  대운
卯 戌 子 亥            未 申 酉 戌 亥
도화    도화
```

日支 戌中戊土 편재가 부친성이고 戌中에 같이있던 丁火가 년시간에 투출되어 부친의 표출신이 되어있다. 년간의 丁火(부친의 표출신)는 년지 亥에 앉아 자좌명암합(自坐明暗合)하면서도 월지 子水도화위에 앉아있는 壬水와 丁壬으로 합하고 있다.

이는 그 부친이 여러여자와 丁壬(음란지합)으로 합정했음을 나타낸다. 또 시간의 丁火는 일지에서 나왔으므로 본인의 표출신이기도하다. 그런데 시간의 丁火는 卯木도화살위에 앉아 日支와 卯戌도화합하고 있다. 이는 본인역시 바람기 심함을 나타낸다. 본인과 부친의 표출신이 동일하므로 부친의 바람기를 이어받은 것이다. 이런데다 甲木子月生에 水多하므로 더욱 조토(燥土;戌未)를 찾게된다.

물론 日支 戌中戊土가 용신이고 시지 卯木은 용신의 병이되어

이 사람은 바람기로 그 처를 무던히도 애먹였다.

日支戌土가 발동되는 戌대운 20세에 결혼했고 戌조토가 용신이므로 토건계통으로 생활했다. 戌土가 卯와 合하여 아궁이에 불을 때는 형상이므로 구운흙(기와, 벽돌, 브로크)을 취급했다.

酉대운에 기신 卯를 冲하여 제거했으나 戌中戊土가 酉대운지에 死地되어 고생은 했으나 돈은 벌었다. 34세부터의 戌대운은 용신이 천간에 나타나 壬水를 극하므로 돈많이 벌었다. 同大運 甲子년부터 슬슬 바람기가 일어나기 시작했는데 이는 甲木이 子도화위에 앉아있기 때문이며 시지 卯中甲木이 발동되었기 때문이다. 사주에 金이없어 金氏 배필 만났다.

예3)

庚	壬	癸	辛	남	戊	己	庚	辛	壬	대운
戌	寅	巳	丑		子	丑	寅	卯	辰	

공망

壬水 일주의 자식성은 년지 丑中己土이고 시지 戌中戊土이다. 그런데 년시지 戌丑에서 년간 辛金과 월간 癸水가 나와있다.

따라서 첫딸 낳았으며 그 딸은 모친과 많이 닮아 내게 엄마처럼 잔소리 많고 많이 챙겨주려한다. 또 癸水 겁재가 딸의 표출신이므로 그딸 때문에 돈많이 까먹게 된다.

이 사주는 신약같지만 신왕으로 변해 월지 巳中丙火가 제일 많이 형극(刑剋)되고 있다. 그러므로 이 사람의 부친인연은 10세전에 끊어진다. 대운마저 초년운이 비견운이라 태어난 때에 부친사별했다. 이 사람의 처는 시지 戌中丁火인데 戌中에 같이 있던 辛金이 년간에 투출되어 처(妻)표출신 되어있다.

따라서 이 사람의 처 역시 모친처럼 고집세고 엄마처럼 나를 대한다. 적천수에 보면 천간은 천간끼리 지지는 지지끼리 생하고 극할 수 있으며 지지가 천간을 천간이 지지를 극하지 못한다고 되어있다. 그러나 꼭 그렇지않고 천간지지의 성질에 따라 극할 수도 있고 생할 수도 있다.

癸巳의 예를들면 癸水는 巳中丙火를 극할 수 있는데 그 까닭은 水氣는 하강하고 火氣는 상승하므로 물과불이 서로 마주쳐 극이 되는 것이다. 辛卯의 예를들면 천간 辛金의 氣는 하강하고 卯木의 기운은 직상(直上)한다. 그러므로 卯木은 金의 극을받아 고개 내밀며 자라기 어렵게된다.

庚寅의 경우는 庚金의 기는 하강하고 寅中甲木과 丙火의 기는 상승하므로 金剋木도 되고 火剋金도 성립된다.

丙子의 경우는 丙火의 기는 상승하고 子水의 기는 하강하므로 서로간에 상극하는 일은 발생되지 않는다.

丙戌의 경우는 천간 丙火가 지지 戌中戊를 생할 수 없다. 丙火의 기는 상승하므로 火生土가 안되기 때문이다.

甲辰의 경우는 辰中癸戊가 천간의 甲木을 생할 수 있다. 이는 甲木이 辰中戊에 뿌리박을 수 있고 이리되면 辰中乙木이 甲木의 뿌리가 되어 같이 있는 癸水가 乙木을 생하므로 간접적으로 甲木이 癸水의 生을 받을 수 있는 것이다.

己亥의 경우는 亥水가 己土의 극을 받을 수 있으나 亥水가 흙탕물이 되는 정도다. 이런 이치는 필자의 오랜 경험으로 확인한 것이다.

예4)

```
辛 丙 丙 庚    여        壬 癸 甲 乙    대운
卯 申 戌 寅             午 未 申 酉
```

년간 庚金부친성이 년지 寅에 앉아있다. 그런데다가 寅中丙火가 월간에 투출되어 있으며 寅戌로 半火局을 짓고 있다. 庚金은

金旺節인 戌月에 뿌리강하고 日支 申에 득록하였으나 火의 세력보다 金의 세력이 약하다.

그런데다가 庚金이 寅에 앉아 절(絶)이 되어있고 寅中丙火가 투출되어 庚金을 충극하고 있어 심히 위태로운데 寅戌 半火局까지되어 호시탐탐 노리고 있다. 이럴땐 뿌리를 상하게하는 운이오거나 庚金을 합하는 운이오면 박살나게 된다.

초년 乙대운에 부친성 庚을 합했고 乙未年을 맞아 또한번 庚金을 合去시키면서 월지 戌을 세운지 未가 형했다.

이리되면 戌中丁火가 투출되어 庚金을 극하게되고 寅戌로 반합암합되어 있던 것이 풀리므로 寅申冲이 발동된다. 즉 유일하게 남아있던 庚金의 뿌리인 일지 申金이 寅申冲으로 날라가게 되어 그만 그 부친이 총맞고 저승가게 되었다.

예5)

				여	32	22	12	2	
丙	戊	乙	己		己	戊	丁	丙	대운
辰	午	亥	亥		卯	寅	丑	子	

戊土일주가 亥月에 태어나 水旺하므로 丙火로 조후해야하고 辰中戊土로 制水해야한다. 辰土는 습토라 制水하지 못하나 日支 午中丁火가 생해주고 丙火투출되어있어 쓸만하다. 월간 乙木정관성이 남편성인데 사지(死地;12운)인 亥水에 앉아 부목(浮木)이 되어있어 심히 위태롭다. 그러나 시지 辰에 뿌리내릴 수 있어 다행이다. 이럴땐 辰을 충하는 운이오면 乙木은 뿌리없어져 부목(浮木)되어 죽게된다.

이 사주의 핵심은 시지 辰土이다. 水를 제압하는 용신일뿐 아니라 夫星인 乙木이 기궁(寄宮)할수 있기 때문이며 일간 戊土의 뿌리역할까지 겸하고 있어서이다. 辰은 戊土 일간의 홍염살인데

辰中戊土가 22세 대운부터 나타난다. 그럼으로 22세 戊대운에 연애결혼했다. (辰中戊土 있는데 운에서 戊가오면 辰이 발동한 다.)

내용신 辰中에서 투출된 월간 乙木이기에 유정하고 좋은 남자 였다. 그러나 이 좋은 대운에서 그만 제일 기피하는 壬戌년(24 세)을 만나 희용신인 丙辰이 천충지충되었고 뿌리뽑힌 乙木은 세운지 술에 묘(墓)운되어 그만 그 남편이 파도치는 바다(亥亥 自刑)에 빠져 죽고 말았다.

그런데 일지 午火중에는 己土가 있는데 이것이 년간에 투출되 어있다. 午中丁火는 모친이므로 己土는 모친의 표출신이 되며 또 나의 표출신이기도 하다. 따라서 모친은 물장사하면서 두번 에 걸쳐 애인만난다. 이는 日支 午中丁火가 년지 월지의 亥中壬 水정재와 두 번에 걸쳐 암합하고 모친의 표출신인 己土가 2개의 亥中甲木과 명암합함에서 알 수 있다.

엄마와 나의 표출신이 동일하므로 어미의 팔자를 이어받았다 할 수 있다. 어째서 물장사하면서 두명의 남자만나 합정(合精) 했나 하는 것은 스스로 추리해보기 바란다. 사주에 자식성인 식 상(食傷)이 없으나 일지와 시지 사이에 巳록을 끼고있고 巳中에 는 庚金식신이 있으므로 남자자식 하나두었다.

예6)

```
              35 25 15  5
丁 癸 癸 辛   남    己 庚 辛 壬  대운
巳 丑 巳 丑          丑 寅 卯 辰
```

日支 丑中에 있는 癸水가 월간에 나와 日主의 표출신이 되어 있다. 또 월간 癸水비견은 년지 丑中에서도 투출되었다. 이것이 월지 巳中丙火를 극하고 있다. 년지는 초년이고 여기에서 癸水

비견이 나와 극재성하므로 이 사람의 초년은 물질에 어려움 많고 父親을 극하게 된다. 또 癸水비견은 日支에서 나와 나의 표출신이므로 남의재물(巳中丙火가 넌지 丑中癸水가 있는 곳으로 巳丑半合하므로)을 탐하는 성격이며 20세부터 30세 사이(月干癸水가 지배하는 시점)에 파재(破財), 처 이별 등의 일이 벌어지게 된다.

대운을 보면 초년 壬辰대운에 癸水비견의 뿌리생겨 父早別에 재물궁핍의운. 15세부터의 辛金편인운은 조삼모사한 꾀로 남의 재물이나 여자를 탐하는 不吉한 운이다. 卯대운에 생화(生火)하여 재물운은 吉하다.

25세부터의 庚寅대운은 월지 巳가 발동되어 재물, 여자에 대한 문제가 야기되는 운(원명지지 장간중에 있는 것이 대세운에 나타나면 그 지지가 발동이다)

寅대운은 월지 巳를 刑하여 巳丑半金局이 파되고 甲木 戊土 丙火 庚金등이 형출(刑出)되는데 이중 丙火는 년간 辛金에 合去되고 癸水비견에 극되어 돈날라가고 처이별되는 운이다.

그리고 형출된 戊土는 일간 癸와 쟁합하여 나와 비견이 官에 묶이는운. 이런운에 辛未년(31살)만나 日支, 年支丑을 충하여 癸水의 뿌리를 뽑게되니 뿌리상실된 癸水는 戊土官에 合去될 수밖에 없어 관형(官刑)을 범하고 교도소가게 되었다. 두 개의 癸水가 쟁재(爭財)하므로 돈 및 여자 때문에 싸우게 되었고 결국 상대를 칼로 찔러 부상을 입힌 결과였다.

예7)

　　　　　　　　　　　　　49
戊 戊 辛 己　남　　　丙
午 辰 未 丑　　　　　寅

戊土未月 炎天에 태어나 아주 신왕하므로 월간 辛金에 旺氣를 설할 수밖에 없다. 辛金의 뿌리는 년지 丑인데 丑未冲되어 뿌리 상한 辛金되어 不吉命이다. 丙대운에 月干辛을 合하여 旺土의 기가 설되지 못하고 막힌다. 갈길이 안보이는 답답한 운이다. 이 대운에 癸未년 만났다. 세운간 癸는 日支에서 나왔으므로 내 돈이고 내 마누라. 이것이 戊己토의 극을받고 戊戊癸의 쟁합이 되어 돈에 대한 쟁탈전 벌어지고 내처가 남 따라 갈 수 있는 운이다.

그런데 癸未가 시주 戊午와 천간지합하므로 처와 돈이 나를 버리고 남에게 가게된다. 원래 일지 辰中에 있던 戊土가 시간에 투출되어 나의 표출신이고 처(妻)의 표출신이다. 이리되면 처(戊; 처표출신)는 나와 비견의 관계가되어 서로 돈을 놓고 싸우게 되며 나는 처와 재(財)를 극하게 되는 팔자가된다.

예8)

```
                        47 37 27 17 7
己 己 戊 戊   여      癸 甲 乙 丙 丁   대운
巳 丑 午 寅          丑 寅 卯 辰 巳
      도화
```

己土日主 午月生 극신왕이다. 년지 寅中甲木 정관은 남편성. 寅中戊土가 년월간에 투출되어 夫의 표출신이다. 戊土가 2개라 재혼격이다. 그런데 월간 戊土는 도화살인 午에 앉아있어 夫는 나를 깔보며 바람기 심한 사람이다. 그리고 寅中甲木은 소토불능이라 남편역할을 제대로하지 못하는 남자다.(戊는 산봉우리 己土는 平野되어 戊가 己土를 내려다보는 형상)

시지 巳中庚金은 자식성. 巳中에 같이있던 戊가 년월천간에

투출되어있어 첫아들두었고 이어서 둘째도 사내아이다.

천간으론 火운은 平吉. 金운은 旺土의 氣를 설하므로 好運. 水木운 不吉.

지지로는 金운吉. 水운도 吉(조후되고 火病을 制해주기 때문.)

예9)

```
庚 壬 壬 庚    여      戊 己 庚 辛   대운
戌 申 午 子             寅 卯 辰 巳
     홍염 충
```

壬申日主 午月生이나 신왕이다. 일지 申中庚金이 년시간에 투출되어있고 申中壬水 역시 월간에 투출되어 일주의 표출신이 되어있다. 월간 壬水비견(표출신)이 월지 午火위에 앉아 午中丁火와 丁壬 명암합하고 있다. 월지 午中에 己土있고 丁火있어 일간일지와 명암합하고 있으므로 午中己土가 나의 夫星이다. 그런데 일지에서 나온 壬水(日主의 표출신)가 午中丁火와 자좌(自坐)명암합함은 결혼 후 그 남편이 타녀와 합정(合精)함을 나타낸다.

또 년시간의 庚金편인은 일지 申홍염에서 나온 것이므로 나의 바람기다. 이 庚金(년간)이 子水를 생하여 그 子水로 하여금 월지 午火를 沖함은 '너가 바람피우면 나도 바람(홍염)피울태야. 그렇게 되어 너와 헤어져도 좋아' 하는 상이다.

또 시간의 庚金역시 일지 申홍염에서 나와 시지 戌에 앉아있는데 庚에서 戌은 홍염지이다. 따라서 말만 그렇게 하는 것이 아니라 실제 행동에 옮겨 戌中戊土 편관과 합정함을 나타낸다. 壬水는 午中己土 정관보다 시지 戌中戊土 편관을 더 좋아한다. 이는 己土는 壬水를 흐리게할뿐 제수(制水)역할은 미흡한 반면 戊土는 壬水를 충분히 다스려줄 수 있기 때문이다.

22세 대운 己운에 월지 午中己土가 투출발동되므로 이때에 결혼했다. 卯대운은 년지 子水와 子卯刑되나 午中丁火를 생하므로 좋았다. 32세부터의 戊寅대운은 시지 戌中戊土가 투출발동되는 운으로 이 여자에게 딴 남성이 나타난다. 그런데다가 대운지 寅이 일지 申을 충하여 부부불화 이별운되어 남편이 타녀와 바람피우게 되고 沖맞은 홍염이 발동하게되어 딴 남자만나 본서방과는 끝내 이혼하고 말았다.

※ 寅대운이 일지 申을 沖하게되면 午와 申간의 암합을 깨게 된다. 또 申홍염이 충을 맞게 되면 충동적 연애감정이 생기게 된다.

예10)

					47	37	27	17	7	
壬	癸	丙	壬	여	辛	壬	癸	甲	乙	대운
子	卯	午	辰		丑	寅	卯	辰	巳	

년지 辰 시지 子에 뿌리둔 壬癸水가 천간에 투출되어 剋 丙火하고 있어 정재파격의 사주다. 년시간의 壬水는 시지 子도화에서 투출되었으므로 도화살의 표출신이다. 이것이 剋 丙火하므로 음란색정(도화살)으로 돈깨먹고 날린다.

일지 卯식신으로 생재(生財)하므로 먹는것 장사 인연있다. 년지 辰中戊土 첫남자. 辰上에 壬水겁재있고 辰中엔 癸水있어 유부남이다. 月支 午中己土 두번째 남자인데 년간 壬水와 午中丁火가 명암합하므로 역시 유부남 및 상처남. 辰대운에 년지 夫宮 발동이라 이때 첫남자 만났다.

癸대운 군비쟁재운(群比爭財). 卯대운 월지 午中丁火 생하여 재운좋으나 시지 子도화를 형하여 애정사 시끄럽고 유산 및 낙태운. 壬대운의 壬水는 시지 子도화에서 투출되어 도화기 발동.

壬水가 丙火정재를 충극하므로 음란색정으로 돈쓰고 돈나간다.
이대운 辛未년엔 월지 丙午와 천간지합하므로 돈과 남자 모두
없어지는운. 寅대운은 寅午로 재국을 생하므로 子卯도화 刑되어
망가진 아랫도리로 돈번다. 辛丑대운 丙火 合去시켜 돈날린다.

예11)

```
丁 甲 己 丙    남    甲 癸 壬 辛 庚   대운
卯 午 亥 戌          辰 卯 寅 丑 子
```

甲木 亥月生으로 卯時얻어 身不弱이며 丙丁火가 조후하고 日
支午와 년지 戌에 뿌리얻은 己土정재까지 투출되어 있으므로
美命으로 보기쉽다. 그러나 이 사주는 흉한 명조에 속한다. 그것
은 일지는 나의 몸이고 내가 뿌리 내릴수 있는 재물궁인데 여기
에서 년간 丙火 월간 己土. 시간 丁火가 모두 투출되어 있기 때
문이다.

즉 일주 혼자서 북치고 장고치는 격이며 일주의 정은 丙火는
조후용이므로 버릴수 없고 己土는 나의 合神이므로 더더욱 버
릴수 없으며 시간의 丁火역시 나의 갈길이므로 버릴 수 없다.
이것은 정신인 甲木이 하나에 집중치 못하고 이랬다. 저랬다. 이
것이다. 저것이다로 혼란에 빠진 형국이며 정신이 분열된 형상
이다.

시지 양인위에 丁火 상관이 있음은 기술(丁火)은 뽑낼 수 있
는 칼(卯羊刃)이므로 기술직으로가 제법 뛰어남을 발휘할 수 있
다. 이렇게 일지에서 식신과 상관이 동시에 투출되면 한입에 두
말하게되고 어떤땐 고운말을 내뱉으나 또 어떤땐 험한 욕설을
지껄이게된다. 壬寅대운에 기술자로 치부도 했으나 癸卯대운들
어 정신분열증이 와 폐인이 된 사주다.

예12)

```
                        47 37 27 17  7
丁 癸 戊 庚   남    癸 壬 辛 庚 己   대운
巳 巳 子 辰        巳 辰 卯 寅 丑
```

癸日主 子月生이고 년지 辰에 뿌리있어 不弱이나 火土多하여
일주를 도와야 되는 팔자다. 일지 巳中戊庚이 년월 천간에 투출
되어 일주의 표출신이 되어있다. 따라서 일주는 정관과 인수를
따르게 되므로 학문을 좋아하고 행동거지가 규율과 질서를 지
키며 준법정신이 강하다. 시간 丁火는 월간 戊土를 생하므로 巳
中庚金(투출된)을 극하지 않으니 好命이되어 대학교수로 살아가
고 있다.

※ 日時支 巳 天乙貴人에서 관성(戊)과 庚金인수가 투출되었으
므로 나의 밥벌이처는 학문연구 및 교육에 따른 직장생활이다.

예13)

```
                        47 37 27 17  7
辛 丁 癸 壬   여    戊 己 庚 辛 壬   대운
亥 丑 丑 辰        申 酉 戌 亥 子
```

丁火일주 丑月生으로 그어디에도 뿌리없고 극신약이다. 따라
서 종해야하는데 丑 辰 亥에 뿌리둔 水에 종하자니 土水간에 상
쟁되어 丑中辛金을 통관신으로 할 수밖에 없다. 격국으로 보면
火土상관격이고 년간에 정관 壬水를 보아 정관 破格되어 夫운
이 좋지 못하다. 丁火일주는 년간 壬水와 합을 맺으므로 애착이
가나 월간 癸水가 日支丑中에서 투출되어 丁壬合을 깨고 있다.
하지만 종하는 丁火일주의 입장에서는 일지에서 투출된 癸水도
버릴 수 없다.

그리고 土水간의 상쟁을 막아주는 일주 표출신인 시간의 辛金도 버릴 수 없다. 이렇게 丁火(정신)가 한곳으로 가지못하고 이럴까? 저럴까? 이것을 따를까? 저것을 쓸까? 우왕좌왕 흔들리니 바로 정신이 분열된 형국이다.

정신분열증을 앓고 있는 사람의 명조이다. 물론 결혼도 여러번했다. 정신이 한곳으로 집중되지 못하고 이랬다. 저랬다하는 성격구조 탓이다.

예14)

```
                        46 36 26 16 6
丙 壬 甲 甲   여   己 庚 辛 壬 癸   대운
午 戌 戌 申        巳 午 未 申 酉
```

壬戌日主 戌月되어 극신약이다. 九月은 水가 進氣되므로 종할 수 없어 년지 申을 용신으로한다. 월지 戌中丁火 있어 壬日主와 명암합하므로 부성(夫星)이다. 이것이 년지 申中壬水와 암합하므로 夫가 타녀와 합하는상 되었고 일지에 또 戌土있어 초부(初夫)이별하고 재혼하는 명.

申金을 용신으로하면 월지 戌中戊土가 申金을 돕는 희신일것 같다. 그러므로 남편덕이 있는 것으로 해석하기 쉽다. 그러나 戌은 시지 午와 午戌로 반합하려하므로 조토(燥土)되어 金을 생하지 못한다. 午戌合했고 시간에 丙火 투출되었으므로 이것이 夫의 표출신이다. 따라서 남편복없다.

壬申대운 홍염살되고 일주의 뿌리되므로 申대운에 결혼이고 좋은운이다.

辛대운은 시간 丙火忌神을 合하여 좋을것같다. 그러나 丙은 午양인지에 앉아 강하고 辛金은 未조토위에 앉아 약하므로 오히려 丙火가 힘을얻어 발호한다.

(지지끼리 午未合火가 되어 丙火가 더욱 힘을 얻는다.)

夫표출신 丙火에서 보면 辛金은 정재이고 丙火가 거울(辛)을 얻어 더욱 빛나게된다. 그러므로 丙火(夫표출신)은 '저것이 나를 빛나게 해줄 진짜 마누라구나' 하게된다. 그러므로 남편이 타녀와 합정해가고 나와는 이별운이다. (辛亥년 이혼) 未대운에 두 개의 戌을 刑하여 두 개의 辛金이 튀어나와 壬日主를 생해주므로 내겐 문서, 계약등으로 이득보는 운이다. 戌이 땅이고 집이므로 땅사고 집사면 득본다. 년지 申홍염살에서 庚金 투출되는 36세부터의 庚金대운에 연애했고 午대운이 일간과 명암합하여 재혼했다.

그러나 午대운은 申金이 극되어 不吉한데다 수옥살되어 관재 발생되어 구속수감되었다.

己巳대운 흉하나 세운 壬申년(49세) 길하여 출옥했으나 대운지 巳가 년지 申을 刑하여 흉하므로 형사건으로 또 구속되었다. 대운지 巳中丙火 투출되는 丙子년이었다.

예15)

```
                    51 41 31 21 11 1
戊 壬 甲 甲   남   庚 己 戊 丁 丙 乙   대운
申 申 戌 申        辰 卯 寅 丑 子 亥
```

壬水 戌月生이나 년일시지에 壬水가 뿌리있어 신왕이다. 월지 戌中戊土가 시간에 투출되어 시상편관이 용신이다. 그러나 월지 戌이 공망되었고 火의 생을 받지못해 허약한 土이다.

그러므로 재복약하고 큰 공명이 없다. 월지 戌中丁火 정재고 시간 戊土는 정재 처(妻)의 표출신이다. 그러므로 처에 의지하여 살아가는 팔자다. 31세 戊대운부터 처가 활동하는운이다. 그런데 월지 戌中丁火는 년지 申中壬水와도 암합하고 있어 처이

별 사주다.

예16)

```
戊 辛 丁 辛    남    壬 癸 甲 乙 丙    대운
子 酉 酉 巳          辰 巳 午 未 申
```

辛酉日主 酉月生 신왕이다. 년지 巳에 뿌리둔 월간 丁火 편관으로 旺金을 다스린다. 그러나 丁火의 뿌리인 巳가 巳酉로 金局을 지어 배임하므로 관운(官運)이 좋지 못하고 좋은팔자 못된다.

그런데다가 丁火를 生해주는 木 財가없어 뒷심없으며 壬癸水 만나면 곧바로 官星이 극되어 쓸모없어진다. 재성없어 일간과 명암합하는 년지 巳中丙火를 처성(妻星)으로 한다.

그러나 巳中丙火는 巳酉로 합해 월지 酉中辛金과 암합하므로 처가 나를 등지고 다른남자와 합정(合精)해간다. 甲午대운은 丁火득록하고 도화운이며 대운간 甲木정재가 丁火를 生하여 결혼운이고 직장운도 좋다. 癸대운은 丁火극하여 비견이 발호하므로 퇴직운이며 부부이별운. 巳대운 丁火의 뿌리생겼다. 년지 巳가 발동하여 巳酉金局이뤄 동업 및 형제의 일에 관여하는 운. 癸대운에 부부이별후 壬辰 대운까지 홀로 지냈다.

예17)

```
                39 29 19 9
辛 壬 辛 辛    여    乙 甲 癸 壬    대운
亥 寅 卯 丑          未 午 巳 辰
```

壬水일주 卯月生 水木상관격. 사주지지에 木旺하므로 인수로서 허약해진 일주를 도와야한다. 년지 丑中己土 정관은 夫星. 丑中에 같이있던 辛金이 천간에 3개 투출되어 정관(丑中己)의 표출신 되었으므로 三夫格. 년지 丑中에는 癸水겁재있어 夫는 애

인있던 사람 및 유부남이다. 夫표출신인 辛金이 卯도화상관위에 앉아있어 나의 활동과 바람기 발동을 심하게 억제한다. 丑中己土는 허약하여 壬水를 조절못하니 능력은 없으면서 입(辛金은 己土의 식신)으로 만 간섭한다. 그러나 辛金이 약한 壬水일간을 생해주므로 엄마처럼 자상하고 유정하나 辛金3개되어 너무심해 나를 어린애 취급한다. (辛에서 일주 壬은 상관이고 자식)

19세부터의 癸대운은 년지 부궁(夫宮)의 투출신되는운되어 년지 丑이 발동되므로 이때부터 남자운 들어왔다. 己未년(19세)에 丑中己土 정관나타나 일지와 세운지 끼리도 암합(寅未)하므로 동거생활 들어갔다.

庚申년(20세)만나 세운지 申이 일지 寅을 충하여 寅亥合을 풀었고 寅中丙火 甲木 나타나 생녀(生女)했다. 충출된 丙火는 년시간의 辛金이 쟁합하므로 돈과 부친이 상하는운이다. 甲대운은 일지 寅의 표출신이므로 밖으로나가 활동하는 운이다.

그리고 甲木(일주의 행동 및 표현, 배설기관)이 午홍염지에 앉으므로 배설욕구 발생되어 바람나는운. 午대운 도화살이고 일지 寅과 寅午로 반합하면서 암합(일지 寅中甲木과 午中己土)하므로 돈벌이중에 돈많아 보이는 남자(午中己土)와 합정했다. 일지 寅과 년지 丑의 암합이 새로운 암합으로 인해 깨지므로 부부불화 갈등많은 운이다.

乙대운은 월지 卯상관도화가 발동되며 상관운되었고 대운지 未는 원국 亥卯와 亥卯未로 완전한 木局이뤘다. 천간에 나타난 乙木은 辛金에 극충되어 꼼짝못하나 亥卯未木局에 힘을 얻은 乙木은 지지않으려 하는데 대운지가 년지 辛金의 뿌리인 丑을 충하여 오히려 辛金이 乙木에 튕겨나간다. 따라서 남편이 굴복하여 이혼요구 받아들이는운이다. 따라서 辛巳년 만나 일지 寅亥合을 巳亥충으로 깨므로 부부이별했다.

一. 해당육진성이 없으면 合神을 찾아라

사주를 보다보면 관성, 재성, 인성(印星)등의 해당육친성이 없는 사주를 접하게 된다. 그러나 관성(官星)이 없는 여명(女命)이라도 남편은 있는법이며 식상(食傷)이 없다고해서 자식이 없는 것이 아니다.

　　이럴땐 대부분의 역자(易者)들은 이렇게 얼버무린다. '당신은 관성(官星)이 없어 시집을 늦게 가던지 남편인연이 없어.' 그러나 그렇지않고 이럴땐 合神을 찾으면 간단히 해결된다.

1. 財星없는 남자

예1)

```
                    42 32 22 12 2
壬 癸 甲 戊   남    己 戊 丁 丙 乙   대운
子 酉 子 申        巳 辰 卯 寅 丑
```

癸日主 子月生으로 身旺. 火재성이 일점도 없다. 따라서 日干 癸와 干合하는 년간의 戊土를 처성으로 삼는다. 이에따라 통변하면 다음과 같다. 癸와 戊사이에 甲木상관있어 剋 戊土하여 戊癸合을 깨고 있다.

따라서 이 사람은 험담, 욕설, 제잘난척하는 언동(傷官의 성질)으로 처(戊)를 능멸하여 피해를 준다. 이런데다가 甲木상관이 앉아있는 子와 日支酉는 귀문살을 이루고 있다. 이러므로 이 사람은 또라이(돌아버린 사람) 언동에 의처증까지 지니고 있게 된다.

戊土가 처성이되므로 戊土가 생하는 申酉金은 자식성이되어 일남일녀(一男一女)를 두게되었다. 戊辰대운에 癸日主가 쟁합 戊癸戊의 구조되어 또다른 여성을 만나게 되었고 甲申년을 맞아 원명의 甲木상관 발동되어 戊土를 극하므로 본처와 이별하게 되었다.

예2)

```
                    47 37 27 17 7
辛 戊 甲 辛   남    己 庚 辛 壬 癸   대운
酉 戌 午 卯        丑 寅 卯 辰 巳
```

戊土 午月生으로 身旺하다. 더위를 식혀줄 水 재성이 없다. 따

라서 日支戌과 육합하는 년지 卯木이 처성이다. 卯는 도화살되어 연애결혼했다. 그런데 卯中甲木이 월간에 투출되어 午火에 앉아있다. 甲에서 午는 홍염지이고 午中에 己土가 있어 甲木과 甲己로 명암합한다. 그러므로 이 사람의 처는 바람기심한 사람으로 午中己土 겁재와 사통하게 된다.

卯대운은 년지 卯木처성이 발동되는 운되어 처의 일이 생긴다. 丙寅년을 맞아 丙火가 년간 辛金을 合去시키자 규제가 풀린 甲木(卯처의 표출신)이 거리낌없이 년하의 남자와 사통하게 되었다.

년간 辛金은 日支戌에서 투출되어 木을 제극하려하나 辛金으로 甲木을 제하는힘이 떨어지는데다가 그마저 년운간(年運干) 丙火에 합거당해 卯中甲木이 거리낌없이 행동하게 된 것이다.

午月 염천(炎天)의 木은 물만 만나면 생기를 얻게되므로 이남자의 처는 술(酒)을 좋아하게되며 술만 들어가면 바람기가 발동되는 것이다. 庚대운에 甲木을 冲剋하여 처와 이별했다.

예3)

```
                        42 32 22 12  2
甲 丙 己 癸   남   甲 乙 丙 丁 戊   대운
午 寅 未 巳        寅 卯 辰 巳 午
```

未月 염천에 태어난 丙火일주가 지지에 巳午未 방합있고 寅午火局까지 있어 극신왕이다. 처를 뜻하는 재성은 년지 巳中에 있으나 旺火가 세력을 부려 金氣가 절(絶)되어 처성(妻星)이 되지 못한다. 그러므로 日支寅과 명함합하는 월간 己土를 처성으로 한다. 己土상관이 처성되어 그 처는 자유분방한 성격으로 억제됨을 싫어하고 바깥으로 나가 술마시길 좋아한다. 己土가 조토되어 년간 癸水를 원하게 되는데 癸水는 역마인 巳에 앉아 있기

때문이다.

乙卯대운에 己土가 극되어 처와 이별하게 되었다. 己土가 처성이 되므로 己土가 생하는 金이 자식성이되나 旺火가 기승을 부리고 자식궁에 午火있어 金이 녹으므로 무자식 팔자다.

또 己未 처성이 日支寅과 寅未 귀문살되고 寅木(日支는 일간의 육신)을 입고 시키려하므로 己土처는 남편을 자신의 치마속에 가두어 두려하게 되고 극심한 의부증과 히스테리, 우울증을 지니고 있는 여성이었다.

예4)
```
丙 己 辛 辛   남   丙 丁 戊 己 庚   대운
寅 未 卯 卯         戌 亥 子 丑 寅
```

卯月 仲春의 己土로 태어나 木多함이 병이된다. 용신은 시간의 丙火인수다. 이 사주도 처를 뜻하는 재성이 없다. 따라서 日支未와 또 일간 己土와 명암합, 암합하는 時支 寅中甲木이 처성이된다. 그리고 처성인 甲木이 생하는 火가 자식이된다. 寅木이 丙火인수를 생해주므로 梨大출신의 어질고 착한 부인만났다.

인수성(丙)이 자식성이고 용신이므로 공부잘하며 착한 자식두게 되었다. (아들과 딸하나 두었는데 아들은 옥스퍼드대학 장학생으로 공부중이고 딸은 하버드 대학에 진학했다.) 재성(財星)은 부친을 뜻하는데 이 사주엔 부친성이 안보인다.

이럴땐 모친성인 인수를찾아 그합신을 취하면 된다. 따라서 년월간의 辛金 식신이 부친성이다. 卯月 辛金식신은 그뿌리가 없어 왕한 卯木을 극하기 어렵다. 그러므로 이 사람의 부친은 천진난만한 아이(식신)같은 성품을 지녔으나 평생 별무직업으로 지냈다.

이 사주는 천간으론 火土가 좋고 지지로는 水운도 좋은데 이는 己土가 水가없어 조토가 되어있어서이다. 지지 水는 木을 生하고 木은 바로위에 있는 丙火를 생하므로 좋은 것이다.

丙火를 용신으로 한다하면 대부분의 역자들은 무조건 火를 극하는 水운이 안좋다로 판정하는데 이는 잘못된 것이다. 지지의 水는 천간의 火를 극할 수 없기 때문이다.

예5)

```
                    51 41 31 21 11  1
丁 辛 庚 己    남    甲 乙 丙 丁 戊 己    대운
酉 未 午 丑          子 丑 寅 卯 辰 巳
```

辛金 午月生이나 身旺. 財는 日支未中에 乙木있으나 午未合으로 인해 乙木은 타버린 상이다. 따라서 辛金일주가 의지할수 있는 처성은 못된다. 그러므로 일지와 합하고 辛일간과도 명암합하는 월지 午中丙火가 처성이다.

午火가 용신되어 旺金을 다스리므로 처는 능력있고 득되는 여성이다. 午도화되어 연애결혼했다.

그러나 월지 午中에서 년간 己土 투출이고 시간 丁火 투출되어 旺金을 制하는 좋은 역할과 왕금을 생해주는 나쁜역할을 하기도하는 여성이다. 41세부터의 乙木대운까진 무난하다고 하기 쉬우나 乙木이 월간 庚과 乙庚合되므로 사업하나 돈날리는 운이다.

丑대운에 日支未를 冲하여 午未合을 깨므로 부부불화 이별운이고 재물이 파괴되는 운이다. 51세부터의 甲子대운은 년주 己丑과 甲己合이고 지지끼리도 子丑合되어 甲木財는 사라지고 己土만 왕해지는 불길한운이다. 이때에 처(午中己土)가 나를 힘들게하는데다가 대운지 子水가 월지 午火처궁을 충하여 午未合을 깨므로 부부불화 이별운이었다.

※ 甲子대운은 己土(처의 표출신)에서 보면 정관이 들어오는 운되어 남자생긴다.

예6)

```
                      39 29 19  9
癸 壬 辛 辛    남    丁 戊 己 庚    대운
卯 戌 丑 亥          酉 戌 亥 子
```

이 사주는 부친성인 편재가 없고 월간에 辛金인수가 있다. 그러나 겨울인 丑月에는 조후하는 丙火 丁火와 조토인 戊未土를 좋아한다. 그리고 일지 戌中에는 丁火 정재가 있고 월지 丑中癸水와 암합(戊癸)하므로 日支 丁火정재성이 부친성이 된다.

따라서 부친하나에 모친은 두 분이다. (丑中의 辛金이 년월간에 두 개있어) 월간 辛金이 丑庫에 앉아있어 모친죽고 새엄마왔다. 또 日支 戌中丁火는 壬水 日干과 명암합하므로 나의 처성인데 戌中에 같이있던 辛金이 년월간에 두 개 투출되어 있으므로 재혼지명이다. 日支 戌中戊土 투출되는 戊대운은 결혼운이고 시간의 癸水 기신을 합거시켜 좋은운이다.

辛巳년(31살)만나 처의 표출신 발동되어 결혼이나 세운지 巳가 년지 亥를 冲했다. 이리되면 巳中丙火 戊土 庚金과 亥中壬水 甲木이 충출되는데 巳中丙火는 년간 辛金(처의 표출신이고 첫여자)을 합거시켜 곧바로 처이별한다. 이 사주는 처의 표출신인 辛金이 癸水기신을 생하므로 처덕없고 처로인해 재물손실이며 그처는 낭비벽 심한 여성이다. 만나는 두여자 모두 그러하다.

또 일지 戌中戊土로 제습해야하므로 직장생활로 살아갈 것 같으나 시지 卯가 卯戌로 합하여 戌中戊土는 아궁이 역할밖에 안되므로 관운(官運)은 없고 겨우 기술자로 살아가게 되는데 보일러 원동기 등의 기술이 되겠다.

예7)

$$49 \; 39 \; 29 \; 19 \; 9$$

戊 辛 辛 丙　남　　丙 乙 甲 癸 壬　대운
子 巳 丑 申　　　　午 巳 辰 卯 寅

辛日主 丑月生으로 신왕한 명조이나 재성인 木이 그어디에도 없다. 그러므로 이때까지의 방법대로 년간 丙火를 나와 合하는 처성(妻星)으로 한다. 일지 巳에서 투출되었고 일지 巳에 득록하여 힘을 얻는 丙火는 나보다도 월간 辛金과 먼저 합하고 있다.

즉 丙申년주가 辛丑월주와 합해 丙辛合去 되었다. 그러므로 나의 처는 과거있는 여자로서 타남자와 合하여 사라진다.

신왕하여 丙火를 좋아하는데 년간 丙火가 丙辛合去되어 불미스러운 명이 되었다.

壬寅대운은 년주 丙申을 충하며 일지 巳를 刑하여 좋지않은 세월이었다. 癸대운 역시 겨울철에 비내리는 격되어 不美한 세월로 금전적 어려움 발생되고 추위에 벌벌떠는 운이다.

卯대운은 일지 巳火를 생하여 약간의 돈도생겨 좋아지는운이다. 甲대운은 원칙적인 정재(妻)운되어 결혼운이나 甲木이 시간 戊土(日支 巳火관의 표출신)를 극하여 결혼후 얼마안되어 부부이별했다.

2. 관성없는 여명(女命)

관성(官星)없는 사주는 첫째 일간과 합하는 것을 배우자로 한다. 둘째로는 일간과 합하는 것이 없을땐(천간 및 지지장간에서) 일지와 육합하는 것을 찾고 이것마저 없을 땐 일지와 암합하는 것을 찾는다.

예1)

```
                    36 26 16  6
丁 甲 壬 壬   여명   戊 己 庚 辛   대운
卯 寅 子 午         申 酉 戌 亥
```

甲日生 子月에 아주 신왕하다. 남편성인 金관성이 일점도 보이지 않는다. 따라서 년지 午中己土가 일간과 甲己로 명암합하므로 년지 午가 남편궁이다.

午는 일간 甲木의 홍염지이므로 연애로 결합할것이나 월지 子가 沖午하므로 모친이 중간에서 나와의 결합을 깨게된다. 戌대운은 午中己土의 뿌리가 되었고 시지 卯도화와 卯戌로 합하는 운되어 여러 남성과 연애하여 결혼약속까지 했으나 번번히 모친의 반대로 인해 깨어지고 말았다.

26세부터 시작되는 己대운은 년지 午중에서 투출된 것으로 일간 甲과 甲己合하므로 결혼이 성립될 수 있다. 그런데다가 사주 천간엔 甲己合을 방해하는 것들도 없다. 그래서 庚戌년(29세)에 세운간 庚은 甲木일주의 진짜 관성이고 세운지 戌은 년지 午일지 寅과 三合火局을 이뤄 子水를 沖去시켜 결혼이 성립되었다.

그러나 대운지 酉가 시지 卯양인을 沖하는데다가 戌년이 卯양인을 합하는 운이되어 크게 흉한 운이다. 신왕양인은 합되는 운에 큰화가 미치는데 이 사주는 卯양인이 도화를 띠고 있고 그위에 丁火상관이 있어 흉사 할 수 있는 흉명(凶命)이다. 그래서인지 결혼후 얼마안되어 애정문제로 인해 남자에게 칼맞고 저승가게 되었다.

예2)

```
                  29 19  9
壬 戊 丁 己    여    庚 己 戊   대운
子 子 丑 酉          辰 卯 寅
```

이 사주도 관성인 木이 없다. 그러므로 일지 子와 육합하는 월지 丑이 남편이다. 그런데 丑中己土가 년간에 투출되어 남편성의 표출신이 되면서 酉도화지에 앉아있고 지지로는 酉丑으로 반삼합하여 子丑합을 깨고 있다. 따라서 남편과는 연애결혼 했으며 손아래 동생같은 남자였다.(己土는 戊에서 보면 아우)

己土는 酉金 식신문창성에 앉아있어 (己에서 酉는 식신문창임) 남편은 총명하며 언변좋은 사람이다. 월간 丁火는 나의 모친성이기도 하지만 己土 남편성의 모친이기도하다.

丁火가 시간 壬水와 丁壬合하고 일지 子中壬水와도 丁壬으로 명암합하므로 모친이나 시모는 두 번 결혼한 사람이다. 19세부터 시작되는 己土대운은 부성(夫星)의 표출신이 되므로 이때부터 남편될 사람이 나타나 연애하게 되었고 卯대운 甲戌년이 戊土일주의 정식관성이 되므로 결혼하게 되었다.

※ 卯대운은 년지 酉를 충하여 金局깨지고 子丑합이 성립되어 결혼된다.

예3)

```
                            33 23 13 3
   丁 甲 丙 癸   여    庚 己 戊 丁   대운
   卯 寅 辰 未         申 未 午 巳
```

甲木 辰月生으로 극신왕이다. 泄氣하는 丙火가 용신이다. 따라서 식신생재(食神生財)로 간다. 木多함이 病이다. 월지 辰에 뿌리둔 년간 癸水 기신. 따라서 어릴 때 젖이 부족했고 식성 좋지 못하여 병약했다. (丙火식신은 젖, 식품, 음식, 건강) 관성인 金이없어 년지 未中己土가 일간 甲과 명암합하므로 이것을 부성(夫星)으로 한다. 그리고 년지 未에서 투출된 시간의 丁火를 남편의 표출신(表出神)으로 한다.

丁火(夫表出神)가 卯도화지에 앉아있고 卯中甲木과 未中己土가 암합하므로 夫는 바람기 많아 딴여자와 합정(合精)한다. 일간 합신인 己土가 나타난 己土대운에 결혼했고 庚申대운에 기신 癸水를 생하고 日支 寅을 冲하여 寅未간의 암합을 깨므로 이혼했다.

예4)

```
                         55 45 35 25 15 5
   丙 甲 丁 乙   여    癸 壬 辛 庚 己 戊   대운
   寅 辰 亥 亥         巳 辰 卯 寅 丑 子
```

甲木 亥月生 身旺하여 시간 丙火로 조후하며 旺木의 기세를 설(泄)하는 사주다. 관성되는 金이 없고 일간과 合하는 己土도 보이지 않으므로 일지 辰中癸水와 암합하는 시지 寅中戊土를 남편성으로 한다. 日支辰中에서 투출된 乙木겁재가 亥水에 앉아

(乙에서 亥는 死) 년간에 투출되어 있으므로 이 사람이 태어난 얼마후에 형제사별(乙木이 亥이 死)했고 부친과도 이별했다. (劫財는 財星을 겁탈하므로) 남편성인 寅이 역마살이므로 夫는 운수업이고 시간 丙火아래에 寅木이 있으므로 친구같은 남편이고 어린애(식신)처럼 천진난만한 성품의 소유자다.

※ 丙火식신은 寅木夫星의 표출신이기도 하므로 夫는 나를 이롭게 하며 남들까지도 따뜻하게 녹여주는 착한사람이기도 하다.

15세 대운 己丑은 甲木일주의 합신이고 대운지 丑에는 진짜 관성인 辛金이 들어 있으므로 결혼이다. 25세대운 庚은 무난했고 寅대운은 丙火를 생하므로 좋았다. 35세부터의 辛대운은 용신인 丙火를 합하는 운이나 월간 丁火가 剋辛金했고 년간 乙木이 辛을 冲하므로 불운중에도 크게 나쁘지 않았다.

卯대운 역시 生火하여 좋았다. 45세부터의 壬대운은 시간 丙火를 극하여 대흉할 것 같으나 월간 丁火가 壬水를 합하여 丙火가 극을 받지 않을 것 같지만 壬水를 합하는 丁火는 약하고 壬水는 강하여 合力이 약하므로 丙火가 壬水의 극을 받지 않을 수 없다.

그러한중 辰대운에 들어 일지 辰과 辰辰으로 自刑하여 寅辰간의 암합을 깨므로 남편의 득병으로 인해 이별운 되었다. 남편이 죽지 않았던 것은 壬水가 丁火와 먼저 합하여 극하는 힘이 약해졌기 때문이다. 55세부터의 癸운이 오자 癸剋丙火하고 대운지 巳는 시지 寅을 刑하여 夫와 사별운인데 壬申년을 만나 丙寅을 천충지충하여 그만 그 남편이 암으로 사망하고 말았다.

예5)

庚 庚 己 戊　　여
辰 申 丑 子

乙 丙 丁 戊　　대운
酉 戌 亥 子

庚日主 己丑月生되어 아주 신왕하다. 추운계절을 온난하게 해줄 火氣가 없고 신왕한 旺金의 기를 泄하는 子水가 있다나 戊土아래에 처박혀 있는데다가 丑土를 만나 子丑合이되어 물이 흐르지 못한다. 따라서 신왕무의격이 되어 춥고 외로운 팔자가 되었다.

관성인 火가 없으므로 시지 辰中乙木을 夫星으로 하게된다. 그런데 辰上에는 庚金비견이 있어 남(庚)이 合하는 남자가 내남자가 되었다. 바로 유부남 애인두던지 후실의 팔자인 것이다. 辰은 화개성이고 辰中乙木은 돈이고 남자이므로 역술이나 무업(巫業)으로 생계하게되며 그런직종의 남자와 인연맺게된다. 인수인 戊 己土가 병이 되므로 학업은 없고 모친 때문에 갈길을 제대로 못간다.

己土인수가 묘(墓)인 丑에 앉아있고 화개성인 辰中에서 투출된 戊土와 子丑으로 合을 맺고 있으므로 모친은 무당이다.

그리고 己土에서 보면 庚金이 상관이 되므로 일찍 과부되었으며 쌍나팔달려 말잘하나 한입에 두말하는 사람이다. 모친성인 己土에서 보면 시지 辰은 홍염이고 辰中에는 乙木편관성이 있으므로 모친역시 중이나 역술인 박수직업을 지닌 남자애인이 있게 된다.

시지 辰中乙木은 모친의 편관(애인)도되며 나의 合神도 된다. 이렇게되면 의붓아비가 나를 범함이 되고 나 역시 응하게되니 참으로 기구하고 묘한 팔자라 아니할 수 없다.

19세부터의 丁火대운이 진짜 남편성이 되어 결혼할 것 같으나

丁火관성이 사주팔자 그 어디에도 뿌리 내릴 수 없고 대운지마저 亥子丑으로 水旺해져 결혼 불성이었다. 丁亥대운이 庚申일주와 3급 소용돌이를 구성하게 된것도 결혼불성의 한 원인이다.

丙戌대운부터 활동하며 살만해 졌는데 그 까닭은 丙火가 조후역할했고 대운지 戌이 월지 丑을 刑하여 子丑合을 풀어 子水가 흐르게 되었기 때문이다.

그러나 대운지 戌이 시지 辰을 冲하여 申辰간의 암합을 깨므로 남자하나를 두고 두 여자가 쟁탈전을 벌리게되고 돈과 재물을 놓고 박 터지게 싸움이 전개된다. 辰戌冲으로 투출된 乙木을 놓고 庚2개가 쟁합하게 된 탓이기도 하다.

예6)

```
              43 33 23 13  3
戊 甲 甲 癸   여    己 戊 丁 丙 乙   대운
辰 辰 子 卯          巳 辰 卯 寅 丑
```

甲木 子月生으로 년지 卯양인 있고 癸水 투출되어 신왕이다. 겨울나무가 눈보라속에 떨고있는 모습이다. 시간 戊土로 용신하나 일점 火氣없어 不美한 팔자다. 이 사주 역시 金관성이 없다.

따라서 일지 辰中戊土와 合하는 월지 子水를 남편성으로 한다. 子水夫星이 도화살되고 子中癸水가 년간에 투출하여 비견을 생하며 卯木겁재위에 앉아있다. 이는 夫(癸)가 타녀에게 정을 두게됨을 말한다. 또 癸水가 忌神되므로 남편덕을 못보게 될 뿐 아니라 나를 힘들게 하게된다. 癸水가 夫星이므로 癸를 극하는 戊土가 자식성이 된다. 따라서 자식덕은 있는 팔자며 자식을 의지하여 세찬 눈보라를 이겨나간다.

33세부터의 戊辰대운은 년간 癸水(夫星)를 合去시켜 夫와 이별하는 운인데 辰대운에 일지와 辰辰 自刑되어 子辰간의 암합을 깨므로 夫이별했다. 戊土가 자식성이고 일간과 동일한 양간이므로 딸만 둘두었다. 辰辰 戊土되어 3명의 딸을 둘수있으나 辰辰 自刑되어 한명은 유산되었다.

예7)

$$38 \ 28 \ 18 \ 8$$

庚辛甲庚　여　庚辛壬癸　대운
子卯申子　　　辰巳午未

辛日主 申月생이고 천간에 庚金 겁재 두 개있어 신왕이다. 水용신이고 火관성없어 일지 卯와 암합하는 申中庚金을 남편성으로 한다. 申中庚金이 년시간에 투출되어 2번 결혼할 팔자다.

년간 庚金은 첫남자 시간 庚金은 두 번째 남자다. 두 개의 庚金이 子水상관위에 앉아 있으므로 두 남자에게서 아이낳는 팔자다. 또 庚金 겁재가 남편성이 되어 월간 甲木을 극하므로 두 남자 모두 돈만 작살내는 겁재의 역할을 하게된다.

18세부터의 壬水대운은 월지 부성(夫星)에서 투출된 것으로 보므로 이때부터 남자 교제했고 관성운인 午대운에 子午冲하여 충출된 丙火와 일간 辛이 丙辛合되어 결혼이다.

巳대운에 巳申合하여 卯申간의 암합을 깨므로 이때 첫남자 이별.(암합은 육합이 오면 깨진다.) 38세 庚대운이 夫星인 庚이 발동되는 운이다. 이때 두 번째남자 만났다. 그렇지만 庚剋甲木 財星되어 돈날리는 운이다.

예8)

$$41 \ 31 \ 21 \ 11 \ 1$$

癸戊辛癸　여　丙乙甲癸壬　대운
亥子酉巳　　　寅丑子亥戌

戊土 酉月生으로 土金상관격이다. 년 巳가 戊土의 뿌리되나 巳酉로 합하여 배임하므로 종아격을 이룬다. 따라서 巳火를 生하는 木운과 火운을 忌한다. 시지 亥中에 甲木 편관있어 夫星이 될듯하나 金旺하고 水旺하여 쓸 수 없는 木이므로 夫星이 될 수 없다.

따라서 일간 戊와 합하는 년시간의 癸水가 夫星이다. 따라서 재혼팔자다. 癸水 득록하는 子대운에 결혼했다. 乙대운(31세부터)은 상관에 정관을 보는운되어 乙木관성이 깨지는 운이다.

이운중 甲子년(32살)만나는데 이는 시지 亥역마중에 甲木투출되는 운으로 亥水역마가 발동하는 운이며 甲木이 剋 戊土하여 戊癸합을 깨는 운이다. 이러므로 남편이 교통사고로 사망했다. 월간 辛金 용신을 합하고 甲木이 득록하는 丙寅월이었다.

예9)

```
              59 49 39 29 19  9
己 辛 辛 辛   여   丁 丙 乙 甲 癸 壬  대운
亥 卯 丑 丑        未 午 巳 辰 卯 寅
```

辛金이 丑月에 태어나 신왕한데도 조후되는 火 관성이 없다. 이리되면 평생 남편복은 없으나 일지 卯中甲木과 명암합하는 시간의 己土편인을 남편성으로 한다. 이 사주는 신왕하므로 시지 亥水에 설(泄)하고 이 亥水로 생재성(生財星)해야 하므로 평생 내가 벌어서 먹고 살아야한다.

즉 亥水 상관은 나의 가는길이며 생활력이고 돈줄이다. 그런데 亥水위에 己土편인 夫星이 앉아 亥中壬水를 흐리게한다. (己土는 아래로 가라앉는 성질이 있어 亥水에 영향을 준다.) 그러므로 夫는 내가 가는길에 방해만 되는 남자며 술꾼이다. 이는 丑月己土되어 축축하게 얼어 있으므로 火氣를 찾아 술을 마시게 됨에서이다.

未대운에 원명 亥卯와 三合木局을 이루어 극토(剋土)하며 未土가 己土의 뿌리인 丑을 冲하여 뿌리를 뽑아 흉한데다 丁未년을 만나 또한번 丑土를 치므로 대세운지 未中乙木이 충출되어 三合木局에 힘을얻어 己土를 극하므로 그 남편이 사망했다. 원명에 己土夫星이 역마 亥에 앉아있고 이 亥가 卯와 합하여 己土의 살성(殺星)이 되므로 교통사고로 夫死亡했다.

※ 亥卯로 未가 빠진 반삼합목국일 때 원명에 丑이 있으면 未운에 해당육친이 큰화를 입는다. 마찬가지로 巳酉로 丑없는 금국있고 원명에 未가 있을 때 丑운이 오게되면 未가 크게 부서져 해당육친에 대화가 온다. 즉 三合의 庫가 冲하는 힘은 아주 강하다는 것이다.

예10)

```
                          34 24 14  4
辛 辛 癸 己   여        丁 丙 乙 甲   대운
卯 亥 酉 亥            丑 子 亥 戌
```

辛金酉月生. 시간에 辛金있어 不弱이다. 일지 亥中壬水로 卯와 酉의 충극을 해소해야하니 통관용신이다. 그러나 중추(仲秋)에 큰비(癸) 내리고있어 수확해야할 곡식이 여물지 못하고 썩기까지 하니 불미한 팔자다. 관성 丙火없어 日支 亥中甲木과 명암합하는 년간 己土가 夫星이다.

己土 허약하여 制水못하므로 무능력한 남자이며 己土가 년지 亥中甲木 그리고 시지 비견아래의 卯中甲木과도 명암합하므로 夫別之命. 24세 대운 丙은 장마속에 해뜨는 날되어 길하다. 대운지 子는 도화고 용신을 도와 좋은 운이며 결혼운이다. (丙火가

生己土하며 일간과 丙辛合했다.)

丁대운은 辛金이 싫어하는 운이고 대운과 년주 己亥가 3급소용돌이되며 대운지 丑中己土가 日支 亥中壬水를 극하여 남편과 갈등많아 이별하는 운이다. (년간 己土 夫가 丑에 뿌리얻어 酉丑으로 비견과 합국) 夫星인 己土가 약해 만나는 남자마다 무능력했다.

예11)

```
                              49 39 29 19 9
甲甲壬戊    여명    丁戊己庚辛    대운
戌午戌子            巳午未申酉
```

甲午일주가 戌月에 태어나 재다신약이 되었다. 午戌로 조토되어 甲木이 戌土에 뿌리박고 살려면 水氣가 필요하다. 월간 壬水가 년지 子에 통근하여 용신이다. 그러나 午戌로 일주와 합된 戌中戊가 년간에 투출하여 壬水를 극하므로 탐재괴인의 격국이 되었다.

甲午일주가 월시지 戌로 戌午戌로 합하므로 여기저기 양다리걸치고 돈벌이 하려한다. 시주 甲戌 비견과 합되어 동업사도 들어온다. 그러나 탐재괴인되어 돈 때문에 개망신인데 土재성이 오는운에 발동된다. 관성없어 일지 午와 암합하는 년지 子中壬水를 夫星으로 한다. 혹자는 월시지의 戌中辛金이 있다고 말할 수 있으나 戌이 형충없어 개고(開庫)되지 못했고 午戌로 반삼합 화국을 이루어 戌中辛金은 소용없게 되었다.

일지와 년지 부궁(夫宮)은 子午 冲이되나 중간에 戌이 있어 충을 해소했다. 이럴땐 戌을 합하는 卯운이나 戌을 형충하는 운에 부부이별된다. 己未대운들어 일주 甲午와 천간지합하므로 돈에 눈이 뒤집힌(쟁합해서) 甲木이 돈으로 변해(십성이 변함) 월

간 壬水를 극하므로 문서와 체면 날라가고 남편(월간 壬水는 子
夫宮에서 出)까지 못살게 했다.

3. 인수 없는 명조

인수성이 없다고해서 모친이 없는 것은 아니다. 이럴땐 아버지성(父親星)을 찾아 이것과 合하는 것을 찾으면 된다. 이 경우 역시 먼저 천간끼리의 合을 찾고 그다음에 육합 및 암합을 찾아서 해결한다.

예1)

```
癸 丙 戊 壬    남명      壬 辛 庚 己    대운
巳 子 申 子             子 亥 戌 酉
```

이 사주엔 인수를 뜻하는 木이 천간지지 그어디에도 보이지 않는다. 따라서 먼저 부친성을 찾아보면 월지 申中庚편재가 있다. 그리고 申中에 있던 戊土가 천간에 투출되어 있는데 이는 부친의 표출신이다. 申과의 合神을 찾아보면 년지 子中癸水가 申中戊土와 암합하고 일지 子中癸水와도 암합이며 申子로 반수국(半水局)을 형성하고 있다.

그러므로 년지 子中癸水는 부친의 첫 여자이고 日支 子中에서 투출된 시간의 癸水가 월간 戊土와 戊癸合을 이루므로 이것이 친모이며 부친의 두 번째 여자다. 그런데 시간 癸水는 時支 巳中戊土와 自坐 명암합하고 있다.

이는 모친(癸)의 두 번째 남자다.

월지 申金은 子申子로 합국하여 많은물에 가라앉아 있는 상이며 죽는 상이다. 그러므로 이 사람의 부친은 술이나 마약에 빠져 있었으며 그로인해 득병하여 사망하게 된다.

日支 子中壬水가 년간에 투출되어 있고 생년이 壬子인데다 申

子半合되어 있으므로 태어나자 말자 부친과 사별하게 된다. 그후 그모친은 시지 巳中戊에 재가하여 씨다른 형제까지 낳게 되었다. (戊癸合火는 가짜형제)

예2)

```
壬 壬 甲 癸    여명         39 29 19 9
寅 辰 子 卯               戊 丁 丙 乙    대운
                        辰 卯 寅 丑
```

壬日主 子月生 日支辰에 뿌리있고 천간에 壬癸水있어 신왕이다. 시지 寅中丙火 戊土있어 말년 자식복있다. 寅中丙 戊 불투(不透)하여 춥고 배고픈 팔자다. 동짓달 한겨울에 바람불고(甲木風) 눈보라(癸) 휘날린다.

이러한데 눈보라와 습기를 막아줄 戊土가 불투(不透)되어 남편복없는 팔자가 되었다. 日支 辰中癸水가 년간에 투출되어 극丙火하므로 태어난 얼마후에 父亡하게 되며 자존심세고 투쟁적 성격이다. 日支 辰中戊土 初夫. 년간 癸水 初夫의 표출신되어 첫남자는 말잘하나 실속없고 결실없다. 뿐아니라 나를 힘들게 한다. 그것은 癸水 夫표출신이 卯에 앉아있어 말잘하고 총명하며 겨울 癸水는 눈보라이므로 나를 더욱 춥게 만들기 때문이다.

따라서 壬日主의 정은 시지 寅中戊土로 향하게 되는데 寅上에 壬水 비견있어 유부남이다. 金인수성 없어 시지 寅中丙火 편재와 합하는 것을 찾아야하니 월지 子水가 時支寅과 암합한다. 그러므로 월지 子水가 모친성이다.

그런데 子水는 년지 卯에 刑받고 日支辰에 입고 되어있다. 이는 내가 태어난 얼마후에 모친이 사망함을 나타낸다. 즉 日支辰에 子水 모친이 입고 되었기 때문에 내 태어난후에 모친죽게 되는 것이다. 丙午년 4살되던 해에 월지 子水를 冲하여 모친사망

했다.

19세 丙火 대운의 丙은 시지 寅에서 투출된 것으로 보므로 이 때에 따뜻한 태양을 찾아 남쪽으로 내려가 신발공장에 취직했다. (시지 寅이 역마고 丙火는 편재성이며 寅은 물상으로는 신발에 해당됨) 년간 癸水가 모친의 표출신임과 동시에 日支 辰中 戊土 官의 표출신이므로 初夫와 모친은 비슷한 성격을 지녔으며 죽은 모친의 혼령이 맺어준 사람이다. (辰中戊土 官인데 辰은 모친무덤이기도 하며 표출신이 동일하기 때문)

예3)

```
              46 36 26 16 6
丁 庚 丁 庚   남명   壬 辛 庚 己 戊   대운
亥 申 亥 寅          辰 卯 寅 丑 子
```

이 사주엔 己土 인성이 보이지 않는다. 년지 寅中戊土 인성있다하나 천간에 나타나지 못했고 寅亥合을 당해 戊土의 생기가 끊어지므로 土의 역할은 상실되었다. 따라서 편재성인 년지 寅과 합하는 월지 亥水가 모친성이다.

寅木 부친성 하나에 亥水 두 개되어 아버지 한분에 모친 두명인데 월지 亥水가 친모요 시지 亥水는 부친의 두 번째 여자다. 亥水식신성이 모친이 되므로 이 사람의 모친은 아이같고 활동력 좋은 사람이다. 원래 亥水는 寅木을 만나 寅亥合되게되면 그 활동력이 멈춰지게되어(물의 특성인 유동성이 없어진다) 그역할이 상실된다. 따라서 이 사람의 부친(寅木)은 모친이 돌아다니고 활동하는 것을 꼭 묶어 놓으려하게 되고 이로 인해 부모사이는 서로간에 앙앙거리는 불화가 생기게된다. (寅亥는 合破)

寅대운에 월지 亥를 合하여 合破가 발동하는중 壬戌년을 만나 모친의 표출신인 월간 丁火를 合去시켜 그 모친이 사고쳐 감옥

가게 되었다.

※ 丁亥가 壬戌을 만나면 丁火가 壬水와 合하여 戌庫에 입고
된다. 또 년지 寅中戊土 편인은 할아버지인데 寅亥合으로 戊土
가 상하므로 부친은 아버지를 일찍 여의었다.

※ 년지 寅中에 있는 戊土는 祖父星인데 寅亥合으로 戊土의
기가 끊어지므로 부친(寅木)은 아버지(戊土)를 일찍 여위고 홀
어미 밑에 자란 분이다. 그리고 월간 丁火를 亥水 모친성의 표
출신으로 말했는데 그것은 亥中壬水와 월간 丁火가 명암합하기
때문이다. 즉 해당 육친성과 명암합하고 있는 明神(천간)이 동
주(同柱)하게되면 그것을 그 육친성의 표출신으로 한다.

예4)

```
                    45 35 25 15 5
戊 丙 庚 癸   남명   乙 丙 丁 戊 己   대운
戌 午 申 巳          卯 辰 巳 午 未
```

이 사주엔 丙火일주를 생해주는 木 인성이 없다. 초년운에도
木이 보이지 않는다. 이러므로 이 사람에겐 모친이 없고 또 공
부운도 없다 할것이나 그렇지 않다. 이럴땐 아버지 성(星)을 찾
아 그와 합하는 것을 취하면 된다. 월주 庚申 편재가 부친성이
므로 이와 합하는 년지 巳火가 부친의 첫여자이다.
그리고 또 申金이 일지 午中丁火와 丁壬으로 암합하므로 午火
가 친모이며 부친의 두 번째 여자다. 월지 申金이 년지 巳와 刑
합이고 일지 午火는 도화살이므로 부친은 첫부인과 헤어지고
본인의 모친과 연애하여 만났다. 년지 巳中戊土가 시간에 투출
되어 있고 년간 癸와 戊癸合火되어 이복형제있다. 巳午대운 吉.

辰대운 不好. 乙卯대운 길.

※ 년지 巳는 부친의 첫여자고 년간 癸水는 년지 巳와 戊癸로 명암합하므로 癸는 부친의 첫여자의 행동성향을 나타내는 先母의 표출신이다.

예5)

				남명	44	34	24	14	4	
壬	壬	丙	甲		辛	庚	己	戊	丁	대운
子	寅	寅	辰		未	午	巳	辰	卯	
			공망							

壬寅日主 寅月生 木多함이 병으로 木多火息(목다화식; 木多하면 弱火는 꺼진다.)되었다. 그런데다가 시지 子水 羊刃에 뿌리둔 시간 壬水가 剋丙火 하고있어 父早別之命. 인수성없어 丙火가 뿌리두고 있는 寅中戊土와 암합하는 년지 辰中癸水가 부친의 첫여자다.

甲辰백호살이고 辰이 水庫되었으며 설기(泄氣)심해 부친의 첫여자 흉사(凶死)했다. 시지 子中癸水가 나의 친모며 부친의 두 번째 여자다. 일지 월지에 丙火를 지니고 있는 寅이 두 개되어 시지 子中癸水와 쟁암합하므로 모친(子中癸水)은 부친 죽고나서 日支寅과 암합한다.

따라서 日支 寅中丙火는 모친의 두 번째 남자이며 壬日主가 寅에 거(居)하므로 나는 의붓아비 밑에서 자란다. 시지 子中壬水가 시간에 투출되어 나를 도우니 모친덕이 좋으며 친구형제처럼 의지한다. 壬子가 양인되어 모친은 기가센 여성이다.

초년 丁대운은 일간과 시간의 壬水와 쟁합되어 壬水 난동하여 극 丙火하고 대운지 卯가 시지 子를 刑하여 子寅간의 암합을 깨므로 부친이 사망하므로해서 부모사이의 인연도 끝났다.

戊대운 모친인 子中癸水의 合神 나타나는 운되어 모친 재가했다. 이 사주의 형국은 다음과 같다. 寅月 甲木이 천간에 투출되었고 丙火 조후가 있어 甲木은 土운이 오면 잘자란다. 따라서 능력있는 사람이고 (寅이 식신문창성) 다재다능하다.

또 식신 문창성이 역마에 앉아 타향 타국으로 유학가는 팔자로 두뇌좋고 활동력 뛰어났다. 己巳대운의 己土운은 년간 甲木이 甲己合하여 묶이므로 활동하되 발전없다. (甲木이 合을 탐해 丙火 식신을 생하지 않는다.) 巳대운 월일지 寅을 형(刑)하여 역마사고 중중하나 丙火 득록하여 돈되고 여자생긴다.

庚대운 난데없는 문서가 壬水일간을 생하여 문서로 치부하며 뜻밖의 명예도 얻는다. 그러나 庚金이 년간 甲木을 충극하므로 식록과 입(식신)이 다치고 교통사고 발생되어 건강이 상한다. 일지 寅에서 투출된 년간 甲木식신은 나의 건강이고 내 돈줄이다.

午대운 丙火재성이 양인을 얻어 재운은 좋으나 시지 子水를 충하여 일간의 뿌리를 상하게 하므로 대국(大國)망하면 소국(小國)망하는 일이 발생된다. 辛未대운은 월간 丙火를 합거시키고 甲木(식신; 나의 활동력이고 돈줄)이 대운지 未에 입고되므로 돈 및 여자가 사라지고 돈줄 막힌다.

丙火 처성이 월일지 寅에 있어 二妻之命이다. 년지 辰中戊土 첫 자식은 백호살되고 木에 극을 받으므로 첫 자식 사별한다.

※ 년지 공망은 부친조별하는 팔자가 많다.

예6)

				여명	51	41	31	21	11	1
乙	戊	丙	辛		壬	辛	庚	己	戊	丁
卯	申	申	卯		寅	丑	子	亥	戌	酉

戊土生 申月하여 극신약한데 일주를 돕는 인수성은 월간에 하나 있으나 丙辛合되어 인수의 역할을 못하게 되었다. 그러므로 부친인 申中壬水의 애인은 될 수 있으나 나의 모친성은 될 수 없다. 따라서 壬水 부친성이 기궁(寄宮)하고 있는 申과 암합하는 년지 卯中乙木이 부친의 첫부인이고 시지 卯中乙木이 나의 친모이다. 시지 卯中乙木이 월지 申과도 암합하면서 일지 申中庚金과도 암합하고 있다. 이런 구조는 모친인 시지 卯中乙木이 부친궁인 월지와 암합한후 헤어지고 딴남자와 암합했음과 본인 역시 모친의 두 번째 남자에게서 키움을 받음을 나타낸다.

이 사주는 종아격인데 金木이 상전하고 있으므로 통관시키는 水가 용신이다.

그러나 용신인 水가 不透되었고 壬水를 간직하고 있는 申金이 형충을 받지못해 水氣가 원활히 활동 못하고 있다.

따라서 신경계통이 좋지못해 정신질환(卯申귀문)이 있을 팔자다. 년지 卯中乙木 정관이 첫남자인데 년간 辛金이 卯木의 상승하는 기운을 눌리고 월지 申金이 극목(剋木)하므로 생자별부(生子別夫)된다. 시간 乙木이 두 번째 남자이나 공망지에 앉아있으면서 나의 일지 申과 乙庚으로 암합하고 있다. 이 구조는 헛된(空亡) 남자가 거짓으로 나와 합해오는 상인데 시간 乙木이 살기 위해선 申中壬水를 빼내어야 한다.

그러므로 이여성은 첫남자든 두 번째 남자든 어떤 남자던지 같이 살려면 돈(壬)을 벌어 남자를 생해주어야 한다. 즉 오는 남자마다 내돈을 원하고 노리게된다. 亥대운에 卯木이 생기 얻으므로 결혼운이고 庚대운은 일지(申)의 표출신되어 시간의 乙木 정관을 合하므로 夫는 무능력해지며 이별운까지 있다.

子대운은 도화살이고 申子로 半水局하여 生卯木하므로 술장사 및 유흥업으로 돈벌며 이렇게 번돈은 남자가 빨아 먹는다. 辛丑대운의 辛운은 乙辛冲되어 夫(乙木)가 완전히 사라지는 운 되어 이혼했다. 壬대운 편재운되고 일지 월지의 표출신이므로 왕성한 활동있고 재운좋다.

그러나 나타난 壬水를 본 乙木은 비로소 기다린 물을 만난 격 되어 한없이 빨아먹으니 번돈은 남자가 빼먹는다.

이렇게 壬水를 빨아들이던 乙木은 壬水가 말라버리면 딴곳(월지 申)으로 가게된다. 이러한데 庚辰년(51세) 만났다. 세운간 庚金은 일지 申의 투출신이고 이것이 辰홍염지(일간 戊에서 辰은 홍염)에 앉아 시간 乙木 관성과 合이므로 아랫도리(申식신; 배설기운) 근질거려 근본없는 남자(乙卯는 공망임)와 합정했다.

남자(乙卯)에서 보면 壬운은 여자의 아랫도리에서 돈(壬水)이 나와 생기얻는운. 同대운 壬午년은 대운간과 같은 세운간이라 壬水 세운간이 힘을 얻어 원국의 丙辛合을 壬丙으로 충하여 合을 깬다.

이리되면 辛金이 乙木을 극하게되어 남자와 이별된다. 혹자는 년간과 시간으로 멀리 떨어져 乙辛 사이에 충극이 안된다고 말한다. 그러나 이 사주는 년지 卯가 일월지와 卯申 암합하여 시 乙卯에 가까이 갈 수 있어 충극이 성립되는 것이다.

4. 월간 인수(印綬)를 부친성(父親星)으로 한다.

인수라는 용어는 부모 존장을 뜻하고 문서, 서류, 도장등을 의미한다. 그런데 이때까지의 명리학에선 인수를 모친성(母親星)으로 취급하고 있다. 물론 틀린말은 아니나 인수를 부친으로 봐야할 경우가 있다. 사주에 원칙적인 부친성이 없을 때나 재성(財星)이 재성 역할하지 못할 경우엔 월간의 인수를 부친성으로 하여 그 육친 관계를 추리해야 한다. 사주감정에 있어 월주(月柱)는 부모궁이고 형제궁이며 월간(月干)은 양(陽)에 속하고 월지(月支)는 음(陰)에 속하므로 월간 인수성을 부친으로 볼 수 있다.

그런데 초심자들은 원칙적인 틀에 매달려 '인수(印綬)는 모친성이다' 로만 판정한다. 그러므로 육친해석에 오류가 생기는 것이다.

예1)

```
甲 己 丙 庚    여명    辛 壬 癸 甲 乙    대운
戌 酉 戌 午           巳 午 未 申 酉
        도화
```

이 사주는 己土일주가 戌月에 생하여 시간의 甲木과 甲己合하여 化土格이 되었다. 그러나 가을(秋)은 金旺한 계절인데다 년간에 庚金이 일지 酉와 월지 戌에 뿌리를 두고 투출되어 있다. 그러므로 土가 泄氣 심하여 火土운은 좋고 金운과 水운은 크게 불길한 사주다. 이 사주도 원칙적인 부친성(父親星)인 水가 없다.

그러므로 월간 丙火 인수를 부친으로 하여 그 육친관계를 더

듣어야 한다. 丙火가 부친성되면 이것과 合하는 辛金 식식이 모친성(母親星)이 된다. 그런데 월지 戌에 辛金이 있고 월간 丙火는 월지 戌中辛金과 먼저 명암합하고 있으며 다음으로 일지 酉中辛金과도 명암합하고 있다.

그러므로 日支 酉中辛金이 나의 친모친이며 월지 戌中辛金은 부친의 첫여자며 본부인(本婦人)이다. 모친성이 일지에 있으므로 이여성은 모친을 아이처럼(辛이 식신이므로) 보살펴 주어야 하며 酉金이 土의 기운을 설(泄)하므로 모친덕은 없다.

이 여성의 실제운명은 부친의 본부인(戌中辛金)이 병약하여 (丙戌 白虎殺되고 午戌 半火局이뤄 剋金하므로) 후실(後室)로 맞아들인 여성에게서 태어났다. 乙대운에 모친의 표출신인 년간의 庚金이 합거되어 모친은 부친곁을 떠나게 되었고 이후 申대운에 기생교육을 받은후 기생 노릇하며 살았다.

그러다가 未대운에 어느 남자를 만나 동거하면서 술장사를 시작했고 찾아온 모친을 봉양하면서 살아간 팔자였다.

예2)

```
                              36 26 16 6
辛 乙 壬 庚   여명      戊 己 庚 辛   대운
巳 酉 午 戌            寅 卯 辰 巳
```

이 사주는 木火상관격에 관살혼잡격되어 아주 잡스런 팔자다. 부친을 뜻하는 재성은 년지 戌中戊土있고 시지 巳中에 戊土가 있다. 그러나 戌中戊土는 戌이 월지 午와 午戌 반화국되어 乙木이 뿌리내릴수 있는 土가 아니고 시지 巳中戊土 역시 그러하다.

그러므로 월간 壬水 인수를 부친성으로 하며 월지 午中丁火 식신이 모친성이 된다. 壬水 부친성은 巳酉 반금국과 천간의 庚申에게서 수생(受生)하므로 부친의 모친(할머니)는 두 분이다.

己卯대운의 卯대운은 壬水 부친성이 사(死)에 앉는운되어 부친의 생명에 위험한 운인데 乙酉년을 만나 庚金의 뿌리인 酉를 자형(自刑)했고 세운간 乙이 壬水를 생해주는 庚金을 합거(合居)시켜 그부친이 세상떠나게 되었다.

庚金의 뿌리인 日支 酉를 충하고 월간 壬水를 극하는 己卯月이었다. 午中丁火 모친은 아이같은 사람(丁火식신)이고 사주의 기신이되어 본인은 모친덕이 없으며 만나면 서로 싸우길 잘한다. 丁火가 생하는 土가 형제성이므로 본인외에 戌中戌, 午中己土, 巳中戌로 3명의 형제를 두었다.

예3)

					44 34 24 14 4	
丁	戊	丁	甲	남명	壬 辛 庚 己 戊	대운
巳	辰	丑	寅		午 巳 辰 卯 寅	

戊土 일주 丑月生에다 火가 많아 신왕하므로 년지 寅과 일지 辰에 뿌리둔 년간 甲木편관으로 용신하는 사주다. 인수성이 많고 재성이 약하여 辰에 입고하고 있으며 戊辰은 백호살에 해당된다. 따라서 대부분의 역인(易人)들은 그부친이 비명횡사 할것으로 말하게된다. 그러나 丑辰中의 癸水는 일간과 戊癸로 명암합하므로 처성(妻星)이 되고 부친성은 아니다.

또 양간인 戊土일주의 부친성은 편재인 壬水이다. 따라서 월간 丁火는 모친성이 아니라 부친성이고 월지 丑中辛金이 모친성이며 부친의 부인이 된다. 월간 丁火의 정황을 보면 묘에 해당되는 丑에 앉아있으며 년지 寅에 死地가 된다.(12운성) 그러므로 이 사람의 부친(丁火)은 사지(死地)운인 寅대운에 사망한다.

그리고 모친성인 丑中辛金은 시지 巳와 巳丑으로 암합(巳中丙

火와 丑中辛金)하므로 부친사망후 딴남자와 재혼했다. 庚대운은 년간 甲木 용신을 충극하여 좋지 않은운이다. 辰대운은 일지 辰 홍염이 대운에서 발동하여 연애운이나 辰辰自刑되어 번뇌와 갈등 많은운. 辰대운은 甲木의 뿌리되어 직장운은 좋다.

辛대운 월지 丑中辛金 투출되는 운되어 모친 나타나고 비록 상관운이나 丁火있어 辛金을 제극하므로 甲木을 극하지 못해 직장운은 무난하다. 巳대운은 甲木의 뿌리인 년지 寅을 刑하여 퇴직 및 자식이 다치고 아픈운이다. 壬대운은 월시간의 丁火와 쟁합되어 丁火가 난동하니 문서 계약문제 발동되는운.(좋은운)

예4)

```
                          36 26 16  6
己 丙 乙 己   여명   己 戊 丁 丙   대운
丑 午 亥 亥          卯 寅 丑 子
```

丙火일간이 亥月에 태어나 신약하여 일지 午에만 뿌리두어 오직 내몸하나 밖에 믿을것이 없다. 따라서 육친의 도움없고 내가 활동하여 여러사람을 따뜻하게 보살펴야 될 팔자다. 월간 乙木 있으나 겨울의 乙木되어 丙火를 생할수 없다. 이 사주엔 부친성 인 편재가 없고 시지에 재성(財星)의 고(庫)가 되는 丑만있다.

즉 편재성없고 재성 입고(入庫)되어있어 부친과 일찍 사별할 팔자다. 그러나 부친성이 뚜렷하지 않고 월간에 인수가 있으면 이를 부친성으로하여 그 길흉선악을 분별한다. 따라서 乙木(월간)이 부친이고 년간 己土는 부친의 첫여자며 시간의 己土는 부친의 두 번째 여자며 나의 친모다.

따라서 친모가 나의 상관이므로 나는 모친을 늦게까지 나의 아이 보살피듯 돌봐야하는 운명이다. 즉 己土상관이 時干에 있어 늦게까지 모친을 따뜻하게(丙火) 보살피게 되는 것이다. 월간 乙木 부친성은 사지(死地)인 亥水위에 앉아 추위에 오들오들 떨고있는 형상이라 丙火일주를 필요하게 되므로 부친은 '너땜에 살아간다.'며 말할 정도로 이여성을 극진히 사랑했다.

　그러나 辛丑년(3살)만나 辛金은 乙木을 충극하고 일간 丙火를 合하므로 따뜻함을 잃은 乙木은 辛金에 상할 수밖에 없어 그만 그 부친(乙木)이 세상뜨고 말았다. 그후 모친(己土)는 두 번에 걸쳐 남자인연 있었으나 모두 실패하고 丙火에 의지하여 지내게된다. 년지 월지의 亥中甲木은 己土(모친)와 명암합하는 관계이므로 모친의 남자이나 추운 물속에 있는 남자이므로 물결출령이게 됨(亥亥自刑)에따라 이따금실 고개내밀어 甲己合하는 사이였다.

　子대운은 유일한 의지처인 일지 午火를 충하여 대액(大厄)을 만나나 子가 시지 丑과 合하므로 그 冲하는 힘이약화되어 액난 중에서 존명했다. 따라서 초등학교만 겨우 졸업했고 이후 기술(己土상관)을 배워 연명하면서 모친을 돌보고 있다. 년월지 亥中壬水가 일지 午와 암합하는 夫星이나 忌神이므로 남자를 두려워하여 미혼으로 지낸다. 그러나 평생 3번에 걸쳐 남자와 연애는 하게되나 모두 길지 못하고 잠시의 인연에 그친다. (亥亥와 시지 丑中辛金이 일주의 合神이므로)

예5)

```
              26 16  6
癸 丙 乙 己   여명   戊 丁 丙   대운
巳 午 亥 亥          寅 丑 子
```

　예4)의 팔자와 시간만이 다르다. 그러나 시지에 巳록를 얻어 丙火일주가 제법 강하므로 관성을 감당할수 있는 힘이있다. 역시 월간 乙木인수가 부친성이라 위사주처럼 辛丑년(3살)때 부친

사망했다. 子대운에 일지 午를 충하여 신액이 있었고 학업마저 중단했다.(중학중퇴) 그런다음 공장직공 생활을 하다가 丑대운에 시간 癸水 정관이 투출되어 결혼했다.

그러나 겨울의 검은구름(癸)이 태양(丙)을 가리는 격이되어 좋은 남자는 못되고 나를 어렵고 힘들게하는 사람이다. 또 癸水 정관이 巳역마에 앉아있어 남편은 운전직업으로 살아가는 사람이다. 일지 午中에 있던 己土상관이 년간에 투출되어 나의 표출신이 되어있다. 이것이 亥水위에 앉아 乙木의 극을 받고있어 출산(己土 상관나올 때)마다 생명의 위험을 받게 되었다.

즉 己土는 일지에서 나왔으므로 나의 육신(肉身)을 의미한다.

一. 형충(刑沖) 회합(會合)은 요술쟁이

사주 팔자의 길흉과 성패에 대한 변화는 생극(生剋)관계도 중
요하다. 그렇지만 이보다 더 큰 힘을 가지고 있는것이 형 충 합
이다. 이에 대해 많은 사람들이 '그것 정도야' 한다. 그렇지만 사
주원국에 冲이 있을때 그것은 언제 작용하며 그 성패길흉은 어
떻게 나타나는가? 그리고 어떤 육친이 어떤 사고를 당하는가?
하는 점에 대해선 자신있게 말할 수 있는 사람이 많지 않은 것
이다.

　그러므로 이장에서는 제일 강한 작용력을 지니 충(冲)에 대한
그 변화를 살피기로 하겠다. 충과 합은 동정(動靜)의 관계며 일
체양면의 관계이므로 충(冲)을 알면 합(合)도 이해할 수 있다.
실례를 들어 설명키로 한다.

1. 충(沖)은 어느 때 발동되나?

예1)

					42 32 22 12 2						
癸	己	癸	癸	남	戊	己	庚	辛	壬	대운
酉	巳	亥	巳		午	未	申	酉	戌	

己 일간 亥月生으로 년 일지에 巳가 있어 己土 일간의 뿌리가 될듯하다. 그러나 왕신인 월지 亥水에 년지 巳는 깨어졌고 일지 巳는 시지 酉와 巳酉로 합을 맺어 火土의 역할을 포기하므로 종재격이 되었다. 이리되면 년일지 巳中의 戊土가 종재에 방해되므로 제일 큰 기신이다. 申대운은 년지 巳를 합하여 巳亥沖이 발동되나 巳中戊土가 약해지는데다가 申金이 월지 亥水를 생하여 아주좋은 운이다. 이럴때는 이동과 변동사가 좋게 작용된다.

己未대운은 종재에 역하는 운이나 월지 亥와 未가 작합하여 亥中甲木이 살아났고 이것이 대운간 己土를 합해준다. 그러므로 흉한 가운데 길함이 있는 운이다. 이런 운에는 관청 및 법의 득을 얻어 동업자 및 경쟁자를 제거하게 된다.

戊대운은 巳亥로 충거되어 쓸모없이 된 戊土가 혼자 죽을 수 없다며 나의 용신인 癸水 財를 붙잡고 늘어진다. 따라서 제거되었던 동업자 및 경쟁자가 나타나 방해하는 일이 생기고 그로 인해 모든 재산이 상실되게 된다. 또 戊土는 일지 巳에서도 투출된 것이므로 나의 판단 또한 흐려지게되어 망할짓만 골라서 하게된다.

이 사람의 성격은 친구 형제라도 쓸모없다 싶으면 그 관계를 쉽게 끊게되며 반드시 쓸모없이된 형제와 모친이 있게된다. 그것은 년일시 巳가 월지 亥의 沖을 맞았고 종재격 사주이기 때문이다. 종재격은 비견겁재와 인수를 싫어한다.

예2)

```
                        34 24 14  4
  丁 乙 乙 己   남      辛 壬 癸 甲   대운
  亥 巳 亥 亥            未 申 酉 戌
```

乙일주가 亥月에 태어났고 년시지에 亥가 있어 水旺하다. 일지 巳가 왕한 亥水의 沖을 받고 있는 것이 제일먼저 눈에 들어온다. 이렇게 巳가 沖을 받게되면 巳中丙火는 亥中壬水에 상하고 巳中戊土는 亥中甲木에 상한다. 따라서 처와 부친(戊土 정재) 그리고 조모와 장모(丙火상관)가 역마에 당해 크게 상하게 된다. 또 본인 역시 교통사고 크게 당한다.

이 정도는 초심자들도 능히 살펴볼 수 있는 사상(事象)이다. 그러나 언제 당하느냐 하는것은 쉽게 짐작하기 어렵다. 이 사주처럼 바로 가까이에서 충이될때 첫째로는 합되는 운을 찾고 둘째로는 충하고 있는 지지의 장간이 대운이나 세운에 나타날 때 그리고 巳나 亥가 오는 운을 만나면 발동된다. 따라서 24세부터 시작되는 壬申대운은 원명의 巳亥沖이 발동되어 나타나는 응기(應期)이다. 그런데다 일주 乙巳와 壬申대운은 3급 소용돌이를 형성하므로 크게 흉하다. 따라서 申대운 戊辰년(30세)은 巳中에 있던 戊土가 투출되므로 부친 및 마누라에 대한 문제가 생기는 때이다. 바로 巳亥沖의 응기인 것이다.

그러므로 처가 자궁암 수술받고 사망했으며 재운 또한 좋지 않았다. 31세 己巳년은 일지 巳가 발동되어 亥水와 상충되므로 본인이 교통사고를 당해 생사지경을 넘나 들었다. 죽지 않았던 것은 亥中甲木이 충출되어 부신(扶身)했고 亥中壬水 역시 충출

되어 생신(生身)했기 때문이다. 부친과 조모(祖母) 역시 객사했
는데 酉대운에서 였다. 그것은 충맞아 있던 巳中丙火 戊土는 허
공에 떠있는 허약한 상태로 있게되는데 이것이 사지(死地)인 酉
대운을 만났기 때문이다.

예3)

                        34 24 14 4
丁 癸 壬 丁   여   丙 乙 甲 癸   대운
巳 亥 子 未   辰 卯 寅 丑

癸日 子月生 신왕이다. 년지 未中己土 편관 있으며 일지와 亥
未 합하고 甲己 암합하므로 첫남자다. 년간과 시간의 丁火는 남
편의 표출신 되므로 아버지 같은 남자(丁火 편재는 父親)다. 일
지 亥中壬水 겁재가 월간에 투출되어 년간 丁火와 합하므로 돈
(丁火)을 보고 결혼한다. 또 월간 壬水 겁재는 일지에서 나왔으
므로 나의 표출신이다.

이것이 子도화에 앉아 있으므로 끼많고 성질 강하며 탐심과
질투심 강하다. 이런 壬水가 시간의 丁火와도 합을 지으므로 남
편두고 외부와도 합정한다. 일시 巳亥沖되어 부부이별하는 팔자
인데 시지 巳中에 戊土 정관 있으므로 후부(後夫)와 합이 잘맞
고 해로한다. 년지 未中乙木 나타나는 乙대운에 남자 만났고 일
주와 천간지합되는 戊寅년(31살)에 식올렸다. 년지 未는 도화살
을 띠고있는 월지 子中壬水와 도화 암합하므로 초부(初夫) 역시
바람기 많은 남자다. 시지 巳中에서 투출된 丙火 대운에 두 번
째 남자 만난다. 辛巳년(34살) 일지 부궁(夫宮)을 충하여 년지와
의 亥未 합을 깨므로 부부이별 및 불화생겼다.

겨울철 신왕한 사주에 丙火운이 오면 누구던지 좋다고 말한
다. 그러나 이 사주처럼 巳亥沖되어 있을때에 巳中丙火가 대운

에 나타나면 시지 巳가 동하게되어 巳亥冲이 성립되고 巳中戊
土까지 덩달아 나타나게 된다. 그러므로 부부불화 및 이별(巳亥
冲)사가 생기게되고 돈을 두고 상쟁하는 일이 발생된다.

즉 巳亥충되면 巳中丙戊庚이 충출되며 亥中甲壬역시 충출
되는데 壬水는 丙火를 극하고 甲木은 戊土를 극하며 庚金은 甲
木을 치는 어지러운 일들이 발생된다. 이런 대운(丙)에 辛巳년
을 만나면 세운간 辛金은 丙을 합해가고 세운지 巳는 일지 亥를
충하여 亥가 년지 未와 맺고있던 암합을 깨게된다.

여러 합(合)중에서 제일 잘 깨어지는 것이 암합인데 冲刑을
만나도 깨어지고 한쪽을 合해도 깨어진다.

예4)

```
                        23 13  3
  丙 庚 乙 戊   남      戊 丁 丙   대운
  戌 辰 卯 辰          午 巳 辰
```

庚辰 괴강일이 卯月에 태어나 월간 정재격이다. 土多하므로
재성이 용신이다. 이 사주는 신왕하고 재왕하며 관성 또한 약하
지 않아 좋은 팔자 같아 보인다. 그러나 괴강일은 刑冲을 싫어
하는데 그만 丙戌時를 만나 흉하게 되어있고 용신인 乙卯財를
생해줄 水가 입고되어 있으며 천간에 불투되어 좋지 못하다.

그런데다 내 용신인 乙卯 재성은 丙戌시와 卯戌합을 지어 丙
火를 생해주므로 불길하다. 따라서 이 사주의 최대약점은 丙戌
시를 만나 일주가 천충지충을 당하고 있는 것이다.

초년에 辰대운을 만나 일지 辰戌충이 발동되어 아주 흉하다.
이런 운에 그만 충이 합을 만나는 甲戌년을 만나 입원하게 되었
다. 병명은 백혈병이었다. 시지 戌中丁火 투출되는 丁火 대운에
종명할 것으로 생각된다.

예5)

$$48 \quad 38 \quad 28 \quad 18 \quad 8$$

癸 癸 癸 辛　　남　　戊 己 庚 辛 壬　　대운
亥 亥 巳 丑　　　　　　子 丑 寅 卯 辰

　　癸일간이 巳月초여름에 태어났으나 월지 巳하나외엔 전부가
金水의 세력이므로 아주아주 신왕하다. 이런 사주를 두고 어떤
사람은 '金水가 태왕하므로 종왕격이다. 그러므로 金水木 운은
좋고 火土운은 불길하다.' 로 말한다.

　　월지를 중하게 여기는 사람들은 '월지는 버릴수 없으므로 水
多함을 제압해주는 월지 巳中의 戊土로 용신해야 한다.'로 말하
기도 한다. 필자 역시 월지 巳中戊土로 水多함을 제거해야 된다
고 생각하는데 두가지 이유 때문이다.

　　첫째는 입하(立夏)후 24일에 태어나 巳中丙戊의 기운이 강해
져 있음이다. 둘째는 일간 癸水가 월지 巳中戊土와 명암합하기
때문이다.

　　이것은 단지 월지이기 때문이 아니고 일간이 합을 맺고 있다
는것 때문이다. 즉 일간이 합을 맺고 있다는 것은 일간의 정이
그곳에 있다는 것이고 그것에게로 간다는 뜻이다. 그러하지만
천간으로 오는 土운을 좋다고 섣불리 판단해서는 안된다.

　　그것은 왕신과 충격하는 현상을 일으킬 수 있음에서이다. 이
사주는 월지 巳中丙火와 戊土가 제일 심하게 극을 받았으므로
부친 및 처 그리고 자식과는 인연없게 된다.

　　그리고 월일시간의 癸水가 년지 丑에서 투출되어 있으므로 반
드시 초년에 부친을 극하게 된다. 년간 辛金은 모친이고 월지
巳中丙火가 부친이다. 辛金은 丑(庫)에 앉아 있고 월지 巳에 12
운으로 사(死)가 된다.

그러므로 먼저 모친 사망하고 그 다음에 부친(丙)이 사망한다. 일시지 亥中에 있던 壬水가 투출되는 壬대운에 巳亥冲이 발동되어 부모사별했다. 종왕격으로 보면 壬대운은 좋아야 할것이다. 辛대운까지 고생고생했다. 卯대운은 亥卯로 목국되어 월지 巳中丙火를 생할 수 있어 소길(小吉)했다.

庚대운은 월지 巳역마에서 투출되었으므로 巳亥冲 발동되어 교통사고 및 노상사고 따르는데 壬申년(31살) 만나 충중봉합되어 교통사고 발생하여 큰 부상을 당했다. 이때 본인뿐 아니라 처와 자식까지도 같이 당했다. 寅대운은 亥巳충 있는데 寅亥合하므로 巳亥冲이 발동될것 같다.

그러나 巳를 冲하는 亥가 寅과의 합을 탐해 불충(不冲)한다. 그러므로 역마충은 일어나지 않았다. 그러나 월지 巳가 년지 丑과 암합 및 반삼합 하고있는 것을 일지 亥가 冲하여 巳丑합을 막고 있는데 寅을 만난 亥가 巳를 충하지 않아 巳丑합이 이뤄진다.

즉 巳中에 있던 재관(丙戊)이 년지 丑과 합을 맺어 그 역할을 잊게된다. 이리되면 처(丙)가 타남(丑中癸水)과 합정하게 되며 내직장(戊)이 나를 버리고 남에게 가게되는 현상으로 나타나게 된다.

그리고 대운지 寅이 월지 巳를 형함에 따라 巳中戊土가 극을 당하므로 올바른 직장은 가질수 없으며 자식이 다치고 잃게되는 현상으로 나타난다.

己대운은 癸水를 제압하기엔 역부족이고 년간 辛金을 생하기만 하므로 불미스런 때이다. 丑대운은 월지 巳와 巳丑으로 합을 맺으므로 처(丙)가 나를 배신하고 돈이 나를 떠나는 현상으로 나타난다. 戊대운은 용신인 戊土가 천간에 나타나 많은 癸水를 제거해줄것 같으나 癸水는 강하고 戊土는 약하므로 오히려 戊

土만 사라지게 된다. 이렇게 3개의 癸와 하나의 戊가 쟁합하면 직장 날라가고 처(戊는 丙火처의 표출신)가 두남자와 합정하는 일이 생긴다.

예6)

己乙丁丙　남　癸壬辛庚己戊　대운
卯卯酉寅　　　卯寅丑子亥戌

乙木 일주가 酉月에 태어났으나 지지에 寅卯卯 있어 木多하다. 따라서 중추(仲秋) 손바닥만한 전토(田土 ; 己)위에 잡초(乙)만이 뒤엉켜 있어 예리한 낫 또는 호미(酉金)로 잘라내고 그 뿌리를 파내야하는 격이 되었다.

卯록이 두 개있고 년지 寅木까지 있으므로 양인(羊刃)이 있는 것과 같은데 월지에 酉金 편관 용신이므로 경찰직으로 나간다.

이 사주의 처는 시간의 己土 편재가 될것 같으나 乙卯卯에 손상된 것이므로 버리고 일간 일지와 명암합 암합하는 월지 酉金을 정처(正妻)로 하게된다. 시간의 己土 편재는 나의 활동무대며 애인이고 재물이고 나의 명줄이다.

따라서 庚대운에 결혼했고 경찰직에 들어갔다. 관성이 처성(妻星)과 일치되는 이런 사주는 직장생기면 곧바로 결혼하게 되고 또 결혼하면 곧바로 직장이 생기게 된다. 반대로 말하면 처가 아프던지 혹은 이혼하게 되면 곧바로 직장운 역시 좋지 않아진다.

그런데 이 사주처럼 卯酉冲이 가까이에서 강하게 부딪칠땐 운(運)에서 甲乙庚辛의 천간이 나타나던지 또는 丙丁이 발동 작용하게 되면 卯酉冲이 발동된다. 말을 바꿔하면 卯酉冲이 있을땐 그 속에 들어있는 장간이 운에서 나타날 때 깨어지고 합하는 일들이 발생된다는 말이다. 그러므로 대운을 살펴 그 길흉 사상

(事象)을 곧바로 알 수 있다. 따라서 庚대운은 충출된 酉中庚金이 일간과 합하므로 결혼이되고 직장이 생기게 됨을 보는 즉시 알 수 있다. 그리고 辛대운은 년간 丙火와 합을 짓는다.

따라서 첫째는 직장(辛)에서 빛(丙)이 나게되고 둘째는 처(辛)가 외부(外夫)와 합정하는 일이 생기게 된다. 酉中辛金에서 보면 丙火는 정관이 되기 때문이다. 丑대운은 酉金이 酉丑으로 합을 지으면서 입고(丑은 金庫)한다. 이리되면 첫째는 卯酉충을 하지 못하게 되어 칼을 휘두르는듯한 패기와 박력인 酉金 편관의 성질이 사라진다.

둘째는 직장을 그만두고 쉬고 싶어진다. 丑庫는 金이 쉬는 자리이기 때문이다. 따라서 丑대운은 퇴직사가 발생된다. 그리고 생업은 조용히 쉬면서 하는 일거리를 찾게된다.

壬대운은 기신인 丁火를 합거시켜 좋은 운이다. 寅대운은 년간 丙火가 장생하여 酉中辛金에 빛을 반사시키므로 인생의 황금기가 된다. 흔히 酉金을 용신으로 하면 이 酉金에 대한 억부만을 따지는 사람이 많다.

그러나 사주의 변화는 억부보다 형충회합이 더 중요함을 잊지 말아야 한다. 癸대운은 중추(仲秋)에 가랑비 내리는 격되어 丙火는 빛을 잃게되고 乙木은 더욱 음습해져 기분나쁜 운이다. 다만 월간의 丁火 기신을 극하므로 큰일은 생기지 않는다. 卯대운은 卯酉충이 발동되어 卯卯卯의 왕목의 세력에 酉金이 튕겨져 나가게되어 아주 불길하다.

이런 운중에 丙辰년은 충파(沖破)되어 출간된 辛金을 세운간 丙이 합거하여 입묘(辛은 辰에 묘)시키므로 부인이 세상떠났다. 다음해 丁巳년은 기신 丁火가 왕동(旺動)하여 辛金을 극한다. 그럼에 따라 旺木이 시간의 己土를 극할 수 있어 본인 명줄(己土) 역시 끊어지고 말았다. 辛金이 세운지 巳에 사(死)지가 된것도 흉함을 가조(可助)했다.

예7)

					34 24 14 4	
己	己	庚	甲	여	丙 丁 戊 己	대운
巳	亥	午	辰		寅 卯 辰 巳	

己土일간 午月生으로 신왕하다. 일지 亥水가 희신이고 부친성이다. 월지 午中丁火는 모친성이며 시지 巳中丙火는 부친의 애인 및 첩이다. 일지 亥에서 투출된 년간 甲木 정관이 첫남자이나 시지 巳에 뿌리를둔 월간 庚金에 의해 깨어지고 있다.

그런데다가 일시 巳亥冲으로 부부궁이 깨어졌다. 그러므로 아이놓고 살다가 남편과 이별하는 팔자이다. 여기까진 쉽게 해석이 된다. 그러나 어느때에 남편과 이별했는가? 하는 문제가 나오면 좀 어려워진다.

혹자는 庚金 상관이 강해질때라 말하고 또 어떤이는 년간 甲木정관이 합을 당할때라 말하기도 한다. 그러나 이 사주의 주인공은 丙火대운에 부부이별했다. 丙火는 월간 庚金을 극하여 상관(傷官)역할 못하게 되는데 어째서 남편과 이별될까? 여기엔 두가지 원인이 있다. 첫째는 년간 甲木 정관에서 보면 일간 己土와 시간 己土로 두 개의 처(妻)가 있다.

그런데 일주 己亥와 년주 甲辰과는 辰亥로 원진살이 되어 있으며 시지 己巳와 甲辰(년주)과는 천간끼리도 甲己합이되며 지지끼리도 辰巳로 암합되고 있다. 따라서 남편인 甲辰의 정은 일주보다 시주 己巳에게로 향하고 있다. 그런데 그렇게 합해 갈려는것을 월간 庚金이 庚甲으로 충극하여 못가게 막고있다. 따라서 庚金이 충극받아 없어지게 되면 甲辰 남편은 원수(원진살)같은 일간 己亥를 떠나 정신적 육체적으로 합이 잘맞는 己巳에게로 갈 수 있다.

그러므로 丙火대운이와 庚金이 그 역할을 상실당하게 되자 남편은 곧바로 딴여자(己巳)에게로 가게되는 것이다. 둘째로는 부부궁에 있는 巳亥冲은 그 지장간이 투출되는 운에 발동되기 때문이다.

즉 시지 巳中에 있던 丙火가 대운간에 투출되므로서 巳亥冲이 발동되었다는 말이다. 월간 庚金 자식(사내아이)은 남편의 두 번째 여자인 己巳의 巳에 장생하므로 남편의 후처가 키우게 된다. 또 丙火 대운은 인수운으로 월간 庚金 자식을 충극하므로 자식 없어지는 운이다. 일지 亥中壬水는 년지 辰에 입고되면서 辰亥로 귀문살을 이룬다.

그러므로 이 사람의 부친은 영적(靈的)인 일에 종사하는 역술인 또는 무속인이다. 일지 亥水가 冲을 당해 평생 돈에 갈증을 느끼고 살게되며 午月 염천에 넓은 전토(田土)이나 나무가 뿌리박을 수 없으므로 평생 고독하게 지내게 되는 팔자다. 원명에 巳亥冲 있으므로 충중봉합(冲中逢合)되는 寅대운을 만난것도 부부이별하게된 하나의 원인이 된다.

예8)

丙	壬	癸	丙	여		己	庚	辛	壬	대운
午	辰	巳	申			丑	寅	卯	辰	

壬일주 巳月生으로 재왕하여 신약이다. 壬일주는 일지 辰 년지 申에 통근했으므로 신왕운이 좋고 월간 癸水는 나를 돕는 희신이다. 월지 巳中戊土 편관은 월간 癸水의 남편이고 시지 午中己土 정관이 나의 남편이다. (午中丁火와 壬日干이 명암합하므로) 그런데 월지 巳中에서 년시간의 丙火가 투출되어있고 시지 午中에서 투출된 丙火가 년시간에 있다.

즉 아우의 남편궁에서 그 남편의 표출신이 두 개씩이나 투출되어 있고 나의 남편궁에서 투출된 남편의 표출신 역시 두 개다. 이렇게되면 아우와 나는 두 번 결혼하게 된다. 이 사주에서 눈여겨 봐야 될것은 년지와 월지가 巳申 형합하고 있는 점이다.

즉 년지 申은 壬水일간의 장생지로서 아주 유정한 것인데 그만 巳의 형합을 당해 상처를 입고 있다는 말이다. 이러한 형합(巳申)은 합을 깨는 寅이 제일 나쁘고 다음으론 巳가 와서 또한번 巳申형합하는 것이다.

그러나 운에서 申이와 월지 巳를 형합하는것은 기신을 제거하는 것이라 오히려 좋다. 壬辰대운은 비록 일주와 복음되나 약한 일주를 도우므로 평길하다. 辛卯대운 역시 무난하다. 庚대운은 년지 申이 발동되어 나타난 것이므로 좋은 운이다.

따라서 甲子년(27세)에 결혼했으며 큰집하나 장만하기까지 했다. 寅대운은 년월지와 寅巳申 삼형을 함과 동시에 나의 뿌리이며 희신인 년지 申을 충한다. 그러한중에 寅巳중의 丙火 투출되는 丙寅년(29살)을 만나 또한번 년지 申을 충하고 寅巳申 삼형을 이루어 교통사고 크게당해 몇 번의 수술을 받게 되었다.

신약한 사주의 장생지를 충하게되면 일간의 생기를 뺏는것과 같으므로 큰 화가 생긴다. 신체적 기운이 쇠약해진 노년기와 유년기에는 더욱 나쁘게 작용된다.

2. 사주원국에 충이 있으면 충출된 장간은 허공에 떠있는 상태다.

예1)

				44 34 24 14 4	
乙	癸	乙	丁	여	庚 己 戊 丁 丙	대운
卯	卯	巳	亥		戌 酉 申 未 午

癸일주 巳月生으로 년지 亥水 있으나 巳亥沖되어 木火의 세력에 종할 수밖에 없다. 최종자인 火에 종하니 종재격이다. 식신이 문창성되어 생재성하므로 교육자 팔자다. 월지 巳中戊土 정관이 남편성인데 巳亥沖 받아 충출된 戊土가 旺木의 극을 심하게 받고있다. 따라서 그 남편은 위장병(木剋土)으로 고생하게 된다. 만일 년지가 亥가 아니고 未가 되었다면 戊土는 巳中에 웅크리고 앉아 巳中丙火의 생을 받을수 있으므로 남편에게 위장병은 생기지 않는다.

남편궁인 巳가 沖맞았으므로(남편자리가 깨어져) 부부이별사가 있을 것 같으나 천간엔 일간 癸水 하나만 있으므로 이별은 없다.

즉 충출된 戊土는 일간 癸水와 戊癸로 합하므로 딴곳으로 가지 않는다. 만약 이 사주의 시주가 乙卯가 아니고 癸卯시가 되었다면 천간에 癸水 두 개되어 충출된 戊土 하나와 쟁합하게되어 남편이 타녀와 합정하는 일이 생기게 된다. 월지 巳中戊土가 대운에 나타나는 戊대운(24세부터)에 결혼했다. 申대운은 원명의 巳亥충을 巳申으로 합하는 운(沖中逢合)되어 巳亥충이 발동한다.

그러므로 남편과 이별운인데 남편이 타향에 가므로해서 별거

생활하게 되었다. 己土대운은 평길했으나 酉대운 들어 왕한 卯木을 충하여 木이 난동하여 戊土를 극하므로 남편이 위장병으로 큰 고생을 했다. 酉 대운은 戊土 관성의 사지(死地)인 것도 남편의 건강에 나쁜 영향을 주게된다.

또 일지 卯를 충하여 본인도 자궁수술했다. 종재격에 인수운은 불길하여 여러 가지 안좋은 일이 파생된 것이기도 하다. 庚대운 들어 천간 乙木을 합거하므로해서 남편의 위장병도 좋아졌다. 원칙적으로 종재격에 인수운은 불길하다.

그것은 인수가 일간을 생하여 종재에 방해되기 때문이다. 그러나 이 사주처럼 천간에 乙木이 있어 庚金 인수와 합을 맺게되면 庚金은 합을 탐해 일간 癸水를 생하지 않게 된다. 그러므로 나쁘지 않았던 것이다. 종재격 사주에다 이렇게 인수가 합을 맺는운이오면 오히려 문서(庚)로 인해 돈이 된다. 그것은 종재되어 丁火가 일간 노릇하게 되므로 庚인수는 재성(丁火의)으로 변하기 때문이다.

예2)

```
                    42 32 22 12  2
庚 癸 乙 丁   남    庚 辛 壬 癸 甲   대운
申 巳 巳 亥          子 丑 寅 卯 辰
```

癸일주 巳月生으로 신약하다. 그러므로 시간의 庚金 인수로 용신하기 쉽다. 그러나 먼저 월지부터 살펴보면 월지 정재격(巳中丙)인데 년지 亥가 충하여 월지 정재(丙)는 파괴되었다.

이젠 庚金 인수격으로 보면(月支巳에서 庚金出하여) 월일지 巳中丙火와 년간 丁火가 인수를 극파하고 있다. 따라서 재파(財破) 인파(印破)의 팔자다. 이렇게 사주가 火金으로 상쟁하므로 巳中戊土로 통관시키고 년지 亥水 겁재를 제압하여 재를 보호하는 수밖에 없다.

그런데 巳亥충으로 인해 巳中 丙火 戊土 庚金이 충출되어 있고 이중에서 戊土정관이 가장 쓸만하다. 그러므로 이 사주는 관인격(官印格)이다. 즉 巳中戊土가 투간되어 있지 않지만 巳亥충으로 인해 충출되어 불안한 상태로 천간에 떠 있다는 것이다.

그렇지만 이렇게 충출된 희용신이 되면 이것을 합하거나 충극하는 운이 오면 아주 쉽게 타격을 입게된다. 따라서 초년 甲대운은 戊土를 충극하므로 아주 흉한 운이다. 辰대운은 戊土의 뿌리되어 소길하다. 癸대운은 戊土가 합을 당해 시간 庚金과 巳中 丙火 사이의 극을 해소시키지 못하므로 학업에 등한하게 되고 모친에겐 병과 우환이 오게된다.

卯대운은 년지 亥와 亥卯로 식신국을 지어 재성을 생하므로 여자친구 사귀며 놀기 바쁘다. 壬대운은 년간 丁火와 합을 맺어 편재(애인 돈 부친) 사라진다. 寅대운은 먼저 년 亥水와 합을 이뤄 月支 재성을 충하지 않게되고 일지 재성인 巳가 申으로 묶여있는 것을 寅申충으로 풀게되어 결혼운이다.

辛丑대운은 巳亥沖으로 巳中丙火가 충출되어 있는데 이것을 대운간 辛이 합거하므로 처가 사라지게되어 이혼했다. 丑대운은 일월지 재성 巳와 巳丑 巳丑으로 반금국 유도되어 이것 저것 여러 가지에 손대게 되나 알맹이(酉)없는 합이라 실속없는 세월이었다.

庚子 대운은 乙木이 합거되고 庚乙庚의 구조되어 우왕좌왕 허둥되니 乙木 식신(활동력) 상실되어 생재(生財) 안되므로 올바른 생업을 못꾸린다. 子대운은 申子로 반합수국되어 戊土 정관이 힘을 잃게되므로 무직으로 빈둥거리는 세월이다.

※ 충되어 있는 지지에서 충출되어 있는 장간은 합을 만나거나 충극을 만나면 힘을 못쓰게 된다.

예3)

```
          44 34 24 14 4
戊 庚 己 乙   여   甲 癸 壬 辛 庚   대운
寅 寅 丑 未       午 巳 辰 卯 寅
```

庚金일 丑月生이고 丑中己土가 월간에 있으므로 인수격인데 시간에 戊土 편인 있어 편정인 혼잡되어 있다. 신왕하므로 乙木 정재로 용신하며 천간의 火운은 조후되므로 좋다. 庚金일간이 년간 乙木과 합하고 년지 未中에 丁火 정관 있으므로 丁火가 정부(正夫)고 첫남자다. 그런데 년지가 공망되고 월지 丑의 충을 받아 丁火가 위태롭다. 이렇게 충이되면 未中丁火는 충출되어 허공에 떠 있는것과 같다. 그러므로 운에서 丁火를 합하거나 극하게 되면 곧바로 남편이 상하게 된다. 卯대운은 일주의 도화살 되고 년간 乙木(夫표출신)이 록을 얻어 결혼하게 되었다.

壬대운은 년간 乙木을 생하여 좋다할 것이나 충출되어 있는 丁火를 합거시키므로 남편이 사라지게 된다. 그런 운중에 己未년(25살) 만나 丑未충이 발동되므로 뿌리잃은 丁火가 사라졌다. (夫死別)

己未년은 乙木(夫표출신)이 입고되고 丑을 충하여 충출된 辛 癸에 乙木과 丁火가 모두 상하게 된다. 그리고 壬水가 乙木을 생하나 겨울철의 壬水는 추위에 꽁꽁 얼어붙은 차디찬 물이므로 오히려 乙木을 극하게 된다.

3. 합(合)과 형충의 작용 및 운용법

암합, 육합, 삼합 등의 합은 정을 맺는 것이고 붙는 것이며 충은 부딪치고 깨지는 것이다. 그리고 형(刑)은 수리정리정돈, 불화 시비 등을 말하는 것이다. 그러므로 합과 형충의 관계를 보면 사주주인공의 인간관계와 지향하는 성격을 알 수 있다. 이때까지의 역서(易書)에는 뜻만 써놓았을뿐 구체적으로 어떻게 작용하는지에 대한 자세한 운용법을 밝혀놓지 않았다. 따라서 이 장을 이해하고 나면 어떤 대운 및 세운에 어떤일이 발생되었는지 소상하고 정확하게 찍어 낼 수 있을 것이라 생각된다. 실제 사주의 예를 들어 자세히 설명하기로하나 그전에 충중봉합(冲中逢合) 합중봉충(合中逢冲)이란 말부터 기억하기 바란다. 즉 충이되어 있으면 합(合)되는 운에 그충이 발동된다는 것이고 합(合)되어 있으면 충하는운 그 응기(應期)라는 말이다.

예1)

					39	29	19	9	
癸	辛	丁	己	남	癸	甲	乙	丙	대운
巳	酉	卯	丑		亥	子	丑	寅	
	合	冲							

월지 卯木 재성은 처(妻)다. 일지와 卯酉충되어 처와 이별할 구조이다. 그러나 시지 巳가 일지 酉를 巳酉 半合하여 그충을 막고 있다. 따라서 酉를 묶고있는 巳를 충거시키게 되면 卯酉冲이 발동되어 부부사이는 깨어지게 된다. 亥대운 시지 巳를 冲하여 巳酉合을 깨는운이라 부부상쟁 있게되고 헤어지게된다.

이대운 癸酉년(45세)만나 또한번 卯財星을 충하여 부부이별하

게 되었는데 사별(死別)이었다. 甲戌년(46세)에 甲木은 辛金 일
주의 정재가 되고 세운지 戌이 월지 卯재성과 合하므로 재혼했
다.

※ 대운지 亥中에는 甲木이 있고 亥는 역마다. 亥中甲木이 투
출되는 甲年에 여자(재혼할)나타난 것인데 그녀는 타향여자(亥
역마)였다.

예2)

```
                        41 31 21 11  1
乙 庚 丙 丙    남    辛 庚 己 戊 丁    대운
酉 寅 申 子           丑 子 亥 戌 酉
```

庚일간 申月생이고 시간 乙木과 乙庚合되어 化金格이 되나 일
지 寅에 뿌리둔 년월간의 丙火가 化金格을 파했다. 따라서 정격
으로 보아 지지로는 水木운이 좋고 土金 不吉이며 천간으론 木
火운이 좋고 金水운은 불리하다.

일지에 寅中甲木 편재있고 시간에 乙木정재 있으므로 부인외
에 애인두는 팔자다. 寅中丙火가 년월간에 2개 투출되었으므로
애인 두명 두게된다. 또 일지 寅中甲木 편재는 재물이다. 寅申沖
되어 있는데 년지 子水가 申子로 반합하여 충(寅申)을 못하게
잡아주고 있다. 辛丑대운에 년주 丙子와 천간지합하여 申子의
반합을 풀어주므로 寅申沖이 발동되어 재산 날라가고 애인마저
사라졌다.

이예는 申子 半合을 육합(子丑)으로 풀어버린 경우인데 반합
보다는 육합의 합력이 강해서이다. 따라서 半合은 육합(六合)이
오면 풀린다는 것을 염두에 새겨두어야 할 것이다.

예3)

```
                        21 11 1
甲 癸 己 乙    여    壬 辛 庚    대운
寅 亥 卯 巳         午 巳 辰
```

년지 巳中丙火 부친인데 일지 亥와 卯를 사이에 두고 巳亥冲이 되고 있다. 즉 월지 卯가 巳亥冲 사이에 있으면서 巳中庚金 卯中乙木이 乙庚으로 암합하여 巳亥冲을 막고 있다.

그리고 亥水는 卯木을 생하고 卯木은 巳火를 생하는 통관역할을 하고 있다.

그러므로 월지 卯木만 없어지면 巳亥冲이 성립되어 巳中丙火는 亥中壬水에 극당하게 된다. 巳대운에 년지 巳가 발동되어 일지 亥를 冲할려한다. 그런중에 壬戌년(18세)만나 세운지 戌이 월지 卯를 合하여 巳亥冲이 작용되어 부친이 타향 객사했다. (설악산 등산중에 실족하여 사망)

예4)

```
                    42 32 22 12 2
壬 辛 辛 壬    여    丙 丁 戊 己 庚    대운
辰 酉 亥 辰         午 未 申 酉 戌
   도화
```

辛金日干 亥月生 金水상관격이다. 년시간에 壬水 투출되어 水多한습하다. 火관성없어 일지와 合하는 년지 辰土가 첫남자다. 차디찬 물이 들어있는 물창고(辰)가 夫星이고 이것이 월지 亥와 辰亥귀문살을 구성한다. 그러므로 夫는 무능력한 사람으로서 술꾼이며 또라이(辰亥) 기질 있는 사람이다.

※ 辰土가 旺水를 막아주지 못해 무능력.

년지 辰中戊土 있는데 이것이 투출된 戊대운에 첫남자 만났다. 丁대운 편관되고 년시간의 壬水상관과 丁壬壬 쟁합하므로

壬水상관 발호하여 자유부인되어 애인(丁)만났다. 상관은 억제를 싫어하는 자유분방한 성질이므로 억제하는 관성을 싫어하고 背夫星(官星)한다. 항간의 역인(易人)들은 丁壬으로 合하면 壬水와 丁火 모두가 그 역할을 상실한다고 말한다.

그러나 이렇게 쟁합이 되면 질투에 눈먼 또하나의 壬水가 나도 합하자며 날뛰며 남의것을 뺏을 마음이 생긴다. 이것은 친구 형제등이 바람피우는 것을보고 샘이나서 자기도 바람피워 볼려는 마음이 생겨나는 것과같다. 따라서 이 사주의 주인공도 월간 辛金(친구, 형제)가 바람피우는 것을 보고 자신도 바람이 나게 되었는데 년간 壬水는 월간 辛金의 상관이고 이것이 丁火와 합 정하자 나도 한번해보자며 바람피운 것이다.

그리고 壬水의 합신인 丁火가 未에 앉아 약하므로 강한 壬水를 합거하지 못하고 오히려 쟁합으로 인한 질투심만 야기시켜 壬水를 충동시킨 것이다. 이대운 丁卯년에 또 丁壬壬 쟁합하고 세운지 卯가 일지 酉를 충하여 辰酉合을 깨므로 바람피우다 발각되어 부부이별했는데 이 사주의 주인공이 가출했다. 丙午대운 역시 일간과 월간이 丙火정관 하나를 두고 쟁합하는 운되어 이것이 진정한 내 남편감이다며 남의 남자에 연정을 느껴 합정하는 운이다.

또 상관격에 정관운되어 부부이별 운이다. 丙午의 午는 일지 酉에서 보면 도화살에 해당되고 대운간 丙은 먼저 월간 辛金과 합하나 辛이 앉은자리가 亥水가 되어 丙火가 絶되므로 딴여자와 정떨어진 남자가 내게와서 합하게 된다.

丙午에서 보면 일간 辛酉는 먹음직스런 음식같이 느껴지고 몸과 정신이 잘맞는 상대다. (辛酉와 丙午는 천간지합이며 丙에서 酉는 天乙貴人) 이 여성은 여기저기(이남자 저남자)에서 아이낳는 팔자며 그렇지 않으면 남이 낳은 자식을 키워주는 운명인데 그것은 식상이 좌우에서 합신(合身)하기 때문이다.

즉 일지 합신인 년지 辰은 夫宮이고 그위에 壬水 상관(자식)이 있다. 그리고 시지 辰이 또 일지와 합신되었으며 그 위에 壬水 상관이 있는 구조이다.

예5)

```
乙 己 甲 壬   여       40 30 20 10
亥 酉 辰 辰           庚 辛 壬 癸   대운
                    子 丑 寅 卯
```

己土일간이 월간 甲木을 만나 甲己合했으나 시간 乙木 辰中乙木. 亥中甲木있어 合化土格은 안되고 관살혼잡격이 되었다. 월간 甲木정관이 남편이고 시간 乙木은 애인이고 후부(後夫)다.

甲己合에 乙木은 己土를 충극하여 合을 깨므로 방해물이다. 따라서 乙木을 제거하는 辛대운은 길하다. 그러나 庚대운은 상관되어 甲을 충극하여 甲己合을 깨므로 본남편과 이별운이다.

정관과 식신(일지酉) 그리고 일간이 합하므로 혼전동거며 생자(生子)후 식올린다.

예6)

```
辛 己 戊 癸   남       44 34 24 14 4
未 亥 午 巳           癸 甲 乙 丙 丁   대운
                    丑 寅 卯 辰 巳
```

己土 午月生 신왕이다. 년간 癸水로 조후시킬수 있어 좋으나 戊癸로 合去되어 불미스럽다. 바짝마른 논밭(己)되어 木이 뿌리 내리기 어렵다. 따라서 돈과 여자(水)에 갈증느끼며 자식이 잘 자라지 못한다. 물론 관운도 없다.

일지 亥中壬水있고 甲木있어 己土일간과 명암합하므로 亥水

는 처궁이다. 년지 巳가 멀리서 沖하고 있으나 월지 午가 가로 막고 있고 시지 未가 亥未로 반합하려 하면서 암합(未中丁火와 亥中壬水)하여 亥水를 동하지 못하게 막고 있다.

따라서 未를 충하여 亥未간의 합을깨는 운오면 巳亥沖되어 부부이별된다. 甲대운은 일지 亥中에 있던 것이 투출되었으므로 처궁 亥水가 발동. 따라서 처에대한 문제와 직업에 대한문제 및 재물에 대한일이 발생되는 운이다. 甲木이 戊(월간)를 충극하여 戊癸合을 풀어 癸水가 제 역할할 수 있어 열기를 조금 식혀준다.

즉 감질나지만 돈맛을 보고 애인도 생긴다. 그러나 丙寅년 만나 땡볕(丙)이 己土를 바짝마르게 하므로 또다시 심한 갈증으로 목이탄다.

그런데다가 세운지 寅이 년지 巳를 형하여 움직이게하고 월지 午를 암합(寅中甲木과 午中己土)하므로 巳亥沖 발동되어 부부불화 이별운이나 寅이 일지 亥를 합하여 亥中壬水의 기운을 변화시키므로 처가 참아서 이별은 되지 않는다.

즉 寅亥合되면 亥中壬水가 寅中甲木을 생하므로 壬水의 기운은 木으로 변해 巳中丙火와 싸우지 않는다. 바로 寅中甲木 자식 때문에 헤어질 생각을 접는 것이다. (별거만하고 이혼은 안했다 함)

44세부터의 癸대운은 년간 癸水가 발동이며 戊癸合이 이뤄져 이때에 내재물과 여자가 남따라 가는 운인데 丁丑년(45세)만나 시지 未를 충하여 亥未간의 합(암합)을 깨므로 이혼하고 말았다.

예7)

辛	庚	壬	丁	여	45	35	25	15	5	
巳	申	子	未		丁	丙	乙	甲	癸	대운
					巳	辰	卯	寅	丑	

庚일간 子月生되어 金水상관격인데 년간에 丁火정관보아 정관이 파(破)되었다. 따라서 그남편이 아이생긴 얼마후 제구실 못하는 남편된다. 년지 未中乙木있어 일간 일지와 명암합 암합하고 丁火정관 있으므로 未는 夫宮이다. 일지 申이 월지 子와 申子로 합국되어 월지 子水가 자궁이며 육신(肉身)이다. 그런데 子가 도화에 해당되므로 음기 강하고 색정강한 여성이다.

「식상(食傷)+정관(丁)」되었고 이것이 일지 申과 申子로 합되었으므로 아이낳고 결혼식 올린다. 未가 夫宮이고 여기에 乙木 있으므로 乙木대운에 결혼이다. 그런데 나의 자궁 및 육신(肉身)과 夫宮이 子未로 암합하지만 원진살되어 눈흘기며 살게되니 강한 합이 되지 못한다.

따라서 운에서 합을 깨는 운이오면 곧바로 이별되는데 卯대운 만나 월지 子를 형하여 子未간의 암합을 깨니 부부이별운이다. 이런대운에 辛巳년 만나 일시간의 巳申형이 발동되어 이혼서류에 도장찍게 되었다. 이 사주엔 木氣가 천간에 투출되지 않고 겨우 년지 未中에 乙木만이 있다.

그러나 丁壬合하여 그 未中乙木의 기운이 천간에 나타난 격이 되었다. 즉 천간 丁壬合으로 년지 未中乙木의 기운이 투출되었다는 말이다. 그러므로 시간의 辛金겁재는 忌神이고 이것을 제거 해주어야만 재산이 보존되고 좋아진다. 35세대운 丙을 만났다.(이 丙은 시지 巳역마중에서 투출된 것이다.)

겨울에 태양이 중천에 뜬격이라 좋은데다 시간 辛金과 합해 대운간의 丙火가 득록하니 더욱좋다. 따라서 타향 및 이동변동으로 인해 빛을보며 운수계통(巳는 역마)으로 치부할 수 있는 운이다.

※ 이때에 새로이 업을 시작하여 크게 좋았다함.

예8)

<pre>
                         26 16 6
丁 乙 癸 丁   여   丙 乙 甲   대운
亥 未 丑 酉   辰 卯 寅
</pre>

　　乙木일주 丑月生으로 편인격이나 겨울 난초(乙)가 눈비(癸)를
맞은격되었다. 당연히 추위를 쫓아줄 火를 찾아야되고 조토(戌,
未)를 얻어야 된다.

　　년천간에 丁火 있는데 이것은 일지 未中에서 나온것이므로 나
의 활동력이 되고 未土 편재(肉身)를 살찌워줄 밥줄이 된다. 丁
火(명줄)가 년간에 있고 이를 충극하는 癸水가 월간에 있으므로
20세이후에 명줄이 위험하다. 그런데 중요한 일지 未가 월지 丑
의 충을 받고있어 참으로 위급하기 그지 없으나 다행히 년지 酉
가 酉丑으로 합하고있어 丑未冲의 작용을 보류시키고 있다.

　　이때까지의 해석처럼 이리되면 년지 酉를 충하거나 합하는 운
을 만나면 丑酉의 합이 풀어져 丑未충이　　　　　　　. 20세
이후 卯대운에 들어가자 卯가 년지 酉를 충　　　　　丨작용
발동되었다. 이런데다 辛酉년(25세) 만나　　　　　　　亥卯未
木局을 형성하여 生丁火 할려는것을 卯酉冲으로 깨게되어 丁火
꺼지는 癸巳月에 독감에 걸려 아까운 나이로 세상 하직하게 되
었다.

예9)

<pre>
                     53 43 33 23 13 3
庚 庚 辛 庚   남   丁 丙 乙 甲 癸 壬   대운
辰 午 巳 辰   亥 戌 酉 申 未 午
</pre>

　　庚午일주 巳月生이나 천간에 庚辛金만 있고 월지 巳는 년지

辰土를 생하고 辰土는 養金之土 되었다. 일지 午火로 용신해 볼까하나 천간 불투(不透)되었고 시지 辰에 설기되어 용신으로 쓸 수가 없다. 따라서 종왕격에 巳中丙火 午中丁火가 기신이고 병이다.

巳午火가 지지에 있어 큰문제는 없으나 丙丁이 투출되는 운에 문제가 생긴다. 일지 처궁에 午火 병이있어 그부인이 내게 나쁜 역할 하게되며 질이 않좋은 사람이다. 육신(六神)으로는 년지 辰中乙木 정재가 처고 시지 辰中乙木이 처다.

그러나 모두가 비견인 庚金이 그위에 앉아 있으므로 남의 여자가 내여자고 내여자가 남의여자인 형태다. 이렇게 지지에 암장되어 있으면 辰을 충하는 운이오면 충출된 乙木이 3개의 庚金과 쟁합하므로 처이별 된다.

乙대운(33세부터)은 처가 3개의 庚金과 쟁합하고 酉도화지에 乙木처가 앉아있는 운되어 그처가 바람이 났고 이별운이었다. 丙대운은 월지 巳와 일지 午中에서 丙火 투출이고 종왕격에 역하는 운이므로 먹고사는문제(巳는 庚金의 장생지)와 처궁(午火)에 대한 문제로 골치아프고 힘드나 丙火가 월간 辛金과 합을탐해 庚金을 충극치 않으므로 무난히 넘어갔다.

여동생 및 누나(辛金겁재)의 도움으로 해결됐다. 그러나 戊대운이 되자 년지 辰을 충하고 시지 辰을 충하여 충출된 乙木이 3개의 庚金과 쟁합하므로 처와 이별운인데 甲戌년 만나 천간으로 군비쟁재되고 지지로는 辰戌충되어 이혼하고 말았다. 이혼 후 곧바로 여자가 나타났는데 그것은 세운 甲戌이 편재이면서 나의 일지인 午와 午戌로 반합하고 암합을 이루었기 때문이며 시지 辰中乙木(남의여자)이 튀어나와 일간과 합을 맺으려하기 때문이다.

丁대운 역시 처의 문제로 골치 아프고 속썩을 것인데 그것은 일지 午처궁에서 丁火가 투출되어 종왕에 역되기 때문이다.

예10)

```
            41 31 21 11  1
癸 壬 甲 乙   남   己 庚 辛 壬 癸   대운
卯 寅 申 未        卯 辰 巳 午 未
```

壬水일간 신약하여 월지 申에 의지한다. 木多함이 병이라 申中庚金으로 木을 제압하고 일주를 생해야한다. 그러나 寅申충으로 申金이 상처를 입었으므로 출생후 얼마안되어 부모가(申金) 몰락하여 학업불성이다. 시간 癸水는 월지 申에 死고 년지 未에 묘(墓)되므로 동생과 사별인데 초년 癸未대운 만나 癸水 동생이 묘(墓)에 앉는운되어 사망했다.

년지 未中丁火 정재는 일간 壬과 丁壬으로 명암합하고 일지 寅과 년지 未끼리도 암합한다. 그러므로 未는 처궁이고 未中丁火는 처다. 그런데 월지 申이 그가운데 있으면서 년일간의 합을 방해하고 있다. 즉 월지 申中壬水가 년지 未中丁火와 암합하면서 일지 寅을 충하고 있다.

그러므로 월지 申을 합하거나 충하게되면 합이 이뤄져 붙게된다. 그렇지만 년지 未中丁火는 가까이에 있는 申中壬水와 암합하고 있고 그 암합하는 申이 일지를 충하여 寅未간의 합을 깨고 있다.

이것은 처(未中丁火)가 타남(他男; 申中壬水)과 합정하여 멀리 달아남으로서 이별함을 나타낸다. (역마 申과 암합)

하여튼 巳대운에 월지 申을 합시켜 寅未간의 암합이 이뤄지므로 결혼했으나 寅巳申 三刑이 이뤄져 부부불화속에 지냈고 그 마누라가 외정(外情)있어 가출했다. 이 사람은 申金으로 많은 木을 다듬고 잘라야 하므로 목각기술자였는데 庚辰대운은 좋았고 己土 정관대운 상관년(乙亥年)에 퇴직했다.

※ 己卯대운에 월간 甲木과 합하여 甲木이 사라진다로 감정하면 안된다. 己土가 卯에 앉아 역시 申위에 앉은 약한 甲木과 甲己합하게 되면 약한 甲木이 己土가 끌고온 卯를 얻어 강해지므로 오히려 己土정관이 없어지게 된다.

예11)

```
                              34 24 14 4
庚 辛 庚 辛    여      甲 癸 壬 辛    대운
寅 卯 子 丑           辰 卯 寅 丑
   도화
```

辛金일간 子月生으로 천간엔 庚辛金뿐이다. 비견겁재 많으므로 월지 子水로 旺金의 기운을 설하게 해야하고 시지 寅中丙火가 조후역할이다. 그런데 흘러야할 물이 년지 丑과 子丑합으로 묶여서 그기능을 상실하고 있어 답답하다.

따라서 子丑합을 풀어야 물이 흘러 기가 통하므로 좋아지는데 일지 卯가 월지 子를 형하여 子丑합을 풀어주는 역할을 하고 있다. 卯는 일지에 있고 재성이므로 이 사람은 결혼한후에 막히던 일들이 잘 풀리게 된다.

辛丑대운은 형제사별 운이고 춥고 배고프나 무난하다. 그러나 머리회전이 잘 안되어 공부 잘못하는 운이다. 대운지 丑이와서 월지 子水를 합하면 물(智)이 잘 흐르지 못한다.

壬운은 길하고 寅도 소길하다. 癸대운은 월지 子水 도화에서 투출이므로 이때 연애운이고 결혼운이다. 卯대운은 월지 子를 刑하여 합에서 풀려난 子水가 잘 흐르나 애정관계로 갈등있는 운이다.

예12)

48 38 28 18 8

丁 戊 癸 癸　남　戊 己 庚 辛 壬　대운
巳 子 亥 巳　　　午 未 申 酉 戌

戊日이 亥月에 태어나 재다신약(財多身弱)되었다. 년월간에 두 개의 癸水 정재있어 재혼팔자인데 년간 癸水가 첫여자. 월간 癸水 두 번째 여자이나 재다신약되어 처덕없기는 마찬가지다.

년주 癸巳가 일주 戊子와는 직접적인 충은 아니나 戊子일주가 월주 癸亥와 합하여 월지 亥가 일지노릇 하게되어 년지 巳와 충이 이뤄진다.

酉대운 도화운되고 년지 巳와 巳酉 반합하면서 암합(巳中丙과 酉中辛金이 丙辛合)하므로 巳亥충이 되지 않으므로 결혼하였다. 그러나 庚申대운되어 합중봉충(合中逢冲)되어 巳亥冲 발동되어 첫여자 이별했다. 그러나 申(대운지)이 년지 巳를 묶어주므로 인해 월지 癸亥와 일주가 합될 수 있어 재혼했다.

己未대운은 약한 일주를 돕고 병(病)인 癸水를 제극할수 있어 좋은운이고 戊대운 역시 소길한 운되어 친구 동료로 인해 돈벌 수 있었다.

午대운은 일지 子를 충하여 부부이별 운인데 甲申년 만나 세운간 甲이 일간 戊를 충극하여 戊癸合을 깨므로 이혼했다.

甲년은 월지 亥中甲木이 투출되어 발동하므로 처(癸亥)가 자신의 의사 및 행동(甲은 癸水의 상관)을 나타내는 운인데 이것(甲)이 戊土를 극하므로 처가 나와의 합을 깨는운이다.

즉 甲木은 癸水(처)의 상관이고 이것이 처궁(月支亥)에서 발동되어 戊土일간을 극하므로 그 부인이 남편을 싫어하여 갈라서자며 행동하는 것이다. 두 번째 부인은 부모를 일찍 이별한 사람인데 식상인 金이 나타나지 않았고 년월지가 巳亥沖되었기 때문이다.

즉 년지 巳中丙火가 부인의 부친이고 巳中庚金은 모친이나 巳 亥沖으로 깨어졌기 때문이다.

```
                                      24 14  4
丁 庚 丁 甲    여  上人의 딸      甲 乙 丙    대운
亥 戌 丑 戌                      戌 亥 子
```

이 사주는 위 사람의 두 번째 부인과의 사이에서 태어난 딸이 다. 11살되던 甲申년에 부모가 갈라섰는데 이 사주에서도 그런 정황이 나타나야한다. 년간 甲木은 부친성이고 월지 丑中己土는 모친이며 년지 戌中戊土는 부친의 첫여자다.

그런데 甲戌과 丁丑 월주는 丑戌刑이 이뤄지고 있다. 즉 부모 는 丑戌刑이란 갈등을 지니고 있는데 이것이 발동 작용하게 되 면 부모의 이별 및 불화가 표출되는 것이다.

즉 충(沖)과 마찬가지로 형(刑)도 어느 한쪽이 합신을 만나면 발동된다. 子대운에 월지 丑이 子와 합을 이뤄 부모간에 刑이 작동하였다. 이 사주도 丁火 두 개되어 재혼팔자다.

예13)

```
                  53 43 33 23 13  3
乙 壬 乙 乙    여  辛 庚 己 戊 丁 丙    대운
巳 寅 酉 酉      卯 寅 丑 子 亥 戌
```

壬日 酉月生 인수격이나 천간에 3개의 乙木 있고 지지에 寅巳 있어 신약하다. 그러므로 월지 인수에 의지한다. 일지 寅中戊土 투출되는 戊대운에 배우자 나타나는 운되어 결혼했다.

그러나 이 사주는 년월지의 酉中辛金 인수가 夫星이다. 일지

寅中丙火와 암합하고 자식성인 乙木이 酉上에 있어서이다. 이렇게 일지에 관성도 있고 합신(合神)도 있으면 두 개를 동시에 살펴야 한다. 乙酉 두 개되어 두 남자에 자식 낳는 상이다.

己丑대운은 상관(乙)에 관성(己)보는 운되어 夫와 이별갈등 있으나 酉月乙木이 己土를 얻어 뿌리 내릴 수 있으므로 무사하다. 丑대운은 酉丑 金局되어 일주를 생하고 丑이 일주의 뿌리되어 吉하니 문서(酉丑金局)로 치부했다.

庚대운은 년월지 酉金(夫, 문서)이 발동되어(천간에 나타남) 3개의 乙木과 쟁합하여 약한 庚金(庚이 寅에 坐)이 사라지고 乙木상관이 난동한다. 그러므로 문서 날라가고 夫도 사라지는 운이다. (夫가 자신의 兄에게 보증서준 관계로 대손재 했다함.)

예14)

```
                53 43 33 23 13 3
戊 癸 乙 癸   남    己 庚 辛 壬 癸 甲    대운
午 未 丑 酉         未 申 酉 戌 亥 子
```

癸日이 丑月에 태어나 관왕하여 신약하므로 酉丑 金局에 의지한다. 이 사주는 월일지가 丑未충하나 丑酉로 반합하고 午未로 合하였으므로 丑未冲이 되지 않는다. 그러나 未운이오면 일지 未와 합하고 있는 시지 午를 쟁합하므로 합신을 잃어 자유롭게 된 未(日支)가 월지 丑과 丑未冲하게되며 또 운지(運支)未가 월지 丑을 충하여 酉丑合을 깨므로 丑未冲이 작용된다.

또 卯운이와도 년지 酉를 충하여 酉丑合을 깨고 卯가 시지 午中己土와 암합하여 합이 풀린 未가 丑에 대해 응할 마음이생겨 丑未冲하게 된다.

子운이오면 월지 丑과 子丑합하여 酉丑金局을 깨고 시지 午를 충하여 午未合이 풀어진 일지 未가 丑을 충하게된다.

그러나 酉丑合이 子丑合보다 합력이 강하므로 酉丑合은 깨어지지않아 일지 未가 충하려해도 응하지 않게된다. 庚申 辛酉대운은 일주의 기운이 보강되어 강한 정관의 세력을 감당할 수 있어 직장생활하며 운도 좋다.

그러나 未대운을 만나 丑未冲이 발동되어 의지처인 酉丑金局이 깨어지므로 대불길한 운이다. 즉 신약해진 일주는 재관을 감당할수 없게되므로 직장퇴직 관재가 일어나게되며 큰 손실을 보게된다. 이런관계로 이 사람은 未운에 퇴직했고 사업시작했으나 구설시비에 손재가 많았다. 그러다가 戊午대운을 만났다.

戊午대운의 戊는 먼저 년간 癸水와 합을맺고 다음으론 일간과 합을 맺는다. 그리고 비견과 재관이 일주와 더불어 합을 맺게되면 동업사가 들어오는데 년주 癸酉는 戊午대운에 합거되므로 신약해진 일주는 큰타격을 입게된다. (5년간 동업자에게 이용당해 큰손재 입었다함.)

다음으론 戊午가 일주 癸未와 천간지합하여 오는데 일주의 입장에선 시주 戊午와 대운 戊午 두 개와 쟁합하는 상이되어 우왕좌왕(이리갈까 저리갈까) 혼란속에 빠지게되고 일간 癸水는 왕한 戊午에 합거되어 아주 망하던지 죽던지 하게된다.

예15)

				여						대운
					49	39	29	19	9	
甲	壬	壬	丙		丁	戊	己	庚	辛	
辰	辰	辰	寅		亥	子	丑	寅	卯	

壬水일주 辰月이나 일시지에 辰있어 土多하다. 壬일주가 辰에 통근했으므로 시간 甲木으로 土多함을 제해야하니 바로 식신제살격이다. 년지 寅中戊土가 첫남자인데 寅中甲木 식신(자식성)이 시간에 투출되어 일간과 유정 친밀하며 희신인 丙火가 년간

에 있기 때문이고 암합하기 때문이다.

그러나 일주와 똑같은 壬辰이 월주에 있어 년지 寅과 암합(辰中癸水와 寅中戊土)하므로 나는 후실 및 첩(妾)의 팔자다. 시간 甲木용신은 년지 寅에서 투출되었으므로 寅中戊土(夫星)의 표출신이다. 또 년간 丙火 역시 년지 寅中에서 투출된 것이므로 夫의 표출신이다. 희용신이 모두 부궁(夫宮)에서 나왔으므로 남편으로 인해 큰소리치고 산다.

甲木 식신은 나의 행동이고 언어인데 이것인 病인 辰中戊土를 제압해주기 때문이다. 부궁(夫宮)인 寅이 건왕하고 제살(制殺)해주는 뿌리이므로 夫는 돈있고 빽있는 사람이다.

寅대운에 년지 寅木 발동이고 甲木 식신의 뿌리되어 결혼운이다. 己대운에 시간 甲木이 합거되어 남편이별했다. 戊대운에 여러 남자 나타났는데(寅辰辰辰 중에서) 년지 寅에 투출된 戊土가 제일 쓸만하여 합정했다. (이때 권력고관의 후실이 되었다.)

子대운은 寅木을 생하여주고 壬일간의 양인이 되어 夫가 발전되고 그덕에 나는 뽐내고 살았다.

丁亥대운은 丁火 나의 합신이 월일간과 쟁합되어 사라지는 운이므로 夫가 사라진다. 그런중 己未년(54세)만나 시간의 甲木을 합하여 입고시키므로 夫사망하게 되었다.

◎ 甲木이 己未와 합하면 약한 甲木은 未에 입고되어 土化되어 버리므로 사망이다.

예16)

```
            42 32 22 12 2
丙 壬 辛 戊   남   丙 乙 甲 癸 壬   대운
午 寅 酉 子        寅 丑 子 亥 戌
```

壬일주 酉月生에 辛金 투출 있으므로 월간 인수격이다. 년지

子水양인 있고 년간에 戊土 편관있어 군인이나 경찰로 나갈 팔자인데 경찰로 갔다. 지지에 寅午있고 시간에 丙火 투출되어 재왕하고 편관도 강해졌다. 따라서 일주가 조금 약하므로 신왕해지는 운이좋다. 따라서 이 사람은 월간에 나타난 인수를 좋아하므로 체면과 명예를 중히 여기는 성품을 지니고 있다.

년간 戊土 편관성있어 절제심과 사나운 성품 있을 것 같으나 戊土가 辛金 인수를 생하게되어 戊土의 성질은 약화되고 辛金 인수의 성질만 남게 되었다.

이처럼 인수를 용신으로 하면 丙丁火가 천간에 있던지 운에서 오게되면 크게 좋지 못하니 돈 및 여자 때문에 체면구기는 일이 생기기 때문이다. 이 사주의 구성은 辛金인수는 월간에 있고 丙火 편재성은 일간을 격하여 시간에 있다.

이리되면 대부분의 역인(易人)들은 丙辛合이 안되어 辛金이 상처받지 않는다고 말한다. 그러나 이 사주는 丙辛合이 되는데 그 까닭은 일지 寅이 시지 午와 寅午로 합을 맺어 월주와 가깝게 당겨주기 때문이다.

따라서 이 사주는 돈과 여자 때문에 체면을 상하게되는 난처한 지경에 이르게 되는데 운에서 丙丁火를 만나는 때에 그런 일이 발생되게 된다. 그리고 丙丁火를 제해주는 년지 子水가 합을 당하거나 충거될때 丙午火가 날뛰게 된다.

이 사람의 처는 시지 午中丁火이고 시간 丙火는 일지 寅과 시지 午의 표출신이다. 따라서 丙火는 장모(寅식신)와 처의 기질이고 행동이며 나타난 모양이다. 이것이(丙火) 午양인에 앉아있고 일지 寅(丙에서 寅은 홍염살)에 힘을 얻어 월간 辛金을 보고 합(丙辛)하자며 설친다.

즉 처는 성질강한 사람이며 바람기 많은데 이는 장모(寅)의 피를 이어받아서이고 장모가 처의 성질을 조장하고 있다는 말이다. 丑대운에 이르러 년지 子水 양인 합되어 처(丙)가 돈번다 (丙에서 辛은 정재)는 명목으로 술집(酉는 도화고 술)으로 나가 게 되었다.

丙대운에 월간 辛金이 또 丙辛合을 당해 처 때문에 골때리는 일이 발생되는데 辛金 없으면 戊土가 일주인 壬水를 극하기 때 문이다.

예17)

```
               45 35 25 15 5
壬 庚 庚 辛   남   乙 丙 丁 戊 己   대운
午 戌 子 未        未 申 酉 戌 亥
```

庚金 子月生이나 신왕하다. 마땅히 시지 午中丁火로 庚金을 제하고 戌中戊土로 겨울추위와 습기를 막아야 될 것이다. 그러 나 戌未土있고 午戌반화국있어 조후는 충족되어 있고 이 때문 에 신왕해졌으므로 월지 子水를 써서 왕한 금기를 설하여야하 니 이를 일러 진상관(眞傷官)이 변해서 가상관(假傷官)이 되었 다고 말한다.

따라서 자유적인 직업을 갖게되나 천간에 丙丁火가 오면 그땐 직장생활을 하게된다. 이는 시지 午中丁火 정관이 천간에 투출 치 못하고 월지 子中壬水가 시간에 투출되어 火氣가 직상(直上) 함을 막아주고 있기 때문이다. 년지 未中乙木이 정재이고 일간 庚의 합신이므로 처가된다.

그런데 처궁 未와 일지 戌은 戌未형이되어 형출된 乙木이 년 간 辛金에 극되고 월간 庚金에 합거될 수 있어 심히 불안하다. 다행히 월지 子水가 그사이에 있으면서 戌未형을 막아주고 있 다. 이럴땐 子를 합하는 지지나 충거하는 지지운을 만나면 형이 작용발동된다. 丁대운은 처궁인 未와 일지인 戌중에서 투출된 것이므로 결혼운이고 직장생활하는 운이다.

酉대운은 월지 子水를 생하여 무난했으나 庚이 양인을 얻는 운되어 재물은 모이지않고 수술부상등의 흉액도 있다. 丙운 역시 관운(官運)되어 직장생활하나 丙火가 년간 辛金과 합하므로 승진운 없다.

申대운되어 월지 子와 申子로 합을 맺어 戌未형이 작용된다. 그러므로 돈창고(未는 木의 庫) 파괴되어 돈과 여자가 모두 남(비견겁재)에게 간다. 그러나 子水상관이 왕해지므로 손재 극처(剋妻)한후 발전은 있게 된다.

乙대운은 군비쟁재되니 대손재운이다. 未대운 월지 子水가 극되니 바로 가상관에 인수운되어 패망하게 된다. 이런 운은 존장 및 문서계약보증으로 인해 망한다.

◎ 子水 가상관이 도화살되어 배설하고픈 욕망 즉 성욕이 아주강한 사람이다.

예18)

```
                     45 35 25 15 5
戊 丙 乙 戊    여    庚 辛 壬 癸 甲    대운
戌 午 卯 子          戌 亥 子 丑 寅
   수옥 도화
```

丙일간이 卯月에 태어나 戊土가 왕하므로 乙木을 용신한다. 이 사주는 신왕으로 잘못보기 쉽다. 오행적으로보면 乙木이 丙火를 생한다. 그러나 물상(物象)으로 보면 卯月乙木은 生木이 되어 하늘에 높이 떠있는 丙火 태양을 생할 수 없고 오히려 乙木이 丙火를 봐야 잘 자라므로 丙火가 乙木을 생한다고 할 수 있다.

그러나 지지의 卯木은 丙火의 뿌리인 지지의 午火를 생할순있

다. 그러하지만 년지 子水의 생과 음형살(子卯刑)을 동시에 받고있는 축축한 卯木이 午火를 생함에는 연기만 풀풀나고 불이 잘 안붙은 어려움이 있다.

이런 현상은 조토가 되고 아궁이가 되는 戌이 와야만 잘해결되어 丙火는 더욱 튼튼한 뿌리를 얻어 사방에 빛을 낼 수 있다. 그러므로 丙午일주는 시지에 있는 戌을 午戌로 합인(合引)하여 卯戌合을 이룰려 하게된다. 따라서 월시지로 떨어져있던 卯와 戌이 午火에 의해 가깝게되어 卯戌合이 성립되었다.

이런 구성은 다음과 같은 현상으로 나타난다. 도화살인 卯月 乙木은 년지 子水의 생을받고 일간 丙火 태양빛을 얻었으며 뿌리내릴수 있는 戌土까지 얻어 아주 왕성하게 자랄 수 있다. 그런데다가 이것이 시지 戌(子宮 및 생식기)와 卯戌로 춘추지합(春秋之合)을 이루므로 주체하지 못할 왕성한 성욕을 지녔고 이것을 써서(用神) 살아가야 하므로 유흥업에 손대게된다.

년지 子水는 남편성인데 金의 후원을 못받고 있으며 천간에 있는 戌土의 압력까지 받고있어 무력한 남자다. 따라서 남편은 쭉쭉 자라나는 꽃나무(卯도화)에 물대어 주는 역할뿐인데 물이 고갈되기 쉬운 남자다. 그러므로 한번씩 '무슨여자가 한도 끝도 없이 요구해. 너와 같이살면 내명줄만 일찍 끊어질 수 있어.' 하면서 투박을 주게되고 이로인해 분란(子卯刑)이 생기게된다.

년지 子中癸水 투출되는 癸대운(15세)부터 이성교제운 있었다.

丑대운엔 년지 子와 合하여 子水가 그역할 못하므로 결혼하려 하나 이뤄지지 않는다. 壬대운에 비로소 결혼이 이뤄진다.

子대운에 子卯刑되고 일지 午와 충되어 새로운 남자(대운지 子) 나타나 부부불화 이별있게 되는데 子中壬水 투출되는 壬戌년(34세) 만나 편관(壬水)이 월지 卯木 도화와 합하므로 외부(外夫)와 통정하다 간통으로 피소되었다. 다방, 술집등을 하다가 그리됐는데 일지 午가 수옥살되어 구속되었던 것이다.

辛亥대운의 辛은 원명의 시지 戌中에 있던 것이 나타난 것으로 본다. 그리고 丙午일주와 辛亥가 천간으로 합하고 지지로는 암합되므로 아주 궁합이 잘맞는 배우자를 만나는데 년하남(年下男)이고 아이같은 순진한 남자다.

戌은 丙火 일주의 식신(아이)이고 이속에 나의 합신인 辛金이 있으며 이것이 대운에 튀어나왔기 때문이다.

그러나 丙午일주가 辛亥를 만나 丙辛合水로 水氣가 생겨나 대운지 亥에 록을얻고 丙火일주는 亥에 절(絶)이 되므로 불리한 운이다. 辛金 합신의 입장에서 보면 丙火를 얻어 빛이 나므로 내게 찰싹 붙어서 떨어지려 안한다.

庚戌대운은 월주 乙卯와 천간지합하여 乙木이 합거된다. 이는 문서며 나의 생활력인 乙木이 날라가는 현상으로 나타난다. 즉 생활토대인 문서 날라가고 거덜난다. 또 卯가 合去되어 남편궁과 子午冲이 작용되어 남자와 이별된다.

예19)

```
                        50 40 30 20 10
戊 辛 甲 辛    여    己 戊 丁 丙 乙    대운
子 丑 午 丑          亥 戌 酉 申 未
      도화
```

辛金 午月生이나 신왕하다. 월지 午中丙火 정관이 夫星이다. 午中丙火가 대운천간에 나타난 丙대운부터 남편감 나타나 연애하고 결혼한다. 그런데 월지 午中丙火는 나와 똑같은 년주 辛丑과도 명암합, 암합하고 있어 一男爭二女格 되었다.

시지 子水상관이 월지 午를 충하여 夫와 이별함을 내포하고 있는데 일지 丑이 子를 합하여 보류시키고 있다. 이럴땐 丑을

충거시키던지 丑과 합을 맺는 운이오면 子丑합이 깨지고 子午충이 발동된다.

酉대운 만나 일지 丑이 酉丑으로 반합을 맺어 子午충 발동되었다. 따라서 본인(辛日干)이 바람(酉는 辛의 홍염살)피우다 남편과 갈라섰다.(애인생겨 이혼) 대운지 酉中庚金이 투출되는 庚辰년이었다.

예20)

```
            48 38 28 18 8
壬 癸 丙 辛   남   辛 壬 癸 甲 乙   대운
戌 亥 申 未        卯 辰 巳 午 未
```

癸日 申月生. 신왕하여 시지 戌土를 용신한다. 일지 亥中壬水가 시간에 투출하여 재성을 극하게되므로 극처(剋妻)하고 재혼하는 격이다. 巳대운은 월지 申과 巳申합하고 일지 亥와 충한다.

申이 일주의 홍염살이므로 바람피우다(巳申합) 처와 이별한다.

巳대운 丁巳년만나 일이 벌어졌다. 세운간 丁火편재는 시간 壬水와 합을 맺고 戌에 입고하므로 돈 및 여자가 남의 손에 가게된다. 세운지 巳는 월지 申(홍염)과 합하고 일지와 충하여 부부불화 이별문제 대두된다. (홍염과 합이므로 애정 및 外情문제 발동)

巳亥 충하면 巳中戌土 丙火 庚金이 튀어나오고 亥中壬水 甲木이 튀어나온다. 이리되면 壬水는 丙火 정재를 극하고 戌土는 일간과 합을 맺으므로 이별(剋財)하고 또 재혼하게 되는 일이 생긴다.

辰대운은 시지 戌土 용신을 충하여 충출된 丁火는 시간 壬水가 합거시키나 戌土는 일간과 합을 하여 돈 및 여자는 남에게 가나 직장(戌)은 잃지 않는다.

辛卯대운은 월간 丙火와 쟁합되어 돈을두고 권리싸움 치열해 진다. (丙火돈 辛金권리)

예21)

```
                    37 27 17 7
丙 甲 己 辛    여    癸 壬 辛 庚    대운
子 寅 亥 丑          卯 寅 丑 子
```

甲木 亥月生 신왕하여 시간 丙火로 조후하고 왕목의 기를 설함이 좋다. 년간 辛金 정관이 夫星이고 夫宮인 년지 丑中에서 투출된 월간 己土가 夫의 표출신이다.

辛金夫星이 공망지에 앉았고 亥子丑 水局에 설기 심하여 약하다. 甲木일주는 돈(己土)에만 정을주고 있고 년간 辛金을 돌아볼생각 안한다. (甲寅일주가 己亥월주와 천간지합하여) 그러나 丑대운이 夫宮 발동이라 결혼했다.

壬대운은 己土를 씻어내므로 문서 계약건 잘못되어 돈나가는 운이고 이동 변동 심하다. (壬은 월지 亥역마의 투출신) 寅대운은 丙火가 장생하므로 平吉하나 문서하나(월지 亥) 놓고 쟁탈전 벌어진다. (寅亥合 있는데 寅이와 쟁합하므로) 癸대운은 시간 丙火를 극하여 천지가 어두워진다.

癸는 년지 丑과 시지 子中에서 투출되어 남편문제 및 문서사 발동이나 흉하다. 辛巳년(41살)만나 丙火와 합하고 寅亥合을 巳亥충으로 깨개되어 이혼하게되나 갈길이 막막하다. (丙火는 내가 가는길)

예22)

壬 辛 戊 戊　여　　癸 甲 乙 丙 丁　대운
辰 未 午 子　　　丑 寅 卯 辰 巳

辛金일주 午月生으로 土多하여 불미하다. 辛金은 壬水를 좋아하는데 戊午가 일지 未와 合하여 壬辰時에 가까이 갈 수 있어 戊土 剋 壬水가 성립된다. 시간 壬水는 년지 子에 뿌리두고 시지 辰에 통근했다. 그러나 년지 子水는 멀리있고 子午충으로 상해있다. 子午충하면 子中壬癸水가 午中丙火를 충극하나 午月이라 子中壬癸水도 상처입는다. 따라서 첫 자식 잃을 팔자다.

월지 午中丙火가 夫星인데 子午충을 받고 있다. 이것을 일지 未가 午未로 합하여 그충에 흔들리지 않도록 잡아주고 있다. 그러므로 일지 未가 합되거나 충되는 운에 午未합이 풀어져 子午충이 작동된다. 이 사주는 병(病)인 土가 왕강하고 이를 제압해줄 木財星이 없어 돈과는 인연이 없다.

乙대운은 약신이 되고 좋은 운이나 卯대운에 일지와 卯未 반합하면서 甲己로 암합한다. 그러므로 子午충이 작동하여 부부이별된다로 말하기 쉽다. 그러나 암합은 육합(午未)보다 합력이 약하고 卯未로 합되어 午火를 살려주고 년지 子水를 형하면서 午中己土와 卯中甲木이 암합하므로 子午충이 발동되지 않는다. 즉 이여성이 돈(卯木)을 벌어 午火에게 갖다주어 子午충이 안된다는 말이다.

寅대운 역시 일지 未와 암합하나 寅이 월지 午火와 寅午 반화국하며 甲己로 암합(寅中甲과 午中己土가 甲己合)하므로 子午충이 발동되지 않았다. 그러나 丑대운에 접어들자 일지 未와 丑未충이 이뤄져 子午충이 발동되었다. 충출된 午中丙火는 대운지 丑中辛金이 합거하고 시간의 壬水에 충극되므로 부부이별되는데 甲戌년(47세)만나 일지와 대운세운끼리 丑戌未 三刑이 이뤄져 또다시 午未합을 깨므로 이혼서류에 도장찍게 되었다.

만일 이 사주의 시주가 壬辰이 아니고 甲辰시 혹은 戊辰시가 되었다면 이혼까지는 안되었을 것이다. 즉 午火관성을 충하는 것이 子水인데 이 子中壬水가 시간에 투출되어 상관작용을 하기 때문이다. 이 사주의 午中丙火는 병이되는 土를 생하므로 내게 무거운 짐만되며 壬水자식이 旺土에 극되어 자식이 풀리지 않으며 사별하는 자식까지 있게된다.

※ 丁丑년에 이혼한 夫가 고혈압으로 사망했는데 어째서인지 추리해보기 바란다.

예23)
```
丁 丙 甲 辛    여    戊 丁 丙 乙    대운
酉 寅 午 亥          戌 酉 申 未
```

丙일간 午月生으로 아주 신왕하다. 양인(午)있고 편관 亥水있어 좋은 팔자같으나 亥水는 년지에 멀리있고 공망 맞았으며 천간에 그기운을 나타내지 못하고 있다. 그런데다가 일지와 寅亥합木되고 월지 午中丁火와 암합하여 水의 기능과 역할이 감소되어 좋지못하다. 그렇지만 丙의 입장에선 년간에 辛金정재가 년지의 亥水를 생해주는 형상이고 亥水가 태양이 이글거리는 한여름의 더위를 식혀줄 수 있을것 같다.

그러므로 외견상으론 돈있고 제법 괜찮아 보이는 남자다. 그러나 丙寅일주가 辛亥년주와 천간지합 즉 결혼하고부터는 그남자가 별볼일없는 무능력한 남자임을 알게된다. 또 괜찮게 보이던 남자가(辛亥) 丙寅일주와 결혼하고부터는 별볼일없는 남자가 되어버린다. 이런 추리는 년지 亥水가 일지 寅과 寅亥合으로 水

氣가 상실됨에 따른 것이다.

그리고 이 사주엔 관성(夫)이라곤 亥水 하나뿐이므로 평생에 남자하나뿐일 것으로 추리하면 안된다 午月 丙火되고 신왕하므로 그 열기를 달래줄 물(水)이 필요하기 때문이다.

즉 심한 갈증을 느끼게되면 물을 자꾸 마셔야되는 것같은 이치이다. 그리고 이 사주에선 亥水 관성뿐아니라 시지 酉中辛金 (丙火의 合神)도 나와 합정하는 남자로 봐야한다.

乙未대운은 어려운 가정환경속에 성장했다. 丙대운은 일간이 발동하여 역마(申)에 앉는 운되어 타향으로 돈(申)을 찾아 나가는 운이고 년간 辛金과 합하므로 돈을보고(辛丙合) 돈있어 보이는 남자(년지 亥)와 합(결혼)하는일 발생이다.

申대운은 년지 亥水관을 생하여 좋은운 같이보이나 일지 寅을 충하여 寅亥합을 깨므로 부부불화 이별사 생긴다. 申대운 戊寅년(28세) 만나 세운지 寅이 년지 亥를 합하니 夫(亥)가 무력해져 능력없는 남자로 변한다. 그리고 세운간 戊土는 일지 寅에서 투출이므로 나의 생각이고 행동인데 이것이 亥中壬水를 충극하므로 夫와 헤어질 생각들고 그런 행동(이혼요구) 하게된다.

丁대운은 월지 午양인에서 투출되어 辛金을 극하여 丙辛합을 깬다. 이리되면 辛金의 생을 받던 亥水에겐 재정적 지원이 끊긴 것과 같이되고 丙辛合이 깨져 이혼이다.

이런데다 己卯년(29세) 만나 합신 辛金의 뿌리인 시지 酉金을 충거시키므로 돈 날라가고 이혼생각(己土상관) 굳히게되니 바로 이혼서류에 도장찍게 된다.

酉대운되면 년간 辛金(日干合神)이 득록하고 일간지와도 명암합과 암합이 이뤄지므로 딴남자 들어오고 돈도 제법 따른다. 그러나 원명시간에 丁火가 있으면서 酉金의 기운을 극하려하므로 돈벌어봐야 친정 도운다고 다 나가게된다.

※ 월지 午火는 일지 寅과 寅午로 半三合하므로 나의 친정이고 여기서 나온 丁火 겁재가 정재를 탈취하므로 돈벌어서 친정 살리는 팔자가 된 것이다.

예24)

				남 李相杰	45	35	25	15	5	
甲	己	壬	丙		丁	丙	乙	甲	癸	대운
戌	酉	辰	午		酉	申	未	午	巳	

己土 辰月生으로 신왕하다. 己土(넓은밭)에 丙火 있고 壬水 있어 조후되어 甲木이 잘 자랄 수 있다. 그러나 己土가 시간의 甲木과 합했고 辰土月生이라 甲己合化土格이 성립되었다. 월지 辰中에 乙木의 기운있어 흠이다. 따라서 생가(生家)의 운이 좋지 못하고 木운이 불미하다.

甲午 乙未대운은 천간에 木이 있어 곤고(困苦)했으나 丙운부터 土를 도우므로 좋아졌다. 일지 酉金 식신이 월지 辰(財庫)과 합하여 壬水 정재를 생하므로 기계(辰酉) 서비스업(카인테리어, 세차장등)으로 치부했고 申대운에 壬水장생하고 申辰水局 이룰려하므로 물장사(식당 술)시작.

乙酉년(40세)은 乙木이 剋己土하여 나쁘나 년간 丙火가 통관시켜 무난하고 세운지 酉가 월지 辰(재고)와 합해 酉辰酉의 구조가 되므로 식신(酉)업을 또 하나 연결시키려한다.

예25)

				여		32	22	12	2	대운		
丙	丁	乙	辛		己	戊	丁	丙			申	雪愛
午	卯	未	丑		亥	戌	酉	申				
	도화		홍염									

丁火일간이 未月 염천에 태어났고 시간에 丙火까지 투간되어 아주 신왕하다. 따라서 木火가 기신이고 년지 丑이 조후역할하면서 왕한 火氣를 설하여주는 용신이다.

그러나 丑이 년지에 멀리 떨어져 있으며 일간 丁火는 월지 未(홍염)과 卯未로 합하여 년지 丑을 충하고 있다. 즉 일간의 정이 년지로 가지않고 나쁜쪽인 월지 未土홍염살로 가고 있다.

그런데 년지 丑中에 癸水 편관있고 丑中己土가 일지 卯와 암합하고 있어 癸水는 나의 夫며 丑은 夫宮이다. 그리고 년간 辛金은 夫의 표출신된다.

따라서 이여성은 자신의 용신인 丑을 바람기(홍염살) 때문에 깨어버리는 행동(未는 식신이라 행동)을 하게된다.

그러나 丑未冲은 일지 卯가 卯未로 합하면서 암합하고 있어 충이 보류되고 있다. 이럴땐 卯를 충하던지 합하던지 하면 丑未충이 발동되어 색정을 주체할 수 없어 남편버리고 달아나게 된다.

酉대운에 년간 辛金(夫표출신)이 득록하고 년지 丑과 酉丑 반합을 이뤄 남자 나타나게 되었다. 酉가 일지 卯를 충하여 丑未冲이 발동될것이나 酉가 년지 丑과 반삼합하여 탐합망충(貪合忘冲)이므로 丑未冲이 발동되지 않는다.

22세부터의 戌대운은 상관운이라 丁火일간으로서는 구속과 속박을 벗어나 자유롭게 제마음대로 왕한 화기(火氣)를 설(泄)하고 싶어진다. 따라서 나를 극제하려는 남편(官星)을 등지게되는 행동있게된다. 그런데다 대운지 戌은 년월지와 丑戌未 삼형을하며 일지 卯를 합한다. 그러므로 丑未冲에다 丑戌未 삼형이 한꺼번에 닥쳐 丙寅년(26세)에 남편버리고 달아났다.

丙寅년의 丙火는 시지 午도화 중에서 투출되었으므로 도화발동이며 나의 행동과 생각인 乙木을 극제하는 년간 辛金을 합거시겼기 때문이다.

(참고)

　　　　　　　　　37 27 17 7
辛 壬 戊 丁　上人의 夫　甲 乙 丙 丁 대운 崔福烈
亥 申 申 酉　　　　　　　辰 巳 午 未

　壬申일주가 申月에 태어나 인수많아 신왕이다. 년간 丁火와 戊土있으나 지지에 뿌리없어 그야말로 뜬구름같은 재관(財官)이고 의지할 수 없는 재관이다. 그런데다 이 사주는 종강격을 이루므로 년간 丁火는 기신이된다.

　壬丁 합하고 년지 酉가 도화살되어 처와는 연애결혼인데 午대운(도화운)에 丁火가 득록하므로 결혼했다. 종강격에 午火운되어 좋지않은 세월이었다. 乙대운에 丁火를 조절해주는 戊土(戊土는 丁火의 화로)가 극되어 뜬구름같은 丁火가 제멋대로 날라가게 되는데 가는곳은 자신이 깔고 앉아있는 酉金의 표출신이 있는 시간 辛金에게로 간다.

　丙寅년(30세)되자 일주 壬申과 천충지충되어 부부이별 한 것이다.

예26)

　　　　　　　　43 33 23 13 3
壬 戊 丁 戊　여　壬 癸 甲 乙 丙　대운
戌 申 巳 寅　　　子 丑 寅 卯 辰

　戊日 巳月生으로 신왕하다. 일지 申에 뿌리둔 시간 壬水로 용신한다. 일지 申은 년지 寅의 沖을 맞고 있으며 월지 巳의 형합을 당하고 있다. 즉 자식성인 식신이 상처를 받고 있다. 그런데다가 자식궁인 시주엔 壬戌 백호살이 있어 자식흉사(凶死)가 염

려되는 팔자다. 壬子대운에 접어들어 일지 申은 申子로 水局을 이루어 사지(死地)에 접어든다. (申은 子를 보면 死; 12운)

그런데다 子水는 년지 寅木을 생하여 약한 寅木을 강하게하고 월지 巳와 子巳로 암합하여 寅申冲이 작용되게 한다. 이런중에 丙寅년(48세)만나 일지 申이 충을 당하여 그만 그아들이 교통사고로 세상 떠나고 말았다.

※ 대운 壬子가 월간과 합하고 지지와도 암합되어 년지 寅의 세력을 가로막고 있는 월지 巳가 그 능력을 상실하게 된 것이다. 23세 대운인 甲寅운에도 일지를 충하여 자식 유산낙태 있었다.

예27)

```
癸 癸 甲 戊   여    戊 己 庚 辛 壬 癸   대운   姜春子
丑 巳 子 寅         午 未 申 酉 戌 亥
```

년간 戊土 夫고 월간 甲木 남자자식인데 戊癸合 사이에 甲木 상관있으므로 生子후 夫와 별거된다. 일지 巳가 시지 丑과 合金局 맺으려하고 년지 寅을 형하고 있어 甲木 상관의 뿌리가 위태롭다. 己未대운은 월간 甲木을 합하여 입고(未에) 시키므로 자식에 흉액 따를 운이다.

이런 대운에 丁卯년 만나 寅巳刑을 막고있는 월지 子水를 형하여 寅巳刑 발동되고 겁살(일지 巳에서 년지 寅을 겁살)발동하므로 아들이 교통사고로 저세상 가게 되었다.

一. 건강과 생명 그리고 품격

우리 인간 삶에 있어 건강과 생명만큼 값진 것은 없다. 따라서 사주감정에 있어 그 사람의 건강상태와 위험한 때 그리고 사망시기를 예측한다는 것은 참으로 중요한 일이다. 그러나 이것은 대단히 어려운 일이다. 그래서 이에 정통한 사람을 일러 사주감정의 최고봉에 올랐다로 말할 수 있다. 우리는 어떤 사람이 그 일생을 마감할 때를 '명줄 끊어졌다. 밥숟갈 놓았다.'로 말하는데 사주팔자에도 그 사람의 명줄이 있다. 필자의 경험에 의하면 첫째 일간과 일지 그리고 재성(財星)을 살펴야 하는데 특히 일지와 여기서 투출된 재성과 식신상관을 중요하게 보아야한다.

　재(財)는 재물이며 음식으로서 우리 몸을 키우고 지탱해주는 중요한 구성분자고 식상은 이것의 기운을 도와주는 보급원이기 때문이다. 그래서 '식신이 건왕하면 건강하게 오래 살 수 있다.'고 역서(易書)에 기재되어있는 것이다. 그러나 그것도 희신용신이냐 기신이고 병신이냐에 따라 달라짐은 물론이다.

　그리고 일간은 주체적 자아이기 때문에 일간이 많은 극을 당하던지 설기심해 허약해지게 되면 당연히 건강이 약해지고 심하면 생명까지 잃게됨은 자명한 이치일 것이다. 둘째는 사주구성에 있어 절실히 필요로 하는 것을 명줄 및 밥줄로 잡아야한다.

　이 경우는 사주조직 내에 재성이 없을 때 일간이 의지할 수 있는 희용신을 말하는 것이기도 하다. 말로는 이러하나 대부분의 사주구성이 회합, 형충등으로 복잡하게 얼키고 설켜있어 쉽게 찾아보기 어렵다. 그러므로 실제 예를 들어 설명하기로 한다.

예1)

```
              31 21 11  1
庚 庚 丙 丙    남    庚 己 戊 丁    대운
辰 戌 申 午          子 亥 戌 酉
```

이 사주는 모 역서에 기재된 것으로 참고용으로 싣는다. 庚金일주 申月生으로 신왕하므로 년월간의 丙火 편관으로 용신하는 사주다. 천간으론 木火운이 와야 좋고 金水는 불미스러우며 지지로도 木火운이 좋으며 금수(金水)운은 나쁘다.

이 사주의 최대약점은 일시가 辰戌충하는 점이다. 이리되면 辰中乙木은 충출되어 시간의 庚金이 합거해가고 戌中丁火는 辰中癸水에 의해 상처받게 된다.

따라서 辰戌충이 발동되는 운이오면 대흉하다. 좋지 않은 庚대운 만났다. 이운은 일간 庚이 발동하여(대운간에 나타나) 사지(死地 ; 子)에 앉아 위험하다. 그런중 丙辰년(31세)만나 辰戌충이 발동되었고 대운세운과 월지 申이 申子辰 水局을 이뤄 그만 물에 빠져 사망했다.

예2)

```
                    9
戊 丙 癸 戊    남    甲    대운
子 戌 亥 申          子
```

이 사주 역시 모 역서에서 발췌했다. 그 해석은 다음과 같다. '그 일간은 태약하고 기운은 너무 차가우며 관살이 많고 정편재가 기신인데다 일지는 희용신이 아니다. 그 어린나이에 양쪽 눈을 실명했다.' 그러나 이렇게 해석한다. 丙火 일간이 亥月에 태어나 극신약이다. 丙火는 일지 戌에 통근하여 종하지 않는다. 水多함이 사주의 병이므로 일지 戌中에서 투출된 시간의 戌土 식신으로 용신하나 일간과 더불어 미약하기 짝이 없어 조그만 충격에도 쉽사리 상처받게 되니 불미한 팔자다. 초년 甲대운에 먼저 년간 戊土를 충극하여 戊癸合을 깨고 다음으로 시간의 戊土를 충극한다.

따라서 합으로 묶여있던 癸水(검은구름)가 丙火(태양)를 극하게 되어 광명을 잃어버린 맹인(盲人)이 된 것이다. 죽지 않았던 것은 甲木이 월지 亥水에서 투출되었으나 대운지 子에 앉아 부목(浮木)이 되어 약했고 사주에 戊土가 두 개있어 甲木의 충극하는 힘을 약화시켰기 때문이다.

예3)

```
              30 20 10
己 辛 壬 壬  남    乙 甲 癸   대운
亥 巳 寅 辰       巳 辰 卯
```

辛金 寅月生이고 水木多하여 극신약이다. 시간 己土가 용신이나 뿌리인 일지 巳는 월지 寅에 형(刑)되고 시지 亥水에 충극되어 용신이 극히 허약하여 반신불수가 되어있다. 식상과 재성이 기신이 된다. 卯대운은 木운되어 불길하나 월지 년지와 더불어 寅卯辰 方合을 이루고 시지 亥水는 亥卯로 반삼합국을 이루므로 합을 탐해 寅巳刑 巳亥沖을 하지 않고 오히려 木局이 巳火를 생해주는 작용을 하게 되었다. 따라서 재정적으로 아주 힘든 세월(財多하여)이었지만 용신의 뿌리를 생하므로 직장생활로 연명했다. 그러나 월지 寅 시지 亥水中의 甲木이 투출되는 甲대운이와 월지 寅과 시지 亥水가 발동되어 형충을 하고 시간 己土를

甲木이 극합(剋合)하므로 돈과 여자(甲木)로 인하여 스스로 목숨을 끊고 말았다.

월지 寅中甲木은 돈 및 여자고 亥中壬水 상관은 나의 행동이 되므로 그런 일을 벌리게 된 것이다.

예4)

```
                    57 47 37 27 17  7
甲 甲 甲 戊     남   庚 己 戊 丁 丙 乙    대운
戊 申 寅 辰          申 未 午 巳 辰 卯
```

甲木일주 寅月生으로 천간에 三甲이 떴고 지지에 辰土 뿌리까지 있어 아주신왕하다. 日支 申金으로 旺木을 극해야 될 것 같지만 초춘(初春)의 木은 金을 만나면 그 뿌리가 상하는 격이되어 좋지 못하다. 그러므로 春不容金(춘불용금 ; 봄에 나무는 金을 받아들일 수 없다.)으로 말하는 것이다.

다음으로 생각해 볼 수 있는 것은 왕한 甲木이 년시지 辰戊에 뿌리를 둔 년간 戊土를 심하게 제극하므로 이 싸움을 말려줄 통관신을 찾는 것이다.

따라서 월지 寅中丙火 식신이 쓸만하므로 이를 용신으로 삼을 수 있다. 그러므로 이 사람은 火운을 만나면 제일 좋고 丙火가 상하는 운을 만나면 대흉하다.

따라서 이 사람은 巳午未 남방대운에 부자로 살다가 申대운 들어 원명의 寅申冲이 발동되어 寅中丙火가 申中壬水에 상하여 군비쟁재(群比爭財)되어 大凶한데 그만 癸酉년(66세)를 만나 년 간 戊土 명줄을 합거 시키므로 사망했다.

※ 戊辰과 癸酉는 천간지합하므로 戊土가 合去되었고 세운지 酉에 死地가 된다.

예5)

```
丙 癸 丁 丁    남      30 20 10
辰 丑 未 未           甲 乙 丙   대운
                     辰 巳 午
```

癸日主 未月 炎天(염천)에 태어나 천간에 丁丁丙火 있어 癸水
는 증발되고 있다. 일주 癸는 일지 丑, 시지 辰에 뿌리있어 왕한
재관의 세력에 종하지 않는다. 따라서 강왕한 재관이 일주를 심
하게 극하여 병이되나 그 어디에도 이것을 구해줄 약신(藥神)이
없다. 다만 일지 丑中辛金이 丑未冲으로 개고(開庫)되어 약한
일주를 생하고 있으나 未中丁火에 辛金이 상하게 되어있다.

따라서 丑未冲이 발동되는 未대운과 午운을 만나면 생명이 위
태롭게 된다.

이런중에 초년 午대운을 만나 丑未冲이 발동되어 충출된 일지
丑中辛金은 午中丁火에 剋되고 合되어 壬戌년(15세)에 뇌종양
수술을 받고 식물인간이 되고 말았다.

壬戌년은 사주 지지와 辰戌丑未 四冲이 성립되어 하나 남아있
던 일주의 뿌리인 시지 辰土를 충하였기 때문이다. 일지 丑中辛
金 편인은 일간의 정신이고 두뇌에 해당된다.

예6)

```
壬 乙 庚 戊    남      辛   대운
午 巳 申 辰            酉
```

乙木 일간이 庚申月을 만나 乙庚化金格을 이루나 지지에 巳午
火 있어 파격되므로 정격으로 해석해야 한다. 신약하여 시간 壬
水 인수로 용신한다. 일지 巳中에서 월간 庚金과 년간 戊土 정
재가 투출되었다.

이중에 년간 戊土가 나의 육신(財는 육신)을 뜻하며 생명줄이다. 辛酉대운에 戊土가 사지(死地)에 앉았고 甲戌년(7세)에 戊辰을 천지충하여 명줄을 위태롭게 한다. 그러므로 기차에 치어 큰 부상을 입었다. 죽지 않았던것은 甲이 戊(세운지)에 앉아 약했고 월간 庚金이 있어 甲木을 제극하여서이다.

예7)

```
                    31 21 11  1
  丙 庚 甲 戊   남   戊 丁 丙 乙   대운
  子 寅 寅 子        午 巳 辰 卯
```

庚金 寅月生 극신약하여 종재격이 될듯하나 월일지 寅中丙火 戊土가 투출되어 戊土가 용신이다. (丙火가 투출치 못했으면 종재격)

그러나 칠살(丙)이 일간 가까이에 있어 극을 먼저 받고 있다.

이렇게 신약하고 관살이 일간 가까이 있으면 살(七殺)이 왕해지는 운을 만나면 관살의 극을 심하게 받아 사망하게 된다. 일지 寅中에서 투출된 년간 戊土가 나의 명줄이다.

그러나 甲木이 戊土를 심하게(가까이에서) 극하고 있으니 단명팔자며 교통사고나 길거리에서 객사할 운명이다.(甲寅은 역마) 乙卯대운에 신액과 질병으로 고생했으나 세운이 戊土를 도와주어 죽지는 않았다.

丙辰대운 역시 戊土를 도와 무난했으며 丁巳대운 역시 마찬가지였다 그러다가 戊午대운 만났다. 戊대운은 년간 戊土가 힘을 얻어 무사했다. 午대운은 丙火 칠살이 왕해졌고 년지 子水를 충하여 癸水가 戊土를 합거시키므로 불길한 운인데 甲子년 만나 甲木이 戊土 명줄을 극하여 교통사고로 사망하고 말았다.

예8)

```
戊 乙 戊 壬    남    上人의 아들        己    대운
寅 丑 申 戌                           酉
```
                                    9

월간 戊土 부친인데 시간에 또 戊土 부친성 있어 아버지가 두
명인 형상이다. 이리되면 모친이 나를 데리고 재혼하는 경우가
많다. 그런데 월간 戊土는 申에 앉아 허약하고 뿌리되는 년지
戌은 공망되어 힘없으며 또 戌에 입고되고 있다. 그런데다가 시
지 寅과 충이 되고있다. 일지 丑이 그 중간에 있으면서 시지 寅
과 암합(丑中辛과 寅中丙)하여 충을 보류시키고 있다.

이럴땐 일지 丑을 충하거나 합을 시키게되면 寅申충이 작용된
다. 甲子년(3살) 만나 세운간 甲木은 월간 戊土를 충극하고 세운
지 子는 일지 丑을 합하여 寅申충 발동하여 그 부친이 교통사고
로 저세상으로 가게 되었다.

예9)

```
               51 41 31 21 11 1
乙 丙 庚 辛    남    甲 乙 丙 丁 戊 己    대운
未 戌 寅 巳         申 酉 戌 亥 子 丑
```

丙火 일간 寅月生되어 편인격이나 寅巳刑되고 월간 庚金있어
편인파격. 寅月丙火라 그 기세가 아직도 약한데다 寅巳刑 戌未刑
으로 그 뿌리가 모두 상했다. 따라서 金이 사주의 병(病)이 된다.

己丑대운에 金旺해지고 일주 약해져 어려운 세월속에 자랐다.

子대운 들어와 월지 寅을 생하므로 소길(小吉).

丁亥대운 월간 庚金 병신을 제극하고 대운 지지 亥가 寅과 합
하여 형받은 木이 생기 얻었고 寅木은 生 丙火일간하여 吉했다.
丙戌대운은 일주와 복음되고 丙火가 나의 돈줄이고 명줄인 년

간 辛金을 합해 질병및 손재가 따랐다. 천간에 丙火가 오면 월간 庚金을 충극하나 년간 辛金이 丙火를 합해 탐합망극(貪合妄剋)되어 庚金을 제거치 못한 것이다.

戊대운은 일지 戌이 발동되어 시지 未와 형(刑)되어 丙火의 뿌리인 戌未가 상하게 되어 불길하다.

乙대운은 월간 庚金 병신을 합하여 길한운. 酉대운은 天乙貴人 財가되나 병신 庚金이 왕해지고 월지 寅을 겁살하여 집문서(月支寅) 뺏기고 날라가는 운이다.

甲대운은 월간 庚金충하고 丙火 일간을 생하여 소길(小吉)하다. 申대운은 庚金 병신이 득록하며 월지 寅을 충거시키며 寅巳申 三刑마저 이뤄 크게 흉하다.

일주 丙火의 원기(元氣)인 寅木이 역마(申)에 상하므로 교통사고 있을 운이고 수술(三刑)까지 따른다. 그런데다가 충출된 寅巳中의 丙火가 년간 辛金을 합거시키니 명줄마저 위험하다. 이런 대운에 丁丑년(57세) 만나 丁火 剋 辛金(명줄)하고 辛金이 세운지 丑에 입고되므로 교통사고 당하여 사망했다.

※ 일지 戌中에서 투출된 辛金 정재성을 명줄로 본 것이다.

예10)

```
              38 28 18 8
壬 壬 甲 壬   남   戊 丁 丙 乙   대운
寅 申 辰 子        申 未 午 巳
```

壬水 일주가 태왕하다. 월간 甲木으로 설해야 하는데 확실한 甲木의 뿌리인 시지 寅이 일지 申에 의해 충파되고 있다. 따라서 용신인 甲木이 부목(浮木)되었고 그 뿌리가 상해 불미스런 팔자다.

寅申충을 申辰子 水局되어 일단 보류하고 있다.

이럴땐 申辰子의 합을 깨는 운이오면 합에서 풀린 申金이 寅을 충하여 파괴하게 된다. 午대운 들어 년지 子를 충하여 삼합이 풀어졌다.

따라서 申金이 寅木을 충했다. 그런중 寅中甲木 투출되는 甲年과 월지 辰(水庫)을 충하는 戌년인 甲戌년(23세)를 만났다. 그리하여 신장수술을 받게 되었다. (水는 신장) 戊申대운에 사망할 운이다.

※ 일지가 기신되어 내 용신을 충하게 되면 아주 흉한 팔자가 된다.

예11)

```
                    44 34 24 14  4
  庚 壬 丙 甲   여   辛 壬 癸 甲 乙   대운
  戌 寅 寅 午        酉 戌 亥 子 丑
```

壬水일주 寅月生이나 丙火 투출되어 편재격되나 일주 무근하고 시간의 庚金 또한 무근하므로 종재격이 구성되었다. 년지 午中己土 정관이 일간과 명암합하고 일지와도 寅午 甲己로 합이 되므로 남편성이 된다.

따라서 夫宮인 년지 午에서 투출된 월간 丙火는 夫의 표출신이고 나의 표출신이기도 하다. (日支寅에서 丙火 투출) 甲子대운의 子水는 년지 午를 충하여 충출된 丁火가 壬일간과 합하므로 결혼하자는 남자 나타나나 火의 중심지를 충하므로 불리한 운이다.

癸대운은 종재격에 기신이나 년간 甲木이있어 통관시키므로 좋지 않은 세월(돈에 쪼달리는)이나 무난하게 넘어간다.

亥대운은 월지 일지 寅과 쟁합되어 우왕좌왕 혼란스러운 운이나 亥가 合을 탐해 년지 午火를 극하지 않으므로 무난했다.

壬운 역시 평길한 운이며 戌대운은 火가 입고되어 夫가 병들게 된다.

辛酉대운의 辛은 월간 丙火를 합거시켜 돈과 남편이 빛을 잃게되고 대운지 酉에 이르러 丙火가 사지(死地)에 임하여 夫사망운이다. 戊寅년(44세)되어 夫가 간병(肝病)으로 죽었다.

예12)

```
            46 36 26 16 6
丁 甲 丁 己    여    壬 辛 庚 己 戊    대운
卯 辰 丑 亥          午 巳 辰 卯 寅
```

甲木 丑月生이나 신왕하다. 겨울엔 丙火가 천간에 투출해야 좋은 팔자 이룰 조건이 된다. 그런데 丙火는 없고 월시간에 두 개의 丁火가 있어 조후역할하고 있으나 丁火의 뿌리가 없어 겨우 추운겨울에 난로불 2개 켜놓고 추위를 이겨 나가는 격이 되었다.

월지 丑中辛金 있고 일간과 丑中己土가 명암합하므로 丑이 夫宮이고 辛金이 남편이다. 그러나 관성입고 되었으며 시주에 양인과 상관이 있어 夫命이 不吉하다. 년간 己土는 夫의 표출신(夫의 역할)인데 일주 甲木이 丁火를 생하고 丁火는 얼어있는 己土를 생해준다.

그러므로 이 여성은 남편에게 따뜻하게 대해주며 자신이 활동 노력(丁火 상관)하여 약한 남편을 돕는다.

대운으론 천간 火土운이 좋고 金水는 不吉하며 지지운도 火와 조토(燥土)운이 와야 좋다. 辛大運에 丑에 들어있던 夫(辛)가 나타나 상관에 정관을 보는격이 되었고 辛金夫星이 사지(死地)인

巳에 앉아 있으므로 夫가 노상사고 당하게 되어있어 생명이 위험하다.

그러나 년간에 己土 있어 丁火 剋 辛金이 되지 않았고 丁火 역시 약하여 辛金에게 큰 상처를 줄 수 없어 수술 부상정도의 액이 남편에게 있었다.

巳대운은 월지 丑과 巳丑으로 반금국을 이루며 암합하여 무사했다. 壬대운 들어 월시간의 丁火와 쟁합하니 丁火가 발호 난동하고 壬이 끌고온 午에 득록하여 더욱 상관의 기세가 강해졌다.

그런데다가 壬午대운은 甲辰 일주와 2급 소용돌이를 형성한다.

따라서 夫 표출신인 己土가 합거되는 甲申년을 만나 그 남편이 심장마비로 저세상 사람 되었다. 상관인 丁丑월이었다.

예13)

```
            31 21 11  1
己 乙 庚 辛   남   丙 丁 戊 己   대운
卯 未 寅 亥        戌 亥 子 丑
```

乙木 寅月生. 寅亥合 卯未木局 있어 극신왕이다. 곡직격이 될 수 있으나 년월 천간에 庚 辛 관성있고 시간에 己土(日支未에 뿌리둔) 편재있어 곡직격 파되고 정격으로 보니 재로써 약한 관살을 도와야하는 격국이다. 따라서 천간으로 土金이 좋고 지지로도 土金火가 좋다. 일지 未中에서 투출된 시간의 己土 편재가 희신이며 나의 명줄이다.

丙대운은 먼저 천간 辛金을 합거시키고 다음으론 월간 庚金을 극하여 乙庚合을 깬다. 즉 나의 명줄이고 밥줄인 己土를 보호하던 庚 辛관성이 상하게 되면 己土는 왕한 木에 극되는 흉액이 미친다.

이런운중에 寅亥. 卯未로 合局된 木氣가 발동되는 甲申년(34

살)만나 시간 己土를 합거하여 그만 목매어 자살하고 말았다. 명(明)나라 마지막 임금인 숭정황제의 팔자다.

예14)

```
                    14  4
甲 乙 辛 己  남     己 庚  대운
申 未 未 酉        巳 午
```

乙木일주 未月 염천에 태어나 재왕하고 관살많아 극신약이다. 時支 申中壬水있어 조후되나 일주와 시주간에 1급 소용돌이가 구성되어 불길함을 안고있다. 즉 시간 甲木은 乙木을 도울 수 있어 용신이고 申中壬水는 조후되어 희신이지만 1급 소용돌이 속에 있어 언제든지 나쁜운이 오면 그 불길함이 크게 작용된다.

초년 庚午대운의 운간 庚은 甲木 용신을 충극하고 대운지 午 는 甲木의 사지(死地)되어 위험하다. 丁巳년(9살) 만나 세운지 巳는 시지 申을 형합하여 형출된 壬水를 세운간 丁이 합거하므 로 이층에서 떨어져 두골에 큰 손상을 입고 입원했다.

己巳대운의 己는 시간의 甲木 용신을 합거한다. 그러므로 생 명에 위험이 따르는데 丙寅년(18세) 만나 대운지 巳가 申을 형 합하는 것을 세운지 寅이 충하여 申中壬水를 극멸하므로 삼충 에서 떨어져 두개골 파열되어 죽었다. 乙木을 극하는 辛丑月이 었다.

예15)

```
                    27 17  7
庚 丁 己 己  남     丙 丁 戊  대운
戌 巳 巳 丑        寅 卯 辰
```

丁火 일주가 巳月에 태어나 득령했으나 많은 土에 설기심해

신약으로 변했다. 따라서 土가 병이다.

이런 격국을 火土진상관(眞像官)이라 하는데 신약한 丁火를 도와주는 木火운이 좋고 더욱 힘을 빼는 土운을 제일 기피한다. 따라서 진상관에 또 상관운을 만나면 필멸이라 말하기도 한다.

이 사주엔 꼭 필요한 木인수가 없다. 따라서 그 육친관계는 이렇다. 시간 庚金 정재가 부친성이다. 庚과 합하는 乙木이 없으므로 庚이 좌(坐)하고 있는 戌中辛金과 암합하는 월일지 巳中丙火를 아버지(庚戌)의 합신 즉 나의 모친으로 한다.

그런데 巳는 년지에 있는 습한 丑土에 설기되고 시지 戌에 입고되어 귀문살을 구성하고 있다. 木의 생조를 받지못한데다 이처럼되어 그 모친은 신체허약하고 정신질환(巳戌귀문)까지 있는 분이다. (월지 巳가 친엄마고 일지 巳는 아버지의 두 번째 여자며 나의 계모다.)

이런데다가 火氣를 심하게 설하는 戊辰 습토운을 만났다. 그러므로 일간 丁火와 巳中丙火는 존망의 기로에 서게된다. 丁酉년(9살) 만났다. 세운간 丁火는 신약한 일간에 도움을 주나 庚金(모친의 표출신)을 극하고 세운지 酉는 년월지와 더불어 巳酉丑 金局을 이루어 巳中丙火는 죽게되므로 그 모친이 사망하게 되었다.

즉 세운간 丁火가 일주를 돕고 세운지 酉가 월지 巳中丙火를 죽게하므로 자신은 살았으나 모친은 죽게 된 것이다.

그러나 戊辰대운 동안 사주 주인공은 질병에 시달렸는데 사주에 木이 없으므로 간(肝)계통의 질병이었다. 卯대운부터 木氣가 들어와 土를 극하고 巳火를 생하여 건강이 좋아지기 시작했다.

예16)

　　　　　　　　　　　　30 20 10
丁 壬 庚 癸　　여　　癸 壬 辛　대운
未 辰 申 巳　　　　　亥 戌 酉

　　壬일주 申月生으로 일지 辰에 뿌리있고 년간 癸水있어 신왕이
다. 壬辰일주와 년주 癸巳가 동순(同旬)이며 상순(相順)관계되
어 친밀하고 년간 癸水는 일지 辰에서 투출된 일주의 표출신이
므로 극재(剋財) 지명(之命)이다. 따라서 부친 및 돈복없다. 시
지 未中己土 정관이 남편이고 시간 丁火는 남편의 표출신이다.
　　그런데 년간 癸水(일주 표출신)가 일간 가까이 다가와 丁火를
극하므로 남편마저 극하게되는 흉명(凶命)이다. 癸대운에 년간
癸水 발동되어 시간 丁火를 극하는데다가 壬戌년(30세)만나 약
해져있는 丁火를 합거 입고(入庫) 시키므로 그 남편이 전기감전
으로 사망하게 되었다.

1. 신체불구 및 단명 그리고 정신이상자

신체적으로 결함이나 정신적 결함이 있으면 정상적인 삶을 하기 어려워지는데 여기선 그 명조를 살펴보고 정상인과 어떻게 차이가 나는지 분석해보기로 한다.

예1)

```
                        31 21 11  1
乙 丙 甲 己    여    戊 丁 丙 乙    대운
未 子 戌 未          寅 丑 子 亥
```

丙火일주 戌月生에 土多하여 신약이다. 土多가 병이므로 木으로 소토해야하는 명조이다. 월간 甲木 있으나 왕한 土에 甲己合去되어 무용지물 되었고 시간 乙木있으나 뿌리인 년지 未는 戌未刑으로 상했으며 겨우 시지 未에 통근하고 일지 子水에 수생하여 명맥은 있다. 그러나 乙木은 旺土를 소토하는 힘이 부족하므로 겨우 용신역할을 하고있다.

亥子대운까진 乙木을 도와 무난했으나 丁丑대운을 만나 丁火는 乙木의 힘을 빼고 대운지 丑은 일지 子水를 合하고 시지 未土(乙木의 뿌리)를 충하여 용신(乙木)의 뿌리를 뽑게되어 정신이상이 되었다. 乙木인수는 丙의 정신인데 이렇게 乙木이 허약하면 정신이 허약해져 헛것이 보이고 이상한 언동(식.상관)을 하게된다. 丁대운은 년월시의 未戌중에서 나온 투출신이라 이렇게되면 丁火의 기궁(寄宮)처인 戌未가 난동하게 된다. 그래서 丁火대운 己卯(21살)부터 헛소리 헛된짓을 하게 되었다.

그러다가 庚辰(22살)이 되자 약한 乙木 용신을 합거시켜 병세가 크게 도졌다. 辛巳년(23세) 역시 辛金이 乙木을 충극하여 병원치료를 받았으나 아무런 효험도 못보게 되었다. 세운지 巳가 일간 丙火의 록이되어 육신은 상하지않고 유지된다.

예2)

$$22 \quad 12 \quad 2$$

壬 甲 乙 癸　　남　　壬 癸 甲　　대운
申 寅 丑 丑　　　　　　戌 亥 子

甲木 丑月生으로 丑中癸水가 년간에 있어 겨울 눈보라(癸)에 젖어있는 甲木이 되었다. 일지 寅中丙火가 조후역할이고 戊土가 제습하는 역할이나 모두 불투되어 불미한 팔자이다.

그런데 申時를 만나 寅을 충하여 寅中丙火는 申中壬水에 충극되어 아주 대흉하나 다행히 寅中戊土는 크게 상하지 않았다. 따라서 태어날 때부터 결점(벙어리에 기형)을 지닌 팔자가 되었다. 상하게 된 寅中丙火 식신은 언어 및 행동이다.

예3)

$$8$$

辛 癸 丙 己　　여　　丁　　대운
酉 丑 子 未　　　　　丑

癸日主 子月生으로 신왕이다. 겨울물은 丙火 태양봐야 하는데 월간에 丙火있어 일단은 좋아 보인다. 그러나 일지 丑과 시지 酉에서 투출된 辛金이 월간 丙火를 合去하여 丙火의 역할을 못하게 하고있다. 흔히 월간 丙과 시간 辛은 일간을 격하고 있어 간합이 안된다고 한다.

그러나 이 사주는 일주 癸丑이 丙子를 합하였고 기신 辛酉가 또 일간과 酉丑합하여 서로 가깝게 당겨져 있으므로 丙辛합이 성립된다. 丙火는 이 사주의 정신으로 년지 未에 뿌리두었으나 그만 일지가 나쁜 작용하여 丙火를 합거시켰다. 그러므로 태어날 때부터 정신과 두뇌가 이상이 있게 된 것이다.

예4)

32 22 12 2

戊 庚 甲 辛　　남　　庚 辛 壬 癸　　대운
寅 午 午 亥　　　　　　寅 卯 辰 巳

庚金 午月生으로 일지에 또 午火있어 庚金 일주가 심하게 극되어 형상을 이루기는커녕 형체마저 일그러질 정도다.(녹아버려) 따라서 旺火의 기를 제압해야 하는데 년지 亥水 하나로서는 약하여 오히려 불길만 더 세게 할 뿐 화기를 제거할 수 없다. 따라서 시간의 戊土 편인으로 상생시켜 일주를 보존해야하니 戊土가 용신이고 년지 亥에 뿌리를 둔 월간 甲木은 기신이다. 壬癸水운에 甲木이 힘을 얻어 戊土를 극하므로 일찍부터 간질환자가 되었다.

월간 甲木은 부친인데 午홍염지에 앉아있어 그 부친은 아주 바람기 심한 사람이다. 甲木과 午中己土가 명암합하고 午火 甲木이 모두 기신되므로 그 부친의 나쁜 유전자를 이어 받은 것으로 추리된다.

예5)

17 7

癸 乙 甲 乙　　여　　丙 乙　　대운
未 酉 申 丑　　　　　　戌 酉

乙木日主 申月生. 日支 酉金있고 년시지에 丑未土 있어 극신약이다. 시지 未에 뿌리있고 월간 甲木 있어 乙木을 도우므로

종하지 않는다. 金旺하므로 癸水 편인으로 용신해야 하나 癸의
뿌리는 년지 丑에 있고 천간에 金이 없어 生 癸水 하지 못하므
로 용신 태약이다.

戊辰년(4살)만나 癸水가 合去되므로 大凶하여 뇌성마비에 걸
렸다. 일지는 내몸(肉身)인데 여기에 酉金 살이 앉아 乙木일간
을 극하므로 육신이 정신을 상하게 하는 격이다.

木은 인체의 신경인데 金이 木을 심하게 극하여 뇌성마비가
온 것 같다.

예6)

```
                    3
丁 癸 己 乙   남   戊   대운
巳 丑 丑 巳        子
```

癸日主 丑月生에 일지 丑있어 뿌리있으나 여기서 월간 己土
칠살이 투출되어 극일주하니 시지 巳中戊土와 더불어 관살이
몸에 착 들어붙어 있다. 이렇게 관살에 극을 심하게 받고 있는
데다가 초년 戊대운이 또한번 일간을 극합(剋合)하여 뇌성마비
가 왔다.

죽지않고 목숨을 건진것은 대운지가 癸일주의 록지 여서이다.

일지는 육신이고 일간은 정신인데 일지에 있던 기신 己土가
천간에 나와 일간을 극함은 육신이 정신을 못살게 하는 격이다.

예7)

```
              36 26 16 6
己 甲 癸 丁   여   丁 丙 乙 甲   대운
巳 午 丑 酉        巳 辰 卯 寅
```

甲木일주 丑月生에 丑中癸水가 월간에 있어 인수격이 될듯하

나 일간이 시 己巳와 간합하고 丑土月이라 甲己合化土格이 되었다.

그러나 년지 酉가 월지 丑과 酉丑 금국하여 土의 기운을 심하게 누설시키므로 불길한 명조가 되었다.

따라서 土의 기운을 돕는 火土운은 길하고 木水金운은 불길한 운이다. 그런데 이 사주는 일지 午中丁火가 년간에 투출되어 癸水의 극을 받고 있다. 즉 희신이고 육신의 원기인 丁火가 상해 있다.

그러므로 초년에 나쁜 운을 만나면 육신의 원기가 상하게 된다. 甲대운은 쟁합하여 甲己合土를 깨는 木운이다. 이대운 壬寅년(6세)을 만나 풍전등화의 丁火를 合去하므로 소아마비가 와 불구자가 되었다. 乙卯대운 좋지않아 어렵게 살았는데 가정부 생활이었다.

丙대운 길운이고 이 丙火는 일지의 표출신되어 부모처럼 따뜻하게 해주는 배우자를 만날운되어 상처남에게 재혼하여 무난하게 살고 있다. 甲木이 己土와 합하여 土化되었으므로 己土가 체(体)가 되고 일간 甲木은 夫星이 되는데 甲木이 월지 丑中己土와 선합(先合)했으므로 부인이 있었던 남자이다.

그리고 남편의 전처(丑中己土)는 癸丑백호살인데다 酉丑으로 합되어 설기 태심하므로 아이(酉金)낳다가 죽게 되었다.

예8)

```
丁辛辛丙   여      己庚   대운
酉丑丑申           亥子
```

辛金 丑月生에 극신왕하여 제해줄 火가 필요하고 火가 없든지 쓸모없이 되어 있으면 水로서 설기해 주어야하는 사주다. 辛金도 차고 丑月은 겨울이라 아주 냉한데 년간의 丙火있어 좋다할

것이다. 그러나 丙火의 뿌리는 사주지지 그 어디에도 없고 월간 辛金과 합해 쓸모없이 되었다. 시간의 丁火는 辛金과 좋지못한 관계인데다 역시 뿌리없어 오히려 나쁜 작용만 한다.

왕금의 세력에 역하기 때문이다. 이젠 왕금(旺金)의 기운을 설할 수 있는 것을 찾아보면 년지 申에 壬水있고 丑中에 癸水있으나 모두 암장되어 있을 뿐 흐르지 못하고 있다. 다만 丙辛合水되어 물(水)이나 물의 구실을 제대로 할 수 없는 것만이 있을 뿐이다. 따라서 신왕무의(身旺無依)의 팔자다.

이리되면 평생을 불우하게 보내게 되는데 6세되는 辛丑년에 소아마비에 걸려 불구가 되었다. 이것은 일지 丑은 급각살이고 여기서 표출된 辛金이 월간에 앉아 년간 丙火를 合去시켰기 때문이다.

예9)

<pre>
壬 庚 癸 戊   남   乙 甲   대운
午 寅 亥 戌   丑 子
</pre>

金水 상관격에 水木旺하여 신약이다. 년간 戊가 년지 戌, 일지 寅, 시지 午에 뿌리얻어 쓸만하므로 상관을 제압하고 일지를 돕는 용신이 된다. 그러나 戊土용신이 일주와 멀리 떨어져 있으며 월간 癸水와 합하여 일주를 生하는 정이없어 불길하다. (貪合忘生) 년간 편인은 일지 寅에 장생하고 있는데 甲대운이 일지 寅의 투출신이 되어 戊土를 극충하므로 아주 大凶한 운이다.

庚子년(3살)만나 庚金은 壬癸水를 生하고 지지 子는 시지 午火를 충하여 寅午合을 깨므로 寅亥合이 작용되어 戊土의 뿌리 2개가 없어지므로 소아마비에 걸려 불구가 되었다.

예10)

```
              31 21 11  1
  甲 戊 乙 壬   여   辛 壬 癸 甲   대운
  寅 寅 巳 戌       丑 寅 卯 辰
```

戊寅日主 巳月生에 년지 戌을 얻어 身不弱이나 일시지 寅에서 甲木 본기(本氣)가 시간에 투출되어 있고 월간에 乙木 또한 戊土를 극하고 있어 관살에 휩싸여있다. 그런데다가 월주 乙巳와 일주 戊寅은 3급 소용돌이를 형성하여 월지 巳가 일주를 등지게 되어 乙戊로 극(剋)만 작용되고 인수의 작용은 나를 등지고 있어 관살의 극을 더욱 심하게 받고 있다. 癸卯 壬寅대운에 어렵게 살다가 辛丑대운에 들어 아이 낳은 후 미치광이가 된 사주다.

辛대운은 상관운인데 허약한 일주가 辛金을 생하므로 더욱 허약해졌으며 년간 壬水를 辛金이 생하여 水生木으로 바짝 말라 있던 木이 생기를 얻어 극일간했기 때문이다.

게다가 대운지 丑은 년지 戌을 刑하여 일주의 뿌리를 뽑고 월지 巳와 巳丑으로 半合하여 火氣(巳中丙火)를 누설 시킨 것도 하나의 원인이다. 원명에 년월지가 巳戌로 귀문관살을 형성하고 있는데 辛(대운간)이 투출신 되었고 대운지 丑이 巳를 유인하여 巳戌 귀문살이 발동된 것이다. 원명이 火土 조(燥)한 것도 하나의 원인이다.

예11)
```
  丙 甲 丙 丙   남   戊 丁   대운
  寅 午 申 戌       戌 酉
```

甲午日主 申月生으로 천간에 3개의 丙火 있고 일지와 시지 그리고 년시가 寅午戌 火局을 구성하여 나무가 불에 타죽을 지경이다.

월지 申中壬水로 조후함이 시급하다. 戌대운되어 戌中戊土는 申中壬水를 극하고 火局이 발동되어 광인(미치광이)이 되었다. 일지 午에서 3개의 丙火식신이 표출되어 병이 심하다. 따라서 할 말 안할 말 가리지 않고 쓸데없는 헛된 소리를 중얼거린다.

예12)

```
丙 甲 丙 丁    남    壬 癸 甲 乙    대운
寅 午 午 未          寅 卯 辰 巳
```

甲木 午月生으로 천지가 불(火)판이다. 종아격인데 火氣를 역하는 癸水운부터 실없이 중얼거리며 포악하게 외치기도 하는 (丁火상관이 旺하고 丙火가 午양인에 앉아있어) 미치광이가 되었다. 이렇게 木火 종아격이 되면 수명도 짧은데 그 까닭은 木은 火를 크게 만나면 타 없어지기 때문이다.

예13)

```
丙 甲 癸 丙    남    丁 丙 乙 甲    대운
寅 子 巳 午          酉 申 未 午
```

甲木 巳月生으로 木火 상관격인데 日支 子에서 투출된 월간 癸水로서 년시간의 丙火를 제압해야 한다. 즉 상관용인격(像官用印格)으로 癸水는 조후용신도 겸하는 중요한 존재다.

午대운에 일지 子를 충하여 癸水의 뿌리를 뽑으므로 맹인(盲人)이 되었고 걸인(乞人)으로 연명하게 되었다. 일지는 내 육신이므로 午대운에 육신이 상해버린 불구가 된 것이다.

예14)

```
庚 甲 丁 辛    남    癸 甲 乙 丙    대운
午 午 酉 酉          巳 午 未 申
```

甲木 酉月生에 정편관이 천간에 투출이고 甲木의 뿌리없어 종살격을 구성했다. 이러한데 종살격의 기신인 丁火가 일시지 午에 뿌리를 두고 튀어나와 있다. 기신인 丁火 병은 있는데 사주 어디에도 이를 제화(制化)해줄 약이 없다. 午대운에 午午 자형이 되고 월간 丁火가 득록 발동하여 제멋대로 날뛰는(丁火상관) 미치광이가 되었다.

예15)

```
乙 壬 丙 戊    남    己 戊 丁    대운
巳 午 辰 申          未 午 巳
```

壬日主 辰月生으로 천간에 乙 丙 戊土 투간되어 있고 지지에 巳 午 辰이 있어 신약이다. 壬日主는 辰에 약간의 뿌리있고 년지 申에 뿌리있어 왕한 재관에 종하지 않는다. 그런데 일지 午中丙火가 월간에 투출되어 월지 辰中에서 나온 戊土 칠살을 생해주고 있다. 즉 나의 육신인 일지가 나쁜 작용을 하고 있다. 戊土 칠살 대운에 旺한 칠살이 발동되어 이 세상 하직했다. 역시 칠살 세운인 戊午년(11살)이었다.

예16)

```
丙 癸 丙 戊    남    己 戊 丁    대운
辰 巳 辰 子          未 午 巳
```

癸日主 辰月生으로 천간엔 丙火 戊土 투간되어 월 일 시지에 뿌리박고 있어 신약으로 관의 극을 심하게 받고 있다. 癸日主는 월지 시지 辰에 통근했으나 辰中戊土가 투간되어 있으므로 뿌리 역할이 신통치 않고 년 子水가 확실한 뿌리가 되어있다. 그러나 子水또한 년지에 멀리 떨어져 있으면서 金의 생수(生水)가

없어 외롭다.

戊午대운에 戊土官이 발동하여 癸일주를 합거하고 년지 子를 충하여 일주의 뿌리를 뽑으므로 병들어 죽고 말았다.

예17)

己 己 丙 丁　여　沈貞子　庚 己 戊 丁　대운
巳 未 午 酉　　　　　　　　戌 酉 申 未

己土 午月生으로 년월에 丙丁火 있고 지지에 巳午未 있어 조토(燥土)되어 쓸모없는 황무지(사막)되었다. 왕토의 기운을 설해줄 년지 酉金은 월지 午火에 상했고 일지 未中에서 투출된 丁火가 년간에 앉아있으며 기신되었다. 정신을 뜻하는 인수가 병이되므로 정신이 온전치 못하다. 나무(官星)가 살 수 없는 메마른 황무지이므로 결혼도 못하고 己대운에 정신병원에 입원했다. 丙寅년에 증세가 아주심해 입원하게 되었는데 일지 未와 寅未 귀문살을 이루고 세운간 丙火가 와서 己土를 열토(熱土)로 만들었기 때문이다.

이 여성의 성명에 있는 子자가 더욱 사주를 나쁘게 만드니 년지 酉와 子酉귀문살 이루고 월지 午火를 충하여 열화(熱火)를 치솟게 만들기 때문이다.

예18)

己 丙 辛 丙　여　己 庚　대운
丑 午 丑 申　　　　亥 子

丙火 일주가 丑月에 태어나 土多 金多하여 종할것 같으나 일지 午에 뿌리있어 不從이다. 따라서 유일한 뿌리인 午火가 상하면 크게 흉한 일이 발생되는데 일지는 일간의 몸(肉身)이므로

신체적 타격을 입게 된다. 子대운에 일지 午를 沖하여 불구(不具)가 되었는데 소아마비로 인한 다리불구다.

예19)

```
壬 癸 戊 壬    남    己    대운
子 未 申 子         酉
```

癸日主 申月生으로 壬子水가 왕하며 극신왕이다. 월간 戊土가 일지 未에 뿌리들 두고 旺水를 제하려하니 용신이다. 그러나 戊土는 월지 申에 설기되고 그 申은 申子로 旺水가 되었으며 그중에서 투출된 년간 壬水가 戊土를 충하므로 용신이 태약하여 조금의 충극을 받아도 크게 다치게 된다.

초년 甲寅년(3살)에 월주 戊申을 천충지충하여 뇌성마비가 와 불구가 되었다.

예20)

```
己 己 乙 壬    남    丁 丙    대운
巳 酉 巳 寅         未 午
```

己土 일간이 巳月에 태어나 己巳시 만나 신왕이다. 바짝 마른 논밭(己)이라 년간 壬水가 己土를 촉촉하게 해줄 수 있으나 뿌리없어 한방울의 물이 말라버리는 형상이 되었다. 따라서 용신으로 쓸 수 없고 년지 寅中甲木을 용신할 수밖에 없다.

그러나 이것마저 월지 巳가 刑하고 겁살하는 데다가 공망까지 되어 상처투성이 용신이다. 따라서 결점을 지니고 있는데 甲辰년(3세)을 만나 세운간 甲은 일시간의 己土와 쟁합하여 합거 당하고(甲은 년지 寅의 투출신) 세운지 辰은 일지 酉와 辰酉합하여 巳酉로 묶여 형과 겁살작용을 보류하고 있던 것이 풀림으로 형살 겁살이 작용되어 소아마비 걸려 불구자되고 말았다.

※ 투출신이 합거되면 그 해당 지지가 역할작용을 상실하게
된다.

예21)
　　壬 壬 癸 戊　　남　甲　　대운
　　寅 戌 亥 午　　　　子

壬水 亥月生으로 신왕하여 년간 戊土로 용신한다. 甲子대운에
용신 戊午를 천충지충하여 대액(大厄)이 있을 것인데 庚申년(3
살) 만나 水旺해지고 시지 寅木 희신을 충하므로 소아마비로 불
구되었다.

예22)
　　丙 甲 癸 丙　　남　甲　　대운
　　寅 子 巳 午　　　　午

甲일주 巳月생으로 천간에 두 개의 丙火 있으며 지지에 巳午
火 있어 火己가 충천하고 있다. 용신은 일지 子에 뿌리를 둔 월
간 癸水이다. 그런데 일지 子는 년지 午의 충을 받고있고 일점
의 金氣없어 고립무원으로 위태롭다. 午대운 만나 子午冲으로
子水가 뿌리 뽑히니 그만 실명(失明)하고 말았다. 생명을 건진
것만도 다행일 것이다.

※ 火旺月에 천간에 丙丁火가 뜨면 눈시력이 좋지 않게 되는
데 이 사주는 水火상전으로 신장 방광(水)이 깨어져 실명하게
되었다.

2. 不貞之人命(나쁜 길로 가는 사람의 팔자)

　인간은 태어나면서부터 악인(惡人)의 기질과 선인(善人)의 기질을 갖고 태어난다. 즉 태어날 때부터 악인(惡人)이 있고 선인(善人)이 있다는 것이다.

　또 어떤 이는 이렇게 주장한다. 태어날 땐 선악(善惡)이 없으나 주위환경과 교육의 차이에 따라 선인도 되고 악인도 된다. 그러나 명리를 다뤄본 필자의 입장에서는 다음과 같이 말하고 싶다. 사주팔자 여덟글자는 한 개인이 지니고 나온 기(氣)를 자연수(自然數)로 나타낸 것이다. 그러므로 흉하고 악한 기운을 지니고 태어나기도하고 선하고 좋은 기운을 지닌 채 태어나기도 하는데 주위환경과 교육정도에 따라 흉(凶) 악(惡) 복(福) 선(善)의 기질이 발동되기도 하고 숨어있기도 한다.

　따라서 흉악(凶惡)의 기질을 지니고 나와도 그 환경과 교육에 따라 선(善)으로 보여 지기도 하지만 환경이 변하게 되면 그 잠재되었던 흉성(凶性)이 발동되어 생활태도로 나타나게 된다.

　마찬가지로 복선(福善)의 기질을 지니고 나온 사람 역시 위와 같이 환경의 영향을 받게 된다. 여기서 말하는 환경은 사주팔자의 대운과 세운을 일컫는 것으로 이것은 실제 생활환경과도 일치되는 것이다. 필자의 이 주장은 실제 예에서 증명된다.

예1)

			46 36 26 16 6	
壬 己 己 辛	남	甲 乙 丙 丁 戊	대운
申 巳 亥 卯		午 未 申 酉 戌	

己土 일주가 亥月에 태어나 신약이며 일지 巳中丙火로 조후하고 巳中戊土로 亥中壬水를 제압해야 되는 명조이다. 즉 10월 겨울의 논밭(己)위에 차디찬 물(壬)이 뒤덮고 있어 己土의 역할인 木을 키워내지 못하게 되어있다.

원래 己土는 壬水를 싫어하는데 (壬水 역시 己土를 싫어한다.) 이것이 월지 亥에 뿌리두고 시간에 투출되어 있어 돈과 여자로 인해 고통받을 팔자가 되어있다.

월일지간의 巳亥冲은 巳申合 亥卯半合으로 되어 일단 보류되고 있다. 따라서 일지 巳(희용신)는 언제 亥水의 충극을 당할지 불안한 상태에 있다. 그런데 己巳일은 시주 壬申과 일지로는 巳申합을 맺고 있고 己巳 庚午 辛未 壬申으로 3급 상순(相順)관계를 형성하고 있어 일주의 정은 壬申시에게로 향하고 있다. 즉 일주가 가는길은 내게 기신역할을 하는 壬申에게로 향하고 있다는 말이다.

이렇게 되면 나쁜 일(나쁜돈, 여자)인줄 알면서도 그쪽으로 마음을 두고 가게 되는 것이다. 이런 구성을 상대쪽에서 보게되면 (壬申의 입장에서 보면) '애! 己土야 내가 너를 구해주는 天乙貴人(己에서 申은 天乙)이야 그러니 나와 정을 맺자'며 유혹하여 나의 희용신인 巳火를 합하여 나의 정신이고 의지처인 巳火를 못쓰게 만드는 것과 같다.

이러하므로 이 사람은 丙火 인수운까지는 밝고 떳떳하게 제정신을 지니고 살았으나 申대운부터 巳申 형합이 발동되어 나쁜 일에 빠져 남에게 사기꾼이란 소릴 듣게 되었다. 사주를 살필 때 어떤 이는 월주를 중점적으로 봐야한다고 말하는데 필자의 경험으론 일주의 동향을 예의 주시해야 된다고 말하고 싶다.

물론 월지 월간도 중요하지만 이는 사주를 구성하고 있는 육신(六神)의 강약 득세등을 보는 것일 뿐 내가 가는 길은 어디까지나 일주와 타간지(他干支)와의 유정 무정에 의해 결정되기 때문이다.

예2)

                      38 28 18 8
戊 庚 癸 壬   남   丁 丙 乙 甲   대운
寅 戌 卯 寅   未 午 巳 辰
      도화

庚戌 괴강일이 卯月에 태어나 정재격이나 재성많아 재다신약이다. 일지 戌에서 표출된 戊土 편인으로 약한 일주를 도와야 한다. 그러나 일지 戌이 월지 卯도화 재성과 卯戌合을 맺고 시간 편인이 월간 癸水와 戊癸로 합하여 戊土가 일주를 생하는 역할을 상실했다. 따라서 학문(戊)은 뒷전이고 돈과 여자만 밝히는 좋지 못한 명조가 되었다.

卯도화 재성은 하늘에서 내리는 봄비(癸)맞아 생기를 잔뜩 머금고 있는데 따뜻한 태양(丙)만 비춰주면 卯木은 더욱 성장하여 꽃을 피우게 된다. 따라서 丙대운부터 걷잡을 수 없는 육신의 욕망이 치솟아 올라 돈과 여자를 밝히기 시작했다.

丁대운은 일지 戌에서 투출되었고 년간 壬水와 丁壬合하여 천간에 木氣 투출되므로 역시 돈 여자에 미쳐 지냈다.(도박과 여자)

(丁火가 生戊土 할것 같으나 丁壬合하여 不生) 그러다가 未대운에 日支戌을 刑하여 卯戌合을 깨므로 부부이혼하게 되었다.

신약용인으로 가야하는데 일주의 정이 卯도화에게로 가게 되어 탐재괴인 된 것이다.

예3)

甲 戊 甲 戊　　남　戊 丁 丙 乙　　대운
子 辰 子 申　　　　辰 卯 寅 丑
　홍염

戊辰 日主 子月生인데 申子辰 水局 있고 신태약하여 종재에서 종살(月 時干 甲木)으로 변격되었다. 이러한데 일지 辰에서 년간 戊土가 투출되어 왕세에 저항하려하는 성격이 한번씩 나타나게 된다. 그리고 왼쪽 오른쪽에서 많은 돈과 여자가 내가 깔고 앉아있는 辰(홍염살)에게로 모여들어 머무는 구조다.

이는 많은물(많은 여자및 돈)이 내게 연정을 품고 나와 합정하자는 뜻이며 또 내 몸(日支辰)이 많은 술(마약)에 빠져듦을 뜻한다.

丙대운은 일주를 도와 종격에 역하므로 불길한 운으로 보기 쉬우나 그렇지않고 오히려 甲木과 子水를 도우는 역할을 한다.

그 까닭은 겨울 물은 얼어있는데 丙火를 만나 水氣가 유동하게 됨에서이고 역시 겨울나무(甲木)는 丙火 태양 만나야 생기얻어 잘 자랄 수 있기 때문이다. 그러므로 丙대운은 공부도 잘했고 어려움없는 좋은 운이었다. 寅대운 역시 甲木이 록을 얻어 좋은 운이나 년지 申을 충하여 水局이 깨어지므로 부친의 재물이 흩어지는 운이다.

丁卯운 역시 조후역할하나 丙火에 못미치므로 크게 좋지는 않지만 무난하다.

卯대운은 甲木이 양인을 얻어 좋은 운으로 생각하기 쉬우나 월지 子를 刑하여 申子辰 水局을 파괴하므로 음형살(子卯 陰刑殺)이 크게 작용하여 불길한 운이다. 이런 대운에 庚辰년(33살) 만났다.

庚은 년지 申의 표출신이므로 庚에 이끌려 申이 움직이고 또

甲木 용신을 충극한다.

그리고 세운지 辰은 일지 辰을 辰辰자형하여 水庫를 파한다. 또 일지 辰에서 투출되었던 년간 戊土비견이 세운지 辰에 뿌리 생겨 종격에 반발하게 된다. 따라서 지니고 있던 돈 창고는 문이 열려 묶여있던 물(돈)이 바깥으로 튕겨나가 년간 비견이 잡아먹게 되고 본인은 관형(官刑)을 받게 된다.

즉 여자와 술 그리고 마약 도박 등으로 재산상실이고 그로인해 관형을 받게 된다. 물론 이혼까지 하게 되었다.

※ 申은 식신이라 먹는 것인데 申子되어 술과 마약이다.

예4)

```
              46 36 26 16 6
丙 壬 甲 甲   여   己 庚 辛 壬 癸   대운
午 戌 戌 申        巳 午 未 申 酉
```

이 사주는 앞장(표출신 항목)에서 예로든 사주다. 신약하여 멀리 년지에 있는 申金 편인에 의지해야하나 일주 壬戌이 시주 丙午와 午戌로 합하여 일주의 정이 기신(丙午財)으로 향하고 있다.

즉 년지 편인 申에 의지하여 그렇게 살아야 하나 그것은 찾아가기엔 너무 먼길이므로 가까이에 있는 丙午 재성(忌神)과 합하여 탐재괴인이 된 것이다. 그러므로 수옥살(시지 午) 발동되는 午대운에 돈을 탐하여 부정을 저지르다가 구속수감되었다.

예5)

```
              46 36 26 16 6
癸 戊 辛 辛   남   丙 丁 戊 己 庚   대운
丑 寅 卯 未        戌 亥 子 丑 寅
```

戊土일주가 卯月에 생하여 월지 정관격이나 시지 丑에 뿌리둔 상관 辛이 월간에 있어 정관파격이고 신약이다. 寅卯 卯未로 木旺하나 戊土일간은 년지 未 일지 寅 시지 丑에 미약하나마 뿌리 있어 旺木의 세력에 종하지 않는다.

이렇게 木旺하면 일지 寅中丙火가 투출되어야만 좋은 팔자이나 이 사주는 丙火 투출못하고 일지 寅에 암장되어 있다.

그런데다가 戊일주의 정은 시간 癸水 정재에게로 향하고 있다. 즉 인수를 써야 좋아질 사주가 기신인 癸水와 합정하고 있어 명예와 체면(丙)은 덮어두고 나에게 해로운 돈(癸)만을 탐하고 있다는 말이다. 따라서 이 사람은 명예 체면 및 공공의 이익보다는 돈과 여자만을 챙기면 된다는 생각을 지니게 된다.

그런데다가 시지 丑(丑에는 癸水財있다)에 뿌리를 두고 투출된 년월간의 辛金이 정관인 卯木을 극하고 있다. 이는 불법적인 행위(辛金상관)로 돈만 챙기면 된다는 생활태도를 말하는 것이다.

※ 시지 丑이 戊癸合으로 일주와 친밀하고 丑中에서 두 개 辛金이 투출되었으므로 이 사람은 돈을 합하기 위해선 한입에 두 말하는 사람이다.

예6)

```
                    47 37 27 17  7
己 丙 己 己    남    甲 乙 丙 丁 戊    대운
丑 辰 巳 丑          子 丑 寅 卯 辰
```

丙火 일간이 巳月에 득록했으나 6개의 土가 설기하므로 극히 신약해졌다. 혹자는 土太多하므로 종아격이라 할것이나 丙火는 십간(十干)중에서 제일 양강(陽强)하므로 조금의 뿌리만 있어도 종하지 않는다. 이렇게 土多하면 이를 제압해줄 木이 있어 용신

이 되면 좋으나 木이 不透되었고 일지 辰中乙木만으론 어찌해 볼 수 없어 월지 巳中丙에 의지한다.

이렇게 상관이 왕하면 감당 못할 헛소리와 큰소리를 치게 되는데 이 사주는 천간의 己土3개가 년시지 丑(空亡된)에서 표출된 것이므로 실제로는 돈 없으나 큰돈 지니고 있다고 큰소리치게 된다.

바로 사기성을 지니고 있다는 말이다. 戊辰대운은 약한 丙火의 기운을 설하여 신액과 빈한함이 있었고 丁卯 丙寅대운은 약한 丙火를 도와 무난했다. 乙대운은 일지 辰中에서 투출된 것으로 보므로 자신이 문서(乙)를 이용하여 돈을 벌려는 운이나 旺土를 충극하여 왕신인 상관이 노하는 운이다. 이러하므로 乙木대운에 당치도 않는 문서(乙)로 넓은 땅(己土 3개)을 먹으려다 감옥가게 되었다.

丑대운은 년시지 丑이 발동되는 운이고 약한 丙火를 더욱 약하게 하는 나쁜 운이다.

그런데다가 월지 巳와 巳丑으로 財局을 이뤄볼까하는 생각이 드는 운이다. 丑은 재고(財庫)로서 은행 금융기관을 뜻하는데 이것이 나를 나쁘게하므로 은행 금융기관을 상대로 사기치다 감옥가게 되었다. 甲대운은 3개의 己土와 쟁합하여 己土상관이 발동하며 구설시비 관재가 야기되는 운이라 역시 땅을 두고 사기행각하다 감옥갔다.

년지 丑中辛金이 처(妻) 년월시간의 己土가 처의 표출신이다. 따라서 3번 결혼할 팔자다. 이 사람의 처(丑中辛金)는 이 사람과의 생활이 숨쉬기조차 어려울 정도로 답답함을 느끼게 되는데 그 까닭은 土多하면 金은 묻히게 됨에서이다. 그리하여 월지 巳中丙火와 암합하여 탈출구를 찾게 되니 바로 내마누라가 암암리로 타남과 합정함이다.

이 사람은 혼자서 사기행각을 하지 않고 남(월지 巳中丙火)과 더불어 공모하게 되는데 그것은 월지 巳가 년지 丑과 巳丑으로 금국을 이루려하기 때문이다.

예7)

```
                      45 35 25 15  5
辛 丁 壬 丁    남    丁 戊 己 庚 辛    대운
丑 丑 子 亥          未 申 酉 戌 亥
```

丁火일간이 子月에 태어나 극신약하고 亥子丑 水方局 있어 종살격, 년간 丁火 日 時支 丑中己土가 왕수(旺水)의 기운에 역하므로 기신.(丑中己土는 물을 흐리게한다.) 월간 壬水 하나를 두고 년간과 시간이 쟁합하고 있다. 월주 壬子가 년간과 丁壬으로 먼저 합했으므로 남의 것이다. 이것을 丁丑일주가 천간지합 하였으므로 남의 것을 뺏는 상이다. 따라서 남의 것을 탈취하려하는 생각과 행동(丑은 식신; 행동)으로 삶하게 된다.

시간 辛金 편재는 화개성인 丑에 고(庫)되고 丑中己土 식신(돈줄, 행동)은 물을 흐리게 한다. 그러므로 사이비 종교 철학을 바탕으로 흐린 물 만드는 언어행동으로 생활하게 된다. 사이비 역술(易術) 사이비종교 및 무업(巫業) 등으로 도사나 교주 행세하던 사람이었다.

예8)

```
                      51 41 31 21 11  1
庚 壬 丁 己    남    辛 壬 癸 甲 乙 丙    대운
子 寅 丑 丑          未 申 酉 戌 亥 子
```

壬일이 丑月에 태어나 土多하여 신약이다. 시간의 庚金 편인으로 왕한 土의 기운을 설하여 일간을 생해주니 이것이 나의 용

신이다. 즉 土多함이 병이다. 그런데 일주 壬寅은 동순(同旬)에 있는 庚子가 庚子 辛丑 壬寅으로 찾아와 나를 생하는 것을 외면하고 월간 丁火 기신에 정을 준다.

즉 유정하게 찾아오는 용신인 庚金을 마다하고 기신 丁火를 탐했다. 바로 탐재괴인을 스스로 자초한 것이 된다. 따라서 나쁜 돈(不貞之財)이나 가까이해서는 안 될 남의 여자를 탐하여 신세 망치게 된다. 癸酉대운은 丁火를 충극하여 壬丁의 合을 깨므로 어려운 가운데서도 무사할 수 있었고 대운지 酉에서는 酉丑 半金局되어 용신 庚이 힘을 얻어 체면과 명예를 지키며 살았다.

신약한 사주에 庚金을 용신으로 하면 癸水대운은 좋아야하지만 이 사주는 丑겨울에 태어났으므로 癸水가 오면 겨울에 비 내리는 격되어 춥고 배고픈 세월이 된다. 壬申대운의 壬은 丁火 하나를 두고 쟁합하는 운이다. 이러므로 남에게 뺏기지 않으려 눈이 뒤집힌 것처럼 남의 여자와 돈을 합하려 날뛰게 된다. 즉 쟁합(爭合)이 되면 질투, 시기심, 탈취욕이 생기고 이에 따라 경쟁자를 없애고 싶은 충동까지 생긴다.

그러한데 이 사주는 시지에 子水 양인이 있어 더욱 탈취욕과 경쟁자를 없앨 독한 마음이 생긴다. 즉 칼(子 羊刃)을 들고 뺏으려 설치는 격이다. 월간 丁火는 이미 丑에 앉아 丑中癸水의 돈이며 여자이고 뿌리없이 공중에 떠있는 것으로 누구든지 차지할 수 있는 것이다. 그러므로 壬申대운에 남의 것을 차지하려 사기행각을 일삼았다. 대운지 申이일지 일지 寅을 충하므로 가정을 버리고 떠돌아 다니면서 그런 행동을 하게 되었다.

흔히 申대운은 庚金 용신이 득록하므로 좋은 운으로 보기 쉽다. 그러나 일지 寅中丙火는 丑月의 조후용신이므로 寅申冲이 좋지 않은 것이다.

예9)

```
                      55 45 35 25 15  5
丁 辛 壬 丁    여    戊 丁 丙 乙 甲 癸    대운
酉 巳 子 丑          午 巳 辰 卯 寅 丑
```

辛金 일간이 子月에 태어나 금수상관격이다. 辛金도 차디차고 子月도 추운계절이라 무엇보다고 丙丁火로써 조후해야 된다. 년간 丁火있어 길하다 할것이나 월간 壬水가 합거시켜 흉하다.

년간 丁火는 일간과 멀리 떨어져 있으나 丁丑 戊寅 己卯 庚辰 辛巳로 4급 상순관계되어 찾아오므로 나와 비슷한 환경의 남자며 첫 번째 남편이다. 그러나 壬丁합되어 무능력한데다 사라질 운명을 지닌 남편이다. 일간인 辛金과 명암합하는 일지를 지닌 辛巳일주는 천간에 관성을 보게되면 남편두고 딴 남자 만나는 격이 되어 남자관계 복잡한 여성이다. 癸丑대운 춥고 배고픈 세월이었고 甲寅 乙卯 대운은 재운되어 그나마 다행이었다.

寅대운에 일지 巳를 형하여 巳酉合을 깨고 丙火 투출되므로 결혼운이다. 丙대운은 일지 巳中에서 나왔으므로 마음속에 간직했던 진짜 남자가 나타났다고 생각하는 운이다. 따라서 숨어있던 남자가 나타나고 이 남자를 자신이 그려왔던 이상적인 남편감이라 생각하여 합정하게 된다.

또 일지는 원래 나의 육신이며 자기 것인데 이것이 천간 투출되어 일간과 합하는 것은 스스로 자기의 얼굴에 금칠하는 격되어 뽐내며 행세하는 운이다. (辛金은 丙火를 보면 거울 역할을 한다.) 그러나 丙火대운은 관살혼잡되어 잡스러워지며 일간이 이리갈까 저리갈까하며 혼란에 빠지고 金水상관에 정관운되어 夫別 및 관재가 따른다. 그런데다가 丙辰과 辛巳의 합은 辛金이 丙火와 합정하여 묘(墓 ; 辰)에 빠지니 스스로 잘난 척하며 위법적 행동(상관 見官되어)으로 캄캄한 곳으로 들어가게 된다.

그래서인지 이 여인은 丙辰대운에 丁火 첫 남자는 온다간다 말없이 사라졌는데 아마도 이여성의 외정(外情) 때문일 것이다. 그리고 관재(官災)또한 있었는데 허풍으로 사기치다 구속수감 되었다. 시간의 丁火는 酉 비견위에 앉아 있으면서 일지 巳와 巳酉로 연결되므로 유부남이고 애인인데 '너를 따뜻하게 해주마.'며 접근한 후 결국은 상처만 남겨두고 떠나는 남자다(辛이 丁을 보면 상처 남는다).

예10)

```
            41 31 21 11  1
辛 壬 丁 戊    남   壬 辛 庚 己 戊    대운
亥 子 巳 戊        戊 酉 申 未 午
```

壬水일간 巳月生으로 재관에 비해 일주가 조금 약하다. 따라서 인수와 비견겁재로 일간을 도와야 한다. 그런데 인수와 비겁을 친해야 될 壬일간이 기신되는 월간 丁火와 합했다. 이것이 바로 탐재괴인이다. 따라서 탐해서는 안 될 돈과 여자를 탐하여 개망신 당하는 재액을 자초하게 된다. 그런데다가 일지 子 羊刃은 수옥살에 해당되어 반드시 감옥가게 된다.

초년 戊午대운에 大厄이 있었고 己未대운의 未대운부터 하라는 공부는 안하고 여자와 돈을 쫓다가 결국 감옥가게 되었다. 未대운은 월간 丁火가 발동되는 운이다. 庚申대운 들어 丁壬合을 깨고 壬水가 庚申에 수생되어 제정신으로 돌아왔고 남의 도움(비겁이 희신)으로 재산도 모았는데 매매계약 건이 돈이 되었다(庚金 편인은 문서 및 매매계약).

辛酉대운 平吉했으나 壬대운 들어 쟁합이 이뤄져 또다시 돈과 여자를 탐하는 나쁜 마음이 들어 결국 戊대운에 또 한 번 관재를 지게 되었다.

예11)

```
                  57 47 37 27 17 7
癸 辛 己 己   남   癸 甲 乙 丙 丁 戊   대운
巳 酉 巳 卯       亥 子 丑 寅 卯 辰
  수옥
```

辛酉 일주가 월시지의 巳火와 반합금국하여 양다리 걸치는 사람이다. 여기저기에 있는 관(巳中丙)을 내가 잡고 있다고 (巳酉巳) 근거없는 큰소리(癸식신)치는 사람이다. 辛金일간은 己土(먼지 흙)을 싫어하는데 이것이 월간에 떠 일주와 친밀한 관계되어 있다. 따라서 더러운 이름(己土 편인)으로 살아가는 팔자되었다. 그런데다가 년지 卯재성이 일지 酉를 충하며 수옥살을 만든다.

즉 돈 때문에 감방가게 된다. 발동되는 운은 월지 巳를 합하거나 충거시킬 때다. 따라서 子대운에 년지 卯를 형하여 동하게하고 월지 巳를 암합하므로 卯酉冲 발동되니 돈 때문에 구속되는데 癸酉년 만나 일지와 酉酉自刑되고 수옥살 발동되어 구속되었다.

죄명은 사기였다. 이후 亥대운에 월지 巳를 충거시켜 卯酉로 수옥살 발동되어 戊寅년에 구속수감되었다. 역시 사기였다.

戊寅년에 응한것은 대운 亥가 월지 巳를 충하면 巳中戊土가 충출되어 시간 癸水를 합거시켜 갈 길이 없어진 탓이다. (식신은 행동, 가는길)

예12)

辛辛戊甲　남　癸壬辛庚己　대운
卯丑辰申　　　酉申未午巳
　　공망 겁재

辛金 辰月生. 土多身旺하므로 년간 甲木으로 소토하는 용신. 甲木의 뿌리는 월지 辰에 있으나 공망되고 일지 丑이 破하여 상처입었다. 시간 辛金 비견아래에 있는 卯木이 상하지 않아 甲木의 뿌리역할 할수있다. 따라서 남을 이용하려는 마음 강하다. (비견 下의 卯木을 내 용신의 뿌리로 써야하므로)

그런데다 시지 卯(남의 재물 및 여자)와 일지 丑이 암합하므로 남의 것을 암암리로 취해오려는 마음이 더 강해진다.

또 戊土인수는 기신이고 甲木이 내게 필요한 용신이므로 '체면과 명예가 밥먹여주나 실속있으면 제일이지' 하는 심성을 갖게 된다.

따라서 이 사람은 돈이 된다면 친구간의 의리와 사회적 체면 같은 것은 무시하는 삶을 살게 된다.

庚대운은 甲木극하여 돈복없다. 午대운은 도화살되고 午中丙火가 일간 辛과 명암합하므로 결혼 운이다. 그러나 土旺해지고 甲木은 설기되므로 재운은 없다. 辛未대운 역시 甲木을 극하여 좋지못한 운이고 未대운에는 甲木입고되며 일지 충하여 부부불화 이별사 생긴다.

壬申대운의 壬은 년지 申중에 있던 것이 대운간에 투출되었으므로 申中庚金 겁재도 발동되어 탐심(劫財 ; 탐심) 생기고 壬水는 상관이되어 甲木을 생하므로 불법적인 행동으로 돈벌려하는 운이다. 이때부터 이 사람은 남의여자(시주 辛卯)를 꾀여 돈을 갈취하였으며 사기행각까지 벌리고 살았다.

예13)

49 39 29 19 9

壬 癸 戊 乙　남　癸 甲 乙 丙 丁　대운
戌 亥 寅 未　　　酉 戌 亥 子 丑

癸日 寅月生으로 월지 상관격이나 월간 戊土있어 정관격되었다. 그러나 乙木이 극 戊土하고 월지 寅이 일지와 寅亥合하여 寅中丙火의 기운이 戊土를 생하지 않으므로 戊土 허약해져 정관파격되었다. 癸日은 일지 亥에 제왕지이나 亥寅으로 합되어 水氣가 약해져 확실한 뿌리역할 안된다. 따라서 시간 壬水에 의지할 수밖에 없는데 일주 癸는 찾아오는 壬戌(壬戌 癸亥로 진행함으로)은 마다하고 월주 戊寅과 천간지합을 맺고 있다.

즉 부서지고 쓸모없이 된 戊土 기신과 찰싹 들어붙어 있다는 말이다. 이리되면 나쁜 방향으로 빠지게되니 입(寅木상관)으로 불법적인 행동 및 깨지고 별볼일 없는 빽(戊土官)으로 무지개(戊癸合火)를 피워 내려하게 된다.

또 이런 구조는 다음과 같이 통변할 수 있다. 한울타리(壬戌과 癸亥는 同旬)속에 흑돼지(癸亥)와 검은개(壬戌)가 같이있다. 개똥을 먹고 사는 돼지(癸는 戊中丁火가 돈이고 재물이며 음식)를 개(壬戌)가 지켜주고 있으나 돼지(亥)는 울타리를 벗어나 험한 산속의 호랑이(戊는 산, 寅은 虎)가 있는 곳에 있는 산삼(寅中丙火)을 파먹으려다(寅亥合) 그만 호랑이에게 잡아먹히게 되었다. 또 같은 울타리 속에 있는 개의 똥(戊中丁火)이나 먹고 살아야될 돼지가 주린 배를 채우려 울 밖 큰 세상의 빛좋은 개살구같은 큰 재물을 탐하다가 그만 호랑이같은 법망에 걸려들고 말았다.

이 사람은 亥子丑 水旺地에서는 그런대로 무난했으나 戌대운 들어 寅亥合으로 약해져있는 일지 亥水를 극함에 따라 관(官)에 잡혀들어 갔는데 辛巳년(47세)이었다. 辛巳년에 응한 것은 역시 寅亥合되어 있는 것을 충한 까닭이니 바로 합처봉충 되는 해인 것이다.

예14)
壬癸丙丁　남　辛壬癸甲乙　대운
戌亥午亥　　　丑寅卯辰巳

위 사주는 「완전풀이 적천수(포여명)」에서 발췌했다. 그 해석은 아래와 같다. '財多身弱으로 壬水 겁재에 의지하는 명. 일주 癸와 월간 丙이 나란히 있어 매우 흉한 명이다. 丙 壬이 나란히 있으면 귀명(貴命)이 되지만 丙과 壬은 멀리(月 時干에) 떨어져 있어서 천한 팔자다.

오행적으로 보면 늘 눌려있어서 역경에서 헤어나오지 못할 것 같은데 실제로 이 사람은 학생 때부터 도적질을 했다.' 위 내용은 십간 서로간의 관계에 따른 설명으로 어째서 부정스런 탐심이 생겼는지 그 구조적인 설명이 없다. 따라서 완전한 설명이 아니다.

천간끼리의 관계와 사주의 구성관계 그리고 일간의 동향을 파악하면 아래와 같은 설명이 된다.

재다신약하므로 겁재(劫財)에 의지할 수밖에 없는데 이렇게 되면 남에게 의지하려하게 되고 남의 득을 보려는 마음이 생긴다.

그런데다 시간의 壬水겁재는 일지 亥에서 투출된 것이므로 나의 표출신이 되어있다. 겁재의 뜻은 재물을 겁탈한다는 것인데 이것이 멀리있는 년간 丁火를 丁壬으로 합하여 나의 재고(財庫)인 戌에 집어넣고 있다.

따라서 남의 돈(丁火는 원래 년지 亥水의 돈)을 겁탈해와 나의 창고속에 감춰두려는 행동을 나타내게 되는 것이다.

예15)
```
丁 丁 壬 戊    남    丁 丙 乙 甲 癸    대운
未 丑 戌 辰         卯 寅 丑 子 亥
```

요동치는 넓고 넓은 땅덩이위의 丁火가 늦가을인 戌月에 태어나 사방을 둘러봐도 뜯어먹을 초근목피(草根木皮 ; 甲乙木) 하나없다. 이러한데 제구실 못하는 월간 壬水 정관이 나와 동포(同胞)를 잡아 묶어(丁壬合木) 쓰러져가는 자신의 안위를 지키려한다.

즉 壬水정관이 왕강한 戊土 상관의 극을 받아 쓰러지기 일보직전인데 丁壬合木으로 상관을 극하여 존명(存明)하려 한다.

그러나 丁丁壬의 쟁합되어 비견(주체성 독립성)이 발호하여 壬水 정관에 순응치 않고 오히려 상관으로 변해 강력히 저항한다. 따라서 제구실 못하며 더욱 춥게까지 만드는 壬水 정관을 완전히 제거하는 날만을 기다린다.

이상은 물상적 통변이고 격국용신으로 보면 다음과 같다. 丁火일주 戌月에 태어나 월지 戌 시지 未에 통근했고 시간에 丁火까지 있으나 土太多하여 신약이다.

그런데다가 월지 戌中戊土가 년간에 있고 월간 壬水정관이 있어 정관파격이다. 이럴땐 귀(貴)를 뜻하는 정관 壬水를 구하기 위해 木으로 土를 극해야한다. 그렇지만 이 사주는 戌月이라 木이 자랄 수 없고 土태다함으로 오히려 壬水가 병이되고 기신이 된다.

그러므로 먼저 병이되는 壬水를 제거해야되고 지지로는 木火의 기운을 만나 丁火가 뿌리를 얻어야 좋아진다.

이때의 木은 土를 제압하는 것보다. 일주 丁火를 생하는 역할을 한다. 그런데 이렇게 사주의 병이되는 壬水와 일간 丁이 합

을 맺고 있다. 이것은 일간이 좋지 않은 방향 즉 부정(不貞)한 방향으로 나아감을 의미한다. 그러던 것이 시간 丁火 비견을 만나 壬水와 쟁합하게되어 丁壬합은 깨지고 丁火는 비견과 더불어 壬水정관에 저항하게 된다. 즉 나쁜 길로 가던 것이 시간 丁火를 만나 나쁜 것과의 관계를 청산하고 좋은 길로 들어서게 된다는 말이다.

초년 癸亥대운은 먹을 것없는 대지 위에 겨울을 재촉하는 가을비 내리는 격 되었고 丁火일주가 충극당하는 데다가 희신인 년간 戊土가 합되었다. 그래서 조실부모하고 유리걸식으로 연명했다.

甲子대운의 甲木은 년간 戊土희신을 극하나 일간 丁火를 생하여 나쁜 길로 가게되나 의식은 풍족했다. 이 대운에 머리깎고 중행세하면서 살인 방화 및 겁탈을 일삼는 도적패에 들어갔다.

乙丑대운 역시 戊土 극하고 丁火 일주 생하는 운되어 도둑패의 수령이 되었다.

丙寅대운되어 丙火는 戊土를 생하고 丙壬 상충되었으며 비 내리는 가을들판에 태양이 떠오르는 격이 되었다.

따라서 좋은 운이다. 이때에 사람하나를 만났는데 그는 강호의 술사(術士)였고 유백온이라는 이름을 지닌 사람이었다. 사주를 풀어본 유백온 선생은 먼저 의관을 정재한 후 큰절을 올리며 말했다. '마음하나 바꾸면 구천을 나르는 봉황새가 될 것이나 현실에 안주하면 도적패의 두령이란 악명밖에 못얻을 것이니 어찌 하겠습니까?' '구천을 나르는 봉황새가 된다면 마음하나 바꾸는 것이 뭐 그리 어렵겠소만 마음을 어떻게 바꾼다는 것입니까? 좋은 가르침을 주십시오.'

마주 엎드려 절하는 이 사주의 주인공에게 유선생은 다시 입을 열었다. '개인의 사리사욕보다 고통받고 있는 억조창생을 내 몸같이 생각해야 하는 것이 바로 그것입니다.'

이런 만남 이후에 이 사주의 주인공은 한산동 상우춘등이 이끌고있는 원(元)나라의 저항단체에 가담하게 된다. 일월교(日月敎)또는 명교(明敎)라 불리던 단체에 가입한 그는 유백온이 짜낸 계책과 지략에 의해 승승장구하며 결국에는 교주 한산동을 몰아내고 그 자리를 차지한다.

몽골족이 중원을 지배하고 있던 원(元)나라 말기 때였다. 여기저기서 일어나는 반란과 조정의 부패로 인해 망해가고 있던 원(元)은 결국 반란의 중심세력인 명교(明敎)에 의해 북쪽 사막지방으로 쫓겨가게 되었고 천하는 명교(明敎)의 수중에 떨어지게 되었다.

정권을 잡은 그는 나라이름을 명(明)이라 하고 황제위에 오르니 바로 명태조 주원장(朱元章)이다. 도적패의 두령을 황제로 이끌어준 유백온 선생의 저서는 「적천수」라는 이름으로 지금까지 전해지고 있다. 이처럼 부정한 사람으로 태어났더라도 자신의 마음하나 바꾼다면 얼마든지 거듭날 수 있으니 일체유심조(一切唯心造)라 갈파했던 석가모니의 가르침이 더욱 가슴에 와 닿는다.

3. 부(富) 귀(貴)의 팔자

부귀의 팔자는 일간이 건왕하며 재관(財官)도 건왕하며 조후역시 잘되어 있어야 한다. 그리고 재성과 관성이 일간과 유정친밀해야하며 일지가 희신이 되어야 한다.

예1)

					63	53	43	33	23	13	3	
戊	壬	甲	丙	남	辛	庚	己	戊	丁	丙	乙	대운
申	辰	午	寅		丑	子	亥	戌	酉	申	未	

壬日이 午月에 태어났고 午中丙火가 년간에 투출되어 있으며 寅午 半火局까지 이루고 있어 재성이 왕하다. 시간의 戊土 편관역시 일지 辰에 뿌리있고 寅午에 생을 맞아 건왕하다. 일간 壬水는 일지 辰에 통근했고 시지 申을 보아 장생지를 얻었으며 申辰으로 水氣를 生하려 하고있다.

그런데다가 년간 丙火는 년지 寅에 앉아 상생되는 관계며 甲木 식신은 午와 년간 丙火를 생해주어 간과 지(干과 支)끼리 유정하다. 그리고 시주 역시 戊土가 申에 앉아 상생의 관계이다. 따라서 신왕운에 크게 발신할 수 있는 팔자다.

그리고 壬水와 戊土는 좋은 관계이며 壬甲丙의 관계도 좋다. 甲木 식신은 년지에 득록하고 일지에 뿌리있어 역시 힘이 있다.

따라서 돈(丙)버는 재주(甲木 식신)가 비상하며 그렇게 번돈 丙火 태양이 일간인 壬水 호수에 비치는 상이되어 아름답다.

부명(富名)을 크게 얻을 수 있으며 이로 인해 권위있는 직책(戊土 편관)까지 얻을 수 있는 팔자다. 戊戌대운은 일지 辰을 충하여 크게 불리한 운이나 亥대운에 壬水 일간이 득록하여 거부(巨富)가 되었다.

庚子대운은 시지 申金이 발동하여 壬水를 생해주므로 문서 서류 매매계약(庚편인)을 활용하여 더욱 재산이 증식되었다.

子대운은 申子辰 水局을 이루어 크게 좋은 운이다. 辛대운은 년간 丙火와 합하여 새로운 출발을 향하여 나가는 운인데 丙火가 辛(거울)을 얻은 상이되어 빛이 번쩍번쩍 사방을 비춘다. 따라서 이 대운에 국회의원으로 진출했다.

※ 辛은 인수운이라 명예와 이름이 크게 빛난다. 丙辛합이나 丙火가 寅에 앉아 약하지 않고 辛金도 丑에 앉아 약하지 않으므로 서로간에 합거되진 않고 丙火(돈)으로 명예와 이름(辛金 인수)을 잡아당기는 작용을 한다.

예2)

```
                        46 36 26 16  6
甲 壬 丙 壬    여    辛 壬 癸 甲 乙    대운
辰 寅 午 辰          丑 寅 卯 辰 巳
```

壬水 午月生. 午中丙火가 월간에 투출되어 편재격이다.

寅午 半火局되어 재왕하다. 또 월지 午中己土 정관역시 火旺하므로 강해졌다. 일간 壬水는 년시지 辰에 통근했고 년간 壬水 있어 조후되므로 좋다. 재관이 일주보다 강하므로 신왕운이 오면 크게 좋아지는 팔자다. 시간의 甲木식신(돈만드는 행동. 돈줄) 역시 일지 寅에 록을 얻고 년시지 辰에 뿌리박을 수 있어 건왕하다.

월지 午中己土 정관이 남편성인데 년간에 壬水 비견이 있어 월지 午와 丁壬으로 명암합하여 夫가 타녀(他女)와 합정하는 상

이나 午가 일지 寅과 寅午로 반합유정하고 암합하므로 夫가 곁눈 팔지 않고 오로지 나만 생각한다.

월간 丙火 편재는 夫宮인 午에서 표출되어 夫의 표출신이다.

이것이 년간과 일간 사이에 있음은 두 개의 호수(壬水)위에 태양빛이 비추고 있는 것과 같다. 그리고 壬은 丙火의 편관이며 좋은 관계이다. 따라서 夫는 중생을 상대로하는 힘있는 직장인이다(夫가 공기업에 근무한다함).

辰대운은 壬일간의 뿌리되어 좋은 운이었고 癸운역시 甲木 식신을 생하여 生子하는 운이며 좋았다. 卯대운은 다소 불미스런 운이었고 壬대운은 남편의 직장문제 대두되어 이동변화 있으나 좋은 쪽으로 발전되는 운이다.

辛丑대운은 丙火를 합하여 나쁜 운으로 보기 쉽다.

그러나 辛丑도 강하고 丙午도 강하여 丙火는 合去되지 않고 오히려 丙火 태양이 거울(辛)을 얻어 더욱 빛을 사방으로 발산하므로 남편(丙)의 직장운이 좋아진다(이때 夫가 국장으로 승진했다함).

또 돈(丙)으로 문서(辛)를 잡아 내게 도움이 되는 운이므로 매매계약 건으로 이득을 보게 된다. 辛金인수가 寅午로 일주와 合하고 있는 丙火와 합하여 일주를 돕기 때문이다.

예3)

```
                      57 47 37 27 17  7
丙 壬 丁 丙   남    癸 壬 辛 庚 己 戊   대운
午 寅 酉 子         卯 寅 丑 子 亥 戌
```

壬일간이 酉月(인수)에 생하였고 년지에 子水 양인을 얻어 일주가 약하지 않다. 그러나 일시 寅午에 뿌리를 둔 丙丁火가 천간에 투출되어 재성(財星)이 일주보다 강하다. 따라서 년지 子

水로 용신하고 월지 酉金 인수로 도와야 된다.

그런데 壬일간이 월간 정재와 합하여 탐재괴인 되는것 같다.

그러나 이 사주는 탐재괴인(재를 탐해 인수가 무너진다)이 되지 않는다. 그 까닭은 丁火財가 酉金 인수위에 앉아 한 몸이 되어있고 천간에 庚辛金이 불투하여 상쟁이 되지 않기 때문이다.

따라서 이 사람은 모친(酉金)같은 현숙한 부인을 얻게되나 丙火 편재가 년시간에 있어 여기저기에 애인은 두게 된다.

庚子대운은 약한 일주를 도와 왕재(旺財)에 임할 수 있어 좋았다.

辛丑대운 역시 겨울운이고 월지 酉中辛金이 발동되어 일간을 생하므로 문서계약건으로 치부(致富)하는 운이다. 년시간의 丙火와 쟁합하므로 편재난동되어 이때 여자관계(애인관계) 복잡했으나 丙火 기신을 합하므로 크게 좋은 것이다. 또 丙火 편재가 辛金 거울을 얻었으므로 財名이 사방을 비추게 되었다.

丑대운은 년지 子水와 子丑合하여 물길을 막게되나 丑이 월지 酉와 酉丑 半金局을 이루므로 子丑合이 풀렸다. 즉 육합(六合)보다 삼합이 더 강하므로 삼합이 우선인 것이다. 壬대운 역시 水운이 되어 길하나 丁火 하나를 두고 쟁합하므로 일간 壬水가 혼란에 빠지며 쟁재현상이 일어난다. 그러나 길한 운이다.

예4)

						51	41	31	21	11	1	
乙	庚	丁	甲	남		癸	壬	辛	庚	己	戊	대운
酉	戌	丑	戌			未	午	巳	辰	卯	寅	

庚일간 丑月生에 신왕하다. 당연히 년일지 戌에 뿌리를 두고 년간 甲木의 생을 받는 丁火로 용신해야 한다. 그러나 년일지의 戌은 월지 丑의 형을 받아 년 戌은 상해있음이 불미하다.

그러나 丁火는 庚金을 다루어 그릇을 만들 수 있고 丑月의 한 기를 따뜻하게 해주므로 강약용신과 조후를 겸하고 있어 아주 좋다.

따라서 丁火가 왕해지는 운을 만나면 대길할 팔자이나 甲木 편재가 뿌리없이 떠있어 귀함은 있으나 재명(財名)은 크지 못하다.

이 사람은 壬午대운이 최전성기였다. 대운간 壬이 午를 달고와 丁火와 합하므로 약한 丁火가 합으로 인해 록을 얻은 상이다.

흔히 용신이 합되면 용신역할을 잊는다하지만 이런 경우엔 처음은 그 작용을 상실하나 나중엔 좋아진다. 그리고 그 작용을 상실한 후 새로운 길로 가게되어 좋아지는 것이다. 癸대운은 흉한 운이나 년간 甲木이 통관역할하여 무사했다.

未대운은 丁火의 뿌리되어 좋을 것 같지만 상하지 않은 일지 戌과 더불어 丑戌未 三刑이 구성되어 하나 남은 상하지 않은 뿌리가 상하게 되므로 아주 불길한 운이다. 이런데다가 壬申년(59세) 만나 뿌리뽑힌 丁火가 壬에 합되어 위암 판정받고 입원하게 되었다.

癸酉년(60세)에 丁癸로 충극하여 종명(終命)할 것 같으나 년간 甲木이 통관하여 겨우 존명했으나 甲戌년되어 결국 세상하직하고 말았다.

				上人의 婦	62	52	42	32	22	12	2	
庚	丁	丙	癸		癸	壬	辛	庚	己	戊	丁	대운
戌	卯	辰	酉		亥	戌	酉	申	未	午	巳	

丁火 일간 辰月生으로 火土상관격이다. 양기(陽氣)가 점점 강해지는 3月생에다 월간에 丙火있고 일지 卯가 生丁火하고 시지 戌에 뿌리있어 丁火일간은 약하지 않다. 따라서 이 사주는 년지 酉金이 辰과 합하여 년간 癸水관을 생함이 묘하다.

즉 酉金이 상관의 작용을 순화시켜(辰酉合으로) 관성을 살리고 있다. 따라서 辰酉合을 깨는 운이 오면 辰中戊土가 투출되어 년간 癸水를 합거시키게 된다. 庚申 辛酉대운에 남편이 출세가도를 달렸고 재정도 유족했다.

그러나 辰酉합을 깨는 戊대운에 들어 辰戌冲으로 충출된 戊土가 년간 癸水관을 합거시켜 남편사별 운을 맞게된 것이다. 역시 辰酉合을 깨는 甲戌년 이었고 癸水를 극하는 己巳月이었다.

예5)

```
              48 38 28 18  8
庚 壬 戊 庚   남   癸 壬 辛 庚 己   대운
子 午 寅 辰        未 午 巳 辰 卯
```

壬일주 寅月生에 戊土 투출되어 편관격이다. 시지에 子水 양인있어 살인(殺. 刃)이 구비되므로 군인이나 경찰등의 직업이다.

재(寅午)관이 왕하고 일주도 불약(不弱)하나 일주가 재관에 비해 약하므로 신왕운에 발복되는 운명이다. 庚金 편인이 앞뒤(년. 시)에 투출되어 일주를 도우므로 임기응변과 권모술수로 편관을 내 것으로 하려하는 성품이다. 庚辰 辛巳 壬午대운까지 군인으로 승승장구했다. 午대운에 일지와 시지간의 子午충이 발동되어 부부이별했다.

癸대운에 월간 戊와 합하니 진로변경의 운되어 예편되었다. 子水양인에서 癸水(대운간) 투출되어 편관 戊와 합하므로 권세와 그것을 휘두를 직책을 얻는 운되어 국회위원이 되었다(전국구 국회의원).

예6)

甲 辛 甲 甲　여　丁 戊 己 庚 辛 壬 癸　대운
午 未 戌 寅　　　卯 辰 巳 午 未 申 酉

辛金 戌月生이고 일지 未土있어 일주 불약(不弱)이다. 3개의 甲木 정재는 노목(老木)이 삼림(森林)을 이루고 있는 상이다.

辛金일주는 냉장고며 열매의 물상(物象)이라 삼림속의 많은 열매를 간직하고 보관하는 역할이다. 그런데다가 일지 未는 재고(財庫)라 년월시간의 甲木재가 내 치마 아래로 들어오는 상이다.

재왕하고 관성도 왕하며 일주 또한 불약하여 왕한 재관에 임할 수 있으나 일점의 水氣없음이 애석하다.

일주가 재관보다 조금 약하므로 월지 戌 인수가 용신이다. 그리고 년지 寅中丙火는 월지 戌中辛金과 암합이며 寅戌로 화국을 이룰려하므로 형부며 타녀의 남자다. 시지 午中丙火가 나의 남자며 왕한 甲木이 寅午戌로 화국을 이뤄 도와주므로 夫는 돈 많은집 자식이다. 戊辰대운에 월지 용신인 戌을 충하여 일주가 그 뿌리를 상실하므로 거덜나기 시작했다. 丁卯대운되어 丁火는 剋 辛金 일주하고 세운지 卯는 월지 戌을 卯戌로 합하여 불기운이 치솟아 오르므로 돈에 쪼달리고 질병에 시달린다.

예7)

甲 己 癸 乙　남　丁 戊 己 庚 辛 壬
子 未 未 亥　　　丑 寅 卯 辰 巳 午

己土일간이 未月에 생했고 일지에 未土있어 뿌리있으므로 신왕이다. 未月 염천이라 월간에 癸水있어 조후되므로 甲乙木이 잘 자랄 수 있는 옥토(沃土)이다. 신왕하고 재왕(財旺)하며 관성 또한 뿌리내려 강하므로 부귀의 팔자다. 그러나 편정재있고 그 위에 甲乙정편관 있으므로 양처(兩妻)에 득자(得子)이다.

그리고 乙木이 사지인 亥위에 앉아 있으며 월일지 未에 입고 되었으므로 자식 사별할 팔자다. 시주 甲子는 일간과 甲己합하고 또 시지 子水는 일간 재성이면서 천을귀인에 해당되어 참으로 유정한 정관이다. 뿐아니라 甲木은 년지 亥에 장생하여 만물 진행의 시원(始源)이 되므로 일국을 열게된 임금이 되었다. 년지 亥中甲木이 시간에 투출되었으므로 조상의 음덕이 일신에 이어진 것으로 생각된다. 즉 조상의 묘자리가 좋다는 말이다.

하지만 자식성인 甲乙木의 입장에서 보면 기름진 큰땅덩어리를 놓고 서로 자기것으로 할려고 다투는 형상이다. 즉 甲木 자식은 甲己로 合했고 乙木자식은 亥未로 합목국하려 하고 있으며 이런 와중에 년간 乙木이 사지(死地)인 亥水위에 앉아 未土속으로 입고되고 있다. 이런 구조는 甲과 乙木이란 자식들이 내(己)가 앉아있는 땅덩어리(월일지 未土)를 서로 차지하려 상쟁하다가 죽기까지하는 불상사가 벌어짐을 나타내고 있다. 이씨 조선을 건국한 이성계의 팔자다.

예8)

丙庚己壬　　남　　甲癸壬辛庚　　대운
戌午酉寅　　　　　　寅丑子亥戌

庚일주가 酉月生으로 양인을 얻었고 월간 己土 인수가 생신하므로 신왕하다. 시간의 丙火 편관으로 용신하는데 寅午戌에 뿌리있어 건왕하므로 좋은 팔자다. 바로 살(殺; 편관)과 인(羊刃)이 상정되어 귀명(貴命)이나 재기(財氣)가 부족함이 흠이된다.

甲寅대운에 일국의 법무장관직에 올랐다.

예9)
```
庚 壬 庚 丙    남    乙 甲 癸 壬 辛    대운
戌 子 子 申          巳 辰 卯 寅 丑
```

壬子일이 子月에 태어나 신왕이다. 壬子일이 子月을 만나 도
충격(子가 午를 충해와 나의 재관으로 삼는격)을 이루니 시지에
戌이 있어 허충되어오는 午火를 午戌로 합할 수 있어 귀명이 되
었다. 乙巳대운부터 검찰청장을 역임했다.

예10)
```
壬 癸 丙 己    여    辛 庚 己 戊 丁    대운
戌 丑 子 亥          巳 辰 卯 寅 丑
```

癸日이 亥子丑 水方局을 얻어 신왕하다. 시지 戌土로 큰물을
막고 월간 丙火로 조후하니 꼭 필요한 것이있어 좋은 팔자다.
겨울의 丙火는 만물을 따뜻하게 해주므로 좋은 것인데 시지 戌
에 그 뿌리가 있으나 일지 丑과 형(刑)하므로 그 뿌리가 상해있
어 결점이 된다.
   그러나 월지 子가 일지 丑을 子丑으로 합해 丑戌간의 형을 못
하게 막고있다. 이럴땐 子를 충하는 午운이나 子와 합하는 丑등
의 운이오면 戌丑형이 작용되어 戌中丁火 편재가 날라가게 된
다. 辛巳대운에 은행총재가 된 팔자다.

예11)
```
                   47 37 27 17 7
乙 甲 壬 戊    남    丁 丙 乙 甲 癸    대운
丑 戌 戌 子          卯 寅 丑 子 亥
```

甲木일 戌月생으로 戌中戊土가 년간에 투출되었으며 지지에

土多하여 재다신약(財多身弱)되었다. 월간 壬水가 년지 子에 뿌리두며 일간을 생하므로 희용신 역할한다.

甲木이 바로 옆에 壬水를 만나면 가로지른 연못에 수양버들의 그림자가 휘늘어져 있는 형상으로 보므로 좋은 배합이다. 그런데 이 壬水가 년간 戊土의 극을 받고있어 탐재괴인 되는 것으로 보기 쉽다. 그러나 壬水와 戊土의 배합은 호숫물을 큰산(戊)이 지켜주고 있는 형상이므로 산명수수(山明水秀; 산은 밝고 물은 빼어났다)로 말하기도 한다. 그러므로 甲 壬 戊의 천간배합은 좋다.

이렇게되면 부친(戊)의 덕이 있어 그로인해 나도 빛이나게 된다. 이런 십간의 관계는 일반적인 오행의 상생상극관계로 해석하면 안된다. 따라서 산정(山頂) 호수(壬)가에 노송(甲木; 老松)이 위치하고 있는 형상이 되어 세인(世人)들의 눈엔 경외감이 서린 멋있는 모습으로 보이게된다.

시간 乙木은 甲木을 휘감고 올라가는 존재로서 내게 득이 되지않고 오히려 나를 못살게 구는 역할을 한다. 그런데다가 그 지지 丑이 일지 戊土를 형하므로 나를 휘감아 흔드는 역할까지 하므로 기신이다. 흔히 세간의 술객들은 고(庫)는 형충을 만나 개고(開庫)시켜야 좋다고 한다.

그러나 이미 戊中戊土가 투간되어 있는 상태에서의 형충은 좋지 못하다. 따라서 이 사주는 시주 乙丑 때문에 산정호수의 물이 넘쳐나 戊土에 뿌리 박고있는 甲木의 뿌리마저 뽑히게되는 작용이 생긴다. 즉 산정호수가의 노목이 乙丑이 주는 충격으로 지진을 만나 것과 같다하겠다.

재벌가에 태어나 癸亥 甲子대운은 무난했으나 乙丑대운에 형제간(乙丑)의 알력이 있었다. 물론 재산과 후계문제로 인한 것이었다. 丙寅대운의 丙은 산정호수에 태양(丙)이 밝게 빛나므로 좋은 운이고 寅대운 역시 좋은 운이다.

丁대운은 丑戌刑이된 戌中에서 투출된 丁火 상관이므로 재산(戌)상의 구설(丁火 상관)이 따르며 월간 壬水가 丁壬으로 합거되어 내권리와 명예가 실추되는 일이 발생한다.

특히 丁火는 달빛의 물상(物象)이므로 산정호수에 달빛이 비치는 남보기는 좋아보이나 외롭고 쓸쓸하기 그지없다. 卯대운은 시간의 乙木이 득록하여 甲木인 나를 더욱 바짝 휘감아 조이고 년지 子水(호수의 물)을 출렁거리게 한다. 그런다음 월일지 戌과 卯戌合하여 丑戌刑을 발동시키니 뿌리뽑힌 甲木이 조여드는 乙木의 힘에 부담감을 느껴 자빠질 수 있는 처지에 봉하게 된다.

이런 가운데 癸未년(55세) 만나 일월시와 더불어 丑戌未 삼형이 구성되었고 세운간 癸는 나의 명줄인 戊土를 합거시키니 그만 투신자살하고 말았다. 癸未년 어느 날 신문과 TV를 보던 수많은 사람들은 한결같이 '아! 그 멋있게 보이던 그 사람이 어째서…' 하며 놀람과 애석한 탄성을 질렀다.

예12)
　　丁 戊 戊 甲　　남　　癸 壬 辛 庚 己　　대운
　　巳 申 辰 午　　　　　酉 申 未 午 巳

戊일간 辰月生으로 신왕하다. 년간 甲木편관이 辰월에 뿌리있고 월일지가 申辰으로 水氣 또한 局을 이룰려하므로 재(財)도 약하지 않다. 이런데다 辰巳午(未)申으로 지지 연여격이 되어 그뿌리가 줄줄이 뻗어 나가는 상이 되었고 우뚝솟은 두 개의 산봉우리위에 아름드리 청송(甲)이 그 푸르름을 자랑하고 있다. 따라서 부귀의 명이다. 청나라 강희황제의 사주팔자다.

예13)

丁 癸 乙 癸　　남　　庚 辛 壬 癸 甲　　대운
巳 巳 卯 卯　　　　　　戌 亥 子 丑 寅
天乙 天乙 天乙 天乙

癸日主 卯月生으로 종아격을 이룬다. 仲春乙木의 성장을 촉진
하는 봄비(癸) 내리고 있고 생기얻은 木은 일시지 巳에 설기하
며 巳中戊土에 뿌리 박고있다. 바로 봄 난초(乙)가 꽃(丁)을 활
짝피워 그향기를 내품는 상이되어 만사람이 흠모하여 따르는
격이다.

더욱이 사주지지 모두가 천을귀인이 되니 만사람의 아픔과 가
려움을 어루만져주는 격이다. 다만 土의 기운이 약해 재물운은
부족하다. 종아격에 기신인 庚 辛대운도 년간 癸水가 있어 통관
시키므로 흉하지 않다. 조선초기의 유명한 청백리인 황희정승의
사주팔자다.

예14)
壬 戊 戊 庚　　남　　癸 壬 辛 庚 己　　대운
戌 申 寅 戌　　　　　　未 午 巳 辰 卯
　　空亡

戊土일주 寅月生에 신왕이다. 월지 寅中甲木 편관으로 용신해
야 할 것같다. 그러나 초봄의 어린나무가 空亡되어 힘이 약한데
다 일지 申金의 충을 맞아 그 뿌리마저 상했으므로 쓸 수 없다.
따라서 일지 申에서 투출된 시간의 壬水 편재로 용신하니 시상
편재격이다. 壬水가 용신이면 월간 戊土 비견이 기신이나 가까
이 있는 년간 庚金과 유정하므로 壬水를 극하지 않는다.

일주 戊申은 년주 庚戌과 2급상순(相順)이며 동순(同旬)이라
아주 유정하다. 따라서 庚金 식신에 모든 기운이 집합되어있고
이 庚金은 壬水 편재를 생하게되니 천간의 구조는 식신생재가

되어있고 壬 戊의 관계도 좋다.

따라서 대부(大富)의 팔자다. 다만 월일의 寅申충이 좋지 않다. 이것은 수원(水源)을 충격하여 흔드는 역할을 한다. 따라서 巳대운에 寅申沖 발동되며 寅巳申 三刑까지 구성되어 어렵고 힘든 운이었다. 壬대운은 용신 운되어 좋았고 午대운은 나쁠 것 같으나 寅午戌 삼합국을 이루어 寅申沖을 해소시키므로 아주 좋았다. 이때에 큰 기반을 이루었는데 寅木(官)이 큰 문서(寅午戌)로 변했고 이것이 월간 戊土 비견으로 통기(通氣) 하였으며 戊土는 또 년간 庚金 식신을 생해주므로 정부(官)의 협조와 주위사람(월간 戊土)의 받쳐줌이 있어 대성공했던 것이다.

이 사주는 이렇게 통변할 수 있다. 삼양지절(三陽)이고 년시지에 조토인 戌이있고 천간에 2개의 戊土 있어 양(陽)의 기운이 많아 寅中甲木이 자라나기 힘들다. 그런데 쌍봉(双峯)이 둘러싸고 있는 산정(山頂)호수가 水氣를 흘려 보내주니 목말라하던 나무(甲木)가 생기를 얻어 청산(靑山)을 이루었다. 삼성그룹 창업주인 이병철님의 사주다.

4. 빈천격(돈복없고 천한 격)

사주팔자 해석의 요체는 부귀빈천을 먼저 가려냄에 있다. 따라서 부귀격의 구성과 빈천격의 구성이 어떻게 다른가 하는 점을 먼저 살펴야 사주를 보는 안목이 더 커질 것이다.

예1)

```
                    37 27 17  7
己 戊 戊 庚    여    甲 乙 丙 丁    대운
未 辰 寅 申          戌 亥 子 丑
```

戊辰일주 寅月生이나 천간에 戊己土가 투출되어 있고 월 일시 寅 辰 未에 土의 뿌리가 있어 신왕이다. 그러므로 월지 寅中甲木으로 소토해주어야 할 것이나 년지 申이 충을 하여 초봄의 연약한 나무가 그 뿌리를 잘린 격이 되어 쓸 수 없다. 그러므로 평생 남편(甲木)덕은 없다. 따라서 년간의 庚金 식신으로 왕토의 기운을 설하는 용신으로 할 수 밖에 없다. 그러나 이 역시 寅申冲을 맞아 상해버린 용신이라 불미한 팔자다.

즉 寅申冲으로 甲木은 申中庚金에 상하고 庚金은 寅中丙火에 상하며 丙火는 또 申中壬水에 상하니 무엇하나 제대로 쓸만한 것이 없다. 따라서 년간 庚金이 용신이나 뿌리상한 용신되었고 일간과 멀리 떨어져 있어 정이 없다. 월지 寅中甲木 初夫. 寅申으로 충파되어 딸 하나 낳고 이별한다.

寅中에 비견인 戊土 있어 유부남 및 숨겨논 여자있는 남자였다. 일지 辰中乙木은 두 번째 남자다. 丙대운은 월지 寅中에서 투출된 투출신이므로 여기저기 돌아다니며 연애했다(寅은 역마로 夫星).

子대운은 일지 년지와 더불어 申子辰 水局을 형성하므로 寅申冲이 해소되어 결혼 운이고 물계통 및 유흥업으로 돈벌이하는 운이다. 乙대운 일지 辰中乙木 투출된 운이고 이것이 년간 庚金 식신과 합하므로 두 번째 남자 나타나는 운.

亥대운 월지 寅과 합되어 寅申冲 발동되므로 夫別. (寅申冲 있을 때 亥년을 만나면 冲中逢合 운되어 寅申冲이 발동된다.)

예2)

					43	33	23	13	3	
辛	甲	戊	庚	남	癸	壬	辛	庚	己	대운
未	申	寅	子		未	午	巳	辰	卯	

甲木일간이 寅月에 생하여 득록했고 년지 子水 시지 未에 뿌리 있으므로 신왕으로 보기쉽다. 그러나 寅은 일지 申에 충파되어 초봄의 나무가 그 뿌리를 상하는 격되었다. 그리고 寅中에 戊土가 투출되어 신약해졌다. 또 년지 子水 있다하나 멀리 떨어져 있어 큰 힘이 되지 않는다. 이리되면 월간의 戊土 편재가 두렵다. (관살을 생하며 水氣의 투출을 막으므로)

따라서 지지로는 水木운이 옴이좋고 천간으로 壬 癸水가 와서 甲木일간을 생하면서 戊土를 합거(戊癸) 시켜야 좋아진다.

丙운은 戊土를 생해주나 초봄의 나무가 丙火 태양을 얻는 격이되어 좋으며 甲乙木운도 좋다.

그리고 戊己 庚金운은 불리하다. 일지에 申金 기신이 있고 이것이 년간 투출되어 발동이므로 이 사람은 초년에 신체적 액이 크게 있게될 뿐 아니라 흉한 사주가 된 것이다. 그리고 시지 未土만이 상하지 않은 일간의 뿌리 역할하나 재관이 왕하고 신약하여 돈 여자에 고통 받게되고 관액과 교통사고 수술 등의 액이 따르게 된다. 월간 戊土 첫여자. 원래 戊土는 애인이나 첩(妾)을 의미하나 甲申日主가 申子로 년지와 합하고 일지 申中庚金이 년간에 있으므로해서 子水는 일지역할을 하며 이 子中癸水와 명암합하는 월간 戊土는 어디까지나 첩 및 애인을 뜻하므로 이런 경우엔 한번씩 만나는 애인같은 마누라로 해석한다.

그러나 시지 未中己土 정재 역시 처성(妻星)이므로 두 번째 여자이나 空亡지에 해당되고 未는 木庫이고 未中乙木이 입고되어 있다. 그러므로 두 번째 여자는 외로운 여자(과부)다.

첫여자 戊는 寅(호랑이)에 앉아 나(甲申)와 천충지충되며 천간의 庚辛金을 生하여 나를 극하게 한다. 그러므로 첫 여자는 호랑이처럼 사나운 여자다. 내 몸(日支 申)은 나무(甲)아래에 있는 원숭이인데 寅申沖으로 부딪치는 호랑이가 두렵다.

그래서 이 사람은 본처(戊土)에게 어떤 때는 재롱아닌 재롱을 부리며 호랑이를 달래려하게 되나 처가 큰소리 한번치면 그만 나무위로 도망가는 형태의 생활태도를 보이게 된다.

시지 未中己土는 정재성이나 후처(後妻)이고 양(未)같은 여자이며 내가 뿌리내릴 수 있는 헌신적 여성이다. 일주 홍염살인 午대운이 시지 未와 합하므로 두 번째 여자 만났다. 이처럼 재성이 기신이되고 일지가 나쁜 작용을 하며 재성과 사이가 좋지 못하면 평생 돈에 허덕이게 되어 빈한하게 살게 된다. 午대운은 申子로 半合하여 있던 것을 깨므로 (子午沖) 본처인 戊土와의 부부관계는 깨지게 된다.

예3)

				남	29	19	9	
乙	癸	壬	癸		己	庚	辛	대운
卯	卯	戌	丑		未	申	酉	

癸水 戌月生에 木多하고 丑土 있어 신약이니 일주를 돕는 庚申 辛酉의 金대운이 좋다고 감정하기 쉽다. 그러나 이 사주는 들걷이 (秋收) 끝난 늦가을 벌판(戌)에 겨울을 재촉하는 비(壬 癸)내리고 있어 처량하기 그지없다. 따라서 아궁이(戌)에 들풀(卯)을 태워 추위를 녹여야 한다. 즉 신왕 신약보다 먼저 壬癸水의 기운을 제 해주어야 한다는 말이다. 따라서 火운이와야 좋으며 金水운은 불 길하다. 월지 戌中丁火는 부친성인데(입고되어있다.)

壬戌 백호살 되어있고 癸丑(년주)의 형을 받고있다. 또 년지 丑中辛金은 모친성인데 역시 입고되어 있으며 백호살되어 壬戌 백 호살의 형을 받고있다. 즉 부친과 모친 모두가 흉사흉액 당할 사 주이다. 그런데 일지 卯가 월지 戌을 합하여 戌丑刑을 막고있다.

이럴땐 卯를 충하는 운을 만나면 戌丑형이 작용되어 부모님의 신상에 대액이 온다. 따라서 초년에 酉대운을 만나 부모가 모두 흉사했다. 이런 형충과 합의 작용을 모르면 신약하므로 일주를 도와주는 辛酉운은 부모의 은덕이 있고 공부 잘했다. 로 감정하 게 되는 오류를 낳게된다. 제습하는 火와 조토(戌未)가 용신이 므로 酉대운은 크게 좋지 못하다. (火土는 酉에 死地) 庚申대운 역시 不利했으며 己未대운부터 조금씩 좋아질 것이고 戊午대운 이 제일 좋은 운이다.

※ 庚申대운의 庚은 시간 乙木 식신(祖母)과 합이므로 조모 밑에서 키움을 받았다.

예4)

					28	18	8	
戊	辛	戊	癸	여	辛	庚	己	대운
戌	巳	午	丑		酉	申	未	

辛일간이 午月에 태어나 년지 丑 시지 戌에 통근했다. 그리고 월시간에 戊土 인수가 있어 신왕하므로 월지 午火로 용신해야 한다. 고 말하기 쉽다. 그러나 이런 해석은 辛金일주의 특성과 사주조직내의 음양관계 및 조후 등을 살피지 못한 것으로 오류에 속한다. 辛金은 土多함을 싫어하고 火旺함을 싫어한다.(冬月이나 金旺할땐 좋아하지만) 따라서 이 사주는 火土가 병이되며 金水가 좋다.

그러하지만 원국이 너무나 火土가 많아 답답하기 짝이 없다.

년간 癸水가 조후역할하나 월간 戊土가 합거하여 좋은 것이 나쁘게 변했다. 따라서 이 사람의 초년운은 아주 빈한하고 신액 또한 많게 된다. 식신 癸가 년간에 있으면서 戊土에 합거되어서 이고 대운 또한 조토인 己未를 만났기 때문이다.

庚申대운은 남의 도움으로 근근히 살아가는 운이며 庚이 일지 巳의 투출신이 되므로 이때부터 남자 교제가 들어왔다. 申대운 일지 巳와 합하여 결혼운이나 刑合운되어 부부갈등 불화있었다.

원래 일지 巳中丙火가 夫星이고 월지 午中丙火가 夫星인데 일지에 있던 戊土가 월시간에 표출신되어 있으므로 재혼격이다. 즉 월간 戊土는 첫남자이고 시간 戊土는 두 번째 남자이다.

월간 戊土는 나의 희신인 癸水 식신을 합거시키므로 좋은 역할 못하는 성격강한 남자(戊가 午 羊刃에 앉아 성질 강하다.)

또 戊는 년간 癸와 합하면서 년지 丑中辛金과도 암합하므로 타녀(他女)와 합정하여 나를 배신한다. 辛酉대운은 일간 辛이 발동되어 홍염살(酉)에 앉는 운되어 바람나는 운이다. 그리고 지지로는 巳酉丑으로 三合金局을 이뤄 자립하려는 운. 辛巳년 (29세) 일주 복음년되어 巳酉丑 金局을 이뤄 왕한 火官과 맞서려하므로 夫와 싸워서 갈라서는 운. 이 사주는 빈천격의 대표적예다.

예5)

　　　　　　　　　　44 34 24 14 4
戊 甲 己 乙　남　甲 乙 丙 丁 戊　　대운
辰 申 丑 未　　　申 酉 戌 亥 子

　甲木 丑月生으로 신약이다. 甲己合化土格이 될 것 같으나 시지 辰 년지 未에 甲木의 뿌리있고 년간에 乙木겁재가 투출되어 甲己合을 깨므로 合化土格은 破되었다. 따라서 재다신약(財多身弱)되어 돈여자 복없는 팔자되었다.

　그런데다가 겨울 甲木에 제일 필요한 丙火가 없어 더욱 나쁘다. 월간 己土 初妻. 시간 戊土 두 번째 여자. 甲申대운은 일주 복음운이며 甲己甲의 쟁합되어 여자 하나두고 두 사람이 쟁탈전 벌인다. 己卯년(44세) 만나 甲木은 새로이 나타난 己土에 눈길이 간다.

　세운간 己土가 卯(세운지)를 끌고와 甲木일주와 합하므로 甲木일주는 양인(卯)을 얻어 신왕해진다. 따라서 '됐다. 이 여자가 바로 나를 살릴 수 있는 여자다.' 며 붙는다.

예6)

　　　　　　　　　　42 32 22 12 2
乙 甲 辛 辛　여　丙 乙 甲 癸 壬　　대운
亥 申 丑 巳　　　午 巳 辰 卯 寅

　甲木 丑月生 金旺하여 신약이다. 시지 亥에 뿌리있어 官에 종하지 않는다. 년지 巳中丙火 있으나 투출되지 못했고 巳丑으로 배임하려 하고있다. 재관이 병이되어 돈복 남편복없다. 관성이 많아 많은 남자 만나나 모두가 덕안되고 나를 힘들게하며 상처입힌다.

일간 甲木은 시지 亥에 장생하는데 그 위엔 乙木 겁재가 앉아 亥에 사(死)가 되니 '너는 죽고 나는 살자'는 생각으로 살아가는 사람이다. 사주원국이 음습하여 丙午 대운이 좋으나 문제는 년월간의 辛金과 丙辛辛으로 쟁합하는 점이다.

연월일시 순으로 작용하는 지지의 합 형충과 마찬가지로 천간도 먼저 년과 합하고 다음으로 월간과 합을 한다. 그러므로 대운간 丙도 년간 辛과 먼저 합하여 처음은 좋다.

辛巳와 丙午의 합은 辛金이 巳에 앉아 약하므로 기신인 辛이 왕한 丙午에 합거되어서이다. 그러나 월간 辛은 丑에 앉아 강하므로 합거되지 않고 오히려 난동한다. 그러므로 약한 甲木이 辛金의 극을 받아 상처입는다.

따라서 남자에게서 상처받고 관형(官刑)을 받게된다.

丁未대운의 丁은 정관격에 상관운되어 역시 관형과 남자에게 상처받는 운이다.

예7)

```
                    45 35 25 15 5
丙 丙 甲 癸   여   己 戊 丁 丙 乙   대운
申 午 子 巳        巳 辰 卯 寅 丑
```

丙午일주 子月生이나 신왕하므로 년간 癸水로 용신할 수밖에 없으나 겨울 태양을 검은구름(癸)이 가린격되어 좋지 못하다.

월간 甲木으로 통관시켜 水火상전을 해소시키고 바람(甲木)으로 검은 구름을 흩어지게 하려하나 뿌리없는 甲木이라 별소용 없다. 시지 申中에 庚金 재성있으나 일지 午火가 극하며 申子로 연결되는것을 子午沖으로 막으니 재생관(財生官)도 어렵다.

따라서 재운과 남편복이 없는 팔자다. 월지 子水가 夫이나 癸水가 투출되어 년지 巳위에 앉아 巳中戊土와 명암합하고 子巳

간에도 암합이 이뤄지므로 夫는 타녀(他女)와 합정하고 나와는
子午冲으로 이별한다.

寅대운은 일간 丙火의 홍염살되고 일지와 寅午半合하면서 午
中己土와 寅中甲木이 암합하여 子午冲을 해소하므로 결혼 운이
다.

丁대운은 일지 午中에서 나온 투출신이므로 午가 동하여 子午
冲이 발동되므로 夫와 불화갈등 있는 운인데다가 대운지 卯가
도화살되어 월지 夫宮을 형하고 일지 午中己土와 암합하므로
夫別하고 또 남자 들어온다. 戊대운에 년간 癸水 夫星을 합거시
켜 夫사라진다. 辰대운에 申子辰 三合官局 형성하므로 또 많은
남자 들어온다.

己대운(상관운)은 월간 甲木통관신을 합거시켰고 년간 癸水
夫星을 극하므로 역시 남편이별 운이다. 실제로 이 여성은 세
남자와 합정하여 씨다른 3명의 자식을 두었다. 그리고 戊辰대운
은 년간 癸水가 戊辰과 합거되며 辰에 입고되므로 이때 夫死別
했다.

그리고 己巳대운 己卯년(상관년)에 재혼한 남편이 뇌종양수술
을 받고 죽었다.

예8)

```
              38 28 18 8
壬 壬 甲 壬   남   戊 丁 丙 乙   대운
寅 申 辰 子        申 未 午 巳
```

壬申日主 辰月生이나 申辰子로 水局을 형성했고 천간에 壬水
가 득하여 극신왕해졌다. 월지 辰中戊土로 제수(制水)해야하나
辰은 물로 변한 흙되어 쓸 수 없고 시지 寅에 득록한 월간 甲木
으로 水氣를 설함이 좋다. 그러나 水多하여 甲木은 부목이 되어

있으며 중요한 뿌리인 寅木이 일지 申에 충파되어 대흉한 팔자가 되었다. 이렇게 원명이 흉하면 좋은 운이 와도 크게 좋지 못하며 나쁜 운이 오면 크게 나빠진다.

시지 寅中丙火가 財星이나 충파되어 있으니 아버지 마누라 돈에 인연이 없어 참으로 안타까운 팔자다. 水木 가상관격되어 총명하고 활동적이긴 하지만 부목(浮木)되어 정처없이 떠도는 팔자다.

시지 寅中丙火는 부친이고 월간 甲木은 부친의 표출신이다.

따라서 그 부친이 부목처럼 떠돌다가 교통사고로 불귀의 객이 되었다. (巳대운에 寅申冲이 巳申合되어) 丙午대운은 재운되어 좋을것 같으나 대운지 午가 년지 子와 冲하여 왕신이 충발되어 노하므로 군비쟁재가 이뤄져 不吉하다.

丁未대운 역시 3개의 壬水가 丁火 하나를 두고 쟁탈전 벌려 불길한 운이었고 未대운에 들어 未中丁火와 일지 申中壬水가 암합하므로 결혼 운이었으나 천간쟁합으로 불성되었다. 그러나 甲木 식신이 未土를 얻어 뿌리내릴 수 있어 안정된 생활을 했다.

戊대운은 일지 합신인 월지 辰중에서 투출된 육신(六神)으로 보므로 이때 진짜 마누라감이 나타나 결혼된다.

※ 시지 寅中丙火는 처성은 되나 일간 및 일지와 합이 안되므로 두 번째 부인 및 애인이다. 申대운 되면 일시 寅申冲이 발동되므로 寅中丙火(돈 여자) 날라가고 뿌리없이 떠도는 생활을 하게 될 것으로 본다. 그러다가 己酉대운에 甲木이 합거되어 終命할것으로 본다.

예9)

壬 戊 丙 己 　여　 辛 庚 己 戊 丁 　대운
戌 辰 子 亥 　　　 巳 辰 卯 寅 丑

戊日 子月生으로 亥子 있고 시간에 壬水 투출되어 재왕이다. 일간 戊土의 뿌리 戌은 공망인데다 辰戌冲되어 상했다. 월간 丙火있어 좋으나 뿌리없고 木의 生火없어 허약하다. 따라서 외견은 좋아보이나(壬 戊 丙의 천간구조되어) 돈에 농락당하는 빈천한 팔자다. 년지 亥中甲木 夫星이나 일간 일지와 아무런 합을 맺지 못하므로 해로할 남자 아니다.

이럴땐 일간 일지와 명암합 암합하는 월지 子水의 동태를 함께 살펴야 한다. 寅대운에 년지 夫宮과 합하므로 남자 생기는 운이고 대운지 寅에서 甲木 투출되는 甲子년(26세)이 남편이 뜨는 운되어 결혼했다(甲子년은 편관성에 도화운).

그러나 일간 일지의 합신인 월지 子水가 도화살되어 나와 합하는 남자는 바람꾼이다. 시지 戌土 형제위에 월지 子中壬水가 앉아있고 子戌간에 암합(壬丁)있어 夫는 나의 형제와 합하는 상되어 남편이 내아우와 합정한다. 일간 일지의 합신인 子가 夫星이므로 土가 자식성되어 一女一男 두었다. (년간 己土 딸 시지 戌土 아들) 己대운은 약한 일주를 도와 무난했다.

卯대운은 월지 子를 刑하고 시지 戌과 합하여 辰戌冲이 발동되어 남편과 불화 이별운인데 甲戌년(36세) 만나 일지 배우자자리를 충하여 이혼했다. (卯대운은 비견 용신에 忌神운) 庚대운은 인간의 기운을 빼고 壬水 편재를 생하므로 힘껏 활동하나 돈(壬)은 흘러가고 만다(土旺해야 水財를 막아 내 것으로 할 수 있다).

辰대운은 일지 辰 홍염살 발동되어 많은 남자 교제하나 辰辰

自刑되어 깨지고 만다. 시간 壬水 부친이고 시지 戌中丁火 모친이다. 월간 丙火는 부친의 애인이며 부친의 형제 부인이라 부친은 형제의 부인과 눈맞아 지냈다. 년일지간에 辰亥 귀문살있어 신기(神氣)있는 집안 출생인데 시지 戌中丁火 모친있고 戌亥로 년시지간에 천문살 구성되어 모친이 무당이다.

辛대운은 월간 丙火 합하여 추운세월이나 巳운되면 丙火가 득록하므로 살만해진다.

예10)

47 37 27 17 7

辛 辛 戊 庚 여 乙 46세　癸 甲 乙 丙 丁 대운　金海淑
卯 卯 子 子　　酉　　　未 申 酉 戌 亥

辛金 일간이 子月에 生하여 극신약이다. 년간 庚金은 지지에 뿌리없고 월간과 일시간 모두 뿌리없다. 따라서 水木의 기운에 따를 수밖에 없다. 그러나 子水와 卯木도 음형살을 이뤄 水에서 木으로 흘러야 될 기의 움직임이 신통치않다. 시간 辛金 월간 戊土는 기신이고 년간 庚金은 년지 子水로 기가 통하므로 한신 역할이다.

음습한 기운이 넘쳐흘러 평생 외롭고 빈한하게 지낼 명이다. 辛金이 卯木上에 있어 자라나는 木을 자르며 子도화가 卯木財를 刑하므로 머리(卯木) 다듬는 미용사다.

27세 乙대운이 卯木의 투출신되어 이때부터 머리 만지며 생활했다. 관성없어 일지 卯中乙木과 명암합하는 년간의 庚金 겁재가 夫星이나 辛卯시되어 쟁명암합하므로 남의 남자가 내 남자고 내 남자가 남의 남자며 정관성없어 정식 혼례 올린 서방이 아니다.

甲대운 소길(小吉)했고 申대운은 년간 庚金이 득록하므로 돈

욕심(겁재) 생긴다. 乙酉년(46세) 들어 일시지 卯木을 충하고 년간 庚과 乙庚合하므로 하던 업을 치우고 동업을 할까? 申子로 水局되니 물장사를 할까? 한다. 아직까지 무자식이다.

예11)

```
                  41 31 21 11  1
癸 甲 戊 辛   여   癸 壬 辛 庚 己   대운
酉 辰 戌 丑        卯 寅 丑 子 亥
```

甲木 戊月生되어 戊土가 월간에 투출되었으므로 편재격이다. 甲木 신약하여 일지 辰에 통근했으나 辰酉合되어 甲木의 뿌리가 상했다. 시간 癸水로 일간을 도우나 월간 戊土가 합하여 그 역할이 반감되어 불미스런 팔자다. 이처럼 財官 旺하고 일주 신약이면 말 그대로 재다신약되어 평생 재물복 남편복 없다.

寅대운 甲木 일간의 뿌리되나 대운 寅이 空亡되었고 세운이 좋지못해 돈안되는 세월이었다. 卯대운 역시 甲木이 양인을 얻어 왕해지므로 旺財에 임할것 같으나 공망이라 그 힘이 반감되었으나 그래도 양인운이라 홀로서기를 하려한다. 시지 酉를 冲하여 辰酉合이 풀리므로 夫와 이별하고 혼자 살면 고생덜 하겠지 하게된다.

예12)

```
               39 29 19  9
己 甲 己 己   여   癸 壬 辛 庚   대운
巳 申 巳 酉        酉 申 未 午
```

甲木 巳月生으로 월간 己土와 합하여 甲己合化土格이나 己土 세개되어 쟁합하므로 일주의 정신이 이리갈까 저리갈까 우왕좌왕하여 불미스런 팔자다.

그런데다가 巳酉 申의 金이 土를 설기시키므로 合化土가 허약해져 좋지않다. 따라서 세 번 결혼할 팔자며 남편두고 타남과 통정하는 운명이다 己土가 식신 상관이 같이 있으면서 나의 합신(合神; 夫노릇) 되었고 관과 식신성이 합을 맺으면서 나와도 합을 하므로 여기저기서 애 낳던지 남이 낳은 아이 키워야 될 팔자다.

未대운은 己土가 뿌리얻게 되었고 未中丁火와 일지 申中壬水의 암합이 있어 결혼운이다. 壬대운은 일지 申中에서 투출되었고 甲己合土의 재(財)이므로 밖에 나가 돈벌이하고 싶어진다.

그러나 己土 합신(夫역할)이 巳申으로 합을 하므로 밖에 나가지 못하도록 꽉 잡는다. 甲木일주의 합신인 己土가 많아 己土합신(夫역할)으로서의 의처증이 생기기 때문이다. 그러나 대운지 申이 일지와 같고(같은 지지가 오면 그것이 동하게된다.) 申巳로 합되어 있는것을 또 巳申으로 합하므로 합이 깨어진다.

즉 합은 합이오면 풀린다는 것인데 이리되면 애인 생기고 남편이별하게 된다.

따라서 대운지 申과 일지 申중에 있던 庚金이 투출되는 庚辰년(32살)에 애인생겼고 또 申中壬水 투출되는 壬午년(34살)에도 외부와 합정했다. 그러다가 甲申년에 결국 부부이별했다.

예13)

```
                    51 41 31 21 11  1
戊 壬 甲 甲   남   庚 己 戊 丁 丙 乙   대운
申 申 戌 申        辰 卯 寅 丑 子 亥
```

壬水 戌月生이나 년일시지에 申金(일주의 장생지)을 얻어 신왕해졌다. 월지 戌中에서 투출된 시간 戊土로 용신한다.

그러나 戌이 공망이며 딴곳에 재성(財星)이 없으므로 허탈한

편관이되어 있는데다가 년월간에 늙은 나무가 극하고 있으므로 불미스런 팔자가 되었다 따라서 재복없고 직장운도 시원치 못하다.

월지 戌中丁火가 壬申일주와 명암합하고 암합하므로 처성(妻星)이다. 그리고 戌中에 있던 戊土가 시간에 투출이므로 처의 표출신이다. 戌中丁火가 년지 申中壬水와 암합이고 시지 申과도 암합이다. 따라서 그 처는 나와 결혼전에 사귀던 남자있었고 결혼한 후 나중에 또 딴남자와 통정하게 된다. 그러나 일주 壬申과 처궁이 있는 월주 甲戌과는 壬申 癸酉 甲戌로 연결되는 타순(他旬)이지만 2급상순(相順) 관계되어 유정하다.

시간 戊土 편관은 월지 戌中丁火(정재. 처)의 표출신이고 이것이 용신이므로 처가 용신역할한다. 즉 부인이 활동하여 나를 지켜주는 역할을 한다. 戊寅대운 초는 戊土가 작용하므로 이때는 역마타고 다니면서 돈벌었다. 물론 직장운도 괜찮다.

寅대운은 년일시의 申을 차례로 冲하므로 장생지가 깨어진 壬水 일간이 뿌리를 잃게 되므로 하는 일마다 막히고 노상사고(역마충)도 빈번했다.

그러나 寅이 월지 戌과 합을 맺고 시간 戊土가 寅中丙火에 의해 생을 받으므로 처(戌中丁火)가 활동(寅戌合)하여 먹고 살았다.

己卯 대운의 己土가 기신인 甲木을 합하여 길하다 할 것이나 甲甲己의 쟁합되어 甲木이 난동하게 되고 己土가 앉아있는 卯木에 甲木이 뿌리를 얻게된다.

그런데다가 대운지 卯는 월지 戌과 卯戌合을 이뤄 戊土의 뿌리 역할 상실되므로 甲木에 극되고 뿌리까지 잃게된 戊土는 제 역할을 못하게 되었다. 이것은 내가 의지하고 있던것이 없어지므로 처(戊는 처의 표출신)가 날라가고 직장마저 없어지는 불길한 사건으로 나타난다. 더욱이 처궁인 월지 戌이 卯와 합하는것은 처의 마음이 변하는것이고 처가 바람날 수도 있다.

즉 월지 戌(처궁)에서 卯는 도화살이고 卯戌合은 도화합이다. 이런 운에 甲戌년(51세) 만나 세운간 甲木이 또한번 시간 戊土를 충극하게되어 부부이혼하고 말았다. 庚辰대운의 庚운은 용신의 병이되는 甲木을 충극하면서 일주 壬水를 생하므로 새로이 힘을 내어 살아보고자 활동하는 좋은 운이다. 년일시에 있는 申중에서 대운간 庚金이 투출된 것이므로 위와같은 통변을 할 수 있는 것이다.

그러나 세운이 丙子 丁丑 戊寅 己卯로 전개되어 큰 소득은 못올렸다. 辰대운은 월지 戌을 충한다. 충출된 戌中戊土는 辰中癸水에 의해 합거되고 戌中丁火 정재도 癸水에 극되어 모든 것이 다 날라간다. 따라서 辰中戊土 나타나는 戊寅년 만나 壬申일주와 천충지충까지 되므로 사망하고 말았다.

예14)

```
              36 26 16 6
丁 癸 壬 戊   여   戊 己 庚 辛   대운
巳 丑 戌 戌         午 未 申 酉
```

癸일주 戌月生에 土多하여 신약이다. 겨울을 앞둔 戌月이고 일지 丑에 뿌리 두었으며 戌中辛金(丑戌刑으로 開庫되어) 있어 종살격은 안되고 辛金으로 용신하는 사주다. 따라서 시간 丁火 편재는 용신 辛金의 병이되고 旺土는 일주 및 사주의 병이다.

초년 辛酉 庚申대운에 왕토의 기운을 金으로 돌리고 金은 日主 癸를 생하므로 평길(平吉)했다. 己未대운은 土多하여 병이된 사주에 또 土가 오므로 불길한 것은 말할 나위도 없다.

따라서 남편의 학대와 구박을 심하게 받았다. 사주원명에 丁火 편재(시모)가 生土하며 내게 도움이되는 월간 壬水 겁재를

丁壬合하므로 시모의 구박 또한 심하게 받게 되었다.

丁卯년 되자 편재 시모가 월간 壬水를 합하여 나의 의지처를 없애니 시모와 남편의 구박을 견딜 수 없어 죽을 지경이다.

또 년지 戌中丁火에서 투출된 시간 丁火는 夫의 표출신인데 이것이 월간 壬水와 합하므로 夫는 他女와 合한다. 戌午대운을 어떻게 넘길지 안타깝다.

예15)

```
              37 27 17  7
乙 己 丁 庚    여    癸 甲 乙 丙   대운  李貞淑
亥 未 亥 子          未 申 酉 戌
```

己土일주 亥月生으로 일지 未土 뿌리있고 월간 丁火있으나 水多하고 시간 乙木있어 신약이다. 월간 丁火가 추위를 쫓아주나 丙火의 힘에 못미치고 일지 未에만 뿌리 있으므로 내가 벌어서 먹고 살아야 할 팔자이나 재다신약되어 춥고 배고픈 세월 보내게된다.

월지 亥中甲木 정관이 나와 명암합하고 일지와도 암합하므로 夫星이나 시지에 또 亥가 있으므로 재혼격이며 시간 乙木이 일지 未中에서 투출되어 극일간하므로 남편이 원수다.

그리고 亥子水가 기신이고 乙木을 생하므로 시모(媤母)가 남편 부추겨 나를 공박하게 한다. 丙戌 대운은 약한 일주를 돕고 기신인 水를 제하므로 좋았다. 乙대운부터 남자와 교제했고 酉대운에 도화살되어 壬戌년(23세)에 결혼했다.

월지 亥中壬水가 壬년에 발동이며 일지 未에서 투출된 월간 丁火와 丁壬合木 되어서이다. 그러나 세운지 戌이 일지 未를 형하므로 불길한 조짐이 따르게되며 결혼한지 몇 개월 되지않아 부부간에 알력이 생겼다.

이렇게 된 것은 대운지 酉의 작용도 가세되었기 때문인데 酉金은 기신인 亥子를 생했고 년간에 있는 庚金상관이 酉에 양인을 얻어 발동되어서이다. 癸亥년(24세) 되자 유일한 의지처인 丁火마저 癸水에 충극되어 乙木의 극을 심하게 받았다. 따라서 시모(子中癸水)가 나의 체면과 정신인 丁火 편인을 짓밟고 남편을 부추겨 나를 두들겨 패게되어 가출밖에 갈 길이 없게 되었다.

甲子년(25살)되어 상관 庚과 전투가 벌어지게 되어 (상관견관 傷官見官) 결국 이혼하고 말았다. 癸대운 이후에나 안정되나 평생을 어렵게 지내게되니 원명 자체가 재다신약인 까닭이다.

예16)

$$36 \quad 26 \quad 16 \quad 6$$

辛 戊 丙 己　　여　　庚 己 戊 丁　　대운
酉 辰 寅 亥　　　　　　午 巳 辰 卯
　도화　　홍염

戊土일간이 초봄인 寅月에 태어나 추위를 쫓아줄 월간 丙火가 있으므로 부모덕있고 학업도 좋을 것으로 볼 수 있다. 그러나 戊土 일간의 뿌리되는 일지 辰은 시지 酉와 辰酉合金되어 土氣상실이고 월지 寅中戊土는 寅亥合으로 인해 생기 끊어졌다. 따라서 극신약인데 믿을것은 월간 丙火뿐이다.

그렇지만 이 丙火도 시간 辛金에 기반당해 반신불수가 되어있다. 그러므로 좋은팔자 같으나 그 어느 곳에도 믿고 의지할 수 없게 되어 있는 불길한 명조다. 육친관계를 보면 년지 亥中壬水는 부친이고 월간 丙火는 모친이다. 그런데 년지 亥水는 공망맞았고 월지 寅에 합을 당해 그 기운이 더욱 소진되어 있는데다가 일지 辰에 입고되어 있다.

또 년간 己土가 亥水를 더욱 흐리게 하고있다. 그러므로 그 부친은 능력없는데다 정서불안(辰亥 귀문)마저 있는 사람으로서 극충되거나 더욱 힘을 빼는 운을 만나면 사망하게 된다. 丁대운은 약한 일주를 돕고 한기마저 쫓을 수 있어 무난했다. 卯대운은 무력한 亥水(부친)가 사지(死地; 亥는 卯에 死)를 만나는 운 되어 이때에 그 부친이 병으로 세상 하직했고 모친(丙火)은 곧바로 시간의 辛金과 합하므로 나를 데리고 재가하게 되었다.

戊대운은 월일지(寅 辰)에서 투출된 투출신이므로 역마(寅)발동이고 홍염살(辰)발동된다.

그러므로 16세부터 바람기 동했고 19세경에 타향으로 나갔다. 辰대운은 일간의 홍염살되고 시지 酉도화와 합하여 유흥업소로 가는데 편인(丙)과 상관 도화(辛酉)의 합이 있어 이발소 면도양 (퇴폐이발소)이 되었다. 남편은 월지 寅中甲木인데 겁재가 앉아있는 년지 亥와 합하므로 유부남 아니면 남따라 가게 되는 남자다.

그리고 丙寅 丁卯 戊辰으로 같은 순(同旬)에 있으면서 2급상순 관계이므로 같은 영역에 있는 이발사이다. 辰(홍염살)대운에 동거했으나 대운지 辰이 일지 辰과 自刑되어 애정의 갈등많다.

己대운 甲子년(26살) 만나 월지 寅中甲木이 발동하여 년간 己土 겁재와 합하므로 동거남(同居男)에게 딴 여자가 생기게 되었고 乙丑년 되어 시상 상관에 정관운되어 이별하고 말았다.

예17)

```
              39 29 19  9
辛 甲 戊 乙   남   甲 乙 丙 丁   대운
未 寅 寅 巳        戌 亥 子 丑
```

甲木 寅月生으로 일지에 寅木있어 신왕하다. 월간에 戊土 편재 투출되어 편재격이나 지지 寅中甲木과 년간 乙木이 있어 편재파격이다.

시간의 辛金으로 비견겁재를 재압하여 재(戊)를 보호하고저 하나 辛金은 뿌리없어 쓸모없이 되었다. 따라서 년지 巳中丙火로 木土상쟁을 화해시키는 통관신으로 삼아야 좋아진다.

천간으론 火土운이 좋고 지지로는 金水木이 不好하고 火土운이 좋다.

이 사주는 인수인 水가 없다. 따라서 월간 戊土 편재(부친)의 합신을 찾아 그 어머니를 찾아야 된다. 년지 巳에 戊土가 득록하므로 巳와 명암합하는 시간의 辛金이 나의 친모며 부친의 첫 여자다.

그러나 辛金은 년지 巳에 사(死; 12운)되고 월일지 그 어디에도 뿌리없어 태약하다. 따라서 조그만 충격에도 쉽게 상한다.

초년 丁丑대운은 辛金이 살(殺;丁)을 만나 丑에 입고하는 운 되어 모친사망 했다. 시지 未가 년지 巳와 암합하므로 이것이 부친의 두 번째 여자며 나의 후모다. 그리고 여기서 투출된 년 간 乙木 겁재는 후모의 표출신이고 또 이복형제다.

甲木 일주는 未中己土에 뿌리 박으려하나 나와는 寅未 귀문인데다 조토(燥土)되어 甲木이 뿌리 내리기 힘들다. 따라서 甲木 일주는 월간 戊土에 의지할 수밖에 없는데 乙木(후모의 표출신)이 戊土를 극하여 방해한다.

즉 나의 음식이고 기댈 언덕인 戊土를 후모가 방해하니 후모의 구박이 심하다. 는 말이다. 丙대운 출세할 좋은 운이나 시간의 辛金과 간합하여 그 역할을 잊으므로 좋다가 만다.

子대운은 인수운되어 공부와 인연있으나 巳中丙火가 극되어 출세못한다.

亥대운은 년지 巳를 충하고 월일지 寅과 합하므로 부친사망 및 재정적 어려움 겹치고 역시 출세못한다.

甲대운은 내 몸이 큰땅(戊)에 뿌리박는 운이나 戊土 극되어 재운 불길하다. 戌대운은 소길할 것이다.

예18)

```
                              41 31 21 11  1
        庚 壬 戊 乙    여    癸 壬 辛 庚 己    대운
        戌 辰 子 丑          巳 辰 卯 寅 丑
```

壬辰 괴강일이 子月에 태어나 신왕이다. 월간 戊土가 시지 戌에 뿌리두고 壬水를 제하므로 용신이나 일지 辰戌로 그 뿌리 상했고 년간 乙木이 戊土를 극하므로 용신이 상처를 심하게 입었다. 그런데다가 겨울철에 제일 필요한 火가 투출치 못했고 시지 戌中丁火마저 辰戌沖으로 파괴되었다.

따라서 춥고 배고픈 사주다.

일지 辰中乙木이 년간에 투출되었고 그 아래에 丑中己土 정관이 있으므로 丑은 첫 남자며 년간 乙木은 그 사이에 태어난 자식이다.(아들) 년지 丑中辛金이 나타나는 辛卯대운부터 첫 남자가 나타난다. 그러나 일지와 년지는 丑辰破되었고 년간 乙木 상관이 丑中己土를 제극하므로 생자별부격(生子別夫格)이다.

卯대운에 년간 乙木 상관이 득록하여 기세를 부리고 월지 子를 刑하여 辰子丑으로 나와 연결되어 있는 것을 깨므로 이때에 첫 남자와 헤어지게 되었다. 월간 戊土는 두 번째 남자이다.

이것이 월지 子中癸水 겁재와 자좌(自坐) 명암합하고 있으므로 유부남이다. 戊土가 앉아있는 월지 子中壬水가 나타나는 壬대운에 유부남이 나타나 나와 합정(辰子)한다. 그러나 壬辰대운은 일주와 복음되고 일시지 辰戌沖이 발동되므로 불미스럽다.

따라서 건강도 좋지 못했고 그 남자와의 관계에도 갈등이 심했다.

癸대운은 戊土를 합하므로 남이 내남자인 戊土를 뺏어가는 일

이 발생된다.

또 癸대운은 일지 辰에서도 투출된 것이므로 나의 행동과 마음도 겹재의 성질을 나타내게 된다. 巳대운은 천을귀인인 火라 좋은 운이다.

이때까지의 내용들을 이해하여 자기 것으로 만든 이들은 한 단계 및 몇 단계 위로 올라선 자신의 역(易)실력에 가슴 뿌듯함을 느낄 것이다. 그러나 정상(頂上)에 우뚝 서기 위해선 아직도 넘어야 할 몇 개의 가파른 산등성이가 남아있다. 따라서 곧이어 발간될 하권에서는 다음과 같은 내용을 다룰 것이다.

첫째 기명종격(棄命從格)이란 말은 일간이 그 속성을 버리고 종신(從神)에 따른다. 는 것이다. 그런데 이러한 경우에 있어서 일간(日干)을 주체로하여 육친관계 및 그 사상을 파악해야 하는가? 아니면 종신(從神)을 주체로하여 그 육친 관계를 파악해야 하는가? 하는 문제이다.

둘째 사주 해석의 출발점은 월지(月支)라 하는데 이는 불변인가? 아니면 사주 상황에 따라 월지도 버릴 수 있는 것인가? 하는 점이다.

위 두 가지는 이때껏 그 어느 누구도 감히 손대지 못했고 명확하게 규명하지 못한 사주해석의 핵심 사항중 하나다. 변격사주의 통변장에서 해설할 것이다. 순서대로 간략히 정리하면 이렇다.

一. 변격사주의 해석과 그 통변
一. 직업론
一. 핵심 통변과 물상적 통변
一. 종합적 해석

一. 내정법(來情法)

무슨 일 때문에 찾아왔나?를 미리 아는 법

一. 개운법(開運法)

1. 행운을 잡는 역학적 방법

2. 기도 성취법

통변의 새 경지를 연

한밝 新四柱學
비밀의 문을 열다

인 쇄 일 : 2022년 1월 25일
발 행 일 : 2022년 1월 28일
저　　자 : 김 용 길
발 행 처 : 뱅크북
신고번호 : 제2017-000055호
주　　소 : 서울시 금천구 가산동 시흥대로 123 다길
전　　화 : (02) 866-9410
팩　　스 : (02) 855-9411
이 메 일 : san2315@naver.com